बिरसा मुंडा और उनका आंदोलन

(1872-1901)

बिरसा मुंडा और उनका आंदोलन

(1872-1901)

कुमार सुरेश सिंह

वाणी प्रकाशन

प्रकाशन के उत्कृष्टतम 62 वर्ष

पेपरबैक पहला संस्करण : 2003
पेपरबैक दूसरा संस्करण : 2004
पेपरबैक तीसरा संस्करण : 2008
पेपरबैक चौथा संस्करण : 2017
पेपरबैक पाँचवाँ संस्करण : 2019
पेपरबैक छठा संस्करण : 2025

vaniprakashan.com

वाणी प्रकाशन

4695, 21-ए, दरियागंज, नयी दिल्ली-110 002

फ़ोन : + 91 11 23273167, 23275710

शाखाएँ

अशोक राजपथ, पटना-800 004, बिहार

कॉफ़ी हाउस कैम्पस, महात्मा गांधी मार्ग, प्रयागराज-211 001, उत्तर प्रदेश

महात्मा गांधी अन्तरराष्ट्रीय हिन्दी विश्वविद्यालय, वर्धा-442 001, महाराष्ट्र

sales@vaniprakashan.in

vaniprakashan@gmail.com

Birsa Munda Aur Unka Aandolan (1872-1901)

by Kumar Suresh Singh

ISBN : 978-81-7055-788-3
Social Science

मूल्य : ₹ 399

सिटी प्रेस, दिल्ली-110 095 में मुद्रित

वाणी प्रकाशन का लोगो मक़बूल फ़िदा हुसैन की कूची से

प्रस्तुत संस्करण की भूमिका

'बिरसा मुंडा और उनका आन्दोलन' का दूसरा संशोधित संस्करण ऑक्सफोर्ड यूनिवर्सिटी प्रेस से छपकर आने के बाद से बिरसा के व्यक्तित्व और कृतित्व की गाथा का और भी प्रसार हुआ है। अब बिरसा मुंडा पूरे भारत में आदिवासी लोगों के महानायक के रूप में अब उभरकर आए हैं। **उलगुलान** नाम के उनके आन्दोलन को हर तरह के लोगों ने और छोटा नागपुर के सभी राजनीतिक दलों ने अपनी कार्यसूची को आगे बढ़ाने के लिए अपनाया है। उनकी ख्याति दूर-दराज तक फैली है और उनका तैलचित्र संसद के केन्द्रीय कक्ष की शोभा बढ़ा रहा है। देश के वह एकमात्र आदिवासी नेता हैं, जिन्हें यह सम्मान मिला है। जब मैंने इस व्यक्ति और उनके आन्दोलन पर यह पुस्तक लिखी थी, तो वास्तव में मैंने बिरसा मुंडा को उनके लोगों के संघर्ष की कहानी बताने के लिए एक रूपक के रूप में इस्तेमाल किया था। करीब चालीस साल पहले मुझे इस बात का कतई आभास नहीं था कि आदिवासी राजनीति और उससे सम्बन्धित अध्ययन पर इसका इतना दूरगामी प्रभाव पड़ेगा। इस पुस्तक का देश की विभिन्न भाषाओं में व्यापक तौर पर अनुवाद हुआ और समकालीन लोक साहित्य एवं क्षेत्रीय साहित्य की विभिन्न विधाओं को इसने प्रभावित किया।

मुझे ऐसा लगता है कि इस कहानी की सफलता का राज़ यह है कि यह दस्तावेजों से परिपूर्ण है। सम्भवतः यह आदिवासी आन्दोलन का एक बेहतरीन दस्तावेजी अध्ययन है जो एक समृद्ध लोकसाहित्य और अभिलेखीय एवं मानवशास्त्रीय सामग्रियों को भी संयुक्त करता है। यह सामाजिक (या धार्मिक) और राजनीतिक आयाम से भरा एक पूर्ण आन्दोलन भी था जिसने धार्मिक, जातीय और राजनीतिक आन्दोलनों की पूरी शृंखला को प्रभावित किया। वास्तव में मुंडा धर्म एवं समाज के पुनर्गठन और मुंडा राज व स्वतन्त्रता की स्थापना के दोहरे उद्देश्य की गूँज बाद के सभी आन्दोलनों में उठती रही और पहचान एवं स्वायत्तता के लिए समकालीन आन्दोलनों में इसकी जबर्दस्त प्रतिध्वनि बनी रही।

बिरसा मुंडा और उनके आन्दोलन के पुनर्अध्ययन में दो बातें गौर करने लायक हैं। पहली यह कि उन्नीसवीं शताब्दी के अन्तिम दशक में वनों पर

औपनिवेशिक नियन्त्रण से जुड़े मुद्दों पर अब कुछ नया प्रकाश डालने का एक प्रयास किया गया है। बिरसा मुंडा ने खुद ही एक धार्मिक नेता के रूप में उभरने से काफी पहले 1892 में संरक्षित वन के सीमांकन के खिलाफ संघर्ष का बिगुल बजाया था। महाश्वेता देवी की लोकप्रिय पुस्तक **अरण्येर अधिकार** वनों के प्रति चिन्ता को ही अपने शीर्षक से ही रेखांकित करती है। वस्तुतः यह जंगल नहीं बल्कि जमीन थी, जो सरदार आन्दोलन और बिरसा मुंडा की बगावत का मुख्य मुद्दा थी। मुंडा भूमि अपेक्षाकृत वनाच्छादित और **बीर कंडेर डिसुम** में भरपूर जंगल था। इसी क्षेत्र में बिरसा मुंडा का जन्म हुआ था। मुंडा भूमि के इस क्षेत्र में जहाँ सरदारों का गढ़ था, जमीन का हस्तांतरण मुख्य समस्या थी। भुईंहरी क्षेत्र में जहाँ बड़े पैमाने पर जमीन का हस्तांतरण हुआ था, वन की अपेक्षा जमीन का स्वामित्व मुख्य विषय था। यहां जमीन के हस्तांतरण रोकने के कानून और मुंडाओं को शान्त करने के लिए किए गए प्रशासनिक उपाय बिरसा की विरासत थे।

दूसरा सवाल जिसने इतिहासकारों को उलझन में डाल रखा है, वह उलगुलान की विभिन्न घटनाओं में बिरसा मुंडा की वास्तविक भूमिका से जुड़ा हुआ है। उग्रवादी आन्दोलनों ने आज बिरसा मुंडा को अपना बना लिया है और उन्हें वे न सिर्फ तीर-धनुष बल्कि मशाल और तलवार से भी लैस दिखाते हैं। इसी रूप में आदिवासी आज उन्हें देखना चाहता है और उन्हें बेड़ी पहने कभी नहीं देखना चाहता है। वस्तुतः लोक कथाओं में बिरसा एक रणनीति में चतुर सेनानी के रूप में अभी भी याद किये जाते हैं। उदाहरणार्थ–

> "पिता जी, जोहन, ऐसा बताते थे एक बार जब बिरसा मुंडा जमगई वन में छिपे हुए थे तो लगभग पचास की एक ब्रिटिश सैनिक टुकड़ी से भेंट हुई। बिरसा को नहीं पहचानने के कारण उन्हीं से बिरसा के छुपने की जगह के बारे में पूछा। उसने पूर्ण अज्ञानता व्यक्त की। बहुत ही बार फुसलाने के क्रम में उन्होंने पैसा देने की भी बात की। शुरू में इनकार करते रहे किन्तु पीछे तैयार हो गये और उन्होंने एक गुफा बताई जिसमें बिरसा छिपे थे। जब सैनिक अन्दर चले गये तो बिरसा मुंडा ने एक बड़ा पत्थर लुढ़का कर गुफा को बन्दर कर दिया और सैनिक अन्दर ही मर गये।" *(पी.पी. हेम्बरोम)*

हालाँकि समकालीन सबूतों में ऐसा कुछ भी नहीं है जिससे यह साबित होता हो कि बिरसा मुंडा ने सशस्त्र विद्रोह में हिस्सा लिया या वे सशस्त्र संघर्ष के दौरान मौके पर उपस्थित थे या कभी उन्होंने तीर-धनुष चलाया हो। हाल नें बिरसा मुंडा को गिरफ्तार करनेवाले पुलिस अधिकारी के वंशजों की ओर से जो एकमात्र सबूत जब मेरी जानकारी में आया है, उससे यह पता चलता है कि मुंडा

नेता के पास दो तलवार थी, आत्मरक्षा के लिए। गिरफ्तारी के वक्त जिस गुफा में मुंडा अकेले बैठे थे, वहाँ से कोई हथियार का कोई जखीरा मिला। उस भेदिए को बाद में पुरस्कृत किया गया जिसकी सूचना के आधार पर मुंडा नेता की गिरफ्तारी हुई। साथ ही उन्हें गिरफ्तार करनेवाले पुलिस अधिकारी को भी प्रोन्नति दी गई। यह प्रमाण बिरसा के खुद के विचारों को भी जोड़ता है। जेल में भरमी मुंडा ने इस तथ्य का जिक्र किया है कि बिरसा के अनुसार सरदारों ने उनके हाथ बाँध दिए थे और अगर यह निर्णय उन पर निर्भर होता तो वे अपने लक्ष्य तक पहुँचने के लिए सुधारों के जरिए लम्बे मार्ग को चुनना ज्यादा पसन्द करते। यह भी लगता है कि पुलिस ने जो सबूत इकट्ठे किए थे, उनमें काफी छेड़छाड़ की गई थी और गवाहों को बिरसा मुंडा और सरदारों की साजिश के बारे में एक जैसी बात कहने के लिए सिखाया-पढ़ाया गया था।

जमीन के सवाल पर या दिकू के बारे में मुंडा आदिवासियों के बीच असंतोष को नजरअंदाज नहीं किया जा सकता, न ही उनके आक्रोश को कम करके आँका जा सकता है। लेकिन सच्चाई यह है कि उन्नीसवीं शताब्दी के अन्तिम दशक में मुंडा नेतृत्व ने यह निष्कर्ष निकाला था कि उनके दुख और वेदना का मूल कारण ब्रिटिश राज है, जो मिशनरियों से मिला हुआ था। बिरसा खुद जमीन के सवाल और मुंडा आदिवासियों के सामाजिक व नैतिक आधार के चरमराने के बारे में गहराई से महसूस करते थे। इस बात को बिरसा के अन्तिम वक्तव्यों में देखा जा सकता है, जो जमीन के सवाल पर और उससे जुड़े मसलों पर अब तक कही गई बातों में सबसे ज्यादा मर्मस्पर्शी एवं प्रासंगिक बने हुए हैं। यह उन सहस्त्राब्दिक कविताओं के लिए भी सच है, जो उलगुलान के दौरान और उसके बाद लिखी गई हैं।

जब जयपाल सिंह ने बिहार रेजिमेंट के लिए आदिवासियों की भर्ती कर ब्रिटिशों की द्वितीय महायुद्ध की तैयारी में मदद की तो बिरसा का नाम एक युद्धघोष के रूप में शामिल किया गया।

हाल के वर्षों में चर्चा में आए तीन और पक्षों को उजागर करने की जरूरत है। पहला, सरदार और बिरसा मुंडा दोनों ही के द्वारा की गई मुंडाओं की पहचान के सम्बन्ध में है। यह बार-बार दोहराया गया है कि उलगुलान ''चतुष्पदीय क्षेत्र'' में केन्द्रित था। कैथोलिक चर्च के एक इतिहासकार (पी.पोनेट्) ने ''चतुष्पदीय'' के अचानक अंत और यहां धर्मांतरण की धीमी रफ्तार का उल्लेख किया है। परवर्ती तथ्य को मुंडाओं की प्रकृति के द्वारा व्याख्यायित किया गया है—बाहरियों (दिकू) के लिए बहुत कम सहानुभूति, 'अपनी अस्मिता के प्रति गहरी संवेदना', बाहरी घुसपैठ के खिलाफ आक्रामकता और दुश्मनी का भाव और इनके प्रति उनकी 'गहरी बेरुखी'। मुंडाओं को जुझारू और अड़ियल रूप में भी दर्शाया गया है। सरदार विद्रोह

तथा बिरसा आन्दोलन इस सबकी एक तार्किक परिणति थी। यह उराँवों के व्यवहार से एकदम विपरीत था, जो बहिर्मुखी थे एवं खड़ियाओं से भी, जो अन्तर्मुखी हो गए थे। दुर्गम इलाकों के भूगोल और लड़का हो के खूनी संघर्षों की दास्तानों से भरे इतिहास भी मुंडाओं को प्रभावित करते थे। इसके साथ ही वन्य अधिकारों पर बिरसा मुंडा ने ध्यान केन्द्रित किया था, परन्तु उसे आगे नहीं बढ़ाया गया।

दूसरा महत्त्वपूर्ण रुझान है बिरसा के व्यक्तित्व एवं कृतित्व का सभी राजनीतिक पार्टियों एवं सामाजिक-सांस्कृतिक संस्थाओं के द्वारा विशेषतः 1982 में राउरकेला में स्थापित बिरसा मुंडा स्टेच्यू कमेटी द्वारा तीव्र और आक्रामक रूप से प्रचार-प्रसार। इसमें 15 नवम्बर, 1989 को बिरसा मुंडा पर एक डाक टिकट जारी करना, 16 अक्तूबर, 1989 को उनके पोर्टेट का पार्लियामेंट के केन्द्रीय हॉल में अनावरण, केन्द्रीय कारागार और राँची हवाई अड्डे का बिरसा मुंडा के नाम पर नामांकरण आदि शामिल है। भारत के राष्ट्रपति ने 28 अगस्त, 1998 को पार्लियामेंट हाउस के अहाते में बिरसा मुंडा की मूर्ति का अनावरण किया और बिरसा राष्ट्रीय नेताओं के श्रेणी में आनेवाले पहले आदिवासी नेता बन गए। उक्त मौके पर दिए गए भाषणों में बिरसा मुंडा को 'एक महान समाज सुधारक', 'रचनात्मक प्रतिभा के धनी' और इन सबसे अधिक एक 'उत्साही राष्ट्रवादी' कहा गया—एक ऐसा 'महान स्वतन्त्रता सेनानी' जो आँगन की तुलसी के समान 'हरेक की सहायता को तत्पर था', भारत माता का अद्‌भुत सपूत 'जिसने उसकी स्वतन्त्रता के लिए संघर्ष किया', 'आध्यात्म से प्रेरित', श्री राम, श्री कृष्ण और ईसा मसीह की परम्परा में 'मुंडा समुदाय' का उद्धारक' और 'एक असाधारण लोकनायक', 'जिसने जनता के हृदयों में प्रवेश किया', कहा गया। भारत के राष्ट्रपति ने इन्हें 'आदिवासी अधिकारों के आरम्भिक प्रवर्तक और संरक्षक' और 'विदेशी सत्ता तथा दासता के आगे कभी न झुकनेवाले योद्धा' के रूप में देखा जिन्होंने एक ऐसे आन्दोलन का नेतृत्व किया जो बड़े पैमाने पर महिलाओं को आकर्षित कर सका और जिन्होंने जेल में कैदी के रूप में यातनाएँ झेलीं, पुलिस की गोलियों का सामना किया। राष्ट्रपति जी ने आगे कहा कि बिरसा ने जल, जंगल और जन्तु की बात कही जिनके संरक्षण और संवृद्धि के लिए विकास और प्रगति की संकल्पनाओं का पुनः मूल्यांकन किया जाय ताकि सही मायनों में समेकित विकास की परियोजनाओं को लागू किया जा सके।

(एडरेस्स एट द अनभेलिंग ऑफ द स्टेच्यू ऑफ श्री बिरसा मुंडा, दिसम्बर, 1998)

इन और अन्य सम्बद्ध विषयों की चर्चा, 9 जून, 2000 में बिरसा मुंडा की सौवीं बरसी पर राँची में आयोजित संगोष्ठी में भी की गई थी। चर्चा के दौरान भूमि, वन और अन्य संसाधनों पर आदिवासियों के अधिकारों का मुद्दा, महिलाओं का सशक्तिकरण, गरीबी, अल्प विकास और शोषण को उजागर किया गया। आदिवासी समुदायों की स्वायत्तता, संस्कृति, संसाधनों पर नियन्त्रण आदि मुद्दों पर वैश्वीकरण के कारण उत्पन्न खतरों पर विशेष ध्यान दिया गया।

बिरसा के जन्म दिन, जन्म वर्ष और जन्म स्थान अभी भी विवाद का विषय बने हुए हैं। रेव. मैथ्यु द्वारा बर्लिन में प्राप्त एक दस्तावेज से पता लगता है कि बिरसा मुण्डा का जन्म 22 जुलाई 1872 को हुआ था और उनका बपतिस्मा 11 अगस्त को किया गया। भरमी मुण्डा ने भी 1872 का उल्लेख किया है। इस साल के कागज़ात बुर्जु चर्च में उपलब्ध ही नहीं हैं। मैंने जब इस चर्च में अभिलेखों का मुआयना किया था उस वक्त जन्मतिथि या जन्म मास के बारे में वहाँ कोई सूचना नहीं मिली थी। चाईबासा मिशन में रखे गये दस्तावेज के अनुसार बिरसा का क्रिश्चन के रूप में सम्पुष्टि 10 मार्च 1886 को हुई थी। वस्तुतः 22 जुलाई को सोमवार पड़ता था जबकि बिरसा का जन्म बृहस्पतिवार को हुआ था। उनका बपतिस्मा जन्म के करीब एक माह के अंदर संपन्न किया गया और इसके पहले उनके परिवार के अन्य सदस्य, मातापिता, भाई बहन उचित शिक्षा-दीक्षा के बाद चर्च के सदस्य बन गये थे। इस पर और गौर करने की आवश्यकता है।

सरकारी स्तर पर बिरसा का पैतृक गाँव ऊलीहातु उनके जन्मस्थान के रूप में मान्यता प्राप्त कर चुका है। एक ग्राम कुन्दी बिरसा का जन्म स्थान है कि नहीं इसके बारे में सरकारी स्तर पर जाँच पड़ताल की गई थी, जो निराधार पाया गया। चाईबासा मिशन के रिकॉर्ड में बंबा के रहने के स्थान का स्पष्ट उल्लेख है।

अपनी ऐतिहासिक भूमिका और इतिहास बोध के बावजूद, मुण्डा जाति अभी तक पिछड़ी है। उनका सर्वांगीण विकास होना चाहिए। आज बिरसा मुंडा के परिजन अत्यन्त कष्ट में हैं। बिरसा मत के समर्थकों की स्थिति चिन्ताजनक है। पहले उन्हें दंडित और बेवजह परेशान किया जाता था और वे अलग-थलग पड़ गए थे। इन्हें ताना भगतों की तरह कानूनी संरक्षण एवं विकास के लिए सुविधाएं मिलनी चाहिए।

संस्थाओं और जगहों की बिरसा मुंडा के नाम पर नामांकरण की प्रथा जारी है तथा सभी राजनीतिक और सामाजिक संस्थाएँ बिरसा मुंडा के प्रति अपने विश्वास को प्रकट करने की होड़ में लगी हुई हैं, परन्तु बड़ी-बड़ी बातों को ठोस कार्य में तब्दील करने हेतु कुछेक लोग ही सामने आ पाए हैं।

तीसरी धारा का प्रतिनिधित्व आदिवासी महिलाकर्मियों के प्रयासों में हुआ है, जिन्होंने बिरसा आन्दोलन की आदिवासी (हिरोइक) महिलाओं को पुनर्जीवित किया है। गया मुंडा की पत्नी मकी, उनकी बेटियों तथा पतोहुओं ने जो संघर्ष किया, उसने आज की संघर्षरत आदिवासी महिला पीढ़ी के लिए एक प्रेरणास्रोत का कार्य किया है। यह नीति निर्धारण, राजनीति और सम्पत्ति में अधिक भागीदारी के संघर्ष में रत महिलाओं के लिए एक आदर्श है।

यह एक दिलचस्प घटना है कि एक ऐसे आदमी का मृत्यु शताब्दी समारोह, जिसने मुंडा राज की स्थापना और स्वतन्त्रता की माँग की थी, उसी साल मनाया जा रहा है, जब झारखंड राज्य की स्थापना हुई है और इसका उद्घाटन उनके तथाकथित जन्मदिन 15 नवम्बर को हुआ है। एक व्यक्ति और उसके सपनों के प्रति इससे बड़ी श्रद्धांजलि और क्या हो सकती है। उलगुलान का अभी अन्त नहीं हुआ है। उलगुलान जारी है।

इस पुस्तक को लिखे जाने को आज तकरीबन चालीस साल गुजर चुके हैं। इस पुस्तक पर पाठकों की प्रतिक्रिया से मैं अभिभूत हूँ। लोग अक्सर मुझसे पूछते हैं कि इस पुस्तक ने मेरे लिए क्या किया है। मैं उन्हें बताता हूँ कि इस पुस्तक को लिखना मेरे लिए अपने आपमें एक अनूठा अनुभव था। इसने मेरी अवधारणाओं में आमूल परिवर्तन लाया और मेरी संवेदनशीलता को और गहरा बना दिया। इसने मुझे आदिवासी जनता के उद्देश्यों के प्रति प्रतिबद्ध बनाया और उनके मसलों से जोड़ा, जिनसे मैं अभी तक जुड़ा हुआ हूँ और उनका लगातार अध्ययन कर रहा हूँ।

इस पुस्तक को विशेष कर इसके वर्तमान संस्करण को तैयार करने में जिन लोगों ने मेरी मदद की है उन्हें फिर याद करना चाहूँगा। पहले मेरी पत्नी श्रीमती विमलेश्वरी सिंह ने जो छोटा नागपुर के लोक साहित्य पर काम कर रही हैं, अनुवाद में मदद की। स्वर्गीय लीलाधर त्रिवेदी की पुस्तक तैयार करने में एक महत्त्वपूर्ण भूमिका अदा की थी। फोटोग्राफ संग्रह करने में श्री हरिवंश जी, बी. के. टोप्पो, वासवी, स्वर्गीय फॉदर पी. पोनेट जिन्होंने बिरसा का एक बिना पगड़ी का दुर्लभ चित्र मिशन अभिलेखों से उपलब्ध कराया, उल्लेखनीय हैं। रेव. मैथ्यू अरीपरम्पिल ने बर्लिन से एक दुर्लभ दस्तावेज की प्रतिलिपि भेजी जिससे बिरसा के जन्म, वर्ष पर प्रकाश पड़ता है।

प्रभात खबर के जिन और सदस्यों ने भी मदद की उनमें फैसल अनुराग जिन्होंने मेरा बिरसा और उलगुलान की प्रसांगिकता पर कई इण्टरव्यू लिए और दयामनी बरला हैं, जिन्होंने मुण्डाओं और बिरसा के अनुयाधियों पर अद्यतन रपट लिखी।

–कुमार सुरेश सिंह

सन्दर्भ-ग्रन्थ सूची

1. एडरेसस् एट द अनभेलिंग ऑफ द स्टेच्यू ऑफ श्री बिरसा मुंडा, जर्नल ऑफ पार्लियामेंट्री इनफारमेशन VoL. XLIV नं. 4 दिसम्बर, 1998.
2. पोनेट्ट, पी.स.ज. 'द डाऊन ऑफ राँची मिशन' 1869-1885, कैथोलिक प्रेस, 1992, पृ. 97-104
3. अनुराग, फैसल, ''बिरसा शहादत शताब्दी : उलगुलान के पुर्नमूल्यांकन का अवसर'', प्रभात खबर, जून 2000; ''बिरसा आदिवासी अस्मिता के प्रतीक थे और उलगुलान स्वायत्तता का'' अभियान, अप्रैल-जून, 2000
4. अरीपरम्पिल, मैथ्यू, अबुवः राज्य, स्वराज के लिए झारखंडियों का संघर्ष, एक संक्षिप्त इतिहास, ट्राइबल रिसर्च एवं ट्रेनिंग सेन्टर, चाईवासा, 2000 (अनुवादक, बासिल मामिल ऐथे एवं सीताराम शास्त्री)
5. डेरेन, स्टीव, 'रिलिजियस मूवमेंट एज राईट ऑफ पैसेज : एन अनलाइसिस ऑफ द बिरसा मूवमेंट', कंट्रीब्यूशंस् टू इंडियन सोसयोलाजी, (न.स.) Vol. 19, नं.-2, जुलाई-दिसम्बर, 1985, पृ. 215-218
6. देवी, महाश्वेता; अरण्येर अधिकार, करूणा प्रकाशनी, 1975; जंगल के दावेदार, राधाकृष्ण प्रकाशन, नई दिल्ली, 1975; बिरसा मुण्डा (किशोर जीवनी), कथाशिल्प, 1989
7. बरला, दयामनी, ''कैसे चकनाचूर हो रहे हैं बिरसा मुंडा के सपने'', प्रभात खबर, 10 जून, 2000; ''उलीहालु दुखी है'' प्रभात खबर, 15 नवम्बर, 2000
8. सिंह, के. एस., 'बिरसा मुंडा एंड हिज मूवमेंट इन छोटा नागपुर', 1874-1901, *वी फौट टुगेदर फॉर फ्रीडम* संपादित—रवि दयाल, इंडियन काउंसिल ऑफ हिस्टोरिकल रिसर्च एंड ऑक्सफोर्ड यूनिवर्सिटी प्रेस, दिल्ली, 1995, पृ. 27-245

   'द रिलकटेंट प्रोफेट', द पाओनियर एनिवरसरी ईशु', 15 दिसम्बर, 1996, पृ.3

   'बिरसा मुंडा (1875-1900), द फ्रीडम फाईटर एंड लीडर ऑफ ट्राइबल रिसरजेंस', उलगुलान, बिरसा मुंडा स्टेच्यू कमेटी, राउरकेला, उड़ीसा, 1998.

दो शब्द

भारत की जनजातियों ने अपनी पैतृक भूमि पर बाहरी लोगों द्वारा अनाधिकार प्रवेश का किस तरह अनेक बार संगठित हिंसात्मक विरोध किया, उस पर इतिहासकारों ने नहीं के बराबर ध्यान दिया है। हाँ, सरकारी रिपोर्टों में जनजातीय विद्रोहों पर सतही तौर पर प्रकाश डाला गया है, पर इन आन्दोलनों के कारणों और सामाजिक अभिप्रायों पर ब्योरेवार अध्ययन बहुत कम मिलते हैं जो किसी स्थापित शासन के विरुद्ध जनजातियों के विद्रोह शासकों और शासितों के बीच अत्यधिक कष्ट और त्रासदी से पूर्ण गाथा प्रस्तुत करते हों। यह विद्रोह अपनी अभिव्यक्ति के लिए चाहे जो रूप ग्रहण करें, पर अन्ततः, यह शक्तिशाली के विरुद्ध शक्तिहीन एवं बलशाली, संगठित, साधन-सम्पन्न लोगों के विरुद्ध सीधे-सादे और अबोध लोगों की पहले से ही हारी, निराशाजनक स्थितियों से पूर्ण लड़ाई है। अक्सर यह वैसे संघर्ष की करुण कहानी है जो उन लोगों द्वारा लड़ा जाता रहा है जिनके विरुद्ध एक शासन ने सरासर अन्याय किया है और जो विधि-व्यवस्था कायम रखने के नाम पर अवदमित एवं अबोध जनजातियों का शोषण करनेवालों के निहित स्वार्थों को बचाने के लिए सामने आता है। 19वीं और 20वीं सदियों में जनजातियों के ऐसे अनेक विद्रोह या छोटे-मोटे उत्पात-उपद्रव हुए जिनमें से कुछ के विवरण सिलसिलेवार, व्यापक रूप से प्रस्तुत किए जाते हैं। इनमें से कुछ उल्लेखनीय हैं : बिहार का संथाल विद्रोह, खानदेश का भील-विद्रोह और पूर्वी गोदावरी जिले का रम्पा विद्रोह। ये सभी प्रतिरक्षात्मक संघर्ष रहे हैं और इनके माध्यम से जनजातियों ने अपनी भूमि या आर्थिक स्रोतों को बाहरी लोगों द्वारा हड़पे जाने से बचाने के लिए एक प्रकार से अत्यन्त निराश मनःस्थिति में आखिरी कोशिश की। ये दुःखद विद्रोह कदापि न होते, यदि तत्कालीन सरकारों ने जनजातियों की शिकायतें समझ ली होतीं और उनको दूर करने के लिए समय-समय पर कदम उठाए होते। अधिकांश स्थितियों में विद्रोह के पूर्णतः असफल हो जाने के बाद ऐसे कदम उठाए गए। पर इस बारे में अगर दूरदृष्टि अपनाई गई होती तो समय पर ही जनजातियों की निराशा और हताश मनःस्थिति को ऐसी हालत में न पहुँचने दिया जाता, जिससे उनके बीच विद्रोह का ज्वालामुखी फूटने के अलावा और कोई रास्ता न बच गया

होता। यदि ऐसे क्षेत्रों का, जहाँ विकसित वर्गों ने जनजातियों का निर्मम शोषण किया, निकट से अध्ययन किया जाए तो इस निष्कर्ष पर पहुँचना पड़ता है कि ऐसे विद्रोह उतने आकस्मिक और आश्चर्यजनक नहीं रहे हैं, जितनी हैरत में डालनेवाली बात यह है कि उन जनजातियों द्वारा, जिनकी जमीन और स्वतंत्रता आर्थिक और राजनीतिक रूप से शक्ति-सम्पन्न बाहरी लोगों ने छीन ली थी, विद्रोह की ऐसी विरल घटनाओं के स्थान पर बार-बार अधिक हिंसक विद्रोह क्यों नहीं किए गए।

अधिकांश मामलों में जनजातियों की स्थिति में गिरावट का प्रत्यक्ष और प्रमुख कारण वैसी विधि-व्यवस्था का शासन स्थापित होना था, जिसने बाहरी लोगों को जनजातीय क्षेत्रों में प्रवेश करके स्थानीय जनता का शोषण करने दिया और इन नए आगन्तुकों को एक शक्तिशाली प्रशासन का संरक्षण दिया। ब्रिटिश शासन के पूर्व, अधिकांश आदिवासी क्षेत्र किसी भी केन्द्रीकृत सत्ता के प्रभावकारी नियंत्रण से बाहर थे, और यह बात कि जनजातियों के बीच बसनेवाली बाहरी जातियाँ, एक संगठित शासन की सहायता पर निर्भर न कर सकती थीं, उन शक्तियों द्वारा स्थानीय जनता का शोषण और दमन सीमित कर देती थीं। क्योंकि न्यायालयों और पुलिस बल के अभाव में साहूकार और भूमि-हड़प-कर्त्ता स्थानीय जनजातियों के विरुद्ध अपने दावे, कानूनन, न मनवा सकते थे और चूँकि उन्हें जनजातियों के बीच रहना था, अतः हार मानकर उन्हें उन लोगों की सद्‌भावना पर ही निर्भर करना पड़ता था। यह खेदनजनक बात है कि एक संगठित प्रशासन की स्थापना ने जनजातियों को अपनी प्रभावकारी सुरक्षा से वंचित कर दिया। अब वे बाहरी लोगों और भावी शोषकों द्वारा अपने हितों पर आक्रमण से अपनी रक्षा न कर सकते थे, क्योंकि अब उन बाहरी तत्वों को अपनी हथियाई गई सम्पत्तियों को रखने के लिए एक कानूनी व्यवस्था हासिल थी।

जनजातियों के अधिकारों की रक्षा करनेवाले पहले के एक नेता बिरसा मुंडा पर सहानुभूति के साथ किया गया डॉ. सुरेश सिंह का यह अध्ययन उस दुर्भाग्यपूर्ण गठबंधन पर विलक्षण ढंग से प्रकाश डालता है, जिसमें सरकार की भावनाहीनता और अदूरदृष्टि और गैर-आदिवासी जमींदारों, साहूकारों और छोटे-छोटे अफसरों की मिलीभगत थी। वे यह बहुत अच्छी तरह स्पष्ट करते हैं कि जनजातीय अधिकारों के अतिक्रमण के कारण मुंडाओं की प्रतिरक्षात्मक प्रतिक्रिया ने धीरे-धीरे एक पुनरुत्थानवादी किस्म के मसीही आंदोलन का रूप ले लिया। बिरसा आंदोलन के इस अध्ययन से जो सबक मिलता है, उसे आधुनिक प्रशासन भूल न जाए। उनमें से कुछ अभी भी इस गलतहफमी के शिकार हैं कि अधिक पिछड़ी जनजातियों की एक ही पीढ़ी में लोगों को जोर-जबर्दस्ती या डरा-धमकाकर अपना दृष्टिकोण या जीवन-पद्धति बदलने के लिए बाध्य किया जा सकता है। वे नहीं समझते कि

यदि परिवर्तन में आवश्यकता से कहीं ज्यादा जल्दबाजी की गई तो उसकी अप्रत्याशित एवं हिंसक प्रतिक्रिया हो सकती है।

मानवशास्त्री और इतिहासविद भी इस बात के लिए डॉ. सुरेश सिंह के प्रति आभारी रहेंगे कि उन्होंने रिपोर्टों और अभिलेखों के आधार पर मुंडा जाति के एक विशिष्ट नेता की एक दिलचस्प कहानी प्रस्तुत की है। यद्यपि बिरसा मुंडा का उद्देश्य विफल हो गया, पर वे अपनी जनता के समक्ष एक ऐसी शौर्यपूर्ण गाथा और प्रेरणा छोड़ गए हैं, जिसके बल पर उन्हें उन शक्तियों के विरुद्ध अपनी सांस्कृतिक विशिष्टिता कायम रखने में मदद मिलेगी, जो जनजातीय वर्गों को स्थानीय स्तर पर मुख्य समुदायों में विलीन करने के प्रयास में लगी हुई हैं।

स्कूल ऑफ ओरिएंटल एंड अफ्रीकन स्टडीज़,
लंदन यूनिवर्सिटी

क्रिस्टोफर फौन फ्यूरेर हैमेनडोर्फ

वीर बिरसा मुण्डा
जन्म तिथि 15.11.1875
तिथि 9.6.1900
संस्कार तिथि 3.6.1967

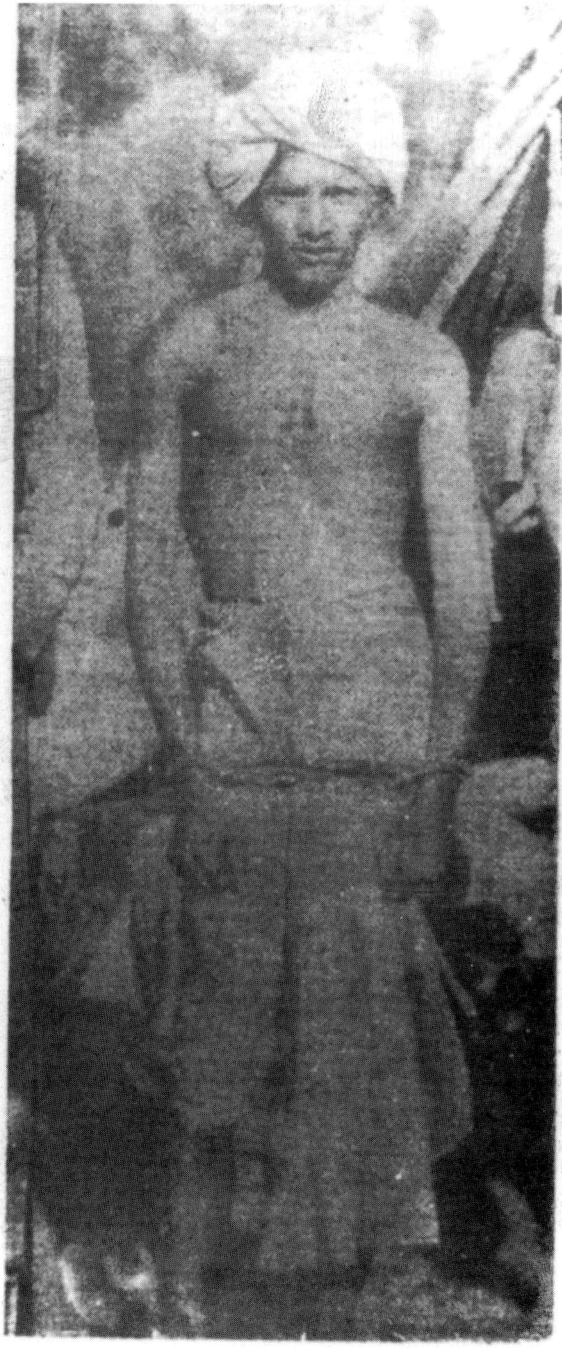

Chutia Temple

Jagarnathpur Temple

Captive Birsa

Sick Birsa

Statue of Birsa Munda at Hatia

Bloody Sail Rakab

Captured Birsaited escorted to Ranchi
(taken from Bradly-Birt's *Chhotanagpur, a Little Known Part of the Empire*)

Singing Birsaites

Birsaites at Prayer

Roman Catholic Mission, Sarwada

The German Mission at Burju

भूमिका

विश्व के कई भागों में आदिवासी और पिछड़ी जातियों के बीच चल रहे छोटे-छोटे आंदोलनों का अध्ययन अब बड़ा लोकप्रिय होता जा रहा है। इन पर अब अन्तर-विषयक दृष्टि से शोध और अध्ययन किया जा रहा है। इन आंदोलनों को जनजातीय समुदाय द्वारा औपनिवेशिक व्यवस्था के विरुद्ध छेड़े गए संघर्ष के रूप में देखा जा रहा है। इनमें जनजातियों की कराह, व्यथा और निराशा तथा स्थापित व्यवस्था की नई शक्तियों के प्रचंड आघातों से रक्षा करने की गाथा है। ईसाई धर्म के प्रभाव से उनके बीच एक नई संस्कृति जनमी और मसीहावाद ने उनके स्वर को मुखर किया। ऐसे आंदोलनों के नेताओं ने एक स्वर से उपनिवेशावाद के खिलाफ अपनी आवाज बुलंद की और साथ ही, अपने लोगों के लिए एक नए स्वर्णिम युग की परिकल्पना की।

यह खेद की बात है कि हमारे देश में ऐसे आंदोलनों पर, प्रचुर सामग्री रहते हुए भी, कम ही काम हुआ है। प्रस्तुत पुस्तक एक ऐसे ही आंदोलन और नेतृत्व की कहानी है।

इस अध्ययन की शुरूआत एक रोचक घटना से हुई। 30 दिसम्बर 1960 को मैं खूँटी से अट्ठाईस मील दूर, ऊबड़-खाबड़ पहाड़ियों की सर्पीली पंक्तियों के उस पार, बीरबांकी गाँव में ठहरा हुआ था। रात के प्रारम्भ का समय था। कुछ मुंडा उत्सवाग्नि के चारों ओर सामूहिक नृत्य करते हुए एक गीत गा रहे थे, जो बिरसा द्वारा 1900 के अन्त में छेड़े गए मुंडाओं के महान् विद्रोह (उलगुलान) के बारे में था–

भाइयो, बहनो और बच्चो,
भागो एक आँधी आ रही है,
हमारी पृथ्वी आँधी से ढँक गई,
हमारे आकाश में कुहासा छा गया,
हमारा देश बहता जा रहा है,
अब हमें रास्ता नहीं दिखाई पड़ेगा,
हमारा देश अन्धकारमय हो गया!

इस क्रांति गीत से मुझे यह शोध-कार्य करने की प्रेरणा मिली। अपने प्रशासनिक कार्यों के बोझ के कारण इस काम में मेरी उस समय कोई खास प्रगति न हुई, हालाँकि मेरा मन सुरम्य मुंडा प्रदेश और जनजीवन में रम रहा था। 22 मई 1962 को मुझे बिरसा के अनन्य साथी भरमी मुंडा द्वारा लिखित एक पांडुलिपि मिली। मैंने इस आंदोलन के बारे में लोक-गीत भी इकट्ठे किए। इस तरह धीरे-धीरे यह विषय मेरे मन में पनपता-बढ़ता रहा। इतिहास का एक विद्यार्थी होने के नाते मैंने इस विद्रोह को तत्कालीन इतिहास की पृष्ठभूमि में देखा। बाद में प्रशासनिक कार्यों से चार महीनों का अवकाश लेकर मैंने अंग्रेजी में अपना शोध-ग्रन्थ, 'बिरसा मुंडा और छोटा नागपुर में उनका आंदोलन 1874-1901' तैयार किया।

अगस्त 1960 से दिसम्बर 1962 तक मैं खूँटी के अनुमंडल पदाधिकारी के रूप में पदस्थापित था। यह एक मुंडा-बहुल क्षेत्र है। स्वभावत: उस वातावरण में इस पुस्तक का स्वरूप मेरे मन में सहज ही अपना आकार ग्रहण करता जा रहा था। यही नहीं, इस कारण मेरा प्रशासनिक कार्य मानवीय भावना से प्रेरित होता जा रहा था। मुझे यह अवसर प्राप्त था कि मैं न केवल निकट से मुंडाओं के कल्याण और विकास-कार्यक्रम का कार्यान्वयन करूँ, बल्कि उन पर उसके प्रभाव और मुंडा-परंपराओं के संदर्भ में उनकी प्रतिक्रिया का भी अध्ययन करूँ। इस तरह मैं मुंडा जीवन के प्रेरणास्रोत बिरसा मुंडा की पहचान कर सका और देखा कि मुंडाओं पर उनके प्रभाव का दायरा अभी भी कितना गहरा और व्यापक है। उसका उपयोग, विकास की प्रक्रिया तेज करने के लिए, छोटे पैमाने पर ही सही, किया जा सकता है। इस उद्देश्य से मैंने पहले चलकद में जून 1961 और फिर जून 1962 में बिरसा-मेला आयोजित किया।

इस महान् विद्रोह के लिए सामग्री जुटाने के क्रम में मैं अनेक बिरसा भगतों से मिला। ये लोग खूँटी अनुमंडल के सभी भागों एवं निकटवर्ती क्षेत्र पोराहाट में, जो सिंहभूम जिला में पड़ता है, एक अज्ञात समुदाय के रूप में रहते हैं। पहले तो मेरे प्रयोजन के बारे में वे संदेह करते रहे और अपनी सही पहचान और बिरसा तथा उनके विद्रोह के बारे में गुप्त रखी गई बातें मेरे समक्ष प्रकट करने में हिचकिचाए। इसी सिलसिले में मैं बृहस्पतिवारी बिरसा धर्मावलंबियों के गुरु लालो भगत से मिला। वे एक मामूली-से घर में रहते थे। वह मकान अपने ऊपर की ओर लगाए गए बल्लों के कारण किसी रेडियो स्टेशन जैसा मालूम पड़ता था। उनके पास एक कामचलाऊ 'टेलिफोन' था, जिससे वे अपने प्रभु से सम्पर्क स्थापित किए हुए थे। उनके पास अपने प्रभु के साथ पत्राचार के ढेर थे, जो समझ में न आने लायक लिपि में थे। उनसे मुझे अपने काम में तब तक मदद न मिल सकती थी जब तक उनको प्रभु का आदेश न मिलता। बाद में उनके पास वह आदेश आया और जब वे मुझे अपना ही समझने लगे, तब उन्होंने मुझे उपर्युक्त पांडुलिपि

का रहस्य बतलाया तथा गुप्त रखी गई अनेक बातें भी उदारतापूर्वक प्रकट कीं, और साथ ही अपने प्रभु के उपदेशों तथा रचनाओं से अवगत कराया। ये मुंडा-साहित्य के रत्न हैं, और बिरसा और उनके आंदोलन के संबंध में लोकगीतों के साथ ये मुंडाओं के संघर्ष और उनकी आकांक्षाओं को व्यस्त करते हैं। मैंने जुलाई 1962 में प्रथम संयुक्त मरंग सभा आयोजित की। उसमें दूर-दराज से बिरसा-अनुयायी पहली बार सम्मिलित हुए थे।

19वीं सदी के अन्त में हुए मुंडा विद्रोह ने किसी भी उपन्यासकार, इतिहासविद या लोकगीत संकलनकर्त्ता को कुछ भी लिखने को प्रेरित न किया, जैसा कि संथाल विद्रोह ने किया था। न ही किसी जीवनी-लेखक अथवा वृत्तांत लेखक को ही मुंडा-विद्रोहियों और उनकी संघर्ष-प्रणाली के बारे में कुछ लिखने की प्रेरणा मिली। फिर भी बिरसा और उनके आंदोलन के संबंध में, खासकर 1895 से 1900 तक की अवधि की, प्रचुर सामग्री उपलब्ध है। इसमें बिरसा के समकालीन सरवदा के रोमन कैथोलिक मिशन के फादर जौन हौफमेन के तत्संबंधी लेख, विद्रोही मुंडाओं पर चलाए गए मुकदमों के अभिलेख तथा सरकारी रिपोर्टें और तत्कालीन समाचारपत्रों की रिपोर्टें भी आती हैं। बाद में विभिन्न मिशनों की रिपोर्टों, और लेखों, जौसोज के फ्रांसीसी भाषा में लिखे 'ला मिशन द बंगाली औक्सिडेन्टल' (1921) और स्कूयेरेन के बेल्जियन मिशन ऑफ बंगाल (1912), जनसंख्या रिपोर्टों (खासकर 1921 और 1931 की) और राँची तथा सिंहभूम जिलों के गजेटियरों ने बिरसा की कहानी को चर्चा का विषय बनाए रखा। एस. बी. ब्रैडले-बर्ट ने इस संबंध में एक संक्षिप्त पर दिलचस्प विवरण तैयार किया। एस. सी. राय ने इस बारे में अपेक्षाकृत विस्तृत विवरण 'मुंडा ऐंड देयर कन्ट्री' (1912) में दिया। पर 'रिपोर्ट ऑन ऐडिमिनिस्ट्रेशन ऑफ बंगाल' में इस विषय पर सिर्फ आधे पृष्ठ की चर्चा है। अपनी मृत्यु के चालीस वर्ष बाद बिरसा को राष्ट्रीय मान्यता मिली और 19-20 मार्च, 1940 में हुए रामगढ़ कांग्रेस अधिवेशन के मुख्य द्वार का नाम बिरसा मुंडा पर रखा गया। लेकिन इस मुंडा नेता और इनके आंदोलन की गाथा देश की स्वतंत्रता के पूर्व अर्द्धविस्मृति के ही गर्भ में पड़ी रही। स्वातंत्र्योत्तर भारत में कहानियों, नाटकों और गीतों की विधाओं में बिरसा के संबंध में मानो साहित्य की बाढ़-सी आ गई। मुचिराय मुंडा ने 1951 में 'बिरसा भगवान' शीर्षक बिरसा की प्रथम जीवनी लिखी। अंग्रेजों के विरुद्ध राष्ट्रीय स्वातंत्र्य इतिहास के सन्दर्भ में बिरसा और उनके आंदोलन का मूल्यांकन हुआ। 1957 में प्रकाशित 'दी फ्रीडम मूवमेन्ट ऑफ बिहार' में और 1958 में प्रकाशित 'बिहार थ्रू एजेस' में इस आंदोलन को बिहार में अंग्रेजों के विरुद्ध आंदोलनों से जोड़ने की कोशिश की गई। 1962 में प्रकाशित 'हिस्ट्री ऑफ फ्रीडम मूवमेन्ट इन बिहार' में इस आंदोलन की चर्चा एक व्यापक प्ररिप्रेक्ष्य में करने की चेष्टा की गई है। यद्यपि स्वतंत्रता के बाद बिरसा और उनके आंदोलन पर अनेक

रचनाएँ की गईं, पर उनमें दृष्टिकोण के मामले में बराबर अन्तर रहता आया है। कुछ लोगों ने कहा कि सीधे-सादे ढंग से रहनेवाले मुंडा डरपोक थे और क्रूर दमन के कारण विद्रोह के लिए उठ सकने का साहस उनमें न था। वे सिर्फ जंगलों में बंदरों की नाईं जड़ें और कन्द-मूल चुनते आए थे। कुछ लोगों ने बिरसा को धर्मान्ध, एक मोहग्रस्त युवा, एक बच्चा बंदर, एक खतरनाक उपद्रवी, दुष्ट व्यक्ति और अर्द्ध मसीहा बतलाया है, जो अपने को दैवी शक्ति-सम्पन्न प्रदर्शित करने के लिए हल्दी के लेपन से अपने शरीर के स्वर्णमय होने और उस पर गोलियों का असर न होने देने का दावा करता था। साथ ही ऐसे लोगों ने उन्हें एक झूठा मसीहा बतलाया जो गोलियों को पानी में बदलनेवाली अपनी भविष्यवाणी को सच साबित करने में असफल हो गया था। अन्य लोगों ने बिरसा को भगवान बतलाया जो स्वातंत्र्य-संग्राम के सेनानी, एक शहीद और एक नेता थे और जिन्होंने बाहरी शासकों द्वारा अपने निहित स्वार्थों के कारण सृजित दमनकारी भूमि-व्यवस्था से पिसते हुए मुंडाओं के हितों के प्रश्न पर बहादुरी के साथ विद्रोह का झंडा उठाया और अपने लोगों को कष्टों और विपदाओं से बचाने और उन्हें न्याय दिलाने के लिए एक मानवीय अभियान का नेतृत्व किया।

तत्कालीन ब्रिटिश समाचारपत्रों ने उनके आंदोलन को मुख्यतः भूमि-संबंधी बतलाया है, जबकि भारतीय अखबारों के अनुसार वह आंदोलन राजनीतिक था। साथ ही यह भी सिद्ध करने की कोशिशें की गईं कि यह विद्रोह एक षडयंत्र था और उसका उद्देश्य आगजनी और लूट-पाट था, जिसमें बिरसा ने प्रमुख भूमिका निबाही। कुछ और अभिलेखों में, ताजगी से भरे कुछ अपवादों को छोड़कर, बिरसा-आंदोलन को सरदार-आंदोलन का प्रसार मात्र बतलाने और बिरसा को एक धर्मोपदेशक एवं सरदारों के हाथ में एक यंत्र मात्र में रूप में चित्रित करने की चेष्टा की गई है। इन स्रोतों ने बिरसा-आंदोलन के ईसाई-विरोधी और यूरोपियन-विरोधी स्वरूप पर जोर दिया है। इनके अनुसार बिरसा ने केवल सरदारों के ईसाई-विरोधी और यूरोपियन-विरोधी आंदोलन को आगे बढ़ाया और उन्होंने इसे आगजनी और तीरों के प्रहार की घटनाओं से पूर्ण कर दिया। इन स्रोतों के अनुसार दिकू नामक शोषक वर्ग के विरुद्ध मुंडाओं का आक्रोश ही आंदोलन की प्रमुख प्रेरक-शक्ति था।

दूसरी ओर बिरसा-धर्म को केवल हिन्दू एवं ईसाई धर्म के तत्वों की खिचड़ी के रूप में पेश किया गया है। बिरसा पर यह आरोप भी लगाया गया है कि उन्होंने अपने राजनीतिक साध्य तक पहुँचने के लिए धर्म को उसका साधन बनाया तथा धर्म का चोंगा पहनकर अपनी उच्च महत्त्वाकांक्षा को आगे बढ़ाया, जो पूर्णतः राजनीतिक थी।

और फिर इस संबंध में देशी विवरण भी हैं, जैसे कि बिरसा के बारे में उनके

सहयोगी भरमी मुंडा की कथा। बिरसा के एक शिष्य रोकन मुंडा द्वारा प्रस्तुत सामग्री पर आधारित जूलियस तिग्गा का लेख और रोगतो पांडुलिपि। इनमें बिरसा को मुख्यतः एक धार्मिक नेता, ईश्वर का अवतार और समाज-सुधारक बतलाया गया है, जो अपने लोगों को शासन-व्यवस्था के विरोध में संयम बरतने और अतिवादी उपाय न अपनाने की सलाह देते रहे थे।

बिरसा के संबंध में, स्नेह-श्रद्धा के साथ गाए गए सुमधुर गीत उनको मुंडा जाति के एक प्रिय योद्धा के रूप में याद कराते हैं। पर लोकगीतों को तो शुद्ध इतिहास नहीं माना जा सकता। उदाहरण के लिए उन लोकगीतों में उस बहुचर्चित कहानी की चर्चा है, जिसे काल्पनिक ही माना जाएगा। वह यह कि बिरसा-विद्रोह के समय राँची के डिप्टी कमिश्नर एच.सी. स्ट्रीडफील्ड की पत्नी सईल रकब रक्तकांड के समय अपने पति के साथ ही थीं। उस रक्तकांड के बाद वे यह दृश्य देखकर द्रवित हो उठीं कि गोलीकांड में एक बच्चा मृत माँ का दूध पीने की कोशिश कर रहा था। श्रीमती स्ट्रीडफील्ड ने अधीर होकर उस बच्चे को खुद उठा लिया और इंग्लैण्ड जाकर उसे महारानी विक्टोरिया को भेंट किया। वही लड़का आगे चलकर ब्रिटिश सार्वजनिक जीवन में ऊँचे स्थान पर प्रतिष्ठित हुआ और उसका नाम पड़ा सैमुएल होर। उसे होर नाम इसलिए दिया गया था कि इस शब्द का मुंडारी भाषा में मतलब होता है—आदमी। फिर भी यह तो मानना ही पड़ेगा कि इन लोकगीतों से मुंडाओं के बीच बिरसा की लोकप्रिय छवि उजागर होती है और उनमें जनता पर बिरसा के प्रभाव, चलकद और बाद में डोम्बारी में लोगों के बड़ी संख्या में पहुँचने का अनूठा चित्रण है।

स्वातंत्र्योत्तर बिरसा-वृत्तान्तों में बिरसा और उनके आंदोलन का संबंध भारतीय पुनर्जागरण और स्वातंत्र्य-आंदोलन से जोड़ा गया है और उसमें अहिंसा और राष्ट्रीयता के तत्व ढूँढ़ निकालने के प्रयास किए गए हैं। इन वृत्तान्तों में कहा गया है कि यद्यपि यह आंदोलन छोटा नागपुर के एक छोटे-से पहाड़ी क्षेत्र में एक मुंडा के नेतृत्व में हुआ, पर उसमें मुख्यतः धार्मिक सुधार और सामाजिक शुद्धिकरण की ही भावना परिलक्षित हुई, जैसी कि उन्नीसवीं सदी के सामाजिक-धार्मिक आंदोलनों में देखी जाती है। उन आंदोलनों से भी राजनीतिक जागरूकता और राष्ट्रीयता के विकास को बल मिला। साथ ही इस आंदोलन में अहिंसा के तत्व भी ढूँढ़ने की कोशिशें की गई हैं।

जैसा कि ऊपर कहा गया है कि इधर विश्व के कई भागों में आदिवासी आंदोलनों का अध्ययन किया जा रहा है। इनकी जो व्याख्या की गई है वह मुख्यतः अफ्रीका, अमेरिका, मलेशिया और ओसियाना के आदिवासियों के बारे में संग्रह किए गए आँकड़ों पर आधारित है। भारतीय संदर्भ कुछ भिन्न है। यहाँ पर आदिवासी अपेक्षाकृत भारतीय सांस्कृतिक दायरे से दूर नहीं रहे और उपनिवेशवाद ने उन्हें

यहाँ उतना प्रभावित नहीं किया, जितना कि अन्य देशों में जनजातियों पर उसका असर हुआ। साथ ही यहाँ आदिवासियों और गैर-आदिवासियों के बीच एक आदान-प्रदान की प्रक्रिया सामंती युग से ही शुरू हुई।

प्रशासनिक कार्य के दौरान मुझे मुंडा-भूमि-व्यवस्था को नजदीक से देखने का मौका मिला। मैंने मुंडाओं पर वैष्णव और ईसाई धर्मों के प्रभाव और मुंडाओं और गैर-मुंडाओं के पारस्परिक आदान-प्रदान का, निकट से, अध्ययन किया। इस आंदोलन से संबद्ध स्थानों और लोगों से भी मेरा परिचय हुआ।

बिरसा मुंडा और उनके आंदोलन पर मेरी अंग्रेजी पुस्तक 1966 में प्रकाशित हुई और उसका अच्छा स्वागत हुआ। 18 साल के बाद मुझे पुनः मुंडाओं के बीच आने का मौका मिला। इस बीच बिरसा मुंडा और उनके आंदोलन की मान्यता में वृद्धि हुई है। उनकी मूर्त्तियाँ स्थापित की गई हैं। उनके नाम पर संस्थाएँ और नगरीय उपक्षेत्र बनाए गए हैं और सरकार ने उनके जन्म-दिवस को सार्वजनिक छुट्टी और बलिदान-दिवस को शहीद-दिवस के रूप में मनाने की परिपाटी शुरू की है। विभिन्न राजनीतिक धाराओं के लोगों ने भी बिरसा का नाम अपने मतों से जोड़ना शुरू किया है। उदाहरण के लिए बिरसा सेवा दल ने, जो 1968-69 के करीब सक्रिय हुआ, बिरसा के नाम की दुहाई दी और जमशेदपुर में आदिवासियों ने जमीन पर कब्जा करना शुरू किया। सिर्फ मुंडारी और नगपुरिया में ही नहीं, बल्कि हिंदी और बंगला में मेरी अंग्रेजी पुस्तक के आधार पर अनेक रचनाएँ प्रकाशित हुईं। बिरसा भगतों को अब उनकी पूजा के लिए एक मूर्त्ति मिल गई है, पर अभी भी उनकी आर्थिक हालत दयनीय है, हालाँकि उनमें से कुछ लोग अच्छे कृषक के रूप में, आधुनिक कृषि तकनीक को अपनाकर, सामने आने में समर्थ हुए हैं। 9 जनवरी, 1979 को मुंडा युवकों ने 'सईल रकब'—एक नए बिरसा-मेला की शुरुआत की।

हिंदी में इस पुस्तक को लिखने में श्री लीलाधर त्रिवेदी ने जो मदद की, वह शब्दों में आँकी नहीं जा सकती। जिन मुंडा भाइयों ने इस पुस्तक के लिए सामग्री इकट्ठा करने में मेरी जो मदद की है, उनमें स्वर्गीय लालो भगत, जूरा मुंडा और गोमा भगत के नाम उल्लेखनीय हैं। स्वर्गीय जूलियस तिग्गा, एन.ई. होरो, मूचिराम, मैयाराम, भीम सिंह, तुरेन्दु मुंडा, सैमुएल नाग और दुलाईचंद मुंडा ने भी मेरी मदद की है। इस पांडुलिपि को मेरे कार्यालय के सर्वश्री विश्वनाथ महली, राजेन्द्र प्रसाद सिंह, और कौशल किशोर सिंह ने टंकित किया है, जिसके लिए मैं उनका आभारी हूँ।

कुमार सुरेश सिंह

1980

शब्दावली

असुर : लोहा बनानेवाली एक आदिम जाति, जो मुंडाओं के अनुसार कभी छोटा नागपुर में उनके आने के पहले राज करती थी।

आबा : पिता।

अखाड़ा : ग्राम-नृत्य-स्थल।

अराकती : मजदूर-भरती एजेंट।

आरंडी : विवाह-गीत।

अंवाब : विविध बकाए।

बल्वा : कुल्हाड़ी।

बैठ बैगारी : जबरन मजूरी।

भुगत बंध : भोगाधिकारयुक्त करारनामा।

भुईंहर : उन आदिवासी समुदायों के वंशधर, जिन्होंने सबसे पहले भूमि खेती योग्य बनाई और उसकी बंदोबस्ती ली।

भुईहरी : उपर्युक्त प्रकार के लोगों की भूमि।

भुईंहरी क्षेत्र : खूँटी के उत्तर-पश्चिम का क्षेत्र जिसमें सोनपुर, बेलसिया आदि पड़ते हैं।

बीरकंदर दिसुम : पश्चिमी तमाड़ और सिंहभूम के पोराहाट का जंगली क्षेत्र, जिसमें एड़की, दक्षिणी मुरहू, खूँटी और चक्रधरपुर थाने पड़ते हैं।

बोंगा : भूत।

कलकत्ता बाबू : कलकत्ता के वकील।

चंदा : स्वैच्छिक चंदा, जो राजा को दिया जाता था।

डेंवड़ा : ओझा।

धांगर : नौकर।

ढेलकुशी : गुलेल।

दिकू : वे दूसरे; आदिवासी क्षेत्र के बाहर से आये लोग; शोषक, जैसे जमींदार, साहूकार, दुकानदार;

गिति ओरा : जवान लड़के-लड़कियों की शयनशाला।
गोमके : प्रभु, स्वामी।
हासदा : खूँटी के पूर्व का मुंडा क्षेत्र, जिसमें मुरहू और खूँटी थाने पड़ते हैं।
खोरपोश : राजा के रिश्तेदार के भरण-पोषण को दिए गए गाँव या जागीर।
खसरा कोरा : सिंगबोंगा का अवतार, जिसने असुरों का विनाश किया।
खूँट : गोत्र की स्थानीय शाखा, या उप-गोत्र।
किली : गोत्र।
कोम्पाट : शुद्ध मुंडा।
कोरकर : खेतिहर द्वारा भूमि से तैयार की गई खेती योग्य भूमि।
मझियस : जमींदार की विशेषाधिकारी जमीन।
मानकी : पट्टी या कुछ गाँवों का प्रधान।
मुकर्ररीदार : पट्टा रखनेवाले।
मुलकुई लराई : सरदार-आंदोलन।
मुंडा : मुंडा जाति का सदस्य या एक गाँव का मालिक।
मुंडारी खूँटकट्ठी : मुंडाओं की मूल भूमि-काश्त एवं व्यवस्था।
नागवंशी : नाग गोत्र के शासक परिवार।
नागवंशी कुँअर : शासक परिवार के वंशज।
पाहन : ग्राम का पुरोहित या बलिदान-कर्त्ता।
पैला : नापने की इकाई।
रकुमत : विभिन्न प्रकार के बकायों का जिन्स में भुगतान।
राजहस : राजा के लिए नियमित लगानवाली बंदोबस्त के लिए उपलब्ध जमीन।
रोआ : शरीरहीन जीव।
सदान : सदानी भाषा-भाषी गैर-आदिवासी पिछड़े हिंदू।
सदानी : उपर्युक्त की भाषा।
सरना : बलिदान-स्थल।
सासन : शव गाड़ने का स्थान।
सिंगबोंगा : मुंडाओं के सर्वोच्च प्रभु।
उलगुलान : बिरसा का आंदोलन।

अनुक्रम

अध्याय 1

आंदोलन की पृष्ठभूमि

अठारहवीं शताब्दी के उत्तरार्द्ध से भारतीय उप-महाद्वीप के कई हिस्सों में जनजातियों की भूमि व्यवस्था छिन्न-भिन्न हो रही थी। इसका कारण जनज़ातीय क्षेत्रों में बाहरी लोगों का बड़ी संख्या में पहुँचना था। इन लोगों में आस-पास के क्षेत्रों से आनेवाले किसान थे, जिन्हें जमीन की बेइंतहा भूख थी और जिनके खेती करने के तरीके बेहतर थे। साथ ही इनमें व्यवसायी और व्यापारी भी थे, जिनकी निगाह दूसरों की धन-दौलत पर तेजी से जाती थी और वे उसे हड़प जाने की योजनाओं में लगे हुए थे। उस समय देश के अन्य भागों की तरह इन जनजातीय क्षेत्रों में भी ब्रिटिश सरकार की स्थापना और उसके पाँव जमने के साथ-साथ गैर-जनजातीय लोगों के बाहर से यहाँ पहुँचने में तेजी से वृद्धि हुई। जनजातियों ने इन घटनाओं का विरोध किया। उन्होंने इन बाहरी लोगों को अपने बीच से उखाड़ फेंकने के लिए कठिन प्रयत्न किए और अनेक विद्रोह किए। अपनी भूमि-व्यवस्था के क्षत-विक्षत होने और ईसाई धर्म के पैगाम के साथ पहुँचनेवाले मिशनरियों के प्रभाव के फलस्वरूप आदिवासियों द्वारा अपनी संस्कृति को पुनर्जीवन देने के भी आंदोलन हुए। इनका उद्देश्य जनजातीय समाज का, जिस पर इन नई बाहरी शक्तियों का प्रभाव तेजी से पड़ रहा था, पुनर्निर्माण करना था। इस कारण बाहरी लोगों के विरुद्ध सशस्त्र प्रतिरोध और संस्कृति को नवजीवन देने की दोहरी प्रक्रिया एक दूसरे के साथ घुल-मिल गई और उसकी परिणति मुंडाओं के उन्नीसवीं शताब्दी के अंतिम विद्रोह 'उलगुलान' में हुई। बिहार में राँची जिला और सिंहभूम जिले का उत्तरी भाग मुंडाओं के इस विद्रोह का क्षेत्र बना।

प्राचीन मुंडारी भूमि-व्यवस्था के अधीन किसी व्यक्ति या गुट विशेष के लिए कोई रियायत न थी। लेकिन मध्ययुग में सामंती व्यवस्था के प्रभाववश अलग-अलग भूमि की मिल्कियत कायम हुई। यही अशांति का मुख्य कारण हुआ। इसलिए यह निष्कर्ष निकालना गलत न होगा कि अंग्रेज शासन शुरू होने के बहुत पहले ही भूमि-संबंधी अशांति के बीज बो दिए गए थे। मुंडाओं की परम्परागत भूमि-व्यवस्था को नष्ट करने के लिए जिम्मेदार बाहरी तत्त्व थे—राजा और उसके संबंधी, जागीरदार और जमींदार, ब्रिटिश शासक और स्थानीय छोटे

अफसर। जहाँ तक भीतरी कारणों का संबंध है, जनजातीय संगठन टूट चुका था और जनजातियों के कुछ श्रेणियों के लोगों के चरित्र में व्यापक रूप से गिरावट आई थी।

हम सबसे पहले छोटा नागपुर के राजा की बात लें। वे अपने संबंधियों को खोरपोश दिया करते थे, जो जीविका के लिए अपने पर आश्रित लोगों को उसी प्रकार की काश्तें दे दिया करते थे। यही नहीं, वे लोग उन लोगों के हाथ गाँवों के पट्टे दिया करते थे जिनके वे कर्जदार होते या कर्ज लिया करते थे। इन कारणों से लोधमा, कोकरिया, गोविंदपुर और सोनपुरगढ़ में मुंडाओं की भूमि-व्यवस्था को करारी चोट लगी। पुराने जागीरदारों का, जो राजा के संबंधी थे, दमन सह लिया जाता था, क्योंकि उनमें से काफी लोग अपनी रैयतों के साथ अच्छा सलूक करते थे। यही नहीं, उन जागीरदारों का दमन इसलिए भी असहनीय नहीं बन सका था, क्योंकि खूँटी के दक्षिण भाग और तमाड़ के पश्चिमी भाग के पहाड़ी क्षेत्र में मुंडाओं के पास अभी भी काफी जमीन बच रही थी, जो आर्थिक कठिनाइयों में उनका सहारा बन सकती थी। पर उन्नीसवीं सदी में स्थिति बदल चुकी थी। तमाड़ और कोल विद्रोह के उपरान्त इस क्षेत्र, दक्षिणी खूँटी और पश्चिमी तमाड़, में जब बाहर से लोग बड़ी संख्या में पहुँचने लगे तो मुंडाओं के पास किसी तरह की अतिरिक्त जमीन नहीं बच रही। अब बाहरी लोगों का एक नया गुट उभरकर सामने आया। इसमें दिकू के नाम से परिचित जागीरदार-जमींदार थे जिन्हें उनकी असैनिक, सैनिक या धार्मिक सेवाओं के पुरस्कारस्वरूप गाँवों के पट्टे मिले थे। इनके अलावा इस नए गुट में ठेकेदार भी थे जो एक नम्बर के लोभी और दूसरों को लूटने-खाने में उस्ताद थे। 1856 में जागीरदारों की संख्या करीब 600 थी। इनमें से कुछ के पास किसी एक गाँव में जमीन थी तो कुछ 150 गाँवों में जमीन हड़पे हुए थे।

1874 तक हालात इस कदर बदल चुके थे कि पुराने मुंडा और उराँव सरदारों का प्रभाव मटियामेट हो चुका था। उनके स्थान पर अब एकाएक प्रभावशाली हो जानेवालों में गैर-आदिवासी किसान थे, जिन पर बड़े जमींदारों का वरदहस्त था और साथ ही ऐसे अन्य लोग, जो धार्मिक या भरण-पोषण के अनुदानों के रूप में मिली बड़ी-बड़ी जमीनों के मालिक बन गए थे। अब कुछ गाँव तो ऐसे थे, जहाँ आदिवासी लोग जमीन पर अपना स्वामित्व बिल्कुल ही छोड़ देने को मजबूर और पूरी तरह फटेहाल बना दिए गए थे। जो लोग पहले थोड़ी या ज्यादा जमीन के मालिक थे, वही अब खेत-मजूर बने घूम रहे थे। दिकुओं का आदिवासियों से सलूक करने का तरीका क्या था? जोर-जबर्दस्ती से या अदालतों का निर्णय अपने पक्ष में करा कर आदिवासियों की जमीन हथियाना, जमीन के असल मालिक को गलबहियाँ दे देना, फिर जमीन पर मालगुजारी लाद देना,

मनमाने तौर पर उसे बढ़ाना, रैयतों के साथ भूमि संबंधी शर्तें कड़ी कराना और उनसे खेत में जबरन मेहनत कराना आदि।

आदिवासियों के विरुद्ध खेले जा रहे इस निर्मम नाटक का प्रथम अंक इस प्रकार था। बाहर से आनेवाले नए लोगों ने राजा या उसके नाते-रिश्तेदारों द्वारा दिए गए जमीन के पट्टों के बल पर मुंडाओं और मानकियों को अपने शिकंजे में जकड़ लिया और निर्दयता, क्रूरता और हिंसा के तरीके अख्तियार कर आदिवासी भू-स्वामियों को अपनी जमीन से निकाल बाहर किया। इस तरह राजा या उसके संबंधियों से जमीन का पट्टा लिखाकर इन नव-समृद्ध, तिकड़मी भू-स्वामियों ने आदिवासियों से जो भुईंहरी जमीन ऐंठी, उस पर अपना निजी स्वामित्व स्थापित कर लिया। यदि भुईंहर की, इस अप्रत्याशित यंत्रणा के चलते, मृत्यु हो गई तो उससे छीनी गई भुईंहरी जमीन को मझियस जमीन में परिणत कर लिया। इन लोगों ने भुईंहर के जीते-जी ही अथवा उसके द्वारा, हताश होकर, गाँव छोड़ देने की स्थिति में मजबूर होने पर ऐसा घृणित काम करने में किसी तरह का संकोच न किया। समय-समय पर वे लोग अदालत का, जहाँ उनकी तूती बोलती थी, सहारा भी ले लिया करते थे। ऐसे मौकों पर वे अदालतों में अपने को जमींदार घोषित करते थे और जमींदारी तौर-तरीके अपनाकर मुंडाओं के साथ रैयतों का-सा व्यवहार करते थे। जैसा कि ऐसी स्थिति में स्वाभाविक था, वे इस काम में सहज ही सफल भी हो जाते थे। मानकियों और मुंडाओं के खिलाफ उन लोगों द्वारा दायर किए गए दीवानी या फौजदारी मुकदमों में उनके दस्तावेजी सबूत मुंडाओं के मौखिक बयानों या अलिखित परंपराओं की तुलना में कारगर हो जाते थे। उन न्यायालयों का यह हाल था कि मुंडारी खूँटकट्टी काश्त के बारे में बिल्कुल अबोध रहने के कारण वहाँ के न्यायाधीशगण मुंडा भूमि-प्रणाली और जमींदारी प्रथा के बीच का अंतर न समझ पाते थे। इसके साथ जुल्म की बात यह थी कि 1863 तक लागू वह कानून, जिसके अधीन जमींदारों को पुलिस के जैसे अधिकार प्राप्त थे, भूमि-छिन्न, निर्दोष आदिवासियों पर कहर बरपा रहा था। इसके फलस्वरूप कई मुंडारी खूँटकट्टी गाँव पूरी तरह बर्बाद हो गए और रह गया केवल उनका भग्नावशेष, जो जागीरदारों के इस नए वर्ग द्वारा आदिवासियों पर ढाए जुल्म की कहानी पुकार-पुकारकर कह रहा था।

जागीरदार-जमींदार वर्ग के दिकुओं ने जब आदिवासियों पर स्वामित्व-अधिकार लाद दिए तो उन्होंने आदिवासियों के शोषण के नए तरीके अख्तियार किए। मुंडा पहले अपने सामंती प्रधान के प्रति प्रत्यक्ष और स्वेच्छापूर्वक निष्ठा इस प्रकार प्रकट करते थे कि प्रधान द्वारा उन पर, स्थायी तौर पर, लागू किया गया चंदा पूरे गाँव से एकमुश्त वसूल कर लिया जाता था। उसके बदले मुंडाओं के इन नए प्रभुओं ने उन पर जो लगान लगाया, वह सामूहिक तौर पर नहीं बल्कि हर मुंडा किसान

को अलग-अलग देना था। इस तरह रैयतों के रूप में उनकी स्थिति को कानूनी रूप दे दिया गया।

हालात सिर्फ यहीं नहीं रुके। शोषण की कहानी हृदयहीन गति से चलती ही रही। व्यक्तिगत रूप से लगाए जानेवाले लगान के साथ-साथ मुंडाओं पर भूमि जोतने के साथ लगाई जानेवाली अन्य शर्तें और जबरन मजदूरी (बेठ बेगारी) भी थोपी गई। भूमि जोतने के साथ लगाई जानेवाली ये शर्त्तें मुंडारी खूँटकट्टी प्रणाली के लिए अजनबी थीं। 1793 में जो रुकमत और बेगारी उगाही जाती थी, वह निःसंदेह कष्टकर न थी। पहले के दिनों में जिंस के रूप में जो लगान दिया जाता था, उसका कुछ भाग कुछ दिनों तक मालिक के खेत में मेहनत करके अदा किया जाता था। वह जिंस देकर चुकाए न जा सके लगान के हिस्से को अदा करने का सुविधाजनक तरीका था। पर अब जब लगान अनेक तरीकों से अदा करने की पद्धति जागीरदारों ने शुरू की, वह मुंडाओं और अन्य आदिवासियों को गहरी चोट पहुँचाने जैसी थी। इस संबंध में एक तत्कालीन वर्णन इस प्रकार है—

> "अगर उत्पीड़क (जागीरदार) को एक घोड़ा चाहिए तो उसका दाम चुकाना पड़ेगा कोल (आदिवासी) को ही। और अगर जागीरदार की मर्जी में आया कि पालकी की सवारी करेंगे तो उसके लिए भी कोल (या कोलों) को ही जागीरदार को उसमें चढ़ाकर घुमाना भी होगा। यहाँ तक कि कोल को जागीरदार का मनोरंजन करनेवाले गायकों, उसकी दुधारू गाय और यहाँ तक कि उसके पान का खर्च भी चुकाना होगा। यदि जागीरदार के यहाँ कोई मर गया तो वह मृत व्यक्ति के शव-संस्कार के लिए कोलों पर टैक्स बैठाएगा; और यदि जागीरदार के यहाँ बच्चा पैदा हुआ तो उस मौके पर धूम-धाम के लिए कोलों पर पुनः टैक्स! यदि जागीरदार के यहाँ विवाह या पूजा हुई तो भी कोलों पर ही टैक्स! यदि ठेकेदार (नव-समृद्ध गुट के तीसरे सदस्य) को किसी अपराध के लिए कचहरी में अपराधी पाया और दंड-स्वरूप जुर्माना किया गया तो उस जुर्माने का भार भी कोलों को उठाना होगा! अथवा यदि कोल के घर कोई मर गया तो कोल पर जुर्माना लगाया जाता था मानो उस मौत के लिए वही जिम्मेदार है! अथवा यदि कोल के घर उसके लड़के या लड़की की शादी हुई तो बेचारे को उसके लिए टैक्स अदा करना पड़ेगा और लूट-खसोट और सरे-आम डकैती की निर्लज्ज एवं हृदयहीन प्रथा तब तक निर्बाध रूप से चलती जाती है, जब तक उससे ऊबकर और हारकर कोल भाग नहीं खड़ा होता। ये (जागीदार-जमींदार-ठेकेदार) अत्याचारी लोग कोल के घर से न केवल सब कुछ छीन नहीं लेते, बल्कि अपनी

मनमानी चीज हासिल करने के लिए उसे उधार लेने के लिए भी मजबूर करते हैं। यह सब कुछ गरीबों के बारे में सिडनी स्मिथ की उस प्रसिद्ध उक्ति को चरितार्थ और उजागर करता है कि गरीब आदमी को जन्म से मृत्यु तक कर्ज के भार से दबा रहना और कराहते रहना पड़ता है। ऊपर से तुर्रा यह कि तत्कालीन नव-समृद्ध शोषक गुट के तीसरे सदस्य ठेकेदार साहब जब कचहरी जाएँ या राजा साहब के यहाँ सलामी बजाने पहुँचें या किसी विवाह-पार्टी में जश्न मनाने जाएँ या सुदूर-से-सुदूर अथवा निकट-से-निकट तीर्थ-स्थानों में भगवान की पूजा करने जाएँ तो कोलों को उनके साथ जाना ही है और बिना पैसे और वह भी सिर झुकाए हुए उनकी सेवा करती ही पड़ती थी।[1]

शोषकों के इस गुट ने आदिवासियों (मुंडाओं, उराँवों आदि) को बंदिश की जिस शृंखला से बाँधा था, उसकी एक कड़ी बैठ-बेगारी या जबरन मजूरी कराना भी था। 1839 में जौन डेविडसन ने अपने एक विवरण में कहा है कि कोल अपने मालिक की उतनी बेगारी करने को तैयार थे, जो उचित मालूम पड़ती थी। इसके अंतर्गत मालिक के खेत में तीन दिन बिना कुछ लिये बोआई करना, तीन दिन अन्य काम निपटाना और तीन दिन धान रोपना और कटाई करना शामिल था। साथ ही वह उसके मकान छाने के लिए घास-फूस और बाँस भी ले आता था और मौके-बेमौके उसकी गाड़ी हाँकते हुए उन्हें सफर भी करवा लाता था। पर इस नई व्यवस्था के अंतर्गत इस परंपरागत (पर-सह्य) बेगारी का बेरोक-टोक दुरुपयोग किया गया। इससे बेजा फायदा उठाते हुए कुछ नए मालिकों और ठेकेदारों ने मझियस भूमि के एक बड़े टुकड़े पर खेती शुरू की और इसके लिए कोलों का बेइंतहा शोषण किया। शोषण का तरीका जगह-जगह भिन्न-भिन्न था। कुछ जगहों में साल में सिर्फ दो या तीन दिनों की बेगारी ली जाती थी, पर बहुत से गाँवों में रैयत को 10 से 15 दिनों तक की बेगारी करनी पड़ती थी। एक मुंडारी लोकगीत में बेगारी में फँसे एक कोल की व्यथा इस प्रकार व्यक्त की गई है—

> उफ! टहलुए की तरह बेगारी करते-करते मेरे कन्धों से खून बह रहा है।
> रात-दिन, जब देखो तब, जमींदार का आदमी मुझे तंग करता है, परेशान करता है और मैं कराह उठता हूँ।
> उफ! ऐसी है मेरी हालत!
> मेरे पास घर नहीं, मुझे खुशी कहाँ मिलेगी?
> उफ!

उन्नीसवीं सदी के पहले दशक में जब छोटा नागपुर ईस्ट इंडिया कंपनी के प्रत्यक्ष शासन के अधीन आया तो कार्य-रूप में इसका परिणाम मात्र यह हुआ कि 12,500 वर्ग मील में फैले एक जिले का प्रभारी एक अंग्रेज अफसर बनाया गया। उसके अधीन हिंदू और मुसलमान कारकुन (प्रबंधक) थे, जिन्हें अपने द्वारा शासित लोगों के बारे में न कोई जानकारी थी और न ही किसी तरह की हमदर्दी। आश्चर्य की बात है कि ऐसी स्थिति उन लोगों की थी जिन्हें अपने द्वारा शासित ऐसे लोगों के भाग्य का निबटारा करना था जिनके बारे में भारत से अपरिचित किसी भी यूरोपवासी के मुकाबले सच्चा अधिकार मिला हुआ था। पर फिर भी कुछ अंग्रेज अधिकारी थे जो मुंडाओं के साहस और सच्चाई से प्रभावित थे और वे यह भी महसूस करते थे कि जमींदारों ने उनके साथ बड़ा अन्याय किया था। डॉ. जौन डेविडसन ने लिखा है कि कोल उतने समझदार तो थे ही, जितने भारत के किसी क्षेत्र के मजदूर लोग होते थे। रिकेट्स ने अपनी एक रिपोर्ट में इस बात पर क्षोभ प्रकट किया कि अधिकारी समझते थे कि कुछ थोड़े-से अपवादों को छोड़कर, कोल इतने नासमझ होते थे कि वे न कोई पत्र ही कहीं ले जा सकते थे और न भाला ही। रिकेट्स के अनुसार अधिकारीगण कोलों को चोर और डकैत की संज्ञा देते थे और सरकारी पत्राचार में उनका जिक्र इसी रूप में करते थे। इन्हीं विचारकों के अनुसार, 1809 में ब्रिटिश शासकों ने जो तथाकथित जमींदारी व्यवस्था शुरू की, वह बिल्कुल वैसी ही थी जैसे कि किसी भेड़िए को बकरियों का चरवाहा बना दिया जाए। छोटा नागपुर के कुछ मध्यमवर्गियों को नियमित मजिस्ट्रेट नियुक्त कर दिया गया। ब्रिटिश अदालतों और खर्चीली न्याय-व्यवस्था ने भी, अनजाने ही, पुरानी भूमि-व्यवस्था को समाप्त करने में योगदान किया। यद्यपि यूरोपियन जजों और अफसरों की तटस्थता के विरुद्ध किसी भी रूप में उँगली नहीं उठाई जा सकती थी, पर मुंडाओं और उराँवों से संबंधित मुकदमों की उचित सुनवाई में उनकी अक्षमता यह थी कि वे इस प्रांत के अधिकांश लोगों द्वारा बोली जानेवाली भाषा—मुंडारी या उराँव—नहीं समझ पाते थे। दूसरी ओर स्थानीय जनता के लिए अदालतों में बोली जानेवाली हिंदी-उर्दू खिचड़ी भाषा पूरी तरह एक अनबूझ पहेली थी और इस कारण उनके लिए एक भयानक-सा सर-दर्द थी। इसका बेजा फायदा उठाते थे अदालत के अफसर, वकील आदि जो यूरोपियन अफसरों के सामने सुनवाई के लिए लाए गए मुंडाओं और उराँवों द्वारा अपनी भाषा में कही गई बातों को गलत ढंग से पेश कर यूरोपियन अफसरों से अपने पक्ष में निर्णय करा लिया करते थे।

सुनवाई करनेवाले अफसरों की इस अज्ञानता का गलत फल मिलता था अदालत में लाए गए मुंडाओं या उराँवों को। वे अपने को परित्यक्त और बेसहारा अनुभव करते थे। उनकी मानसिक दशा जड़वत् हो जाती थी। चूँकि वे उपर्युक्त

कारणों के चलते, अपना जायज अधिकार न मनवा पाते थे, इसलिए स्वभावतः पूरी सरकार की नेकनीयती में उन्हें गहरा संदेह होता जाता और वे विरोधी बन जाते। उनके साथ छोटे-छोटे पुलिस अफसर जिस तरह रोज-ब-रोज निर्दय व्यवहार करते थे, उससे सरकार के प्रति उनका संदेह और गहरा होता जाता। उनकी दृष्टि में तो दारोगा या कोई छोटा अफसर ही ब्रिटिश राज का प्रतिनिधि था। इसके पहले तो, ब्रिटिश शासन के प्रारंभिक काल में, उन्होंने कभी कोई अफसर देखा ही न था। अनेक मुंडा तो ब्रिटिश राज के प्रथम दशक में किसी अफसर का चेहरा तक देखे बगैर मर चुके थे। कोलों में एक उपजाति है, घासी। ये भूमिहीन होते हैं और अधिकतर इन्हीं के बीच से चौकीदार भरती किए जाते थे। ये लोग अपनी जीविका के लिए नौकरी पर ही निर्भर करते थे। अपनी इस दयनीय आर्थिक पर-निर्भरता के चलते घासी लोग अंग्रेज सरकार के स्थानीय अधिकारियों को खुश रखने के लिए ऐसे-ऐसे तरीके अपनाते थे जो या तो नफरत के लायक होते थे या जिन से उनकी ईमानदारी में शक की पूरी गुंजाइश थी।

नई शक्तियों के प्रभाव-स्वरूप परंपरागत मुंडा-समाज विघटन के कगार पर पहुँच गया। पाहनों और मुंडाओं की अपनी-अपनी पूर्व भूमिकाएँ बिल्कुल ही बदल गईं, जिससे मुंडाओं की भूमिका एक-ब-एक महत्त्वपूर्ण बन गई। पुराने मुंडा समाज में मुंडा लोग पाहनों के प्रमुख सहायक और दाहिने हाथ के रूप में थे। पर अब स्थिति ऐसी आई कि एक ही मूल-वंश की दो शाखाएँ—मुंडा और पाहन एक-दूसरे से भिड़ने के लिए परिकरबद्ध हो गईं। नई व्यवस्था में प्रायः सभी लोग सबसे पहले मुंडाओं के ही प्रत्यक्ष सम्पर्क में आए और उन्हें गाँव का नेता समझ बैठे। जागीरदार, व्यापारी और सूदखोर, राजस्व और दंड-न्यायालय के कर्मचारी, पुलिस-अफसर, सोक़तार (दलाल), मिशन के प्रचारक और मुख्तयार आदि ने यही किया। इस प्रकार पाहन पीछे की ओर चले गए। 'शक्तिशाली और ईर्ष्यालु देवताओं' और मुंडा समाज के बीच में 'बिचौलिए' अर्थात् पाहनों का स्थान ले लिया मुंडाओं ने जो एक तरह से विदेशियों और अपनी भूमि के बीच में बिचौलिए बन चुके थे। लगान की रसीदें मुंडाओं के नाम काटी जाने लगीं। मुंडा तो पाहन की ओर से सड़क-उपकर (रोड-सेस) का विवरण भरने लगे। चूँकि मुंडाओं को नए काम सौंपे गए और क्षेत्र के बाहर से आए लोगों की निगाह में उन्होंने नया अधिकार ग्रहण किया, इसलिए पाहनों के मुकाबले मुंडाओं ने अपनी स्थिति मजबूत बना ली और पाहन विस्मृति के गर्भ में खोए गाँव के एक पुरोहित मात्र बनकर रह गए। इस कारण दोनों के बीच ठन गई और बात यहाँ तक बढ़ी कि उन दोनों के लिए तीसरे पक्ष (जागीरदार-जमींदार-ठेकेदार) को जो भी भुगतान देने थे, वे उसे देने से इंकार कर देते थे। सबसे बड़ा जमींदार इस कारण उन पर बकाए के लिए मुकदमा चलाता था और मुकदमे में हार जाने पर उनके गाँव बेच दिए

जाते थे। इसके अलावा यह भी हुआ कि मुंडा, जो पहले मात्र अपने समाज में, बराबर लोगों के बीच प्रथम का स्थान रखता था, अब बाहर से इस क्षेत्र में आए जमींदारों की भाँति अपना वैसा अधिकार दिखाने लगा जो उसकी वास्तविक स्थिति को देखते हुए बहुत ज्यादा था। कुछ मामलों में ऐसा हुआ कि जमींदारों ने उन्हें जमीन देकर अपने पक्ष में करना चाहा और उसके तथा उनके जात-भाइयों के बीच फूट डालने की कोशिश की। इसके फलस्वरूप समूचे मुंडा समाज को खतरनाक परिणाम भुगतने पड़े। क्षत-विक्षत मुंडारी खूँटकट्टी गाँव इस प्रक्रिया के साक्षी हैं।

यह स्मरणीय है कि मुंडारी भूमि-व्यवस्था के विघटन का असर सभी जगह एक-सा नहीं हुआ। जिस क्षेत्र में बिरसा-आंदोलन शुरू हुआ, वह ऐक्यबद्ध मुंडारी खूँटकट्टी-प्रणाली का अभेद्य गढ़ था और अभी भी है। नई व्यवस्था में उसके लिए वास्तविक खतरा दूर का ही था, पर आस-पास के क्षेत्रों में मुंडारी भूमि-व्यवस्था जो बिखरने लगी, उससे विस्फोटक स्थिति पैदा हो गई और भूमि-संबंधी असंतोष की धारा ने उसे ओत-प्रोत कर दिया। सरदार लोग इस असंतोष से फायदा उठाने के लिए ऐसे लुब्ध हो उठे, जैसे मधुमक्खी मधु के प्रति हो उठती है, और वे लोग उस क्षेत्र पर जैसे चारों ओर से छा गए। सरकार के प्रति लोगों की भूमि-संबंधी शिकायतों को खूब बढ़ाया-चढ़ाया। जब पुरानी भूमि-व्यवस्था तमाड़, सोनपुर या भुईंहरी क्षेत्र में समाप्त हो गई (इन्हीं क्षेत्रों में 1859 से 1880 तक सरदारों का आंदोलन चला था), तो सरदारों ने कहा कि मुंडारी खूँटकट्टी व्यवस्था बस थोड़े दिन की मेहमान है। फिर भी इस क्षेत्र में तत्काल कोई भूमि-समस्या नहीं थी। यहाँ मुंडा लोग अभी भी अपने अधिकारों और विशेष सुविधाओं का उपभोग कर रहे थे। वे जिस क्षेत्र में थे, वह पहाड़ी था, वहाँ आबादी विरल थी और खेती के लायक कोई खास जमीन भी न थी। यही कारण था कि बिरसा-आंदोलन का आरंभ में धार्मिक स्वरूप था।

मुंडारी भूमि-व्यवस्था का विघटन मात्र आर्थिक घटना न थी। उससे पुरानी समाज-व्यवस्था की जड़ें तक हिल गई थीं। मुंडा जाति के इतिहास में पहली बार उनके सामाजिक ढाँचे में लुटेरे तत्त्व मजबूती के साथ जम गए थे। वे फल-फूल भी रहे थे और उनकी तादाद बढ़ रही थी। गाँवों से शांति और एकता की भावना लुप्त हो चुकी थी। यद्यपि यह सही है कि मुंडाओं के गाँव सबसे अलग-थलग जनजाति इकाइयाँ न थीं, पर वहाँ मुंडाओं से भिन्न लोग, जैसे कि बुनकर, लोहार आदि सामाजिक और आर्थिक तौर पर मुंडाओं पर निर्भर थे। दूसरी ओर, पुरानी भूमि-व्यवस्था समाप्त होने के बाद जो नए, प्रभुता-सम्पन्न तत्त्व उभरकर सामने आए, उन्होंने ग्रामीण संगठन का भूमि-आधार छिन्न-भिन्न कर दिया। उस समय सामाजिक स्थिति ऐसी थी मानो समूचे क्षेत्र में तेज तूफानी हवा वेगपूर्ण गति से चल रही हो। पुराने, मंद-गति जीवन के स्थान पर एक नए ही प्रकार का चंचल,

अशांत जीवन धीरे-धीरे जमता जा रहा था। गाँव, परिवार और मुंडा जाति के नैतिक मूल्य जड़-मूल से चरमरा उठे थे और लोगों के आपसी संबंधों की कड़ियाँ तेजी के साथ शिथिल होती जा रही थीं।

मुंडाओं की संस्थाओं पड़हा और पंचायत को क्षय रोग ग्रस गया था। गाँवों के पुराने प्रधानों तथा अन्य सभाओं का स्थान छीन लिया था दिकुओं ने, जिनके अंतर्गत आते थे महाजन, और लगान-वसूली के छुटभैये अधिकारी। अब सामाजिक विवाद अंग्रेज शासन और उसकी अदालतों के सुपुर्द किए जाने लगे थे। इसका मतलब हुआ कि विवादों को सुलझाने के लिए मुंडा संस्था पड़हा का अंत। मानकी पहले इस संस्था की अध्यक्षता करते थे। इस प्रकार ऊपर से थोपी गई इस नई न्याय-व्यवस्था ने मुंडाओं के सामाजिक ताने-बाने को तोड़-मरोड़ डाला। पहले सामाजिक विवादों पर फैसला देनेवाले मानकी, ग्राम-प्रधान और गाँवों की पंचायतें अब म्रियमाण संस्थाएँ मात्र बनकर रह गई थीं। उनकी विशेषता यह थी कि वे विवादों की सुनवाई के समय न केवल विवादों का ध्यान रखते थे, बल्कि जातीय रस्म-रिवाजों का भी। साथ ही वे सुनवाई के अपने अधिकारों का प्रयोग इस प्रकार करते थे कि अपने प्रभावोत्पादक फैसलों के जरिए जातीय रस्म-रिवाजों पर किसी तरह का दाग न लगने दें। अब उनके फैसले के विरुद्ध अपीलें सुनने लगे छुटभैये स्थानीय अधिकारी।

पुरानी से नई व्यवस्था के बीच के इस संक्रमण काल में सबसे ज्यादा क्षतिग्रस्त हुए मुंडा जाति के नैतिक मूल्य। मुंडा अपनी सच्चाई, ईमानदारी और सादगी के लिए मशहूर थे। पर कुछ मुंडा ऐसे भी निकल आए जो नए शोषकों के प्रहार से मतिशून्य हो गए और धोखेबाजी और भ्रष्टाचार पर उतर आए। नए शोषक-वर्ग ने पुरानी भूमि-व्यवस्था को समाप्त करने के क्रम में मुंडाओं के विरुद्ध मुकदमों में उन्हें गवाह बनाया, पर इसका कुछ खास फल न हुआ। अपना चरित्र चंद सिक्कों पर बेचने को तैयार हो जाने से मुंडा झूठी गवाही की कला में माहिर न होने के कारण जिरह के आगे झट से टूट जाते थे।

नए समय में मुंडाओं के मन-मस्तिष्क पर दबाव पड़ा और उनकी सामाजिक-नैतिक प्रणाली शनैः-शैनः विघटित होने लगी। इसका एक स्पष्ट लक्षण यह सामने आया कि अनेक मुंडा जीवन के कठोर यथार्थ से पलायन करते हुए अन्य स्थानों को भागने लगे। इसी क्रम में उन्नीसवीं सदी के उत्तरार्द्ध में सामने आई अराकती की प्रथा, जिसके अंतर्गत कुछ लोग असम प्रांत या आस-पास के स्थानों के चाय बागानों में कुलियों की भरती के लिए एजेंट का काम करते थे। यों चाय की पत्तियाँ तोड़ने के मौसम में बतौर कुली का काम करने लिए मुंडा लोग छोटा नागपुर के आस-पास के जिलों और यहाँ तक कि कलकत्ता तक चले जाते थे और इस प्रकार वे अपनी आर्थिक आवश्यकताओं की पूर्ति करते थे। अब

बात ऐसी थी कि अपने बाप-दादों द्वारा विरासत से छोड़ी गई जमीन लेने और अपने तथा अपने परिवार के भरण-पोषण का साधन जुटाने के लिए असम के चाय-बागानों में जाकर चाकरी करने के अलावा उनके सामने और कोई रास्ता न था। 1864 से 1867 तक चार वर्षों के भीतर बाहर जानेवाले ऐसे मुंडाओं तथा अन्य जनजातियों की संख्या 12,369 थी। चाय-बागानों में कुलीगीरी के लिए जानेवालों में हर जाति और जनजाति के सदस्य थे, पर उनमें आधा से ज्यादा आदिवासी (मुंडा) थे। उनकी कुल संख्या 6,590 थी जिनमें 368 मुंडा, 1058 उराँव और 1586 भुइयाँ थे।

कुलियों की भरती करनेवालों—अराकतियों ने स्थानीय अधिकारियों के साथ मिलकर जनजातियों की नैतिकता को गिराने में मानो तूफान बरपा कर दिया। ये लोग अधिकतर अपराधशील जनजातियों में से थे और जगह-जगह लगनेवाले साप्ताहिक बाजारों में सक्रिय रहा करते थे। ये बाजार इनके शिकारगाह थे। ये परित्यक्त और निराश प्रेमियों, पतियों के व्यवहार से असंतुष्ट पत्नियों, गृह-बधुओं और अविवाहित लड़कियों को तरह-तरह के प्रलोभनों से फँसाने की कोशिश करते थे। इस मानव-चौर्य-कार्य में मुंडा खुद भी किसी से पीछे न थे। उनमें से अनेक घूस लेकर अपने भाइयों और बंधु-बांधवों की चोरी करवा देते थे और एजेंट के सुपुर्द कर देते थे।

मुंडा-समाज के विघटन का दूसरा लक्षण था बड़े पैमाने पर शराबखोरी। यद्यपि मुंडा साधारणतः हड़िया (भात का मद्य) पीने के खिलाफ न थे, पर अड़की या महुआ की शराब चुलाना ऐसा आकर्षण था जिसके लोभ से बचना मुश्किल था। शराब की बिक्री पर भारी कर लगा हुआ था, पर वह इतना भारी न था कि उसे शराबखोरी बंद करने का कारगर अस्त्र बनाया जा सकता। शराब चुलाने की भट्टियाँ और शराब की दूकानें करीब दस-दस मील या उससे भी कम दूरी पर स्थित थीं और अपना व्यापार धड़ल्ले से चला रही थीं। बाजार के दिनों में ऐसा होता था कि शराबबंदी लागू करने के लिए नियुक्त अधिकारियों की नाक के ठीक नीचे गाँवों की सुदूरस्थ झोंपड़ियों तक बिक्री के लिए शराब पहुँचा दी जाती थी। महुआ की शराब का सेवन करनेवाले झगड़ालू और अपराध कार्य करनेवाले बन जाते थे, जबकि भात से बनी शराब (हड़िया) केवल चित्त को खुशनुमा अनुभव प्रदान करती थी।

बिरसा के आंदोलन में भूमि-संबंधी एवं धार्मिक प्रश्न एक-दूसरे के साथ संश्लिष्ट थे। भूमि-संबंधी संघर्ष सामाजिक प्रश्नों को लेकर होता है। बिरसा आंदोलन ने ऐसे संघर्ष के भी रूप में न केवल राजनीतिक समस्याओं का हल ढूँढ़ने की कोशिश की, बल्कि मुंडा जाति में फैली सामाजिक बुराइयों के भी हल का प्रयास किया।

मुंडा संस्कृति : प्रभाव और परिवर्तन

बिरसा ने अपने समाज को पुनर्जीवन देने का जो बीड़ा उठाया, उसकी पृष्ठभूमि मुंडाओं की विविध सांस्कृतिक समस्याएँ थीं। इस शताब्दी के आरम्भ में एस. सी. राय और जौन बैपटिस्ट हौफमैन ने मुंडा जाति के सांस्कृतिक ढाँचे में निहित तत्त्वों की छान-बीन शुरू की थी। बिरसा ने जिस प्रकार अपने समाज की बुराइयों को साफ-साफ सामने रखा और उनको दूर करने की कोशिश की, उससे प्रकट होता है कि मुंडा इन तत्त्वों के बारे में पहले से ही सजग थे।

जहाँ तक मुंडा संस्कृति का संबंध है, उस पर तीन प्रमुख बाहरी शक्तियों का प्रभाव पड़ा। ये शक्तियाँ थीं–असुर, हिंदू और ईसाई।

अन्य मुंडाओं की भाँति बिरसा भी इस बात से पूर्ण परिचित थे कि अपने समय में असुरों का राज्य विशाल क्षेत्र में विस्तृत था और उनके "आग भट्टे और धातु गलाने के बाद अवशिष्ट पदार्थ" समूचे प्रदेश में फैले हुए थे। असुरों के बारे में मुंडाओं और उराँवों दोनों की ही धारणा है कि वे ही भूत-प्रेतों के जन्मदाता हैं। मुंडाओं और असुरों के बीच युद्ध के बारे में असुर कथा (सोसोबोंगा) में जो स्मरण-गीत आते हैं, उनसे इस बात का प्रमाण मिल जाता है कि असुरों का व्यापक प्रभाव था। इस कथा के जरिए पाहनों द्वारा भूत-प्रेतों की पूजा उचित ठहराई जाती रही है। इन भूत-प्रेतों में सर्वप्रधान स्थान सिंगबोंगा को दिया गया। मुंडाओं ने अनुभव किया कि असुरों का यह प्रभाव अनुचित है, क्योंकि इससे उन लोगों के सामाजिक जीवन में बहुत बड़ी-बड़ी बुराइयाँ आ गई थीं। जादूगरिनों और भूत-प्रेतों का डर लोगों के मन में बैठ गया था और समाज में जादू-टोना आदि का प्रचलन शुरू हो गया था।

मुंडाओं के सर्वोच्च ईश्वर सिंगबोंगा की चर्चा सबसे पहले असुर-कथा में आई है। उन लोगों के प्रथम देवता हरम असूल या हरम होड़ो यानी बूढ़े आदमी का आह्वान, जो जोआर या धन्यवाद-ज्ञापन के समारोहों में किया जाता है। इसके अलावा सेंगल दाः (अग्नि-वर्षा) और सृष्टि के बारे में असुर-कथा के वर्णन अभी भी आदिवासियों को स्मरण हैं–

> "एक बार जब पूरी दुनिया आबादी से भरी-पूरी थी तो सिंगबोंगा ने अग्निवर्षा की। उसमें सभी लोग मर गए। केवल दो व्यक्ति–एक भाई और बहन–बच गए। एक नगीरा (प्रेतात्मा) ने इन दोनों को केवड़े द्वारा खोदे गए एक गढ़े में छिपा लिया। उसके बाद, उसी क्षण, सिंगबोंगा अंतर्ध्यान हो गए और फिर उनको किसी ने नहीं देखा। और फिर छुरा लेकर लोग वापस आए। फिर इन्हीं दो आदमियों–पुरुष और उनकी पत्नी से बाद में सभी आदमियों की उत्पत्ति और नई सृष्टि का आरंभ हुआ।"[2]

दसौलीबोंगा यानी गाँव की रक्षा करनेवाली प्रेतात्मा और नगीरा आदि कुछ ऐसी प्रेतात्माएँ थीं, जिन्होंने मुंडाओं की जिंदगी तबाह कर रखी थी।

ऐसे प्रमाण मिलते हैं कि मध्ययुग के आरंभ में हिंदू धर्म और खासकर सूर्य तथा देवी की उपासना-पद्धति तमाड़ में प्रचलित थी। सांस्कृतिक दृष्टि से पंचपरगना के मैदानों से होकर वैष्णव धर्म ने मुंडा-प्रदेश में प्रवेश किया। कांची और करकरी नदियों की घाटियों में मंदिरों के जो अवशेष मिलते हैं, वे संभवतः पाँच या छः सौ वर्ष पुराने हैं। वे इस बात के सबूत हैं कि उन पर सुदूरस्थ भुवनेश्वर की वास्तुकला का प्रभाव है। पंचपरगना में कभी मुंडा बड़ी संख्या में रहते थे। इसका पता इससे चलता है कि वहाँ चोकाहातु में एक बड़ी कब्रगाह है, जिसमें शव गाड़ने के बड़े पत्थर पाए जाते हैं। उस क्षेत्र में अनेक गाँवों के नाम मुंडाओं के स्थानों के नामों जैसे हैं। मुंडा प्रदेश में प्रवेश और अपने प्रभाव-विस्तार का एक और प्रमुख स्थान खूँटी के पश्चिम का क्षेत्र है, जिसे मुंडा नगुरी दिसुम कहते हैं। इस क्षेत्र में दोएसा, सिसई, पालकोट और बसिया पड़ते हैं, जहाँ से होकर मुंडाओं पर सदान संस्कृति का प्रभाव पड़ा।

निचले क्षेत्रों में रहनेवाले मुंडाओं पर वैष्णव धर्म का अमिट प्रभाव पड़ा। जैसा कि अन्य सभी जगहों की जनजातियों के साथ हुआ, इतिहास के मध्य युग के अंत में मुंडा भी हिंदू धार्मिक आंदोलनों के प्रभाव में आए। महाप्रभु चैतन्य नीलाचल से मथुरा जाते हुए झारखंड से होकर गुजरे, जिससे आदिवासियों में से अनेक उनके भक्त हो गए। झारखंड शब्द का प्रयोग श्री चैतन्यचतिरतामृत में मिलता है। मुंडा क्षेत्र के बिनंद दास ने मुंडारी भाषा में भक्ति-रस के गीत गाए। पंचपरगना में अनेक ऐसे कवि हुए जिन्होंने अपनी रचनाएँ सदानी और पंचपरगनिया भाषाओं में कीं। इनमें सर्वाधिक विश्रुत कवि बुद्धू बाबू थे। इनका निवास-स्थान तमाड़ के अंतर्गत बंबई कुंडी में था। इन्होंने राम और कृष्ण के चरित पर मुंडारी, सदानी और पंचपरगनिया भाषाओं में काव्य-कृतियाँ कीं। उनकी मृत्यु उन्नीसवीं सदी के अंत या संभवतः बिरसा-आंदोलन के बाद हुई। पंचपरगना नए धार्मिक तथा सामाजिक लहरों से पूर्णतः आप्लावित हो उठा। वैष्णव धर्म का प्रभाव राँची के पूर्वी भागों के केवल कुछ थोड़े-से परिवारों तक ही सीमित न रहा। विभिन्न व्यक्ति-समूहों जैसे गोसाइयों, मांझियों, तांतियों, स्वांसियों और अधिकारियों ने भी वैष्णव धर्म के प्रभाव-विस्तार और प्रसार में महत्त्वपूर्ण भूमिका निबाही, हालाँकि उनका तरीका कुछ-कुछ भोंडा, मूल सिद्धांत से हटा-सा एवं विजातीय विचारों से प्रभावित था। इन लोगों का वैष्णवमत प्रचार-कार्य पूरे मुंडा क्षेत्र में हुआ और वे अभी भी मुंडा क्षेत्र में वैष्णव प्रभाव के दूरस्थ प्रहरी जैसे हैं।

कबीर-पंथियों के भी अनुयायी मुंडा प्रदेश में पाए जाते हैं, पर उराँवों में उन लोगों की संख्या कहीं ज्यादा है। एक ऐसा समय भी था जब वे लोग काफी

सम्माननीय थे और कुछ गाँवों में तो एक मुंडा परिवार में कम-से-कम एक कबीरपंथी होता ही था। तोरपा में कबीरपंथी मुंडाओं में से अधिकांश ने ईसाई धर्म अपनाया। ईसाई धर्म अपनानेवाले पौलुस पाहन को तोरपा के बड़ाइक के कबीर-पंथी पुरोहित से मालूम हुआ कि कबीर हिंदू सुधारक थे और यह संयोग की ही बात थी कि वे उस समय हुए जब यूरोप में मार्टिन लूथर ने विद्रोह का झंडा उठाया था। कबीर ने हिंदुओं में मूर्ति-पूजा और जातिवाद को समाप्त करने की कोशिश की, यद्यपि वे उस काम में सफल न हो सके। कबीर के उपदेश कुछ मान्यताओं तक ही सीमित थे, जिनके अंतर्गत उपवास तथा कुछ प्रकार के भोजन से परहेज आदि आते हैं। कबीर-पंथी मुंडा जाति-प्रथा में विश्वास नहीं रखते। अच्छे आचरण का समर्थन करते हैं तथा सभी जीवों के प्रति दया एवं परमपिता का सच्चाई एवं निष्ठा के साथ ध्यान रखने में दृढ़ विश्वास करते हैं।

स्वांसियों ने भी मुंडाओं को प्रभावित किया और उनके तथा मुंडाओं के बीच सौहार्दपूर्ण संबंध थे। वे जाति से बुनकर थे और उनमें से कुछ कबीर पंथी थे। चौलीबासा का ब्रजराम, सोहराइ और दीना इस समुदाय के कवियों में से थे। इन लोगों ने पंचपरगनिया भाषा में सामाजिक, नैतिक और धार्मिक विषयों पर प्रार्थनाएँ और गीत रचे। ये लोग शराब पीते और मुर्गों, बकरों, चिड़ियों और जंगली जानवरों का मांस खाते हैं, पर गोमांस से परहेज करते हैं। उन्हें भूत-प्रेतों और इनके लिए बलिदान में विश्वास नहीं है। पर स्वांसियों में से जो मुंडाओं के साथ रहने लगे, वे उन लोगों की जीवन-पद्धति के साथ धुल-मिल गए। स्वांसियों ने जिस वैष्णव मत का प्रचार किया, उसका रूप भक्तिपरक वैष्णवमत से भिन्न था। उन लोगों ने उसमें भागवत के प्रलय-प्रसंग के साथ-साथ हनुमान, राम और कृष्ण की कथाएँ जोड़ीं और उसके अलावा सामान्य लोगों के लिए सीधी-सादी-सी नीति-विषयक संहिता भी रखी।

हिंदू (सदान) धर्म और मुंडा धर्म के बीच आपसी आदान-प्रदान के फलस्वरूप मुंडाओं ने सर्वोच्च हिंदू देवताओं में से शिव को महादेव बोंगा और पार्वती को चंडी बोंगा के नाम से अंगीकार किया। हिंदुओं के ही प्रभाव के चलते मुंडा-त्योहारों में दसई (दशहरा), करमा, फागू, जितिया और महादेव मंडमेला त्योहार भी जुट गए। वैष्णवधर्म प्रभावित कवि विनंददास ने करमा त्योहार संबंधी अपनी कविताओं और गीतों में अपने धार्मिक विचार प्रस्तुत किए। उन्होंने मुंडाओं को अपने विचारों के प्रति आकर्षित करने के लिए एकमात्र यही रास्ता श्रेयस्कर समझा।

गीतात्मकता से ओत-प्रोत करमा गीत मुंडाओं के लिए 'विजातीय', 'आसानी से समझ में न आने लायक' और यहाँ तक कि 'अरुचिकर' भी क्यों न हों, फिर भी मुंडाओं ने हिंदू संस्कृति के प्रभाव के कारण उनको अंगीकार किया

है। मुंडाओं के बीच में ये गीत जिस तरह व्यापक रूप से लोकप्रिय और जन-सामान्य का दिल लुभानेवाले हैं, उससे उपर्युक्त तथ्य स्पष्ट हो जाता है। मुंडाओं के पहले से चले आनेवाले चार लोकनृत्य थे—जदुर, मागे, जापी और रचा। इनमें अंतिम दो में भी सदानी गीत गाए जाते हैं। हिंदू धर्म के प्रभाव के चलते इनमें ये तीन नृत्य और जुट गए—लहसुआ, डोमकच और पैका (तलवार-सज्जित सैनिक नृत्य)। विभिन्न भूत-चिकित्सक होने का दावा करनेवाले ओझाओं द्वारा फूँकझाड़ में प्रयुक्त जादू-मन्तर में अधिकांशतः सदान भाषा के शब्द हैं। यह इस बात का प्रमाण है कि अंधविश्वास की अंधी दुनिया में भी मुंडाओं और गैर-मुंडाओं का पारस्परिक आदान-प्रदान चल रहा था। यहाँ तक कि मुंडाओं के विवाह-समारोहों में कुछ विधि-विधानों के नाम हिंदी में हैं, जिनका उद्गम-स्थल निर्विवाद रूप से हिंदू प्रभाव है। खूँटी के अधिकांश मुंडा गोमांस नहीं खाते। तमाड़ के मुंडाओं पर हिंदू आहुति के प्रभाव के चलते आदिवासी संस्कृति का प्रभाव नष्ट हो गया। यहाँ उनमें से कुछ ने हिंदू वर्णव्यवस्था तक अपना ली, बहुविवाह प्रणाली शुरू की और रखेलिनें भी रखने लगे। उन्नीसवीं सदी में बाहरी लोगों के, जिन्हें आदिवासी दिकू कहकर पुकारते हैं, आने के पूर्व कालचक्र ने जनजातियों और गैर-जनजातियों (सदान) को सामाजिक और आर्थिक दृष्टि से एक सुसंगठित ढाँचे में एकीकृत कर दिया था। झारखंड क्षेत्र में आ बसे इन गैर-जनजातीय लोगों ने मुंडाओं का सामाजिक और आर्थिक प्राधान्य स्वीकार करते और उसका आदर करते हुए स्वयं अपनी उपयुक्त भूमिका से जनजातीय गाँवों में स्वतः पूर्णता एवं आर्थिक स्वावलंबन की स्थिति लाने में योगदान किया। इन सदानों के अंतर्गत आते थे तांती या स्वांसी (बुनकर), घासी (जो मुंडाओं के विवाह समारोहों में गायकों का काम करते थे और आमतौर पर मछुओं का काम करते थे), भोगता (जो चावल पीसने का काम करते थे), लोहार, डोम आदि।

जहाँ तक मुंडाओं का संबंध है, वे इन लोगों को बाहरी (दिकू) नहीं समझते थे, वरन् अपने समाज का अंग ही मानते थे। मुंडाओं और गैर-मुंडाओं के कई वर्गों का एकीकरण इस तरह हो गया था कि उन दोनों की जीवन-पद्धति एक जैसी ही हो गई थी। नामकरण-संस्कार, विवाह, दिनों और महीनों के नाम, घर के वर्त्तन, औजार और हथियार, कपड़े-लत्ते, मकान और यहाँ तक कि दोनों की बोलचाल की भाषा भी कई क्षेत्रों में एक जैसी थी। पाहन गाँव के सामाजिक जीवन का प्रधान था। उसका प्रभाव बहुत-से गैर-मुंडाओं के घर भी पहुँच चुका था।

संगठित ईसाई मिशनों और उनकी सुनियोजित कार्रवाइयों के चलते प्रथम बार मुंडाओं और अन्य आदिवासियों पर किसी धर्म का गहरा प्रभाव पड़ा। वैष्णव धर्म का प्रभाव सीमित था। उसके विपरीत ईसाई धर्म अपनी लपेट में मुंडाओं को तो लाया और उनके क्षेत्र में बहुत गहराई तक प्रवेश कर गया। साथ ही ईसाई

धर्म और संस्कृति उन क्षेत्रों में भी पहुँचे जो दुर्गम पहाड़ियों के बीच अवस्थित थे। इस प्रकार ईसाई धर्म के कारण आदिवासियों में सांस्कृतिक परिवर्तन की गतिशील प्रक्रिया ने काम करना शुरू किया।

छोटा नागपुर के आदिवासी-बहुल क्षेत्र में ईसाई धर्म के प्रचार का बीड़ा सबसे पहले गोस्सनर ईवैंजेलिकल लूथर मिशन (जी. ई. एल.) ने उठाया। 1844 में बर्लिन के पेस्टर जौन ईवैंजेलिस्ट ने चार मिशनरियों को भेजा। ये लोग सबसे पहले कलकत्ता आए। वहाँ उनकी मुलाकात जिन थोड़े-से कोल कुलियों से हुई, उनका विनयी भाव और खुशमिजाजी देखकर वे लोग बहुत प्रभावित हए। उन्होंने मन-ही-मन सोचा कि ऐसे सीधे और सरल लोगों को ईसाई धर्म स्वीकार करने के लिए आसानी से प्रभावित किया जा सकता था। बस वे लोग राँची की ओर चल पड़े और वहाँ मार्च 1845 में पहुँच गए। पर अपनी आशाओं के विपरीत वे 1850 तक किसी भी आदिवासी को ईसाई धर्म स्वीकार करने पर राजी न कर सके। अंत में निराशा और खीझ के साथ उन लोगों ने फादर गोस्सनर को लिखा—फादर, हमने जमीन में खूब जमकर जुताई की, जमीन अच्छी तरह खोदी और उसमें बीज भी डाला। पर दुर्भाग्य की बात है कि उस बीज से अभी तक कोई फल नहीं निकल सका। गोस्सनर ने जवाब दिया कि अभी वे वहीं ठहरे रहें, इंतजार करें और अपनी सफलता के लिए भगवान से प्रार्थना करें। इस सलाह के अनुसार वे ठहरे रहे और सफल होने के लिए प्रार्थना करते रहे। तब जाकर उन्हें अपने काम में सफलता मिली। उराँव जनजाति के चार आदमियों ने ईसा मसीह का नाम पहले से सुन रखा था। वे इन पादरियों के पास आकर ईसाई बने। मुंडा सबसे पहले अक्टूबर 1851 में ईसाई बने। फिर तो मुंडाओं और उराँवों के बीच ईसाई धर्म अपनाने का काम धीरे-धीरे बढ़ने लगा। 1860 में उनमें से ईसाई धर्म अपनानेवालों की संख्या 1,227 और 1868 में यह संख्या बढ़कर 12,108 हो गई। 1857 में जो गदर यानो अंग्रेजों के विरुद्ध भारतीयों की प्रथम क्रांति हुई, उसमें मिशन और ईसाइयों को अपने धर्म प्रचार कार्य में धक्का लगा, पर उसका असर अल्पकालिक ही रहा। इस क्षेत्र में इसी क्रांति की आग से ईसाई धर्म और भी शुद्ध और विजयी बनकर निकला। मुंडा क्षेत्र के जंगलों के भीतरी भागों में मिशन केन्द्र स्थापित हो गए। बुरजू में मिशन केंद्र 1869 में स्थापित किया गया, गोविन्दपुर में 1870 में और अमलेशा (तमाड़) में 1901 में। मुंडा क्षेत्र के इर्द-गिर्द क्षेत्र में सबसे पहले चाईबासा मिशन 1865 में बना और फिर चक्रधरपुर में 1893 में। टकरमा में 1873 में, लोहरदगा और चैनपुर में 1892 में और खूँटी टोली में 1895 में मिशन केंद्र स्थापित हुए। 1895 तक स्थिति यह हो गई कि छोटा नागपुर में तेरह मिशन स्थापित हो चुके थे और मुंडाओं, उराँवों तथा अन्य जनजातियों के 40,000 व्यक्ति ईसाई धर्म में दीक्षा ले चुके थे। राँची में मिशन की स्थापना की स्वर्ण जयंती 1895

में मनाई गई। उससे सिद्ध हो गया कि ईसाइयों का प्रभाव तब तक काफी बढ़ चुका था।

उसके बाद ईसाई धर्म-प्रचार के मैदान में आए सोसाइटी और दी प्रोपोगेशन ऑफ गोस्पेल (एस. पी. जी.)। 1869 में जर्मन मिशन में फूट पड़ जाने के कारण इस मिशन का उदय हुआ। मुरहू मिशन की स्थापना हुई। इस मिशन के अन्य केंद्र थे मरगहदा, गुरटू और तपकरा आदि स्थानों में। 1885 में छोटा नागपुर में ईसाई धर्माध्यक्ष (बिशप) का पद सृजित हुआ।

उन्नीसवीं शताब्दी में मुंडा क्षेत्र में ईसाई धर्म-प्रचार के मैदान में सबसे बाद आए रोमन कैथोलिक मिशन (आर. सी.), पर उन्हें सबसे ज्यादा सफलता मिली। 1887 में उन लोगों ने 15,000 लोगों को ईसाई बनाया। 1897 में यह संख्या बढ़कर 39,567 हो गई और 1900 में 71,270।

जिस मुंडा क्षेत्र में बिरसा और उसके साथ सरदारों की कार्रवाइयाँ होने वाली थीं, उसका केंद्र स्थान बंदगाँव, सरवदा (1882), डोल्डा और बुरुडीह के गिरजाघरों से घिरा हुआ था। इस प्रकार उसे चतुर्भुजीय क्षेत्र कहा जाता था। मुंडा क्षेत्र में बुरुडीह में रेवरेण्ड स्टौकमैन ने अपने सर्वप्रथम कैथोलिक केंद्र की स्थापना की। यह केन्द्र दक्षिणी खूँटी की एक पहाड़ी की अधित्यका पर था। पर यह केंद्र बिजली, पानी और बाद में आग से जून 1876 में नष्ट हो गया। कैथोलिक मिशन के अन्य केंद्र करो (1891), खूँटी (1892-96), डोरमा (1889-1900) और तोरपा (1886-89) में थे। कैथोलिकों के इन चार केंद्रों में सबसे अधिक आकर्षक सरवदा का मिशन केंद्र था। वह यूरोप के शानदार और स्मारक-से लगनेवाले ईसाई पूजा-मंदिरों (कैथीड्रल) के नमूने पर बनाया गया था। सरवदा मिशन केंद्र ईश्वर के प्रति विश्वास के स्थायित्व का बोध कराता था। वह इस उद्देश्य से बनाया गया था कि आनेवाले युगों में इस बात की घोषणा करता रहे कि मुंडा क्षेत्र एक कैथोलिक क्षेत्र था और भावी आदिवासी ईसाई समुदाय का केंद्र। 1880 में ईसाइयों द्वारा किए गए आदिवासियों के पथ-प्रदर्शक कार्यों से सरवदा केंद्र का संबंध था। इस केंद्र के भवन का निर्माण-कार्य 1897 में शुरू हुआ और धीरे-धीरे उसमें प्रगति होती रही। 1909 में भवन बनकर तो तैयार हो गया, पर इस पर छत तब तक भी न बन सकी थी। यों भवन और सब अर्थों में पूरा बनकर तैयार हो चुका था।

सच पूछा जाए तो ईसाई धर्म छोटा नागपुर की जनजातियों की समस्याओं के हल के लिए प्रथम व्यावहारिक और मानवीय प्रयास था। किसी गाँव के मिशनरी आदिवासी ईसाइयों को एक साथ जुटाकर प्रार्थना करते थे और बीमारों के घर जाकर उनके स्वास्थ्य लाभ के लिए प्रार्थना करते थे। इस तरह घर-घर घूमने के बाद वे अपने ईसाई भाई-बंधुओं के साथ उनकी खुशी के मौकों पर खुशी मनाते और दुःख में दुःखी होते थे। आदर्श मिशनरी ईसाई धर्म-प्रचारक था, जो केवल

ईमानदार पर अबोध ईसाई आदिवासियों से नहीं घिरा रहता था, बल्कि जो एक महान् देशी ईसाई संस्था का केंद्र बिन्दु था। उसे अनेक गिरजाघरों की देख-भाल करनी पड़ती थी और कई देशी पादरियों पर नियंत्रण रखना पड़ता था। यही नहीं, यह मिशनरी अपने अधीन सभी को प्रभावित और प्रेरित करता था। वे सभी मार्ग-दर्शन और परामर्श के लिए उसी की ओर देखते थे। कोशिश यह रहती कि नौजवानों को, व्यापक अर्थ में, एक अच्छी ईसाई शिक्षा दी जाए जिससे वे अपने पाँवों पर खुद खड़े हो सकें और जीवन-भर मिशन पर ही आर्थिक रूप से निर्भर न रहें। साथ ही युवकों को ईसाई पद्धति से शिक्षित करने का एक उद्देश्य यह भी था कि वे और लोगों के समक्ष ईसाई धर्म को इस रूप में पेश करें कि वह किसी को सभ्य बनाने और उन्नत करने का एक माध्यम है, न कि केवल धर्म-परिवर्तन कराने का एक साधन।

मुंडारी साहित्य के विकास और उसे ठोस रूप देने के काम में भी मिशनों ने योगदान किया। जे. सी. ह्विटले ने अंग्रेजी में प्रथम मुंडा व्याकरण तैयार किया। उनके बाद इस काम को स्मिट और हौफमेन ने आगे बढ़ाया। इन लोगों ने न्यू टेस्टामेन्ट और बाइबिल का मुंडारी में अनुवाद किया। इस काम को बाद में ए. नौट्रौट ने सफलतापूर्वक आगे बढ़ाया। उन्होंने 1871 में मुंडारी प्राइमर और मुण्डारी भजन-पुस्तिका भी तैयार की। उसी साल उन्होंने मुंडारी व्याकरण भी तैयार किया, जिसे बाद में पी. वैगनेर ने अंग्रेजी में अनूदित किया। ए. नौट्रौट ने 1895 तक मुंडारी में न्यू टेस्टामेंट का अनुवाद पूरा कर दिया और पवित्र बाइबिल का मुंडारी अनुवाद 1913 तक पूरा किया। जर्मन मिशन ने अन्य स्थानों के अलावा बुरजू और चाइबासा में स्कूल खोले। मिशन ने गोविन्दपुर और तकरमा में लड़कों और लड़कियों के लिए होस्टल और 1890 में राँची में एक अस्पताल भी शुरू किया।

मुंडा संगीत और नृत्य के बड़े प्रेमी रहे हैं। उनके इस शौक का उपयोग करते हुए जी. ई. एल. मिशन और विशेषकर मोराविया के पादरियों ने एक नए ढंग की संगीत धुन शुरू की जिसे भजन कहा जाता है। जिन देशी पादरियों, ईसाई धर्मोपदेशकों और स्कूल के मास्टरों ने इन भजन-गीतों की धुनें और शब्दावली तैयार की, वे उसी प्रकार की संगीत प्रेरणा से प्रेरित थे, जैसे पुरानी नृत्य-धुनों को तैयार करनेवाले मुंडा संगीत लेखक। फिर भी इन नई भजन धुनों का सृजन करने वालों पर, अनचाहे ही जर्मन संगीत का प्रभाव था, जिसमें वे रोज अपने ईसाई-प्रार्थना गीत गाया करते थे। एक तरह से यह अनिवार्य भी था। ये नए भजन परंपरागत मुंडा लोकनृत्य और गान से स्वभावतः कुछ भिन्न थे। इनके साथ नई बात यह थी कि इनको गाते समय बैठकर एक लय के साथ तालियाँ बजानी पड़ती थीं। ये भजन और इनके साथ के नृत्य बड़े लोकप्रिय हुए। बिरसा भी इनसे प्रभावित हुए बिना नहीं रह सका और उसकी प्रार्थनाएँ और गीत भी इन भजनों

के राग में ही गाए जाते थे। इन भजनों द्वारा ईसाई धर्म के तत्त्वों को लोकप्रिय बनाने की कोशिश की जाती थी, जैसे कि ईश्वर परम है तथा अन्य बातें। कुछ भजनों में लौकिक बातों का भी वर्णन किया जाता। इस प्रकार ऐसा रास्ता तैयार करने की कोशिश की गई कि ईसाई धर्म को मुंडा समाज सहर्ष अपना ले। इस संबंध में निम्नलिखित उद्धरण उल्लेखनीय है–

> "हमारा उद्देश्य है कि ईसाई धर्म को देशी जाति (आदिवासियों) के लिए प्रस्तुत करें। हम ऐसा उनके प्रति विरोध भाव से नहीं, बल्कि इस उद्देश्य से कर रहे हैं कि उनकी आकांक्षाएँ पूरी हों, वे अपनी परंपरागत संस्कृति के स्थायी मूल्य की रक्षा कर सकें और साथ ही इसलिए भी कि वे ईसाई धर्म में से केवल उतने को स्वीकार करें जो उनके अपने विश्वासों और रस्म-रिवाजों के अनुकूल प्रतीत हो। यह कोई मामूली काम नहीं। इस प्रकार हम उन पर ईसाई धर्म थोप नहीं रहे हैं, बल्कि उनकी विधर्मिता को रूपान्तरित कर रहे हैं। किसी जीवंत समुदाय के निर्माण का यही एक रास्ता है। इसी प्रकार ऐसा वातावरण बन सकता है, जिससे किसी देशी समुदाय का पुनः एकीकरण स्थापित हो सकेगा है।"[3]

ईसाइयों के प्रभाव से अब मागे परव की जगह फरवरी की फसल कटनी का समारोह मनाया जाने लगा। पुराना शासन नव दीक्षित ईसाइयों का कब्रगाह बनाया गया। ईसाई आदिवासियों को यह शिक्षा दी गई कि वे यौन-संबंधों में शुद्धता का अपना नियम बरकरार रखें। मुंडाओं के बीच महिलाओं के प्रसव काल में जो पवित्रता बरती जाती है, उस पर जोर दिया गया और एक ही पत्नी रखने के आदर्श को सुंदर माना गया। शराब चुलाना निषिद्ध करार दिया गया। हड़िया (सड़े भात की शराब) को आदमी के पतन का लक्षण बतलाया गया। भूत-प्रेतों को प्रसन्न करने के लिए बलिदानों को मुंडा समाज में कालान्तर में आ गई बुराइयों का कारण बतलाया गया।

जर्मन और ऐंग्लिकन मिशन प्रचलित सामाजिक बुराइयों, जैसे कि मद्यपान, विधर्मिता के द्योतक नृत्य आदि के विरुद्ध कड़ा रुख अपनाते थे, जब कि इस संबंध में रोमन कैथोलिक मिशन का रुख बहुत हद तक उदार था। मुंडाओं और अन्य जनजातियों के बीच ईसाई धर्म के प्रसार के रास्ते में दो प्रमुख बाधाएँ थीं। प्रथम तो यह कि गैर-ईसाई जनजातियों में से अधिकांश में अध्यात्म की आवश्यकता और इस बारे में आकांक्षा का पूरी तरह अभाव था और वे नशीले पदार्थों के सेवन और नृत्य-गान आदि में फँसे रहना ही अपने जीवन का परम लक्ष्य समझती थीं; दूसरी यह कि उन लोगों के समक्ष भूमिहरण की बड़ी विकट

समस्या थी। इन बाधाओं को दूर करने का जर्मन और ऐंग्लिकन मिशनों का नुस्खा यह था कि ईसाई मुंडा शराब और ग्राम-नृत्यों से बिल्कुल दूर रहें। पर ग्राम-नृत्य उनके जीवन से घुले-मिले थे, हालाँकि उनमें कम-से-कम कुछ तो निश्चय ही उद्दाम, स्वतः स्फूर्त एवं अनियंत्रित-से होते हैं। भूमि-समस्या की वजह से मुंडाओं आदि के मन में जो अस्थिरता थी, उसके कारण ऐंग्लिकन मिशन न तो भली-भाँति जम पाया और न ही अपने काम का विस्तार कर पाया। सभी मिशनों ने अराकतियों आदि बाहर के लिए मजदूरों के भरती करानेवालों के खिलाफ आवाज उठाई। साथ ही मिशनों ने ईसाई आदिवासियों के बीच व्यापक मद्यपान के विरुद्ध संयम-आंदोलन भी शुरू किया।

नया धर्म अपेक्षाकृत कम खर्चीला था। इसमें दीक्षा लेनेवाले आदिवासी भूत-प्रेतों और जादूगरनियों के चंगुल और आतंक से बच गए जिससे कि वे ईसाई बनने के पूर्व अत्यधिक परेशान और भारी भय की मनःस्थिति में रहते थे। ईसाई धर्म अपनाने के बाद अब उन्हें स्थाई ओझा को फीस न देनी पड़ती थी। ईसाई धर्म ने मुंडाओं के बीच आत्मा की धारणा को लोकप्रिय बनाया, हालाँकि मुंडाओं में से अनेक पहले से हिन्दू धर्म के प्रभाव के चलते आत्मा का अस्तित्व स्वीकार करते थे। ईसाई धर्म-प्रचारकों ने पुरोहिती, जादू-टोने और भूत-प्रेत संबंधी पुराने ख्यालों पर कसकर हमला किया। लेकिन कुछ जर्मन मिशनरियों ने चर्च को आर्थिक दृष्टि से स्वावलंबी बनाने के लिए जमीन दान में लेना शुरू किया और हर परिवार पर एक चर्च-टैक्स भी लगाया।

हौफमैन के अनुसार असुरों की कथा, अग्नि-वर्षा की गाथा तथा मुंडाओं के पुराने धन्यवाद-ज्ञापन समारोह इस बात के प्रतीक थे कि मुंडा लोग तेजस्वी किस्म के एकेश्वरवाद में विश्वास रखते थे। ईश्वर के सबका पिता होने के बारे में यह सिद्धांत तैयार किया गया। उन्होंने लिखा है कि सबसे पुरानी अवशिष्ट जाति, मुंडा एवं अन्य जनजातियों द्वारा मानवों एवं अन्य जीवधारियों का मूल उत्पत्ति-स्रोत भगवान को मानना न केवल एक समझदारी की बात है, बल्कि अत्यावश्यक रूप से अच्छी भी। वे लिखते हैं—

> "मुंडाओं का मूलतः यह विश्वास है किं सृष्टिकर्त्ता सभी मनुष्यों का पिता है। इसलिए वे लोग उसे हड़म अर्थात् सभी का मूल या पिता मानते हैं। एकेश्वर की यह धारणा पैतृव्य (पितृ धारणा) से उद्‌भूत है। ऐसा इस कारण कि भगवान ही हमें जीवन देता है और साथ ही दुनिया की सभी आवश्यक एवं अच्छी वस्तुएँ भी। यह धारणा उनके जीवन के सभी अत्यधिक महत्त्वपूर्ण अवसरों पर स्वतः ही अभिव्यक्ति पाती है। उनकी इस धारणा ने, शायद आर्यों के साथ उनके संपर्क के कारण, एक दूसरी ही धारणा का रूप ले लिया

जिसके अनुसार ईश्वर सम्राट एवं सर्वोच्च प्रभु है जो मनुष्यों तथा अन्य सांसारिक पदार्थों के जीवन को तो नियंत्रित करता ही है, उनकी रक्षक आत्माओं को भी जीवंत करता है। एकेश्वरवाद का यह स्वरूप असुर कथा पर आधारित है, जिसमें सृष्टिकर्त्ता को सिंगबोंगा कहा जाता है। यह धारणा मुंडाओं के मन-मस्तिष्क में इस प्रकार रूपायित हुई है जिससे मुंडाओं में यह विश्वास उत्पन्न हुआ है कि सृष्टिकर्त्ता (भगवान) अपने सभी प्राणियों का स्नेहसिक्त पिता है, जिसके प्रति सभी को असीम विश्वास रखना चाहिए।"[4]

कोल जातियों में इस धारणा के विरूपित हो जाने का कारण मिशनरियों ने यह बतलाया कि उन पर हिंदुओं का प्रभाव पड़ गया था। मूलतः तो कोल अपनी प्रकृति से प्रतिभाशाली थे और उन्हें मनुष्य जाति के सुदूरतम अतीत की मनमोहक स्मृतियों थीं। अपनी प्रवृत्तियों में वे भी एकेश्वरवादी ही थे, पर हिंदू राजाओं के शासन के अधीन कई सदियों तक रह जाने के कारण दुष्टात्माओं के पूजक हो गए और मद्यपान के जहर में पूरी तरह डूब गए। मिशनरियों के अनुसार ऐसा इसलिए हुआ कि वे आक्रामक हिंदुओं के विरुद्ध सीना तानकर खड़े न हो सके। इसका फल यह हुआ कि न केवल उनका समाज बल्कि धर्म भी हिंदू सिद्धांतों के रंग में रँगता गया और वे हिंदुओं के बीच सबसे निचली जाति के माने जाने लगे। स्मरण रहे कि ये वही लोग थे जो कभी एक बार आदिवासी क्षेत्र के गर्वोन्नत लोग थे। पर यहाँ यह उल्लेख करना ही पड़ता है कि हौफमैन द्वारा सायास प्रस्तुत यह विवरण जनजातियों के इतिहास और धर्म की गलत धारणा के अलावा और कुछ भी नहीं है, जैसा कि विश्व में सभी स्थानों की अन्य जन-जातियों के साथ हुआ है। मुंडा अपने इतिहास के समय के उस चरण में इस श्रेय के अधिकारी नहीं माने जा सकते कि उनमें एकेश्वरवाद की विकसित धारणा थी। और न यह बात ही सही है कि उनके समाज की सभी बुराइयों की जड़ में बाहरी लोगों का प्रभाव काम कर रहा था। ये बुराइयाँ, जैसे कि मद्यपान और अंधविश्वास उनके बीच अभी भी मौजूद हैं, जिससे यह सिद्ध होता है कि उनके समाज में इन बुराइयों की जड़ें काफी गहरी रही हैं। जैसा कि सभी स्थानों के प्राचीन धर्मों के बारे में सही है, मुंडाओं के प्राचीन धर्म का निचला आधार जादूगिरी की भ्रांत धारणा पर कायम था। आरंभ में धर्म के नाम पर जादू-टोना ही चलता था और भगवान स्वयं जादू-टोना करनेवालों के आराध्य के रूप में माने गए थे। एकेश्वरवाद के बारे में मुंडाओं के विचार बहुत कुछ अस्पष्ट-से थे। वे एक भगवान को तो मनाते ही थे पर उसके साथ अन्य देवताओं पर भी उनका विश्वास था जो एक प्रकार के बहुदेववाद का ही एक रूप था। इस शताब्दी के तीसरे या चौथे दशक में इस प्रश्न पर व्यापक रूप से वाद-विवाद चला कि प्राचीन जनजातियाँ

एकेश्वरवाद में विश्वास करती थीं या नहीं। जर्मनी के प्रमुख कैथोलिक मानव-शास्त्री पीटर डब्ल्यू. स्मिट और उनके शिष्य एव. गुसिके की यह धारणा थी कि प्राचीन जनजातियों का एकेश्वरवाद या एक ही सर्वोच्च प्रभु में मुख्य रूप से विश्वास था जो आगे चलकर दूषित और विरूपित होकर, अनाध्यात्मवादी विचारों और जादू-टोना के प्रभाव के चलते, धुँधला और अस्पष्ट-सा हो गया। कैथोलिक मिशनरी हौफमैन ने कैथोलिक मानव-शास्त्रियों की इस विचारधारा को मुंडाओं के बारे में अपने अध्ययन पर भी लागू किया। मुंडाओं का धर्म आधारभूत रूप से बहुदेववादी यानी अनेक आत्माओं में और खासकर पैतृक आत्माओं में उन लोगों के विश्वास पर आधारित था। हाँ, वे अपने सर्वोच्च प्रभु सिंगबोंगा के एक अस्पष्ट-से प्रभुत्व में विश्वास रखते थे।

मिशनरियों की कार्रवाइयों के फलस्वरूप भूमि-आंदोलन में गतिशीलता आई। ईसाई धर्म स्वीकार करनेवाले मुंडा समुदाय के लोग अधिक जागरूक, संगठित और उद्धत हो गए। सब बातों को ध्यान में रखते हुए बिशप व्हिटले द्वारा मुंडाओं समेत अन्य जनजातियों पर ईसाई धर्म के सांस्कृतिक प्रभाव का मूल्यांकन उचित मालूम पड़ता है—

> "ईसाई धर्म इन जनजातियों के बीच काम करते हुए इस प्रयोजन में सफल हुआ है कि वह इन लोगों को दुष्टात्माओं की पूजा और अत्यधिक मद्यपान के दुष्प्रभाव से मुक्त कर सका है। इस प्रकार जब वे अधिक संजीदा हो गए तो उनके स्वभाव के बौद्धिक पक्ष को विकास का अवसर मिला। शिक्षा ने स्वभावतः उनके विचारों का दायरा विस्तृत किया और फलतः सरकार और कानून के बारे में उनकी जानकारी में वृद्धि हुई तो वे जमींदार के कारिन्दों की दयामात्र पर निर्भर रहने को बाध्य न रहे। और न ही अब उन्हें साहूकार ही धोखा दे सकता है। उन्हें अब जाली रसीदों और रिपोर्टों से भुलावे में नहीं रखा जा सकता। उनका अस्तित्व अब स्वतंत्र हो गया है। वे अब दस्तकारियाँ, जैसे कि बढ़ई आदि के काम सीख गए हैं और इस हालत में हैं कि खेत मजदूर के रूप में काम करने के बजाए अधिक मजदूरी या ज्यादा पारिश्रमिकवाले कार्य कर सकें। इसमें संदेह नहीं कि ईसाई विचारों और उदाहरणों का गैर-ईसाइयों पर प्रभाव पड़ा है। इसका कारण यह है कि जो आदिवासी ईसाई धर्म अपना चुके हैं, वे अब चारों ओर घिरे अज्ञान के अँधेरे में मशाल लेकर चलनेवालों की भूमिका अदा कर रहे हैं।"[5]

जनजातियों पर अन्य संस्कृतियों के प्रभाव की तरह, ईसाई धर्म ने भी, उनके

तौर-तरीकों में परिवर्तन किया। कुछ रस्म-रिवाजों का, जो मुंडाओं की परंपरागत नैतिकता से मेल नहीं खाते थे, उनके जवीन में प्रवेश हुआ। हौफमैन लिखते हैं–

> "जर्मन ऐंग्लिकन मिशनरियों ने बुद्धिमानी के बजाए शक्ति से अधिक काम लेते हुए इस बात पर जोर दिया कि मुंडा लोग पारस्परिक अभिवादन स्वरूप एक-दूसरे से हाथ मिलाया करें। इसी तरह उन लोगों ने मुंडाओं के बीच इन यूरोपियन रस्म-परिवारों की शुरूआत की जिनका संबंध ईसाई धर्म से कतई न था। बाद में ऐंग्लिकन और कैथोलिक प्रार्थनागृहों में भी इन लोगों के लिए दो चटाइयाँ बिछाई जाने लगीं जो प्रार्थना-कार्य में सहायक के रूप में काम करते थे। ऐसा लगता है कि न तो लूथरन न ऐंग्लिकन और न कैथोलिक मिशनरियों ने ही कभी इस बात पर विचार किया कि उन लोगों ने जनजातियों के लिए ये बिल्कुल नए रस्म-रिवाज शुरू करके अपने इर्द-गिर्द के जन-जातीय समुदाय की भावनाओं को कितना गहरा धक्का पहुँचाया है। जन-जातीय लोगों ने यह शिकायत भी कि वे अपनी महिलाओं को गिरजाघर में रविवार को होनेवाली सर्विस (प्रार्थना) में लाने में असमर्थ हैं। दूसरी ओर मुण्डाओं एवं अन्य जन-जातियों में से जिन लोगों ने अभी तक ईसाई धर्म न अपनाया था, इस बात पर आतंक की भावनापूर्ण चिन्ता प्रकट की कि ईसाई धर्मवाले मुण्डाओं को अत्यधिक पवित्र कर्तव्यों का उल्लंघन करने के लिए दुष्प्रेरणा दे रहे हैं। उन्होंने लोगों से कहा कि जब से यह नया धर्म (ईसाई धर्म) हमारे देश में आया है, ईसाई लोग ऐसे-ऐसे पाप कर रहे हैं जिनके बारे में पहले कभी न सुना गया था। और, ऐसी स्थिति में जैसी कि उम्मीद की जा सकती है, उस समय की सभी बुराइयों को ईसाइयों के पापों का दण्ड बतलाया गया। ऐसी अन्य बातों से प्रकट होता है कि आधुनिक यूरोपियन मिशनरियों द्वारा इस दंभपूर्ण भावना से मुक्त न हो पाना कितना खेदजनक है कि जो कुछ भी यूरोपियन है, वह दुनिया की तमाम चीजों से ज्यादा बेहतर और सही है। यही कारण है कि वे मुण्डाओं की उन प्रथाओं की आलोचना करते हैं जिनके बारे में वे कुछ भी नहीं जानते और न ही जानने की कोशिश करते हैं।"[6]

मुण्डा जाति विवाह की पवित्रता पर जोर देती रही है। यह कार्य उन लोगों ने प्रभावशाली प्रतीकों की सुस्पष्ट और मुखर भाषा में किया है। साथ ही उन लोगों ने "अत्यधिक कड़े प्रतिबन्ध लगा रखे हैं जिनमें जाति-बहिष्करण एवं जाति से

निष्कासन की व्यवस्था भी है।" यही नहीं, उन लोगों ने इन नियमों का तिरस्कार करनेवालों की, अपराधियों की तरह प्रभावकारी ढंग से, सार्वजनिक निन्दा की व्यवस्था भी कर रखी है। मुण्डाओं ने 'उत्कृष्ट एक पत्नीव्रत' की जो कड़ी व्यवस्था कर रखी थी उसके विरुद्ध उनके अविवाहित युवकों में यौन नैतिकता में ढिलाई और विवाहित मुण्डा दम्पतियों में वैवाहिक निष्ठाहीनता का क्रम शुरू हो गया था और वैवाहिक सम्बन्ध टूटने लगे थे। ऐसा इस कारण संभव हो सका कि मुण्डा युवक और युवतियाँ कुलियों के रूप में असम के चाय बागानों में बड़ी संख्या में अपने क्षेत्र से बाहर जाने लगे थे, जहाँ उन्हें अपने गाँवों के बड़े बूढ़ों द्वारा लगाए गए प्रतिबन्धों का कोई भय नहीं रह गया था। ईसाई और गैर-ईसाई मुण्डाओं के बीच बढ़ती जानेवाली दरार के फलस्वरूप और अन्य कारणों से मुण्डाओं की पड़हा और गिति ओड़ा (ग्राम शयनशाला) जैसी संस्थाओं का विघटन भी शुरू हो गया था।

ऐसी बात नहीं कि मुण्डा इन बातों के प्रति जागरूक न थे। बाहर से ताजी हवा का एक झोंका-सा आया था। संथालों में जो खरवार-आन्दोलन हुआ, उससे भी मुण्डाओं ने सबक लिया।

खरवार आन्दोलन

यह कह सकना कठिन है कि खरवार-आन्दोलन और बिरसा-आन्दोलन के बीच कोई प्रत्यक्ष संबंध था या नहीं, पर इन दोनों के बीच उल्लेखनीय समानताएँ थीं।

संथालों के खरवार-आन्दोलन के पीछे यह भावना निहित थी कि वे अपनी जाति के प्राचीन स्वर्णयुग की ओर फिर वापस चले जाएँ जबकि खरवार (संथालों का प्राचीन जनजातीय नाम) ग्राम्य सौन्दर्य से ओतप्रोत चम्पा में सुख के साथ रह रहे थे। इनका बाद का इतिहास उनके इस शान्तिपूर्ण जीवन के सर्वथा विपरीत था। 1855-56 का संथाल विद्रोह इस बात की राजनीतिक अभिव्यक्ति जैसा था कि संस्थालों के मन-मस्तिष्क में अपनी जाति की पुरानी स्मृतियाँ अभी भी कायम थीं। भगीरथ मांझी द्वारा प्राचीन मूल्यों की पुनःस्थापना का जो आन्दोलन छेड़ा गया, इसके पीछे मुख्य रूप से सामाजिक प्रयोजन कार्य कर रहे थे। इस आन्दोलन की जड़ें मुख्य रूप से भूमि संबंधी समस्याओं में थीं। उसके पीछे एक प्रकार का सीधा-सादा नकारात्मक-सा न्याय-सिद्धान्त काम कर रहा था कि उसी पर उनका राजनीतिक मतवाद आधारित था। किसी भी आदमी ने न तो भूमि का झाड़-झंखाड़ ही साफ किया था और न जमीन ही जोती थी। यदि ऐसा किया था तो सिर्फ हमारे तुच्छ समझे जानेवाले लोगों ने। इसीलिए उनके सिवा किसी भी आदमी को फसल में हिस्सा पाने का अधिकार नहीं था। अपने इस लक्ष्य की सिद्धि के लिए जो रास्ता अपनाया, वह धार्मिक या भक्तिपरक था। अपने इस आन्दोलन की

धारणा के अनुसार केवल बाहरी जमींदारों की देवी सिंहवाहिनी की ही पूर्ण अनुरक्ति के साथ पूजा की जानी चाहिए थी और उसके बाद संथालों के देवता सूर्य की। अन्य देवताओं की पूजा पर निषेध लगाया गया। सभी गंदे जानवरों और पक्षियों जैसे कि सूअरों और मुर्गे-मुर्गियों को पूरी तरह समाप्त कर देने का विधान किया गया। मद्यपान और नृत्य पर भी पूरी रोक लगाई गई। दैनिक, साप्ताहिक और वार्षिक पूजा का विधान किया गया जिसमें वार्षिक समारोह में योग के रूप में चीनी, घी, मिठाइयाँ और बकरे तथा एक जोड़ा कबूतर अर्पित करने की व्यवस्था थी। धार्मिक आन्दोलन तीन उपपंथों में विभक्त हो गया। ये उपपंथ थे—सफा होड़, बाबाजिया या भिक्षुक और आधे मन से पूजा करनेवाले अर्थात् भेल बरागर। आन्दोलनकारियों को भविष्यवाणी के अनुसार, खरवार स्वर्णयुग का उसी समय नवविहान होनेवाला था जब जाति के सभी शत्रुओं का सफाया हो चुका होगा और संथाल उपपंथों की संख्या रहस्यपूर्ण 'बारह संख्या' तक पहुँच चुकी होगी।

बाद में खरवार लोग भूमि बंदोबस्त व्यवस्था से कतई सन्तुष्ट न हुए। वे केवल यही चाहते थे कि जैसा प्राचीन काल में उनकी जाति के शान्त जीवन काल में होता था, उन्हें उसी समय जैसी सम्पूर्ण राज बंधनमुक्त स्वतंत्रता दे दी जाए। संथाल विद्रोह के नेताओं—सिदू और कानू—के ग्राम संथालों के तीर्थ स्थान बन, गए जहाँ इन संथाल संत नेताओं को अपनी श्रद्धा का तर्पण देने के लिए वे हजारों की संख्या में एकत्र होते थे। भगीरथ गिरफ्तार कर लिया गया। उसे 3 नवम्बर 1877 को रिहा किया गया। पर उसका आन्दोलन बढ़ता ही रहा और संथाल परगना की सीमाएँ लाँघकर हजारीबाग तक जा पहुंचा। हजारीबाग के दक्षिण से कुछ मीलों की दूरी पर जगेशर में एक हिन्दू फकीर दुबु बाबा जी ने खरवार आन्दोलन के सिद्धांतों का प्रचार आरम्भ किया। रविवार विश्राम का दिन घोषित कर दिया गया। फकीर के शिष्यों की संख्या बेतहाशा बढ़ने लगी। इस संबंध में एक विवरण में कहा गया है—

> "ये लोग (शिष्यगण) जिले के बारे में सभी अनाप-शनाप की अफवाहें फैलाने लगे। यह भी प्रचार किया गया कि बाबा जी में कुछ दैविक शक्तियाँ हैं। यह खबरें चारों ओर जंगल में लगी आग की लपटों के समान जोरों से फैलीं। इन्हें सुनकर अनजान लोग भौंचक्के-से रह गए। फिर इसके बाद इसी प्रकार की खबरें (छोटे-छोटे कागज के टुकड़ों में लिखकर) गाँव-गाँव फैलाई गईं। इन पत्रों के जरिए बिल्कुल एक आदेश दिया गया था कि लोग जल्दी से जल्दी बाबा जी के समक्ष उपस्थित हों। इस आदेश के साथ इन पत्रों के साथ मौखिक संदेश में ये हिदायतें भी दी गई थीं कि सभी सूअरों और मुर्गे-मुर्गियों का सफाया कर दिया जाय, सभी पुराने

देवताओं की पूजा बंद कर दी जाय, मद्यपान एवं नृत्य बंद कर दिया जाय और हिन्दू धर्म के नियमों और प्रथाओं के अनुसार रहा जाय। इन अनुदेशों का पालन सख्ती के साथ करने के लिए भविष्यवाणियाँ की गईं कि जो भी इस नई धर्म-व्यवस्था की उपेक्षा करेगा या उसके विरुद्ध कार्य करेगा, उसे भारी विपत्ति का सामना करना पड़ेगा। इस बात के उदाहरण भी दिए गए कि जिन लोगों ने इन अनुदेशों का पालन नहीं किया, उन्हें तुरन्त इसके लिए ईश्वर की ओर से सज़ा दी गई। साथ ही यह आश्वासन भी लिया गया कि यदि सभी लोग आगामी दशहरे तक तैयार हो जाते हैं तो बाबा जी के अनुयायियों को राज सौंप दिया जाएगा। ढोरों के लिए चारागाह पर लगान न लगेगा। लगान में इस तरह की छूट दी जाएगी, भैंस के एक जोड़े से जितनी जमीन जुतवाई जाएगी, उसके लिए एक रुपया दिया जाएगा और यदि उतनी ही जमीन एक जोड़ा बैल से जुतवाई जाएगी तो उसके लिए आठ आने दिए जाएँगे। महाजनों को धमकियाँ भी दी गईं। कहा गया कि जो नया युग आनेवाला है, उसमें उनके धन कमाने की खुशी हासिल करने की कोई व्यवस्था न होगी।

"साथ ही गोपनीय ढंग से यह भी कहा गया है कि दशहरे के मौके पर आग और पानी का एक प्रलय आएगा जिसमें गंदे जानवर रखनेवाले सभी लोग नष्ट हो जाएँगे। संथालों के यहाँ एक परम्परा है जिसके अन्तर्गत इसी प्रकार की प्राकृतिक आपदा की चर्चा है जिसका उन्हें सामना करना पड़ा था और जिसमें सभी गन्दे जानवरों और मुर्गे-मुर्गियों का सफाया हो गया था। भविष्य में उस आपदा से बचने के लिए हर गाँव के सभी लोगों ने अपने सूअर और मुर्गे-मुर्गियाँ नष्ट कर डालीं। दशहरे के अवसर पर बहुत-से संथाल, पूरे दिन, अपने ढोरों को घर के भीतर ही रखते थे ताकि यदि किसी वैसी आपदा से उन ढोरों को मारना ही पड़े तो वे सब लोग भी उन्हीं के साथ मर जाएँ। लोगों में भय और अंध-विश्वास के कारण इस नए आन्दोलन को फैलने में मदद मिली और वह समूचे क्षेत्र में पूरी तरह व्याप्त हो गया।"[7]

होते-होते स्थिति ऐसी हो गई कि यह आन्दोलन अपनी चरम सीमा तक पहुँच गया और फिर उसके कारण उत्पन्न उत्तेजना खत्म हो गई। शायद उसे आगे बढ़ानेवाले लोग आश्वासन देने में हद से ज्यादा बढ़ गए थे, क्योंकि नई व्यवस्था के उदय की निश्चित तिथि तक निर्धारित कर दी थी। पर बाबाजी के आशीर्वादों का कोई फल नजर न आया। तब तीन वर्ष बाद की तिथि निर्धारित की गई जब

कि जमीन जोतने का कष्ट उठाए बिना फसलें उगेंगी और तब अपने सूअरों और मुर्गे-मुर्गियों को नष्ट कर देनेवाला धन-धान्य से पूर्ण हो जाएगा और वह दुबु बाबा जी को भारी रकम दान-स्वरूप देगा। फिर एक अनिष्टकर बात यह हुई कि बाबा जी अपने शिष्यों को मँझधार में ही छोड़कर एकाएक अदृश्य हो गए। उन्होंने अपने इस नए धर्म के प्रचार से अच्छी-खासी रकम कमाई थी, क्योंकि उन्होंने अपने अनुयायियों में से प्रति परिवार डेढ़ रुपए की रकम दानस्वरूप लगाई थी।

यह आन्दोलन गिरिडीह और गोबिन्दपुर अनुमंडलों में पड़नेवाले संथाल क्षेत्रों तक फैल गया। यह आन्दोलन राँची जिले में भी पहुँच गया और वहाँ के विभिन्न थाना-केन्द्रों से देवी लक्ष्मी की यह इच्छा लोगों तक चिट्ठियों के जरिए पहुँचा दी गई थी कि हिन्दू-मुसलमान दोनों ही यदि बैलों से खेत न जुतवाकर गायों से जुतवाएँगे और यदि रविवार के दिन जुताई न बंद करेंगे तो उनको और उनकी सन्तति को भारी नुकसान पहुँचेगा। तत्कालीन कमिश्नर ने यह अनुमान लगाया कि ये चिट्ठियाँ हजारीबाग के दूबिया गुसाईं द्वारा भिजवाई गई थीं, इसलिए उसे गिरफ्तार कर लिया गया। राँची के डिप्टी कमिश्नर का अंदाज था कि ये चिट्ठियाँ बनारस या वैद्यनाथ धाम से भेजी जा रही थीं। सरकारी अधिकारियों की राय थी कि इस आन्दोलन को उनके जिले (राँची) तक फैला देने में आन्दोलनकारियों को सफलता नहीं मिली। पर यह संभव हो सकता है कि हजारीबाग के खरवारों और राँची जिले के सरदारों के बीच कोई सम्पर्क स्थापित हुआ हो, हालाँकि इस संभावना को काफी हद तक सही नहीं माना जा सकता। ऐसा लगता है कि संथाल आन्दोलन का मुंडा आन्दोलन पर प्रभाव पड़ा। दुबिया गोसाईं और बिरसा मुंडा के अनेक समादेशों के बीच समानता थी। दुबिया गोसाईं ने यह समादेश जारी किया कि सभी निर्दोष मुर्गे-मुर्गियों और सूअरों को नष्ट कर दिया जाय और भविष्यवाणी की थी कि आग की वर्षा होगी। इन दोनों नेताओं के इन कथनों के पीछें मुंडाओं और संथालों में स्वच्छता पर जोर दिए जाने की प्रथा और प्रलय की स्मृति काम कर रही थी।

उन्नीसवीं सदी के उत्तरार्द्ध में उभरी नई शक्तियों के प्रभाव और जटिल होती जा रही भूमि-समस्या के कारण मुंडा समाज विघटित हो चुका था। इसके ध्वंसावशेष से हिन्दू और ईसाई सुधारवादी तत्त्वों के प्रभाव के कारण एक नई शक्ति का अभ्युदय हो रहा था, जो जागरूक थी। उन्नीसवीं सदी के अन्त में मुण्डा समाज में उभरती इस शक्ति ने अपनी दुनिया खुद बनाने की चेष्टा की।

राजनीतिक कारण : चुनौती और जवाब

भूमि-व्यवस्था के बिखराव और सांस्कृतिक परिवर्तन की दुहरी चुनौतियों की प्रतिक्रियास्वरूप 1789 से 1831-32 के बीच मुण्डाओं के अनेक आन्दोलन हुए

और भूमि-समस्या और पुराने मूल्यों की पुनःस्थापना के फलस्वरूप सरदारों का आन्दोलन भी छिड़ा। पंचपरगना में अपनी भौगोलिक स्थिति और वहाँ पूरब और दक्षिण के बाहरी क्षेत्रों से बड़ी संख्या में पहुँचनेवाले किसानों के कारण, सबसे पहले मुण्डारी खूँटकट्टी व्यवस्था का विघटन हुआ। 1789 से 1820 तक होनेवाले मुंडा-विद्रोह इस बात के प्रतीक थे कि मुंडा जाति इस क्षेत्र में पुरानी भूमि-व्यवस्था विघटन के विरुद्ध प्रतिरोध कर रही थी। वहाँ अब खूँटकट्टी व्यवस्था के विघटन के कारण मुंडा लोग भागकर दक्षिणी खूँटी और पूर्वी तमाड़ की पहाड़ियों के बीच बसे क्षेत्रों में शरण ले चुके थे। इस कारण मुण्डाओं में एक भयानक असंतोष की आग सुलग रही थी, जिसके फलस्वरूप 1831-32 का कोल-विद्रोह हुआ।

कोल-विद्रोह के रूप में वह आग एकाएक भड़क उठी थी जो बहुत दिनों के भीतर-ही-भीतर सुलग रही थी। इस विद्रोह का तात्कालिक कारण यह था कि छोटा नागपुर के राजा के छोटे भाई हरनाथ साय ने अनेक गाँवों के खेत सिखों, मुसलमानों और अन्य ठेकेदारों को दे दिए थे और इस प्रकार सोनपुर के मानकी और मुण्डा अपनी पैतृक जायदाद से वंचित होने को बाध्य हुए थे। सोनपुर, तमाड़ और बंदगाँव तथा तमाड़ स्थित लंका में कोलों की जो विभिन्न बैठकें हुईं, उनमें आन्दोलन की पद्धति तय हो गई। युद्ध के तीर उस समूचे ग्राम प्रदेश में अग्नि के क्रास-चिह्न की भाँति चारों ओर परिचालित किए गए। हाँ, उराँवों और मुण्डाओं ने भी आन्दोलन में सहयोग दिया। विद्रोह की आग पलामू तक पहुँच गई, जहाँ के खरवारों ने उसी उत्साह के साथ विद्रोह में भाग लिया। इस आन्दोलन ने बिचौलिओं के विरुद्ध एक सम्पूर्ण अभियान का रूप ग्रहण कर लिया। विद्रोह के दरम्यान लरकाहो लोगों के आगे बढ़ने की खबर गाँव-गाँव तक फैल गई। उनकी जमात में हर गाँव से, जहाँ तक भी वे पहुँचे, कोल शमिल हुए और विद्रोहियों की संख्या लगातार बढ़ती गई। बाहरी लोग आन्दोलन में शामिल होने का खतरा देखते हुए भाग निकले। उनकी सारी सम्पत्ति विद्रोहियों ने अपने कब्जे में ले ली। इस सम्बन्ध में एस. टी. क्लथबर्ट ने अपने विवरण में कहा है कि छोटा नागपुर एवं तमाड़, बुंडू, बरेंडा, राय (राहे) और सिल्ली के पाँच परगनों के सभी कोलों ने हथियार उठा लिए थे और आंदोलन से भागनेवाले सम्मानित व्यक्तियों को उनके गाँवों से निकाल बाहर किया, उनकी सम्पत्ति लूट ली, उनके घर आग में भस्मीभूत कर दिए और उनमें से जो भयातुर लोग बच रहे और जो विद्रोही कोलों के हाथ में पड़ गए, उन्हें बेरहमी से मौत के घाट उतार दिया। सरकारी अधिकारियों से इनकी अनेक मुठभेड़ें हुईं और अन्त में विद्रोहियों के नेता बिंद राय मानकी, सिंगराय के भाई और सुरगा ने 19 मार्च, 1832 को आत्म-समर्पण कर दिया। यह विद्रोह प्रायः एक वर्ष से कुछ ज्यादा समय तक चला।

कोल विद्रोह के फलस्वरूप सरकार ने उस क्षेत्र की प्रशासन और दीवानी

तथा फौजदारी न्याय-व्यवस्था में सुविधा लाने के लिए उपयुक्त कदम उठाए। दक्षिण-पश्चिम सीमा एजेन्सी (साउथ वेस्ट फ्रंटियर एजेन्सी) की स्थापना हुई और गवर्नर-जनरल के एजेन्ट के रूप में कैप्टन टी. विलकिंसन नियुक्त किए गए। पर भूमि-समस्या के केन्द्र-बिन्दु अर्थात् मुण्डाओं की काश्त की सुरक्षा के प्रश्न पर कुछ भी ध्यान नहीं दिया गया। इसी कारण उसके बाद धालभूम और मानभूम (बड़ाभूम, पाटभूम आदि) में भूमिज विद्रोह हुआ, जिसका नेतृत्व गंगा नारायण ने किया। उसमें कोल-विद्रोह के नेता बिंदराय मानकी भी शमिल हुए। पर 1833 में इस विद्रोह को भी कुचल गया। गंगा नारायण को फरवरी 1733 में मार डाला गया।

जिन बिचौलियों को रास्ते से हटाने के लिए ये दोनों आंदोलन हुए थे, वे फिर वापस आ गए और उन्होंने मुण्डाओं से खुलकर बदला लिया। भूमि-व्यवस्था के विघटन की गति उसी प्रकार आगे बढ़ती रही। मुण्डाओं की जमीन छीनी गई। कोल-विद्रोह के बाद यह सबसे बड़ी अशांति हुई जिसके फलस्वरूप कोल अपने क्षेत्र से भाग खड़े होने को विवश हो गए। उनकी जमीन को हथियानेवालों ने कुछ वर्षों बाद कोलों के पुनः वापस आने पर आपत्ति उठाई और उनकी जमीन को लौटाने से इन्कार कर दिया, जिसकी वे माँग कर रहे थे। इन्हीं विस्थापितों ने सरदार-आंदोलन की नींव डाली।

1850 और उसके बाद इस क्षेत्र में अनेक मुण्डाओं द्वारा ईसाई धर्म अपनाए जाने के बाद भूमि-समस्या ने एक नया रूप लिया। वे लोग ईसाई धर्म की छत्रछाया में अधिकांशतः इसी प्रयोजन से आए थे। उनमें कुछ अपवाद-स्वरूप भी थे, जिन्होंने धार्मिक उद्देश्य से ईसाई धर्म अपनाया था। ऐसे अधिकांश ईसाई मुण्डाओं को आशा थी कि यद्यपि वे आल्किसुन (विलकिंसन) की जाति के नहीं हैं और न शक्तिशाली ही हैं, पर फिर भी उनके ईसाई हो जाने से उन्हें अपने अधिकारों पर आक्रमण करनेवालों से त्राण मिलेगा। वे लोग प्रायः 50 वर्ष तक उस अत्याचार के शिकार रहे थे और अब उनमें विश्वास जगा था कि शायद उनकी मुक्ति का रास्ता यही है। 1850 से 1859 तक जमींदारों ने इस बात पर तीव्र प्रतिक्रिया प्रकट की कि पादरी उनके ईसाई रैयतों के हित में जमींदारी कामकाज में हस्तक्षेप करते थे। उन्हीं जमींदारों ने 1857 को प्रथम भारतीय जन-क्रांति के दौर में राँची-स्थित जर्मन मिशन के भवन पर हमला किया और गाँवों में ईसाइयों को सताया। जन-क्रांति दबा दिए जाने के फलस्वरूप ईसाई रैयतों की बन आई। इसके बाद जो सरदार-आन्दोलन हुआ, उसमें रैयतों ने नेतृत्व किया और दिखला दिया कि वे अब अपने मालिकों (जमींदारों) पर आक्रमण के लिए अग्रसर हैं।

सरदार-आन्दोलन अर्थात् भूमि के लिए लड़ाई (मुल्की लड़ाई) चालीस वर्षों तक चली। यही बाद में बिरसा-आन्दोलन का आधार बना। तमाड़ और कोल

आन्दोलनों के नेताओं की तरह सरदारों ने दावा किया कि वे वास्तव में उन लोगों के वंशज हैं, जिनके साथ सबसे शुरू में भूमि की बंदोबस्ती की गई थी। उनका उद्‌देश्य जमींदारों को निकाल बाहर करना था। उन लोगों ने जबरन श्रम कराए जाने तथा भूमि-सम्बन्धी अन्य स्थितियों का जबर्दस्त विरोध किया, क्योंकि उनसे महिलाओं और भूखे लोगों पर प्रभाव पड़ता था। उन्होंने जन-सामान्य को तमाड़ और कोल-विद्रोहों के समय विद्रोही योद्धाओं के बहादुरी-भरे कार्यों का स्मरण दिलाया पर खुद उन्होंने प्रार्थना, विरोध और अर्जी देने का कानूनी रास्ता अपनाया और इस प्रकार अपना राज फिर से वापस लेने की कोशिश की। उन लोगों ने दिकुओं, जजों और प्रशासकों को अविश्वास की नजर से देखा, जो उन लोगों के अनुसार जमींदारों के नाते-रिश्तेदार थे। उन लोगों ने अन्त-अन्त तक लगान देने से इन्कार किया, लगान वसूल करने के लिए पहुँचे कर्मचारियों को अपने घर से निकाल दिया और उस जमीन से, जिसे वे अपनी और अपने माँ-बाप की जायदाद मानते थे, जमींदारों को जबर्दस्ती निकालने की कोशिश की। उन लोगों ने अपने खोए अधिकारों और जमीन को वापस लेने की कानूनी कार्यवाही करने के लिए चन्दा इकट्ठा किया। जो लोग यह चन्दा देने से इन्कार करते थे उनको उन्होंने धमकी दी कि भविष्य में वे उन लोगों को अपना साईस, नौकर, चपरासी और मजदूर बनाकर छोड़ेंगे। ये ईसाई रैयत अपनी जाति के स्वर्णिम अतीत से प्रेरणा लेते थे, जबकि मुण्डा जाति दिकुओं के प्रभाव से मुक्त थी। उन लोगों को मिशन स्कूलों में शिक्षा के दौरान बतलाया गया था कि ये दिकू उनके वास्तविक शत्रु हैं। एक समय ऐसा भी आया जब उन्होंने यह माँग भी रखी कि उन्हें सीधा ब्रिटिश शासन के अधीन कर दिया जाय। वे प्रारम्भ में न तो ब्रिटिश सम्राट् और न ही छोटा नागपुर के राजा के प्रति निष्ठाहीन थे। सरदार-आंदोलन के तीन चरण थे—भूमि आन्दोलन (1858-1881), पुराने मूल्यों की पुनःस्थापना (1881-1890) और राजनीतिक आन्दोलन (1890-1895)। पर इस आन्दोलन का सबसे निचला आधार भूमि-सम्बन्धी आन्दोलन ही था।

1858-59 के आरंभ में जो व्यापक उपद्रव हुए, उनका सम्बन्ध भूमि समस्या से था। ये उपद्रव धीरे-धीरे बढ़ते हुए सोनपुर, लोघमा, बेलकडी, बसिया, दोएसा और खुखरा तक फैल गए। अक्तूबर 1858 में झगरा के निकट सभी गाँवों के ईसाइयों ने अपने उत्पीड़क जमींदार का प्रतिरोध किया। नवम्बर 1858 में जागीरदार और उसके रैयतों के बीच संघर्ष हुआ। भुईंहरी क्षेत्र भी आन्दोलन की तैयारी में था। इस पर सरकार ने निर्णय लिया कि भुईंहरी काश्तों की परिभाषा तैयार करके उनका स्वरूप निर्धारित कर दिया जाय। यह काम लाला लोकनाथ साय को सौंपा गया। अगस्त 1860 से अगस्त 1862 तक, जब कि उनकी मृत्यु हुई, लाला लोकनाथ ने 427 गाँवों के बारे में जाँच पूरी की। पर उनके इस कार्य

से मुंडाओं को सन्तोष न हुआ। ये लोग किसी गैर-मुंडा के हाथों न्याय पा सकने की आशा नहीं रखते थे।

1862-88 के दरम्यान समय-समय पर जमींदारों और उनकी रैयतों के बीच कई जगह झगड़े हुए। सितम्बर 1867 में 18000 ईसाइयों ने स्थानीय पदाधिकारियों और छोटा नागपुर के राजा के विरुद्ध एक याचिका दायर की। इस याचिका और इस सम्बन्ध में अन्य बातों को ध्यान में रखते हुए 1869 का अधिनियम (ऐक्ट) 1 जारी किया गया कि इस अधिनियम के बीस वर्ष के पूर्व की अवधि में जिन रैयतों से भुईंहरी जमीनें छीनी गई हैं, उन्हें वापस दे दिया जाय। ऐसा भुईंहरी सर्वेक्षण-कार्य के सिलसिले में जुटाए गए प्रमाणों के आधार पर किया गया। यह कार्य 1869 से 1880 तक किया गया, जिस सिलसिले में छोटा नागपुर के पच्चीस परगनों के अंतर्गत 2482 गाँवों की रजिस्ट्री हुई। इस भुईंहरी बन्दोबस्त से उन विवादों का अंत हुआ जो भुईंहरी और मझियस काश्तों के संबंध में उठते रहे थे। पर यह व्यवस्था भी सरदारों की आशाओं के मुकाबले अपर्याप्त थी। वे इससे कम और किसी भी व्यवस्था पर राजी होने को तैयार न थे कि रैयतों को वह सभी जमीन वापस दिला दी जाय जिन पर कभी उनके पूर्वजों का अधिकार था। इसके अलावा, मुईदी बन्दोबस्ती के अंतर्गत अन्य काश्तें, जैसे कि राजहस, खूँटकटी और कोंकर काश्तें न आती थीं। इन काश्तों को लेकर भूमि-संबंधी उपद्रव आए दिन होते रहते थे, क्योंकि जमींदार लोग इन काश्तों को धीरे-धीरे अपने कब्जे में खेती के लिए ले जाते थे और रैयत उनका प्रतिरोध कर रहे थे। उस पर जर्मन मिशन की ओर से 15 मई 1876 को एक याचिका दाखिल की गई, जिसमें कहा कि जमींदारों के प्रभाव में उक्त सर्वेक्षण कार्य हो रहे हैं और देशी कमिश्नर, जिनके प्रति मुंडा लोग बराबर से संशयालु रहे थे, जमींदारों का साथ दे रहे हैं। उक्त याचिका में यह माँग भी की गई कि सभी तरह के कर आदि वापस लिए जाएँ। सरकार ने रैयतों के मिशन के हमदर्दी-भरे रुख के प्रति अपनी सहानुभूति प्रकट करते हुए मिशन को यह चेतावनी दी कि वे इस गलत धारणा के शिकार न रहें कि ईसाई धर्म अपना लेने के कारण कोलों को कोई लाभ उठाने दिया जाएगा। साथ ही सरकार ने देशी कमिश्नरों के विरुद्ध मिशन की शिकायत अस्वीकार कर दी।

सरदार-आन्दोलन फिर भी जारी रहा और उन्नीसवीं सदी के नवें दशक में उस आन्दोलन ने पुराने मूल्यों की पुनः स्थापना के आन्दोलन का रूप धारण किया। 25 मार्च, 1879 को एक याचिका में मुंडाओं ने दावा किया कि छोटा नागपुर उनका है। 1881 में सरदारों के एक दल ने, जिसका नेतृत्व जान बैपटिस्ट नामक व्यक्ति कर रहा था, अपने को मेल की सन्तान घोषित करते हुए छोटा नागपुर राजा की पुरानी राजधानी डेएसा में अपना राज्य स्थापित किया। इस

आन्दोलन के सभी नेता दंडित किए गए।

जर्मन और कैथोलिक दोनों ही मिशनों से सरदारों ने अपना सम्बन्ध विच्छेद कर लिया था। 1886-87 में जर्मन लूथरन ईसाइयों ने जर्मन मिशन के डॉ. ए. नौट्रौट से माँग की कि यदि उन्हें वास्तव में कुछ शक्ति प्राप्त थी तो वे उन लोगों को अपनी-अपनी जमीनें वापस दिला दें। जब उन्होंने ऐसा करने से इन्कार कर दिया तो सरदारों ने जर्मन मिशन से सभी प्रकार के संबंध तोड़ लेने की घोषणा की। साथ ही उन लोगों ने मिशनरियों के विरुद्ध बहुत ही कड़ी भाषा का प्रयोग किया। फिर वे लोग अपनी माँगों के लिए समर्थन प्राप्त करने के उद्देश्य से रोमन कैथोलिक मिशन की ओर मुड़े और तोरपा मिशन के सी. लीवेन्स की धर्माध्यक्षता में उस मिशन के ईसाई मुंडाओं की संख्या एकाएक बहुत ज्यादा बढ़ी। लीवेन्स एक उत्साही और नए कार्य कर सकने की क्षमतावाले मिशनरी थे। उन्होंने उत्पीड़कों के विरुद्ध पीड़ित मुंडा रैयतों की माँग बुलंद की। 1889-1890 रोमन कैथोलिक ईसाई-आंदोलन बसिया, पालकोट, सिसई, चैनपुर आदि थानों के क्षेत्रों में बढ़ा। बड़ी संख्या में ईसाई कोल गाँव-गाँव घूमते फिरे और बाल काटकर तथा उनकी फसलों को नुकसान पहुँचाने की धमकी दे-देकर उन्हें रोमन कैथोलिक धर्म स्वीकार करने के लिए तैयार किया। भूमि संबंधी उपद्रवों से जमींदारों और रैयतों के बीच विरोध की शक्तिशाली एवं चतुर्दिक बिखरी हुई भावनाओं का पता चलता था। पर सरकार भी हाथ पर हाथ धरे बैठी न थी। कमिश्नर ने रोमन कैथोलिक मिशन को चेतावनी दी कि वे लोग भूमि-समस्या में अपनी टाँग अड़ाने की मूर्खता न करें। उसके बाद लीवेन्स तोरपा छोड़कर और कहीं चले गए। करीब 200 रोमन कैथोलिक धर्म प्रचारक गिरफ्तार किए गए, पर बाद में छोड़ दिए गए। रोमन कैथोलिक मिशन का प्रभाव कम होते जाने के बाद सरदार लोगों की निगाह अब कलकत्ता के बाबुओं यानी वकीलों की ओर गई। खासकर उन्होंने एक अंग्रेज बैरिस्टर जेकब की ओर सहायता के लिए निगाह डाली, जिसने बाद में लम्बे समय तक सरदारों को कानूनी सहायता दी। चालीस रैयतों को उक्त आन्दोलनों में अभियुक्त बनाकर विभिन्न अवधियों के लिए कारावास दिया गया था। उनमें आठ या नौ जेल में ही मर गए थे। इस कारण सरदारों की धारणा बन गई थी कि राँची के अधिकारी और जमींदारों की मिली-भगत थी। साथ ही जैकब को छोड़कर कलकत्ते के अन्य वकीलों के बारे में भी सरदारों का मोह भंग हो चुका था, क्योंकि उन लोगों ने सरदारों के विरुद्ध मुकदमों में उनकी ओर से वकालत करने के नाम पर उन लोगों से एक लाख से ज्यादा रुपए ऐंठ लिए थे। उन वकीलों ने सरदारों को इस झूठे आश्वासन में रखा था कि वे उनके लिए ब्रिटिश साम्राज्ञी, वाइसराय और ब्रिटेन की पार्लियामैन्ट तक बहस करेंगे। इस तरह की बातें करके उन वकीलों ने सरदारों को पूर्णतः कल्पित डिग्रियाँ दिलाने का सब्ज बाग भी दिखाया था।

1890 के बाद सरदार-आन्दोलन यूरोपियनों, मिशनरियों और अफसरों के भी विरुद्ध हो गया क्योंकि सरदारों में सन्देह पैदा हो गया था कि उन सब लोगों को उनके उत्पीड़क जमींदारों ने खरीद लिया है। कलकत्ते के बाबुओं (वकीलों) ने भी सरदारों को नीचा दिखाया था, क्योंकि वे उन्हें अपने अधिकार और भूमि दिलाने में बुरी तरह विफल रहे थे। सरदारों के अनुसार सभी मिशनरी स्थानीय पदाधिकारियों के साथ मिलकर उनके विरुद्ध षडयंत्र कर रहे थे। सभी यूरोपियन भी आदिवासियों के विरुद्ध हो गए थे। अब अपनी लड़ाई बिना किसी की सहायता के लड़ने के अलावा उनके सामने कोई रास्ता न बचा था। प्रार्थना, विरोध, याचिका देने के कानूनी और वैधानिक रास्ते से उन्हें कुछ भी फायदा न हुआ था। सरदारों के विचार से छोटा नागपुर के साहबों और दिकुओं के बीच कल्पित साँठ-गाँठ ऐसी मजबूत थी जिसे कलकत्ता उच्च न्यायालय और ब्रिटिश पार्लियामैंट में उनके हकों के लिए चल रही लड़ाई से उलटा नहीं जा सकता था। इस प्रकार कुछ सरदारों ने कानूनी रास्ता बिल्कुल ही छोड़ दिया। ऐसे कुछ सरदार जिन्हें नए सरदार की संज्ञा दी जा सकती थी, ऐसा समझते थे कि उनके कष्टों की जड़ ब्रिटिश शासन था जो उनके दुश्मनों की रक्षा के लिए तुरंत सामने आ जाता था। अब आगे से उनका यह उद्‌देश्य हो गया कि सभी यूरोपियनों को खत्म कर दिया जाय। सितम्बर 1892 में इन सरदारों ने एक षडयंत्र रचा कि ठेकदारों और जर्मन मिशनरियों को मौत के घाट उतार दिया जाय। पर यह असफल हो गया, क्योंकि इन सरदारों के पास न तो अपना संगठन था और न कोई केन्द्र-बिन्दु के रूप में उभरकर आया नेता ही। वे एक नेता के अभ्युदय की प्रतीक्षा में थे। हौफमैन ने लिखा है–

इस समय मुझे सुनने में आया कि आन्दोलन के नेता सरदार लोग कहते फिरते हैं कि हमने सरकार के यहाँ अपना मामला रखा और कुछ भी पा न सके। फिर मिशनों की ओर मुड़े पर वे भी दिकुओं से हमारी रक्षा न कर सके। अब हमारे सामने इसके सिवा कोई रास्ता नहीं है कि हम अपने ही बीच से कोई नेता ढूँढ़ निकालें।[18]

इस प्रकार सरदार-आन्दोलन के लिए एक नए नेतृत्व के अभ्युदय की स्थिति तैयार हो गई थी। बाद में उनका आन्दोलन एक पूर्ण जीवन्त आन्दोलन के रूप में उभरकर सामने आनेवाला था।

अध्याय 2

बिरसा के प्रारंभिक वर्ष (1872–94)

पूर्वज

बिरसा के पूर्वज पूर्त्ती वंश के थे। वे सदियों पहले अपने लिए एक वासस्थान की खोज में डोमदागाड़ा नदी के समीप पहुँचे। संभवतः यही नदी आधुनिक राँची के उपनगर चुटिया के निकट बहती है। उन लोगों ने नदी की धार में बहता हुआ एक लकड़ी का कुन्दा देखा। वे उसे पकड़ने के लिए नदी में कूद गए, उसे पकड़ा और उसके साथ तैरते हुए नदी के उस पार पहुँचे। वहाँ जब उन्होंने उसे ठीक से देखा तो पाया कि उसके भीतर एक छेद में एक चूहा (चुटु) था। इसे उन्होंने एक शुभ लक्षण समझा और इसे ही अपनी सुरक्षा और सौभाग्य का कारण माना। फिर वे उस जगह ही रुके और वहीं बस गए। वह स्थान चुटिया कहलाया और इसी के अनुसार बिरसा के पूर्वज पूर्त्ती वंश की जिस शाखा के थे, उसका नाम चुटिया पूर्त्ती पड़ा। उन लोगों को अपने इस नए स्वदेश तक लाने में दो भाइयों का मुख्य रूप से हाथ था, चुटू हरम और नागू। इस उपाख्यान के इर्द-गिर्द एक उपवंश फला-फूला और बड़ा हुआ, जिसके साथ-ही-साथ किंवदन्तियाँ और इतिहास भी बनता गया। बाद में चुटू शब्द बदलकर चुटिया हो गया। फिर और समय बीतने पर चुटिया छोटा में और नागू नाग भें बदल गया। इस तरह मुंडाओं के अनुसार छोटा नागपुर का नाम इन दोनों भाइयों पर पड़ा।

फिर अनेक वर्ष बीत गए। उस स्थान की बढ़ती हुई आबादी और वहाँ अन्य जातियों के पहुँचते जाने के कारण जनसंख्या का दबाव बहुत बढ़ गया। फलतः इस उपवंश के मुंडा अपने लिए नए क्षेत्र की खोज में फिर निकल पड़े। वे खूँटी में मरगहदा के पास तिलमा पहुँचे और वहाँ बस गए। बाद में वे वहाँ से भी, मंझिया मुंडा के नेतृत्व में, आगे बढ़े और तमाड़ में मांझीडीह गाँव की स्थापना की। मांझीडीह से वे लोग रंका और लाका के नेतृत्व में उलिहातू की ओर बढ़े। उलिहातू विकसित होकर एक बड़ा गाँव बन गया। इस उपवंश के लोग और अन्य स्थानों की ओर बढ़े और सिंहभूम सिदमा, मैलपीढ़ी और खूँटी अनुमंडल के कोटना स्थान में बस गए। लाका बागड़ी की ओर चला गया और दूसरा नेता रंका सेल्दा की ओर।

बिरसा का दादा लकड़ी उन लोगों का वंशज था जो मूल रूप से उलिहातू में बस गए थे। उसका विवाह चलकद में हुआ था और उसके तीन पुत्र हुए। उनमें बिरसा के पिता सुगना का नम्बर दूसरा था। सुगना का विवाह अयुबहातु में डीबर मुंडा की सबसे बड़ी पुत्री कदमी से हुआ। उनके तीन पुत्र और दो पुत्रियाँ हुई (परिशिष्ट 'क')।[9]

जन्म

बिरसा के एक जीवनी-लेखक के अनुसार उसका जन्म 15 नवंबर 1875 को हुआ। यह तारीख इस हद तक ठीक-ठीक बताई गई है कि इसे सही नहीं माना जा सकता। चूंकि सौसार (गैर क्रिश्चन) मुंडा तिथि का लेखा जोखा नहीं रखते थे और यह तारीख सोमवार को पड़ी थी। ऐसा प्रतीत होता है कि जुलाई-अगस्त 1895 में वह करीब इक्कीस वर्ष का था। जौन हॉफमैन का कहना है कि जब 1895 में बिरसा मुंडा ने यह अफवाह फैलानी शुरू की कि अपने वंश की रक्षा के लिए भगवान ने उसे नियुक्त किया है, तो उसकी उम्र बीस से पच्चीस साल के बीच रही होगी। रोगोटो पांडुलिपि के अनुसार बिरसा मुंडा के जन्म का साल 1876 था। भरमी मुंडा के विवरण में मुंडा के जन्म का साल 1872 दिया गया है। सरकारी अभिलेखों के अनुसार 1890 में उस की उम्र 25 साल और 1895 में बाईस साल बताई गई है। एक अन्य सूत्र के अनुसार वह 1895 में बीस साल का था। ईसाई धर्म में उसकी दीक्षा 7 मार्च 1886 में हुई, जब चाईबासा में यह समारोह हुआ तो उसकी उम्र बारह साल थी। बर्लिन में प्राप्त गोस्सनर मिशन के दस्तावेज से यह पता चलता है कि बिरसा का जन्म 22 जुलाई 1872 को हुआ था। लेकिन 22 जुलाई को सोमवार था। जुलाई में बृहस्पतिवार 18 या 25 को पड़ता था। संभवतः उनका जन्म 18 या 25 जुलाई को हुआ हो।

लोकगीतों में ऐसा वर्णन आता है कि "धरती आबा" का जन्म या आविर्भाव भादों के महीने में हुआ था। अब यह निर्विवाद है कि 1872 ही उनका जन्म वर्ष था, क्योंकि इसका उल्लेख भरमी मुंडा और गोस्सनर मिशन के अभिलेख दोनों में मिलता है। इस तरह यह मानना गलत न होगा कि उसका जन्म 1872 (ईस्वी सन्) में हुआ था। उनका जन्म-दिन वृहस्पतिवार था। मुंडा प्रथा के अनुसार उसका नाम इस दिन पर ही रखा गया।

बिरसा का जन्म-स्थान क्या था, इस प्रश्न पर अब भी विवाद जारी है। कुछ लोग उसका जन्म-स्थान उलिहातु तो कुछ अन्य लोग बंबा मानते हैं, जो चलकद के पास सिंजुरी का एक छोटा-सा टोला है। लोकगीतों में भी इस विवाद की झलक मिलती है। कुछ में उसका जन्म-स्थान उलिहातु बतलाया गया है तो कुछ में चलकद। भरमी मुंडा ने उसका जन्म-स्थान चलकद ही बताया है। एस. सी. राय

भी बिरसा को चलकद का निवासी बतलाते हैं और हौफमैन का भी यही मत है। इसमें कोई संदेह नहीं कि बिरसा मुंडा के पिता सुगना मुंडा का जन्म-स्थान उलिहातु था और यहीं उनका पैतृक मकान और यही उनका खूँटकट्टी गाँव था। बिरसा का जन्म-स्थान उलिहातु को मानने का आधार यह है कि उसका बड़ा भाई कोमता मुंडा उस गाँव में रहता था और उसका मकान वहाँ अभी भी टूटी-फूटी हालत में मौजूद है। पर यह मकान इतना पुराना नहीं लगता कि यह माना जा सके कि वह सुगना मुंडा का मकान रहा होगा और वहाँ बिरसा का जन्म हुआ होगा। उलिहातु में अलबत्ता बिरसा, उनके पिता और बड़े भाई के सासन के पत्थर हैं, पर उनको निर्भरयोग्य सूबत नहीं माना जा सकता, चूँकि इन पत्थरों को परंपरा के अनुसार पैतृक कब्रिस्तान में ही गाड़ा जा सकता है।

बिरसा के पिता, माँ और चाचा पसना मुंडा उलिहातु से रवाना होकर बीरबाँकी के निकट कुडुम्बदा चले गए। उन्हें खेत में काम करनेवाले मजदूरों या बटाईदारों (साझेदारों) अथवा रैयतों के रूप में काम की तलाश थी। कुटुम्बदा में बिरसा के बड़े भाई कोमता और बहन दसकीर का जन्म हुआ। वहाँ से परिवार बंबा चला गया, जहाँ बिरसा से ठीक बड़ी बहन चंपा का जन्म हुआ और फिर बिरसा का। उसके जन्म से संबंधित जो एकमात्र प्रमाण मिलता है, उसमें बंबा का ही उल्लेख है।[10]

बिरसा का जन्म जिस मकान में हुआ था, वह बाँस की टट्टियों से बना था, उस पर मिट्टी का पलस्तर तक न था और न ही मकान पर कोई सुरक्षित छत थी। इस बारे में बाद में बनाए गए लोक-गीतों में बिरसा के जन्म की घटना के साथ बाइबिल में वर्णित ऐसी घटनाओं से सम्बद्ध चमत्कारों को जोड़ा गया है, यथा "आसमान में एक पुच्छलतारा चलकद से उलिहातु की ओर बढ़ा", या "पहाड़ की चोटी पर एक झंडा लहराया।" इसी तरह एक लोकगीत में कहा गया है कि जब स्कूल में एक मास्टर ने बिरसा की हथेली पर नजर डाली तो उसने वहाँ 'क्रास' का चिह्न देखा और भविष्यवाणी की कि बिरसा एक दिन अपना राज्य वापस कराकर रहेगा।

बिरसा के जन्म के तुरन्त बाद उसके परिवार ने बंबा भी छोड़ दिया। इसका कारण यह हुआ कि मुंडाओं और उनके रैयतों के बीच झगड़ा हो गया था, जिसमें बिरसा के पिता को गवाह बनना पड़ा था। वे लोग वहाँ से बिरसा के ननिहाली गाँव चलकद गए, जहाँ गाँव के मुंडा बीरसिंह ने उन्हें शरण दी। बिरसा का जन्म-समारोह चलकद में ही हुआ।

बिरसा के जन्म के बहुत पहले ही उसका बड़ा चाचा बाड़ा कानू पौलुस उलिहातु में ईसाई धर्म स्वीकार कर चुका था। बिरसा के पिता सुगना और उसके छोटे भाई ने बंबा में ईसाई धर्म स्वीकार किया। सुगना इस दिशा में आगे

बढ़ते-बढ़ते जर्मन ईसाई मिशन के प्रचारक के पद पर पहुँच गया। ईसाई बनने के बाद सुगना का नाम मसीहदास और बिरसा का दाऊद मुंडा पड़ा।

बिरसा को दाऊद बिरसा भी कहा जाता था। बिरसा का परिवार उलगुलान तक चलकद में ही रहा।

बचपन

बिरसा का बचपन अपने माता-पिता के साथ चलकद में ही बीता। उसके जीवन के आरंभिक वर्ष करीब-करीब उसी तरह के रहे होंगे जैसे कि किसी मुंडा बच्चे के होते हैं। बाद के लोक-गीतों में वर्णन मिलता है कि बचपन में बिरसा अपने संगी-साथियों के साथ बालू और धूल में खेला-कूदा और एक मजबूत और खूबसूरत लड़के के रूप में पला-बढ़ा। वह बोहंडा के जंगल में भेड़ें चराता था। जब वह और बड़ा हुआ तो वंशी बजाने लगा। वह इस कला में प्रवीण हो गया। कहते हैं कि जब वह वंशी बजाता था तो सभी प्रकार के जीव उस मनमोहक सुर के आकर्षण से उसकी ओर बरबस खिंच आते थे। वह हाथ में, कद्दू से बना एक तारवाला वादन-यंत्र (तुइला), लिए और कमर में वंशी खोंसे हुए घूमता चलता था। बचपन में अखाड़ा (ग्राम नृत्य-स्थल) में बिताए गए क्षण उसके जीवन के मनमोहक क्षण थे। बिरसा के बचपन के एक साथी ने उसे विचित्र बातें कहते सुना।

गरीबी के चलते बिरसा को अयुबहातु ले जाया गया, जहाँ उसके मामा रहते थे। बिरसा का सबसे बड़ा भाई कोमता मुंडा, जो उस समय दस साल का था, कुंदी बरटोली चला गया। वहाँ वह एक मुंडा के यहाँ नौकरी करने लगा और आठ साल तक वहीं रह गया। फिर वह अपने पिता और छोटे भाई के साथ चलकद लौट आया। अयुबहातु में बिरसा दो वर्ष तक रहा। वह सलमा में एक स्कूल में, जिसे जयपाल नाग चलाते थे, भरती हो गया। नाग ने बिरसा को आरंभिक शिक्षा दी। बिरसा की सबसे छोटी मौसी, जोनी, उसे प्यार करती थी। जब वह ब्याही गई तो अपने ससुराल, खटांगा, में उसे अपने साथ लेती गई। वहाँ एक प्रचारक से बिरसा का संपर्क हुआ। वह प्रचारक उस गाँव में ईसाई धर्म में दीक्षित कुछ परिवारों में आया करता था और मुंडाओं की पुरानी धर्म-व्यवस्था की आलोचना किया करता था। यह बिरसा को अच्छा न लगा। एक और घटना हुई जिससे बिरसा का उस गाँव में रहना मुश्किल हो गया। उसे भेड़-बकरियों को चराने का काम सौंपा गया था। पर वह इतना भाव-मग्न या अपने अध्ययन में इतना तल्लीन रहता था कि उसे चराने के लिए सौंपी गई भेड़-बकरियाँ दूसरे लोगों की फसलें चर जाती थीं। इसलिए उससे लोग बहुत नाराज होते थे। सच पूछा जाए तो बिरसा इस काम के लायक सिद्ध न हुआ और एक खेत के मालिक ने उसे पीट

तक दिया। फलतः उसने वह गाँव छोड़ दिया और अपने भाई के यहाँ कुदी बरटोली चला गया। वह वहाँ कुछ समय तक रहा। फिर वहाँ से शायद वह बुर्जू-स्थित जर्मन ईसाई मिशन में चला गया और वहीं उसने निम्न प्राथमिक परीक्षा पास की।

निर्माण-काल (1886-94)

दक्षिणी खूँटी और तमाड़ के पहाड़ी क्षेत्रों के विद्यार्थी उच्च शिक्षा के लिए चाईबासा जाते थे और वहाँ जर्मन ईसाई मिशन द्वारा चलाए जानेवाले उच्च प्राथमिक स्कूल में दाखिला लेते थे। 1886 में जो कुछ लड़के स्कूल में भरती के लिए चाइबासा गए उनमें लांडीरुली के योहन्ना का पुत्र अभिराम, बंबा के मसीहदास का पुत्र बिरसा दाऊद और कुंडारी के दाऊद प्रचारक का लड़का इसाक था। पादरी डिडलैक ने लड़कों के अभिभावकों को सलाह दी कि वे लड़कों को लेकर वापस चले जाएँ, क्योंकि नए लड़कों को स्कूल में भरती करने की अवधि समाप्त हो गई है। पर बिरसा दाऊद के पाँव में चाईबासा तक चलकर आने में घाव हो रहा था। उसका पिता मिशनरी के पास फिर गया और उसने अधिकारी से अनुरोध किया कि कम-से-कम उसके लड़के को, उसकी ऐसी हालत देखते हुए, स्कूल में भरती कर लिया जाए। बिरसा दाऊद स्कूल में भरती कर लिया गया।

बिरसा चाईबासा में एक लंबी अवधि, यानी 1886 से 1890 तक रहा। यह उसके व्यक्तित्व का निर्माण-काल था। उसके द्वारा रचित प्रार्थनाओं और अन्य कृतियों, उसके संगठन और प्रचार के तरीकों और उपदेशों में, तथा उसके धर्म के अन्य पहलुओं पर ईसाई धर्म का प्रभाव स्पष्ट है। इस बीच एक रोचक घटना यह हुई कि एक बूढ़ी महिला ने उसके माथे की रेखाओं का निरीक्षण करने के बाद भविष्यवाणी की कि वह एक दिन बड़े काम कर दिखाएगा। उस बूढ़ी औरत ने यह भी कहा कि सरकार से उसकी पटरी न खाएगी पर यह महान् व्यक्ति बनेगा, क्योंकि ऐसा लगता है कि यह अपने व्यक्तित्व में संपूर्ण पृथ्वी को समाहित किए हुए है। इस अवधि की उल्लेखनीय बात यह थी कि जर्मन लूथरन और रोमन कैथोलिक ईसाइयों के भूमि आंदोलन चल रहे थे। चाइबासा सरदारों के कार्यकलाप के केंद्र से दूर न था। बिरसा भी इन कार्रवाइयों में शामिल था। कसमार का एलिएजर, पीरिंग का गीडियन, छपरी(?) का योहन्ना, दबगामा का मीका, कतिगकेल का तेंगा और रुगड़ी (?) का भुटका आदि उसके अपने आदमी थे। एक दिन चाइबासा मिशन में उपदेश देते हुए डॉ. नोट्रौट (?) ने स्वर्ग के राज्य के सिद्धांत पर विस्तार से प्रकाश डाला। उपदेश के श्रोताओं में बिरसा भी था। डॉ. नोट्रौट ने उपदेश के दौरान वायदा किया कि यदि वे लोग ईसाई बने रहे और उनके अनुदेशों का पालन करते रहे तो वे उन लोगों की छिनी हुई जमीन वापस

करा देंगे। बिरसा ने इस बात पर खास तौर से ध्यान दिया और इसे याद रखा। पर उसे उस समय बड़ा धक्का लगा जब 1886-87 में मिशनरियों से सरदारों का संबंध-विच्छेद हो गया और मिशनरियों ने सरदारों को धोखेबाज कहना शुरू किया। उसने डॉ. नोट्रौट और मिशनरियों की बहुत ही तीखे शब्दों में आलोचना की। फल यह हुआ कि उन लोगों ने बिरसा को स्कूल में और ज्यादा रखने से इंकार कर दिया। उसे निकाल दिया गया। उसके जीवन का यह एक महत्त्वपूर्ण मोड़ सिद्ध हुआ। उसने आवाज बुलंद की, "साहब-साहब एक टोपी हैं।" यानी सभी गोरे लोग, चाहे अंग्रेज हों या मिशनरी, पहनते हैं एक ही किस्म की टोपी। इस संभावना से भी इंकार नहीं किया जा सकता कि सरदारों ने सुगना मुंडा को प्रभावित किया हो कि वह अपने पुत्र बिरसा को स्कूल से हटा ले। फिर जिस सरदार-आंदोलन में बिरसा शामिल हुआ, उसका स्वरूप मिशनरियों और सरकार के विरुद्ध था। उसकी गहरी छाप बिरसा की चिंतन-धारा पर भी पड़ी।

उसने शायद उच्च प्राथमिक स्तर तक पढ़ाई की। मिशन स्कूल में उसने जो तीन साल तक शिक्षा पाई, उससे उसे अंग्रेजी की थोड़ी-बहुत जानकारी हुई पर उसमें वह बातचीत न कर सकता था। हिंदी में भी उसे मात्र प्रारंभिक ज्ञान था। बाद के एक विवरण में उसे एक सुस्त और उदास लड़का बतलाया गया है, जिसकी किसी भी चीज में कोई खास दिलचस्पी न थी, और साथ ही जिसे अपने विकास का अवसर भी न मिला। पर बाद की घटनाओं ने यह धारणा निर्मूल सिद्ध कर दी।

बिरसा और उसके परिवार ने चाईबासा 1890 में छोड़ दिया। उसके तुरंत बाद उन लोगों ने जर्मन ईसाई मिशन की सदस्यता भी छोड़ दी, क्योंकि सरदारों का आंदोलन मिशन के विरुद्ध था। उसने जर्मन मिशन त्यागकर रोमन कैथोलिक धर्म स्वीकार किया और उनके साथ कुछ दिनों तक रहा। और फिर वह धर्म के प्रति अविश्वासी हो गया। कुछ ऐसी ही बात सरदारों के आंदोलन के साथ भी हुई। उन लोगों ने पहले अपनी माँगों के समर्थन के लिए रोमन कैथोलिक मिशन को पकड़ा और उस ओर से निराश होने पर वे लोग अपने पुराने धर्म की ओर फिर लौट आए। हो सकता है, बिरसा बाजाब्ता कैथोलिक मिशन में सम्मिलित हुआ हो और अनुकूल अवसर की ताक में रहा हो। करीब एक साल उसने कांडेर में, जहाँ उसकी बड़ी बहन दसकीर रहती थी, एक मुंडा के घर नौकरी भी की।

संभवतः 1891 में वह बंदगाँव गया, जहाँ आनंद पाँड़ से उसका संपर्क हुआ। आनंद पाँड़ पंडित न था बल्कि बंदगाँव के गैरमुंडा आदिवासी जमींदार जगमोहन सिंह के यहाँ एक मुंशी था। वह स्वांसी था। उसे क्षेत्र में प्रचलित वैष्णव धर्म के प्रारंभिक सिद्धांतों और रामायण-महाभारत महाकाव्यों की कथाओं का अच्छा ज्ञान था। इस कारण वह वहाँ का नामी-गरामी और प्रभावशाली व्यक्ति था। बिरसा

अक्सर आनंद के साथ गोरबेरा और पाटपुर जाता था, पर उसका अधिकतर समय बंदगाँव में ही उसके साथ या उसके भाई सुखनाथ पाँड़ के साथ बीतता था। इस तरह तीन साल बीत गए। बमनी के बड़ाइक के यहाँ आनेवाले एक वैष्णव साधु से भी बिरसा की मुलाकात हुई। साधु वहाँ आकर अढ़ाई महीने तक उपदेश करता था। उसके प्रभाव से बिरसा ने मांस खाना छोड़ दिया। उसने यज्ञोपवीत धारण कर लिया और शुद्धता तथा धर्म-परायणता पर जोर देना शुरू किया। वह तुलसी की पूजा भी करने लगा और माथे पर चंदन लगाने लगा। उसने युगों के बारे में हिंदुओं की धारणा की जानकारी हासिल की और गो-वध रुकवाया। बिरसा के अनुयायियों का दावा है कि पाटपुर में बिरसा को महाप्रभु विष्णु भगवान के दर्शन हुए।

बाद में उसने गोरबेरा छोड़ दिया। ऐसा उसने इस कारण न किया कि एक दिन तालाब के किनारे बाँसुरी बजाते हुए उसे दो लड़कियों ने छेड़ा था, बल्कि इसलिए कि सरदारों का आंदोलन लगातार जोर पकड़ रहा था। उन दिनों वह केवल आनंद पाँड़ और उसके भाई सुखनाथ पाँड़ के पास न रहता था। पोराहाट क्षेत्र में पीरिंग के गीडियन के नेतृत्व में सुरक्षित वन पर लगाए गए प्रतिबंधों को लेकर जनता में व्यापक रोष था और उनका आंदोलन बढ़ता जा रहा था। बिरसा उसमें सक्रिय भाग ले रहा था। 1893-94 में गाँवों की सभी बंजर भूमि को, जिस पर सरकार का स्वामित्व था, 'सुरक्षित वन' घोषित किया था। ऐसा रैयतों के अधिकारों को ध्यान में रखते हुए भारतीय वन-अधिनियम 7, 1878 के अधीन किया गया था। सिंहभूम (पोराहाट क्षेत्र) में और पलामू और मानभूम में भी वन-बंदोवस्त कार्यक्रम शुरू किया गया। वन-अधिकारों के खतियान तैयार करने के काम में भी हाथ लगाया गया। वनों में पड़नेवाले गाँवों को सुविधाजनक आकार के भूमिखंडों के रूप में अंकित किया गया। इन भूमिखंडों में न केवल ग्राम-स्थल था, बल्कि गाँववालों की आवश्यकता के लिए पर्याप्त खेतीवाली और बंजर भूमि भी शामिल की गई थी। इन भूमिखंडों के बाहर सुरक्षित वन-क्षेत्र पड़ते थे। इन आदेशों को स्थानीय पदाधिकारियों ने पूरी तरह न समझा। गुदरी के जेटा मानिकी और दुरकरपीर के राशा मानिकी और मोना मानिकी ने सरकार के यहाँ याचिकाएँ दीं, जिनमें उन्होंने माँग की कि उनके मुफ्त ईंधन, जानवरों को चराने आदि के पुराने अधिकार वापस दिए जाएँ। बिरसा भी कुछ रैयतों को ऐसी माँगों के साथ, सिगरिदा गाँव चाइबासा ले गया। उन लोगों की माँग थी कि वन-संबंधी बकायों में छूट दी जाए। उन लोगों के पहले छः अन्य गाँवों से भी कुछ लोग यही माँग लेकर गए थे। पर फल उसका कुछ भी न निकला।

आनंद पाँड़ ने जब यह देखा कि बिरसा सरदारों के आंदोलन में बहुत ज्यादा उलझ गया है तो उसने उसे सलाह दी कि वह भावनाओं के आवेग में न पड़े, पर बिरसा अपनी अंतरात्मा की आवाज को अनसुनी न कर सकता था। पाँड़

के अधीन बिरसा के तीन वर्ष तक के शिष्यत्व की अवधि 1893-94 में समाप्त हो गई।

1894 में बिरसा बढ़कर एक बलिष्ठ और सुन्दर युवक बन चुका था। वह पाँच फुट और चार इंच लंबा था। वह हिम्मत के काम भी कर सकता था। उदाहरण के लिए उसने गोरबेरा में बरसात से क्षतिग्रस्त डोम्बरी तालाब की मरम्मत कर दी। वह देखने-सुनने में बहुत ज्यादा आकर्षण और अच्छे नाक-नक्श वाला था, उसकी बड़ी-बड़ी आँखों में अजीब-सी चमक थी, वह बुद्धिमान् था और उसका रंग भी उसकी अपनी जाति-बिरादरी के अन्य आदमियों के मुकाबले साफ था। जो लोग नापसंदगी के साथ उसकी शरीर-रचना एवं उसे हँसते हुए तथा कभी-कभी अशांत-सा देखते थे, उन्हें उस क्षण ऐसा लगता था कि बिरसा शरारत और नासमझी का मूर्त्त रूप है। पर ऐसे लोग भी उसके खूबसूरत चेहरे और बुद्धि की प्रशंसा में कुछ-न-कुछ कहने से अपने को न रोक पाते थे।[11]

उस अवधि में उसे कुछ समय के लिए अपनी उम्र और सूरत-शक्ल वाले युवक जैसे ही अनुभव हुए और उसकी मँगनी भी हो गई। जब वह सिंहभूम जिले के संकरा गाँव में किसी काम से कुछ समय तक रहा तो वहाँ उसे अपने लायक जीवन-संगिनी मिल गई। बिरसा ने उसके माता-पिता को, प्रथानुसार, गहने भेंट किए और उस युवती को विवाह के बारे में अपने विचार बतलाए। पर बाद में जेल से छूटने पर उसने उस युवती को अपने प्रति वफादार न पाया और उसे छोड़ दिया। एक और औरत, जिसने चलकद में उसकी सेवा की, गतियस मुंडा की बहन थी। जेल से उसकी रिहाई के बाद दो और औरतों ने बिरसा की पत्नियाँ बनने की इच्छा जाहिर की। इनमें से एक थी कोएंसर के मथुरा मुंडा की पुत्री एवं काली मुंडा की रखैल तथा दूसरी जिउरी के जग्गा मुंडा की पत्नी। बिरसा ने उन दोनों को झिड़का और जग्गा मुंडा की पत्नी को उसके हवाले कर दिया, पर उसका पति खुद चाहता था कि उसकी पत्नी बिरसा की सेवा में रहे। एक और महिला, जो बिरसा के साथ रही, बुरुडीह की थी और उसका नाम था साली। जब वह बिरसा के पास आई तो गर्भवती थी। जब बच्चा रोगोतो में पैदा हुआ तो बिरसा ने उसे अपने पुत्र के रूप में स्वीकार किया। उसका नाम रखा गया परीबा। रोगोतो में बिरसा की गिरफ्तारी के बाद बुरुडीह की युवती साली और संकरा गाँव की युवती ने बच्चे की देख-भाल की और उसकी पूजा का प्रबंध किया। कुछ और औरतों से भी बिरसा के संबंधों की चर्चा मिलती है। चलकद की एक औरत तो उससे बुरी तरह प्रेम करने लगी। एक दिन वह अपने बच्चे को अपनी पीठ से बाँधे एक पेड़ पर चढ़ गई और लगी गाना गाने। दूसरे दिन सुबह वह पेड़ से उतरी, बिरसा के करीब आई और उससे बोली कि उसके दुश्मन आस-पास छिपे हुए थे। बिरसा ने उसे झिड़क

दिया। वह इस उपेक्षा से पगला गई, नोंच-नोंचकर घास खाने लगी और उसकी निर्दयता की कहानी जोर-जोर से सुनाने लगी। याद रहे कि बाद में बिरसा को बदनाम करने के लिए भी ऐसी कहानियाँ गढ़ी गई थीं।[12]

इन वर्षों में बिरसा के व्यक्तित्व के निर्माण में तीन बातों का मुख्य रूप से प्रभाव पड़ा। ईसाई धर्म ने, जो उसके चारों ओर एक प्रमुख शक्ति के रूप में उभर रहा था, उसके बचपन को एक विशेष साँचे में ढाला और इसके कारण ही उसे अच्छी स्कूली शिक्षा मिल पाई। बाद में वह जब वैष्णव धर्म के प्रभाव में आया तो ईसाई और वैष्णव धर्म, दोनों के मिश्रित प्रभाव ने उसके धार्मिक आंदोलन को प्रेरित किया। सरदारों के भूमि-संबंधी आंदोलन के अदम्य प्रभाव ने बिरसा को उच्च मिशनरियों से भी भिड़ जाने को मजबूर किया और उसने स्कूल छोड़ दिया। सरदारों का आंदोलन रोमन कैथोलिक आंदोलन के अंतर्गत टेढ़े-मेढ़े रास्ते से आगे बढ़ रहा था। बिरसा ने सरदार-आंदोलन का अनुसरण किया और फिर अपने पुराने धर्म की ओर लौट गया तथा आनंद पाँड़ से संबंध विच्छेद कर लिया। फिर वह सरदार आंदोलन में, जो जनता के वन-संबंधी अधिकारों की माँगों को लेकर चलाया जा रहा था, कूद पड़ा।

अध्याय 3

एक मसीहा का अभ्युदय (1894-95)

बिरसा का जीवन अब तक एक सरदार जैसा था। फर्क सिर्फ यह था कि वह धार्मिक प्रभाव में था। इसके बाद उसके जीवन में सिलसिलेवार कुछ दिलचस्प घटनाएँ हुईं, जिनके प्रभाव में 1895 आते-आते बिरसा एक पैगम्बर के रूप में उभरकर सामने आया। ऐसी घटनाओं के बारे में कई कहानियाँ हैं, जिनमें कुछ में मिशनरियों और बिरसा विरोधी तत्त्वों द्वारा प्रस्तुत विवरण भी हैं।

एक घटना यों हुई कि एक लकड़ी का कुंदा काटते हुए सरदार बिरसा को पाँव में चोट लग गई। वह एक भगत के यहाँ चोट ठीक कराने गया। भगत ने कहा कि चोट एक दुष्ट प्रेतात्मा के प्रकोप से लगी है, जिसको शांत करने के लिए एक बकरा बलिदान करना होगा। बिरसा इसके लिए तैयार हो गया और भगत की हामी भरते ही चोट ठीक हो गई। बकरे के बलिदान के समय बिरसा और उसके साथियों को, शायद उस प्रेतात्मा के कारण बहुत ही ज्यादा डर लगा। और फिर, इस तरह सूत्रपात हुआ उसके धर्म का। उसके मुँह से प्रार्थना की पंक्तियाँ स्वतः ही निकलने लगीं। इससे स्पष्ट होता है कि वह अपने पुराने धर्म की ओर फिर लौट गया। साथ ही यह विचित्र और उल्टी-सी लगनेवाली बात भी हुई कि मुंडाओं के बीच प्रचलित बोंगा पूजा-प्रथा से उसे नफरत हो गई।

बिरसा एक विधर्मी की भाँति अन्य धार्मिक विश्वासों में बुराइयाँ भी खोजने लगा। एक बार उसका परिवार गरीबी के कारण बहुत दिनों तक भूखा रहा और उन लोगों को जंगल के साग-पात और फलों से किसी तरह पेट की आग बुझानी पड़ी। उस बीच एक गर्भवती औरत प्रसव-पीड़ा से मर गई। उसे मुंडा धार्मिक प्रथा के अनुसार एक एकांत स्थान में अपने गहनों और कुछ धन के साथ गाड़ दिया गया। भूख की ज्वाला शांत करने के लिए एक अँधेरी, सुनसान रात को बिरसा चुपके से उस जगह पहुँचा। उसने कब्र खोदकर उस औरत का मुर्दा उखाड़ा, मृत शरीर के गहने उतारे और उसकी लाश के साथ-साथ गाड़े हुए रुपए ले लिए और मुर्दे को फिर गाड़ दिया। फिर अगले दिन वह वीरबाँकी के बाजार में, जो शनिवार को लगता था, गया। वहाँ उसने वे गहने बेचे और अपने भूखे परिवार के लिए अनाज आदि लाया। पर बाजार में उसे चोरी के वे गहने बेचते हुए कुछ लोगों

ने पकड़ लिया और चोरी की खबर चारों ओर फैल गई। जब उससे पूछताछ की गई तो उसने अपना अपराध कबूल किया। उसके माता-पिता ने उसका लाया खाना खाने से इंकार कर दिया। उसे धर्म-बहिष्कृत भी कर दिया गया। अपने काम के कारण उसे 'बालू बिरसा' अर्थात् 'सनकी बिरसा' कहा जाने लगा। पर जल्द ही उसने अपनी पुरानी प्रतिष्ठा फिर हासिल कर ली।

और फिर उसकी धार्मिक अनुभूतियाँ परिपक्व हुईं। मई-जून 1895 में घास-पात से साफ की गई और जली हुई एक ऊँची भूमि पर 'सर्वोच्च प्रभु' ने उसके हृदय में प्रवेश किया। ऐसा किस तरह हुआ, इस बारे में दो तरह की कहानियाँ हैं।

एक रात बिरसा ने सपना देखा कि एक सफेद बालोंवाला बूढ़ा आदमी हाथ में भाला लिए एक कुर्सी पर बैठा था। बूढ़े ने एक परती जमीन में महुआ का पेड़ गाड़ दिया और उसे मुलायम और फिसलनदार बनाने के लिए उस पर तेल और मक्खन मल दिया। फिर उसने उस पेड़ के ऊपर कोई कीमती चीज रख दी। वहाँ चार ही व्यक्ति मौजूद थे : बोंगा (अर्थात् प्रेतात्मा), एक राजा, एक जज और खुद बिरसा। बूढ़े आदमी ने उन सबसे कहा कि कोई पेड़ पर चढ़े और उस पर रखी कीमती चीज नीचे ले आए। सबसे पहले बोंगा ने कोशिश की, पर वह पेड़ से फिसल कर नीचे आ गया। राजा और जज की भी वही गति हुई। अन्त में बिरसा उठा और पेड़ पर रखी कीमती चीज ले आया। तभी सपने से बिरसा जग गया। यह सपना बिरसा के मानसिक संघर्ष का प्रतीक था। अपनी जाति के तीन दुश्मनों से सपने में उसकी मुठभेड़ हुई थी, जज के रूप में अधिकारियों से, राजा के रूप में जमींदार से और बोंगा के रूप में पुराने धर्म से। सफेद बालोंवाला बूढ़ा खुद हरम होड़ो था। इस तरह सर्वोच्च प्रभु (परमात्मा) की अध्यक्षता के अधीन हुए संघर्ष में बिरसा विजयी हुआ। इस स्वप्न को उसने अपने लक्ष्य के बारे में परमात्मा की स्वीकृति के रूप में लिया। फिर कुछ ही दिनों में वह काफी बदल गया। उसके मुँह से समझ में न आने लायक शब्द निकलने लगे जैसे कि 'ओवल, डोल, पोत, पेट, डेंड, मेंड, सैट, सैर' आदि। उसने दावा किया कि उसने अपने लोगों के लिए उनका खोया राज्य वापस ला दिया है।

फिर एक दिन, बरसात के आरंभ में, मई या जून के महीने में, बिरसा अपने एक मित्र के साथ, जो उससे कहीं कम समझदार था, जंगल गया हुआ था। रास्ते में बिजली की कड़क के साथ तूफान आया। उस पर बिजली गिर गई और उसका रूप-रंग ही बदल गया। उसका चेहरा काला नहीं रह गया, बल्कि लाल और सफेद रंग का हो गया। उसका मित्र सकते में आ गया। यद्यपि उसने इस आश्चर्यजनक घटना पर तीव्र प्रतिक्रिया जताई, पर बिरसा शांत रहा। उसने इतना-भर बतलाया कि उसे भगवान का संदेश मिल गया है। इस संदेश का ठीक-ठीक रूप क्या था,

यह तुरंत तो मालूम न हुआ, पर उसका संबंध उसकी अपनी जनता की मुक्ति से था। उसका मित्र उससे पहले गाँव लौट आया और उसने लोगों को बिरसा का रूप-रंग बदल जाने के बारे में बतलाया।

रोगहर

जंगल से बिरसा जब गाँव लौटा तो उसने अनेक लोगों को अपने इंतजार में खड़े देखा। उन सबने उस पर अचरज-भरी निगाहें डालीं। एक भोली-भाली मुंडा माँ उसके पास अपना बीमार बच्चा ले आई। बिरसा ने उसे छुआ, मंत्र पढ़कर उस पर फूँक मारी और उसके सर पर अपना हाथ रखा। बच्चा वास्तव में धीरे-धीरे चंगा हो गया और उसकी माँ ने सबसे कहा कि उसका बच्चा बिरसा की प्रार्थना से अच्छा हुआ।

इस घटना के बाद बिरसा अजीब-ओ-गरीब किस्म की बातें करने लगा। वह अधिकतर अपने घर में ही बंद रहता। बतलाया गया कि वह आठ दिनों में सिर्फ एक बार खाना खाता था और भगवान उसे आश्चर्यजनक रूप से जिलाए रख रहे थे। यह भी कहा गया कि वह स्वर्ग जा रहा है और बहुत दिनों तक इस संसार में न दिखलाई पड़ेगा। गाँव में एक सरदार वीर सिंह मुंडा से बिरसा ने कहा कि भगवान ने स्वयं दुनिया का हर काम उस पर सौंप दिया है। वह बीमार का इलाज कर सकता था, वह लगान अदा न करेगा, आदि। वीर सिंह चालाक आदमी था। उसने वीरबाँकी बाजार जाकर सबको ये बातें बतला दीं। दूसरे ही दिन वीरबाँकी के पास के गाँव कटुई के लोग बिरसा को देखने आए। उन्होंने बिरसा को जनेऊ और काठ की खड़ाऊँ पहने देखा। बिरसा ने उन लोगों से बातें कीं पर वे उसका कहा कुछ भी न समझे। फिर उसने उनकी भाषा में बातें कीं और तब जाकर वे लोग समझे। बिरसा ने दावा किया कि उसे दुनिया की सभी शक्तियाँ प्राप्त हैं। उसने यह भी कहा कि वे लोग बीमारों को उसके पास लें आवें या उसे इस काम के लिए बुलाएँ। कटुई के लोगों ने बिरसा को बतलाया कि गाँव में महामारी फैली है। बिरसा गाँव में पहुँचा और बीमारियों को हुक्म दिया कि वे मुख्य गली के रास्ते गाँव से बाहर चली जाएँ। उसने बीमार लोगों से कहा कि वे एक लाइन में एक दूसरे के पीछे बैठ जाएँ। उसने आसमान (स्वर्ग) की ओर देखा और अनेक शब्द कहे। तब उसने मंत्र पढ़ा और अपना जनेऊ हिलाया। फिर वह एक झोंपड़ी में चला गया और मंत्र दुहराया। बीमार लोग अच्छे हो गए। कटुई के लोगों ने बिरसा की प्रशंसा की और उसकी रहस्यपूर्ण शक्तियों की कहानियाँ चारों ओर फैला दीं। रोग दूर करनेवाले के रूप में उसके यश की शुरूआत इसी प्रकार हुई। फलतः उसके कई शिष्य हो गए। उनके नाम थे लोंगा, कुड़िया, नारंगा, तुबील, मुचिया, बनपारी, बाबारोआ, गोपाल वीरबाँकी और बोंडो बांका।

फिर जब चेचक महामारी के रूप में फैला तो एक ओझा ने कहा कि उसके लिए बिरसा जिम्मेदार है, क्योंकि उसने ग्राम-देवता को रुष्ट किया है। बिरसा को गाँव छोड़ने पर मजबूर किया गया, पर इससे चेचक का प्रकोप कम न हुआ। बिरसा गाँव लौट आया और बीमारों और पीड़ितों की सेवा में जुट गया। इससे उसे स्वभावतः अपने लोगों की निःस्वार्थ सेवा करनेवाले के रूप में ख्याति मिली। बिरसा ने अपना दृढ़ विश्वास प्रकट किया कि प्रार्थना में रोगों को अच्छा करने की शक्ति है। उसने यह सलाह भी दी कि लोग अपनी बीमारी, रोग और दुःख खुशी-खुशी सहें। जब बीमार बिरसा के पास लाए जाते तो वह उनके साथ हाथ जोड़कर प्रार्थना करता। तब वह ताली बजाता। बीमारों में से जिनको प्रार्थना में सचमुच विश्वास होता, वे अच्छे हो जाते।

एक रिपोर्ट में एक घटना का उल्लेख है कि बिरसा ने एक अर्द्ध-पागल बातूनी बुढ़िया को, जिससे सारा गाँव परेशान था, शांत बना दिया। उसने यह काम बिना कोई कठिन-सी लगनेवाली कार्रवाई के कर दिखाया। इसे चमत्कार माना गया। जब उसके पास एक मुर्दा लाया गया तो उसने उसे जिलाने के बारे में अपनी असमर्थता प्रकट करते हुए कहा कि यह मृत शरीर नहीं, बल्कि मिट्टी का एक बड़ा ढेर है। वह बीमारों को कोई दवा न देता, बल्कि मात्र यह कहता, ''जाओ, अब तुम अच्छे हो'' या (यह कि) ''जाओ, तुम अमुक दिन तक अच्छे हो जाओगे।'' खूँटी का एक मुसलमान अपने एक रिश्तेदार की लाश बिरसा के पास ले गया और उसे जिलाने के लिए कहा। शाम के धुँधलके के बाद, अपने दरवाजे से, आग की लपट में लाश को देखकर बिरसा गुस्से से उबल पड़ा और बोला कि ''यह मुसलमान मुझे धोखा देने की कोशिश कर रहा है। यह जो कुछ है वह लाश नहीं, बल्कि मिट्टी है। मेरे पास सचमुच लाश लाई जाए तो मैं उसे जिला सकता हूँ।'' बिरसा के शिष्यों ने उसके आदेश से उसे और उसके साथ के उस मिट्टी के पुतले को वहाँ से निकाल बाहर किया।

बिरसा बीमारों को कैसे अच्छा करता था, इस बारे में दो भिन्न किस्म के विवरण मिलते हैं। मुरहू मिशन के जी. एच. लस्टी के अनुसार वह स्वर्गिक भाषा में उन पर मंत्र दुहराकर उन्हें अच्छा करता था। इन मंत्रों में एक था 'पल्टर प्यूटर वाल्टर' और दूसरा 'स्टील स्टोर स्टेअर स्टेल'। चाइबासा स्कूल में प्रारंभिक अंग्रेजी पुस्तकों से प्राप्त अंग्रेजी की जानकारी में से उसे बस इतनी-सी ही अंग्रेजी की जानकारी रह गई थी। इस संबंध में उपलब्ध दूसरे विवरण से, जो बिरसा और उसके अनुयायियों के धार्मिक विश्वास से मेल खाता है, पता चलता है कि प्रार्थनाओं की पंक्तियाँ बोलकर बिरसा रोगों को अच्छा करता था। इस ईश्वरीय दूत (पैगम्बर) में जिन्हें विश्वास न था, वे अच्छे न होते थे। बिरसा के समकालीन हौफमैन का कहना है—

"मेरे मिशन का केंद्र (सरवदा) चलकद से सिर्फ 9 मील पर था। मैं रोज देश के सभी भागों से उस गाँव पहुँचनेवाले असंख्य लोगों की कतारें देखता था जो या तो इस नए उपदेशक का धर्म-संदेश सुनने या अपनी चिकित्सा कराने पहुँचते थे। रोग दूर होने में कुछ मामलों में विफलता से ये लोग हतोत्साह न होते थे, क्योंकि वे इसका कारण धरती आबा (पृथ्वी-पिता) यानी बिरसा में रोग हरने की शक्ति का अभाव न मानते थे, बल्कि मानते थे कि बिरसा में निष्ठा और विश्वास की कमी के कारण कुछ लोगों का रोग दूर न हो पाता था।"[13]

उपदेशक

रोग दूर करनेवाले के रूप में पहले बिरसा लोकप्रिय हुआ। फिर लोग उसका उपदेश सुनने के लिए बड़ी संख्या में इकट्ठा होने लगे। उसने अपने धर्म का उपदेश शुरू किया। पहले अपने घर के बरामदे पर रखे बिछावन पर बैठकर वह उपदेश करता था। पर जब श्रोताओं की संख्या बढ़ने लगी तो वह अपना आसन मैदान में नीम के पेड़ के नीचे ले गया। मंच के चारों खंभे पवित्र धागे से बाँधे जाते। वह स्वयं जनेऊ पहने रहता। साथ ही काठ की खड़ाऊँ पहनता और हल्दी के रंग में रँगी धोती। उसकी यह वैष्णव वेशभूषा होती।

उसके यहाँ मुंडा प्रदेश और अन्य स्थानों से भी लोग पहुँचते। सबसे पहले बानापीरी के निवासी बिरसा के धर्म के प्रभाव में आए। रोकन मुंडा और बुधुआ मुंडा, गुहाल लोहार और सिल्दा के सादो मुंडा ने बिरसा के बारे में सुना और वे लोग चलकर रवाना हो गए। रास्ते में उनकी मुलाकात वीर सिंह से हुई। उससे उन लोगों ने अनुरोध किया कि वह उनका परिचय बिरसा से कराए। वीर सिंह ने उन लोगों से कहा कि बिरसा के दर्शन कराने के छः आने लगेंगे और उन लोगों को उसके सामने हाथ जोड़कर खड़ा रहना पड़ेगा। अगर बिरसा समझ जाता कि आदमी सच्चे हृदय का है तो वह अपना दाहिना हाथ बाईं ओर घुमा देता था और एक संकेत करता था। चूँकि वीर सिंह सरदार था, इसलिए उसने सीधे-सादे लोगों द्वारा किए जानेवाले कामों को बढ़ा-चढ़ाकर कहा था। जब उन लोगों को बिरसा के सामने लाया गया तो उन से कुछ भी रुपए-पैसों की माँग न की गई। बिरसा ने मात्र इतना कहा कि वे लोग दिन में तीन बार प्रार्थना क़रें, सफाई के साथ रहा करें। एक-दूसरे को प्यार करें और एक साथ मिलकर प्रार्थना आयोजित किया करें। उसने उन लोगों को अपने शिष्य के रूप में स्वीकार किया और कहा कि वे रोज उसकी प्रार्थना सभा में आया करें।

बिरसा के उपदेश का तरीका मिशनवालों के उपदेश के तरीके जैसा था।

उपदेश के दौरान वह नीति-कथाएँ कहा करता था, श्रोताओं से चींटियों की तरह मेहनती बनने और प्रेम के साथ मिल-जुलकर रहने के लिए कहता था। सुस्त, कायर और स्वार्थी लोगों की उपमा गलियों, चट्टानों और झाड़-झंखाड़ से भरी जगहों से दी जाती थी। बिरसा के अनुसार अच्छे लोग उपजाऊ जगहों की तरह बिरले ही होते हैं।

बिरसा ने घोषणा की कि वह पृथ्वी-पिता (धरती आबा) है। उसके अनुयायियों ने भी उसे इसी रूप में माना। एक दिन ऐसा हुआ कि उसका उपदेश सुनने के लिए उसकी माँ भी अन्य लोगों के साथ बैठी हुई थी। उसने बिरसा को बेटा कहकर पुकारा। बिरसा ने माँ को याद दिलाया कि वह 'धरती-आबा' है और अब से उसे इसी रूप में संबोधित किया जाना चाहिए। उसने अपने को भगवान का दूत भी बतलाया–

> ''भगवान ने मुझे भेजा है कि मैं तुम्हें सही रास्ता बताऊँ। कुछ दिनों तक यह संदेश देकर मैं तुमसे बिदा ले लूँगा। फिर मैं दिकुओं (बाहरी शोषक लोगों) के पास जाऊँगा और उन्हें भी यह संदेश दूँगा। यदि तुम लोग चाहो तो मेरे उपदेश पर चलो।[14]

उसने प्रेतवाद (बोंगाओं) और भगतों, सोखाओं और देवड़ों की पुरोहिती पर तीखा प्रहार किया। एक दिन वह गाँव में बलि देनेवाले (पाहन) से मिला और कहा कि उसकी काठ की खड़ाऊँ सोने की हो जाएँगी। पाहन ने उसे सनकी बतलाया। इस पर बिरसा ने जवाब दिया कि दुनिया पागल हो जाएगी, और इस प्रकार उसने भूतों को संतुष्ट करने की उनकी प्रथा पर प्रहार किया।

बिरसा के कार्य-कलाप से मिशन के कार्य-कर्त्ताओं में बेचैनी पैदा हो गई। उसने विभिन्न मिशनों के प्रचारकों के वाद-विवाद में भी हिस्सा लेना शुरू किया। ये लोग थे, डोलडा का दाऊद, परासू का जौन, खुद ईसाई धर्म में बिरसा को दीक्षित करनेवाला चलकद का अभिराम और बीरबाँकी का पौलुस। ये लोग बिरसा के अनोखे कार्यों के बारे में पुलिस को भी खबरें देते रहे। मिशनों की इस प्रारंभिक कार्रवाई के बारे में मुरहू ऐंग्लिकन मिशन के पादरी लस्टी लिखते हैं–

> ''शुरू में बिरसा के उपदेशों को सुननेवाली भीड़ की खबर सुनकर मैंने अपने तीन धर्मोपदेश-वाचकों को वहाँ भेजा। चूँकि बिरसा के धार्मिक आंदोलन का रुझान ईसाई धर्म की दिशा में बढ़ता मालूम पड़ा, मुझे आशा थी कि मेरे आदमी वहाँ उपदेश करके कुछ अच्छा कर दिखाएँगे। पर मुझे जल्द ही पता चल गया कि हम लोगों की यह आशा बेकार थी। बिरसा में लोगों का अंध-विश्वास था और वे उसके समीप किसी को न तो देखना और न सुनना ही पसंद करते

थे। मेरा एक वाचक, कांडेर का नेहमिया, तो इतना भाग्यहीन सिद्ध हुआ कि उसे बिरसा ने शाप दे दिया। बिरसा की ओर से गंभीरतापूर्वक घोषणा की गई कि यह संभव है (इसे बिल्कुल निश्चित तौर पर नहीं कहा जा सकता, पर यह सम्भव है) कि नेहमिया घर पहुँचने के पहले ही मरकर गिर पड़ेगा। शाप सच तो न हुआ, पर (उक्त घटना की दृष्टि से) नेहमिया के कारण और कांडेर के लोगों के कारण, जिनमें अधिकांश ईसाई हैं और जो पैगम्बर (बिरसा) में विश्वास नहीं रखते, इस गाँव की ऐसी विशेष स्थिति है कि इसे सबसे पहले नष्ट कर दिया जाएगा।''[15]

बिरसा के अनुसार यद्यपि ईसाई धर्म मौजूदा धर्मों में सबसे अच्छा था, परन्तु उसके खिलाफ दो-तीन बातें थीं। पादरी गिरजाघर में चंदा इकट्ठा करते थे और इस तरह लोगों से पैसे उगाहते थे, जो उचित नहीं था। दूसरी बात यह थी कि लोग गिरजाघर में जूते पहने चले जाते थे, जो भी ठीक नहीं था। बिरसा ने अपने को ईश्वर का दूत और नए धर्म का संस्थापक होने का जो दावा किया, वह मिशन को बहुत अनुचित लगा। बिरसा के अनुयायियों में ईसाई धर्म से च्युत हुए लोग भी थे, जिनमें अधिकतर सरदार थे। ईश्वर की पूजा और फल-फूल या भोग के अर्पण की सीधी-सादी प्रणाली ईसाइयों के विरुद्ध पड़ती थी। एक ही परमात्मा और केवल उसी की पूजा की धारणा लोगों को अच्छी लगी। उन्होंने इस कारण बिरसा का धर्म कम खर्चीला पाया और उससे वे बलिदानों पर होनेवाले खर्च से भी बच गए। कड़ाई से पालन के लिए कुछ आचरण तय किए गए। चोरी, झूठ बोलना और हत्या करना घोर पाप समझा जाता था और भीख माँगने पर रोक लगा दी गई थी।

धीरे-धीरे ईश्वर का दूत (पैगम्बर) स्वयं ईश्वर माना जाने लगा। लोग उसके समीप इस भावना से पहुँचने लगे कि वह सिंगबोंगा या सूर्य भगवान है और वह एक ऐसी आत्मा है जो सबके पाप-पुण्य को देखती है और कोई भी अनुचित नहीं कर सकती। उसे खसरा कोरा का अवतार माना जाने लगा, जिसने असुरों का संहार किया था। वे लोग कहते कि सूर्य (जिसे वे पूजते थे) आसमान पर है और बिरसा इस जमीन पर। जून में यह निश्चित घोषणा कर दी गई कि बिरसा भगवान है। बाद में बिरसा के अनुयायियों का एक पंथ बन गया और वे बिरसा को भगवान के रूप में पूजने लगे।

ईश्वर का यह दूत यानी पैगम्बर न केवल एक उपदेशक था, बल्कि एक चमत्कारी व्यक्ति भी। बाइबिल के आरंभिक ज्ञान से प्रभावित चमत्कारों की ये कहानियाँ दूर-दूर तक फैल गईं। एक दिन खेत बोते हुए बिरसा को थोड़े से बीज मिल गए पर वे पूरे, विस्तृत खेत की बोआई के लिए पर्याप्त पाए गए। बिरसा

के भाई और नौकर को आश्चर्य हुआ। जब बिरसा से इस बारे में पूछा गया तो उसने कहा कि उसे ईश्वर से ऐसा आशीर्वाद मिला हुआ है। एक घटना ऐसी भी हुई कि चावल बढ़कर कई गुना हो गया। एक दिन जब लोग बिरसा की प्रार्थना-सभा से लौटने में हड़बड़ी कर रहे थे तो उसने उन्हें याद दिलाया कि यदि उनको ईश्वर में आस्था है तो सिर्फ एक मुट्ठी चावल उनके पूरे परिवार के भोजन के लिए काफी होगा। इस उक्ति के अनुसार सचमुच सुगना मुंडा (बिरसा का पिता नहीं) के घर में एक मुट्ठी चावल आठ व्यक्तियों और एक कुत्ते के भोजन के लिए पर्याप्त हुआ। 'बैल राजा' के बारे में भी एक कहानी प्रचलित हुई। बिरसा का उपदेश पशु भी समझते थे। एक मंगलवार को बिरसा के निकट एक भेड़ आई और उसके सामने तीन बार सिर नवाया, एक बुधवार को बिरसा के पास बैल आया और उसने भी उसके अभिवादन में सर झुकाया। फिर एक दिन ऐसा हुआ कि आसमान से बिजली के जैसा कुछ गिरा और बिरसा के शरीर में प्रवेश कर गया, जिससे उसके शरीर का रंग अंडे के भीतर के पीले भाग जैसा पीला हो गया। फिर वह पीला रंग रुई के जैसा सफेद हो गया। इस पर बहुत लोगों का ध्यान गया और बिरसा के श्रोताओं की संख्या और ज्यादा बढ़ गई। फिर यह कहानी प्रचलित हुई कि वह पानी पर चला और उसके जूतों के तले भीगे नहीं, यद्यपि उसने पानी पर खड़े रहकर ईश्वर के प्रति प्रार्थना भी निवेदित की। यह भी कहा गया कि वह डाइनों की आँखें पहचान सकता है और दूसरों के विचार पढ़ सकता है। एक दिन जब एक पाहन बिरसा के पास आया तो उसने उसके बारे में बतला दिया कि एक दिन पूर्व उसने सूअर का बलिदान किया है और यह कि उसे नया (बिरसा का) धर्म स्वीकार कर लेना चाहिए। उसी दिन उसने एक औरत को बतलाया कि उसने रुपए-पैसों से भरा एक पीतल का बर्तन जमीन में गाड़ा था, उसको उसे जमीन खोदकर निकाल लेना चाहिए और उपयोगी कामों में खर्च करना चाहिए।

रोग ठीक करनेवाले, चमत्कारिक व्यक्ति और उपदेशक के रूप में बिरसा के बारे में कहानियाँ अतिरंजित थीं। मुंडा, उराँव और खड़िया जनता नए पैगम्बर के दर्शन और उसके जरिए अपनी बीमारियों के इलाज के लिए चलकद बड़ी संख्या में पहुँचने लगी।

यद्यपि यह बात अविश्वसनीय लग सकती है पर कुछ ही महीनों में बारबारी से पलामू-स्थित चेचारी तक की उराँव और मुंडा जनता बहुत बड़ी संख्या में निष्ठापूर्वक बिरसा धर्मावलम्बी हो गई। यहाँ तक कि ईसाइयों में भी ऐसे बहुत कम लोग थे जो खुले तौर पर इस नए उद्धारक के साथ नहीं हो लिए। बात यहाँ तक पहुँच गई कि जब उस दरम्यान, दो व्यक्ति आपस में मिलते तो उनके अभिवादन का आम तरीका एक-दूसरे से यह सवाल करना हो गया कि "क्या

तुम चलकद नहीं गए हो?"

उस समय और बाद के लोक-गीतों में लोगों पर बिरसा के जबर्दस्त प्रभाव और उसके पैगम्बर के रूप में अभ्युदय पर लोगों के हर्ष तथा उनकी आशाओं और आकांक्षाओं की झलक मिलती है। हर आदमी के होठों पर धरती आबा (बिरसा) का नाम रहता था। सदानी भाषा के एक लोकगीत से प्रकट होता है कि बिरसा का प्रभाव सभी जातियों और जनजातियों पर था। क्या बनिया, क्या अन्य हिंदू जातियाँ और क्या मुसलमान, सभी नए धार्मिक सूर्य की ओर उमड़ते चले आ रहे थे। सभी रास्तों का लक्ष्य चलकद ही था।

> अरे भाई, मैं हाथ जोड़ता हूँ, मुझे बताओ, चलकद कहाँ है? मैं वहाँ धीरे-धीरे जाऊँगा।
> कुछ लोग कहते हैं, वह पूरब में है और कुछ दक्खिन की ओर बताते हैं।
> ओ, मैं दक्खिन की ओर धीरे-धीरे जाऊँगा।
> जंगल में तेंदुए और भालू भरे पड़े हैं और वे भयानक आवाज करते हैं; ओ, मैं जाऊँगा, दूसरों के साथ या धीरे-धीरे।
> बिरसा के शब्द मधुर हैं, मैं भी वहाँ जाऊँगा और उनकी बातें सुनूँगा।

बिरसा के पास आनेवाले लोगों की इस विशाल भीड़ के बारे में उस समय का एक विवरण इस प्रकार है–

> "इस बीच लूले, लँगड़े, अंधे आदि मीलों-मीलों चलकर बिरसा के पास बड़ी संख्या में पहुँचने लगे। उसका गाँव एक सुदूर स्थान में है, जंगल के ठीक बीचों-बीच। वहाँ ठहरने की कोई जगह नहीं है। पर दर्शनार्थियों के लिए यह कोई बाधा नहीं है, इस के बावजूद कि बरसात का मौसम था जिसमें यात्रा और उस स्थान पर ठहरना, दोनों ही कष्टप्रद थे। यात्री अपने साथ बाँस के छाते लाते थे और मात्र वही वर्षा से उनके बचाव का साधन था। वे बिरसा के दर्शन और उपदेश के लिए वहाँ, उस अत्यन्त कष्ट की हालत में, तब तक रहते थे जब तक उनके साथ की रसद चुक नहीं जाती थी और तब वे नई रसद लाने के लिए अपने घर की ओर चल पड़ते थे।"[16]

आसमान में एक नया पुच्छल तारा उगा था। बिरसा 'नया राजा' था। वह एक धागे के सहारे स्वर्ग से इस धरती पर आया था। वह नया संदेश देता था। और एक असमंजस भी था, वह इस धरती से जो भी सकता था–

> "ओ मेरे मित्र, हम जंगल से होकर चलकर चलें, हम उसके दर्शन

को चलें।
हमारे और मित्र वहाँ जा रहे है, हम स्वयं भी उसके दर्शन को जाएँगे।
वह आसमान से धागे के सहारे नीचे आया है।
वह नया संदेश देता है।
हम कुम्हड़े के बर्तन में पानी भरकर ले चलें।
हम अपने मन की अभिलाषा पूरी करेंगे।
वह सूरज की तरह उगा है, पूर्णमासी के चाँद की तरह आसमान में छा गया है।
ऐसा भगवान कभी-कभी ही आता है, वह एक दिन एकाएक चल देगा।
और तब हम उसके दर्शन न पाएँगे। हम अभी उसे क्यों न देख लें?''

चलकद का मसीहा

और इस तरह, धीरे-धीरे, रोग दूर करनेवाला, चमत्कार दिखानेवाला एवं उपदेशक बिरसा एक पैगम्बर हो गया। बिरसा का यह हुक्मनामा चारों ओर घूम गया कि चूँकि सफेद सूअर और सफेद मुर्गे-मुर्गियाँ गंदे रहते हैं, इसलिए उनका सफाया कर दिया जाए। इस हुक्मनामे का पूरी निष्ठा के साथ, समूचे जिले में सभी मुंडा परिवारों में पालन किया गया। बिरसा ने चलकद के वीर सिंह के पुत्र जौन मुंडा के जरिए यह घोषणा भी कराई कि आसमान से आग और गंधक की वर्षा होगी, जिससे पृथ्वी के सभी लोग मर जाएँगे। इस विनाश से केवल वे लोग बचेंगे जो उस दिन चलकद में, उस मौके के लिए नए कपड़े पहने, बिरसा के साथ रहेंगे। इस घोषणा के कारण लोगों की भारी भीड़ चलकद की ओर आने लगी। इस आशंकित प्रलय में फसलों और ढोरों की भी कोई खास उपयोगिता न समझी गई, इसलिए हजारों ढोर फसलों से अपना पेट भरने के लिए खुले छोड़ दिए गए। इस समादेश का पालन हजारों मामलों में किया गया। इससे धान की फसल को तो ज्यादा नुकसान न हुआ, क्योंकि उसके पौधे सिर्फ करीब एक फुट के ही थे और अभी बालें न आ सकी थीं पर दूसरी फसलें पूरी तरह चौपट कर दी गईं। (इस घोषणा में यह भी कहा गया) कि संपूर्ण विनाश की हालत में धन पिघलकर पानी बन जाएगा और उसका कोई उपयोग न रह जाएगा, इसलिए अच्छा होगा कि लोग उस धन से (प्रलय का सामना करने के लिए) नए कपड़े खरीदें, जिनमें वे अपने उद्धारक (बिरसा) के पास उस समय हाजिर रहें—

"और फिर कपड़ा बाजार की ओर लोगों की दौड़ शुरू हुई। फलतः कपड़े के व्यापारियों ने, जिसमें ज्यादातर सिर्फ हिंदू थे, अच्छा-खासा व्यापार किया। कपड़ा जितना बाजार में था उससे कहीं ज्यादा उसकी माँग हुई। मुरहू में दो व्यापारियों में से हरेक को तीन दिनों में 100 रु. का फायदा हुआ।"[17]

प्रलय के लिए निर्धारित दिन को इस क्षेत्र के सभी स्थानों से लोगों की अपार भीड़ हुई। पर प्रलय हुआ नहीं। इसके बारे में एक मिशनरी विवरण इस प्रकार है–

"भीड़ मानो साँस रोककर दिन में बारह बजने की इंतजारी करने लगी, जिस समय कि प्रलय होने की बात कही गई थी। पर ज्यों-ज्यों सुबह का वक्त गुजरने लगा, बिरसा ने कहा कि कुछ-कुछ यह संभावना भी है कि प्रलय कुछ समय के लिए रुक जाए। उसने दो पेड़ों के बीच में एक डोर बाँधी और लोगों को मना किया कि कोई उसे छुए नहीं। उसने कहा कि पूरी बात इस पर निर्भर करेगी कि डोर टूटती है या नहीं। जैसी कि काफी संभावना थी, डोर नहीं टूटी और इस तरह उस दिन दुनिया खत्म नहीं हुई। एक बात, जिस कारण प्रलय न हुआ, यह थी कि उस जगह आश्रय लेने के लिए साहब लोग न आए। पादरी सबसे पहले आनेवाले थे, फिर सरकारी अफसर और फिर अंत में खुद महारानी (साम्राज्ञी विक्टोरिया)।"[18]

यह घोषणा चाहे जिसके द्वारा भी की गई हो, बिरसा ने इसका खंडन करने के लिए कुछ भी न किया। फसलों की बर्बादी 1895-96 के अकाल की एक वजह थी। इसे बिरसा ने पहले ही समझ लिया था और इसकी पूर्व घोषणा भी कर दी थी। पर बिरसा ने अकाल से निबटने के लिए फसल उपजवाने का प्रयत्न नहीं किया, बल्कि उसने इसके लिए अपने प्रति विश्वास को ही कारगर उपाय बतलाया। उसने कहा कि जो उसमें विश्वास रखते हैं, वे धान की थोड़ी-सी फसल काटेंगे। उसने कहा कि शायद फसल का वजन सिर्फ पचास सेर हो, पर जैसे-जैसे उसे उपयोग में लाया जाएगा, वैसे-वैसे उसमें चमत्कार के तौर पर वृद्धि होगी और उससे पूरे साल उनकी सभी जरूरतें पूरी हो जाएँगी। बिरसा ने अपने परिवार का उदाहरण दिया जिसकी जरूरतें, रोज के उपयोग के रूप में मिलनेवाले, एक मुट्ठी चावल से पूरी हो जाती थीं।

इस घटना से सरदारों की भूमिका पर, खासतौर पर, प्रकाश पड़ता है। एक सरदार वीर सिंह के बेटे ने यह घोषणा की थी और दूसरे सरदार एलियाजार–खजांची ने इसके परिणामस्वरूप रुपया कमाया था। बाद में बिरसा ने शायद इसी घटना

को ध्यान में रखकर कहा था कि यदि उसने सरदारों की तरह किसी काम के लिए कोई तारीख निश्चित की तो वह अपने अनुयायियों को निराश ही करेगा। स्पष्ट था कि सरदार लोग अपने विचारों के प्रचार के लिए भीड़ जुटाना चाहते थे और इसके लिए वे बिरसा की लोकप्रियता से फायदा उठाने के फेर में थे। उस क्षेत्र का ग्रामीण मानस उत्तेजना और विक्षोभ की स्थिति में था। बिरसा ने भविष्यवाणी की कि सूरज और चन्द्रमा आसमान से गिर जाएँगे, सूरज से आग बरसेगी और पृथ्वी नष्ट हो जाएगी। जब महीने के कृष्ण पक्ष की रातों में चंद्रमा दिखलाई न पड़ता था तो लोग समझते थे कि बिरसा की भविष्यवाणी सच हो रही है। चंद्रागुटू के एक घर में परिवार ने अपनी सभी मुर्गियाँ खा डालीं, अपने मवेशियों को गोड़ा धान की फसल चरने के लिए छोड़ दिया और अपने सब सामान के साथ चलकद की ओर चल पड़े। बुडुमा में भी ऐसा ही हुआ। अठारहवीं सदी के अंत में छोटा नागपुर में धावा बोल देनेवाले बागियों (मराठों) के पुनः आक्रमण के बारे में अफवाहें फैलने लगी थीं।

अब तक बिरसा का आंदोलन केवल सुधार के उद्देश्य से चल रहा था और इस पर ईसाइयों का प्रभाव स्पष्ट रूप से दीख पड़ता था। रोग दूर करनेवाले, उपदेश देनेवाले, चमत्कार दिखलानेवाले और पैगम्बर के रूप में उभरकर सामने आनेवाले बिरसा के कार्यों से मिशन स्कूलों में प्राप्त उसकी ईसाई साहित्य की जानकारी की छवि मिलती थी। इससे कुछ कम मात्रा में उस पर वैष्णव प्रभाव भी था। साथ ही, बिरसा के आंदोलन में भीतर-ही-भीतर ईसाई मिशनरियों के विरुद्ध विरोध का स्वर था, क्योंकि बिरसा के ईसाई धर्म-विरोधी रुख पर मिशनरी के अधिकारी क्षुब्ध थे। बिरसा-आंदोलन धीरे-धीरे स्वतंत्र जन-आंदोलन के रूप में भी विकसित हो रहा था। इसमें सरदारों का शामिल होना महत्त्वपूर्ण था। उन्हीं के प्रभाव के कारण आंदोलनकारी सरदार के रूप में उभरने की बिरसा की दमित आकांक्षा उभरकर सामने आनेवाली थी।

अध्याय 4

राजनीतिक आन्दोलन : आरंभ (अगस्त-नवंबर 1895)

बदला हुआ स्वरूप

1895 में आंदोलन की शुरूआत निर्दोष-सी और धार्मिक रंग लिए हुए थी। उसी से, धीरे-धीरे, उसने एक भूमि-संबंधी राजनीतिक आंदोलन का रूप ले लिया। इस परिवर्तन के पीछे सरदारों का बढ़ता प्रभाव काम कर रहा था। इन सरदारों में प्रमुख थे चलकद के सोई किलो के मंगा मुंडा और जौन मुंडा, कसमार का जौन मुंडा और नारंग का मार्टिन मुंडा। एक और सरदार वीर सिंह इस आंदोलन से अपना एक गुप्त प्रयोजन साधना चाहता था। यह स्मरणीय है कि वीर सिंह ने बिरसा के पिता को शरण दी थी। वह इस आशा में था कि अगर बिरसा का आंदोलन अंग्रेजों के विरुद्ध एक सफल सशस्त्र विद्रोह बन सका तो उसे उन बाईस गाँवों का मानकी पद वापस मिल सकेगा, जिसे कोल विद्रोह के बाद कैप्टन विल्किंसन ने उसके दादा से छीन लिया था। इस तरह आंदोलन का स्वरूप ही बदल गया। हौफमैन ने इस संबंध में अपने अनुभव बतलाते हुए कहा है–

> "मुझे ठीक-ठीक याद है कि किस तरह जाने-माने सरदार साधारण जनता पर बिरसा भगवान के यहाँ तीर्थ-यात्रा करने के लिए जाने पर जोर देते थे। पहले तो मैंने इसे अर्द्ध-जंगली मूर्खता समझकर हफ्तों तक कोई ध्यान नहीं दिया, पर जब मैंने जल्द ही देखा कि सभी जगहों से लोग बहुत बड़ी संख्या में चलकद चले आ रहे हैं तो सरदारों की गतिविधि पर मुझे संदेह हुआ। इस तरह की अफवाहें जान-बूझकर, बड़े प्रयास के साथ, फैलाई जा रही थीं कि बिरसा बीमारों को आश्चर्यजनक ढंग से चंगा कर देता है और मुर्दों को जिला देता है....मुंडाओं की, खासकर वे जो सरदारों के जाने-माने गाँवों के थे, भीड़ बराबर हथियारों से लैस बिरसा के पास पहुँचती थी। मुझे यह निश्चित खबर मिली कि ज्यों-ज्यों, अनेक दिनों के रसद-पानी के साथ, आए हुए सशस्त्र लोगों की भीड़ चलकद में

जमने लगी, उस जगह का धार्मिक रंग फीका पड़ने लगा और उस आंदोलन के सच्चे राजनीतिक लक्ष्य ज्यादा-से-ज्यादा साफ तौर पर उभरकर सामने आने लगे।''[19]

सवाल यह था कि बिरसा और उसके आंदोलन को सरदारों ने किस हद तक प्रभावित किया? यह तो संभव नहीं कि बिरसा को पैगम्बरी की प्रारंभिक स्थिति से सरदारों का कुछ भी लेना-देना था। वे लोग तो इस आंदोलन में तब आए जब उन्होंने देखा कि बिरसा के प्रति ज्यादा-से-ज्यादा लोगों का आकर्षण बढ़ रहा है। उन्होंने महसूस किया कि बिरसा के व्यक्तित्व और लोकप्रियता से उनके लड़खड़ाते आंदोलन को सुदृढ़ आधार मिलेगा। उन्होंने बिरसा के यहाँ विशाल भीड़ इकट्ठा करने में सहयोग और प्रोत्साहन दिया और अपने विचार सामने लाने में बिरसा के मंच से फायदा उठाया। यही नहीं, उन लोगों ने पैगम्बर (बिरसा) के शिष्यों की जमात में भी घुस-पैंठ शुरू कर दी। इसलिए, अफसरों के अनुसार, बिरसा का आंदोलन केवल उसी पुरानी चाल (सरदार-आंदोलन) में एक दुःसाहसिक कदम था। अफसरों को लगा कि यह आंदोलन सरदारों के चंद आतंक-कार्यों के तुरंत बाद इस तरह हुआ कि उसे किसी भी तर्क से पूरी तरह स्वतंत्र और स्वतःस्फूर्त घटना के रूप में नहीं लिया जा सकता। अफसरों के अनुसार सिंहभूम में यह आंदोलन साफ तौर पर मारकस एंड कं. (सरदार-आंदोलनकारियों का एक गिरोह) के आंदोलन की श्रृंखला में ही था। अफसरों के एक और विवरण में बिरसा की भूमिका को पूरी तरह सरदारों से प्रभावित बतलाया गया है और उसे उनकी चालों को कार्य रूप देने का एक उपकरण मात्र माना गया है। इस विवरण के अनुसार बिरसा खुद आंदोलनकारी नहीं, बल्कि एक धर्मान्ध व्यक्ति था। लूथरन स्कूल का अध्यापक गोडियन ही आंदोलन का नेता था। गोडियन सरदार-आंदोलन में भाग ले रहे सभी व्यक्तियों में बुद्धिमत्ता की दृष्टि से सबसे ज्यादा चतुर था। वह आंदोलन का प्रधान बनने का इच्छुक था पर उसे ऐसा करने से चंपईडीह के जौहान ने रोका जो तोरपा में 1889-90 में हुए सरदार-आंदोलन का नेता था। इसलिए गोडियन ने इन सभी लोगों को मात देने के ख्याल से बिरसा के जरिए अपना उद्देश्य साधना चाहा, उसे भगवान घोषित किया और उसकी आड़ में सरदार-आंदोलन का अधिकतर काम चलता रहा। गोडियन ही वह व्यक्ति था जिसने पैगम्बर को हिदायतें दीं कि क्या करना चाहिए। जब एक प्रमुख चंदा सरदार एलियाजर बिरसा-आंदोलन में शामिल हो गया, तब संभवतः बिरसा-आंदोलन में सरदारों का प्रवेश पूरा हो गया। एक और सरदार प्रभुदायल बिरसा का सहायक बन गया था।

सरदार-आंदोलन की गतिविधियों पर प्रकाश डालनेवाला उपर्युक्त विवरण स्पष्टतः एकपक्षीय है। बिरसा पर यद्यपि सरदारों का प्रभाव था पर वह निश्चय

ही उनका प्रवक्ता न था। यह भी सही है कि सरदार-आंदोलन और बिरसा आंदोलन, दोनों की ही जड़ में भूमि संबंधी पृष्ठभूमि एक कारण थी। इस प्रश्न को लेकर वर्षों तक मुंडाओं के बीच घोर चिंता और असंतोष चलता रहा था। पर यह बात याद रखनी चाहिए कि शुरू में सरदारों ने अंग्रेजों के प्रति और यहाँ तक कि छोटा नागपुर के राजा तक के प्रति निष्ठा प्रकट की थी। वे लोग सिर्फ बिचौलिए स्वार्थों को समाप्त करना चाहते थे। बाद में उनमें से कुछ यूरोपियनों के खिलाफ हो गए और सितंबर 1892 में अपनी जनता की समस्याओं के समाधान के लिए हिंसा पर भी उतारू हो गए। पर उनके सामने कोई स्पष्ट और ठोस राजनीतिक कार्यक्रम न था। ऐसा कार्यक्रम 1895 में बिरसा ने पेश किया, यद्यपि वह भी कुछ-कुछ अस्पष्ट-सा था। बिरसा का उद्देश्य अपने को मुंडा राज का प्रधान बनाना था। साथ ही वह धार्मिक और राजनीतिक (?) स्वतंत्रता भी हासिल करना चाहता था। जब सरदारों ने देखा कि उनके आंदोलन के सफल होने की संभावना नहीं है तो उन्होंने डूबते को तिनके के सहारे के रूप में बिरसा-आंदोलन के साथ अपने को जोड़ लिया और वे बिरसा की योजना के अनुसार काम करने लगे। फल यह हुआ कि उनके बेढंगे-से विचार भी बिरसा-आंदोलन को प्रभावित करने लगे। उदाहरण के लिए यह विचार कि बिरसा के नेतृत्व में लोग उठ खड़े होंगे, सभी विदेशियों को मार भगाएँगे या मौत के घाट उतार देंगे और मुंडा राज कायम करेंगे, कोई भी सरकार का हुक्म न मानेगा, बल्कि बिरसा का ही आदेश माना जाएगा। दूसरी बात यह कि मालगुजारी, किसी भी रूप में, न दी जाएगी और जमीन पर का सभी लगान साफ समझा जाएगा। यह खासतौर पर सरदार-आंदोलन की माँग थी।

सरदार-आंदोलन के प्रभाव से बिरसा के उपदेशों का स्वर भी बदल गया। वह अब मुंडाओं के अलावा और किसी को भी प्रोत्साहन देने को तैयार न था। यहाँ तक कि मुरहू आदि जगहों के बनियों से उसे नफरत हो गई। अपनी एक सभा में उसने अपनी जाति के शोषकों के विरुद्ध आवाज उठाई, गुस्से से आग-बबूला हो गया, उन्हें (यद्यपि उनमें से कोई वहाँ न था) डाँटने-फटकारने लगा और अपने हाथ-पाँव पटकने लगा। लोग यह दृश्य देखकर डर गए। फिर उसने बताया कि उसका गुस्सा जमींदारों पर है और लोग जिस तरह जमींदारों को बाबू कहते हैं, उसे बाबू कहकर न पुकारें।

पर एक उपदेशक के रूप में बिरसा के कार्य-कलाप की रिपोर्ट सरकार के यहाँ तोड़-मरोड़कर और कुछ-कुछ अधूरी-सी भेजी गई। उदाहरण के रूप में, तमाड़ के थानेदार ने अपनी रिपोर्ट में लिखा कि मौजा कटवई तुबिल के एक मुंडारी ने अपने बारे में घोषणा कर रखी थी कि उसे भगवान ने भेजा है और वह तरह-तरह की बाजीगीरी की तरकीबों से अपनी ओर बहुत बड़ी संख्या में अनुयायियों को

अनुयायियों को आकर्षित करता है। उसने लोगों को धान बोने से मना कर दिया है और कह रखा था कि उन लोगों द्वारा कोई तकलीफ उठाए बिना, भगवान खुद, सब फसलें उगा देगा। उसने पहाड़ की चोटी पर अपना घर बना रखा था, जहाँ लोग रोज बड़ी संख्या में उसके दर्शन के लिए पहुँचते थे और अपने साथ बकरों, वस्त्र आदि को भेंट के रूप में भी ले जाते थे। सिंहभूम से भेजी गई एक रिपोर्ट में कहा गया कि चलकद का मुंडारी जाति का एक संन्यासी, जिसका नाम बोंगा उर्फ धर्मा है, आस-पास के कोलों को प्रेरित करता फिरता है कि वे शुद्ध हिन्दू बनें, सभी निषिद्ध भोज्य-पदार्थों का सेवन बंद करें। वह आगे लोगों से कहता था कि पोराहाट का एक बड़ा हिंदू राजा (स्वयं बिरसा) उन जंगलों को अपने अधिकार में लेनेवाला है, जिन पर अब तक अंग्रेजों का अधिकार है और उन सभी कोलों को, जो कड़ाई से धर्म का पालन करेंगे, उन जंगलों में रहने की अनुमति मिलेगी। मुंडारी का यह प्रत्याशित राजा चक्रधरपुर थाने के तेबो गाँव की भी यात्रा करनेवाला था और उसने सिंहभूम के कई गाँवों को नोटिस दिए थे, जहाँ के कोल उसका उपदेश सुनने जाते थे। यह बात जल्द ही स्पष्ट हो गई कि वह वास्तव में बांगा (बोंगा) या संन्यासी न था, पर बिरसा मुंडारी नामक एक ईसाई था (वह अब ईसाई न रह गया था)। उसने पहले जंगलों के बकायों के विरुद्ध आंदोलन का नेतृत्व किया था। उसके द्वारा हिंदू सिद्धांतों के उपदेश की बात शायद गलत थी। ईसाई मिशनरियों ने उसके कार्यों के बारे में सरकार को खबर दे दी थी। सरकारी अधिकारी राजनीतिक कारणों से नहीं, बल्कि भूमि-आंदोलन संबंधी कारणों से उसके विरुद्ध कदम उठाने का विचार कर रहे थे। इस बात पर कि खेती-बाड़ी पर ध्यान न देकर लोग जो उस आदमी का दर्शन करने जाते थे और उसके निकट रहते थे, डिप्टी कमिश्नर ने विचार किया। इसलिए उन्होंने उस आदमी को पकड़ लाने का आदेश दिया, पर वह (बिरसा) प्रकट नहीं हुआ। उक्त सरकारी रिपोर्टों के अनुसार इस उपद्रव को खत्म करना जरूरी था, क्योंकि इसके जारी रहने का मतलब होता कि जिले के उस भाग में सब चीजों की कमी हो जाती। 6 अगस्त को परेड के दिन चौकीदारों ने तमाड़ के थानेदार को खबर दी कि बिरसा ने घोषणा की है कि सरकार खत्म हो गई है। इस पर प्रधान कान्स्टेबुल को चलकद जाने का आदेश दिया गया। वह 6 अगस्त को बिरसा के यहाँ आनेवाली भीड़ की गतिविधि की जाँच के लिए रवाना हुआ और वहाँ 8 अगस्त, 1895 को रात में 9 बजे पहुँचा। उस समय अँधेरा था और पानी बरस रहा था और वह (प्रधान कान्स्टेबुल) उस रात कुछ भी न कर सका। वह बिरसा के अनुयायियों द्वारा बनाई गई झोंपड़ियों में से एक में ठहर गया। वैसी 50 या 60 झोंपाड़ेयाँ थीं जिनमें से तीस पूरी तैयार हो चुकी थीं। उनमें एक हजार आदमी रह सकते थे। फिर जो घटनाएँ हुईं, उनका उस कान्स्टेबुल ने इस प्रकार सजीव वर्णन किया है–

अगले दिन 9 अगस्त की सुबह को मुख्यालय से आदेश आ गया जिस पर मैंने बिरसा को गिरफ्तार कर लिया। बिरसा के पिता सुगना और चलकद के मकदारो और एक अन्य गाँव के सुन्दर मुंडा ने, जबर्दस्ती, मुझसे बिरसा को छुड़ा लिया। करीब 50 या 60 अन्य लोग भी उन लोगों के साथ शामिल हो गए। उन सबने हमारे दो कान्स्टेबुलों को भगा दिया। कान्स्टेबुल उन लोगों का मुकाबला न कर सके और हमारी झोंपड़ी में वापस आ गए। हम लोग पूरे दिन सलाह-मशविरा करते रहे कि बिरसा को कैसे गिरफ्तार करें। 11 तारीख को मैंने अपने साथ आए हुए सुका चौकीदार को पौलुस प्रचारक को बुलाने के लिए कोचाँग भेजा। पौलुस से इस सम्बन्ध में सहायता पाने की मुझे उम्मीद थी। 13 तारीख को पौलुस 20 आदमियों के साथ चलकद आया। मैंने उसे बतलाया कि मैं इस काम में सिर्फ उन लोगों का नैतिक समर्थन चाहता हूँ। उन लोगों ने जवाब दिया कि उनके नैतिक समर्थन मात्र से बिरसा की गिरफ्तारी सम्भव नहीं है। बिरसा का एक-एक अनुयायी हमारे पचास-पचास आदमियों के बराबर है, इसलिए उसे गिरफ्तार करना असम्भव है। फिर पौलुस ने कहा कि वह जा रहा है और इतने सारे लोगों को जुटा लाएगा जिनसे मुझे अपने काम में वास्तविक सहायता मिल सके। मैंने पौलुस की मदद के लिए उसके साथ ईसुफ खाँ कान्स्टेबुल को भेजा। 14 अगस्त को सवेरे 8 या 9 बजे पौलुस और ईसुफ खाँ कान्स्टेबुल लौटे। वे अपने साथ 200 आदमी भी लेते आए जिनमें महावत, पठान और मुंडा थे। उसी दिन उसी समय तमाड़ से दो और कान्स्टेबुल–सुजारत और ईदान भी आ गए। तब मैंने प्रस्ताव रखा कि इन दो और कान्स्टेबुलों के साथ 200 आदमी जाएँ और बिरसा को गिरफ्तार कर लें। पर उन 200 आदमियों अथवा उनके प्रवक्ता ने कहा कि वे लोग भगवान की गिरफ्तारी में तब तक किसी प्रकार का हिस्सा न लेंगे जब तक मार-पीट या वैसी कोई और बात न हो, जिसमें उनका हस्तक्षेप जरूरी हो जाए। तब 200 आदमियों में से कोल झुंड बनाकर बिरसा की तरफ चले गए और मुझे मदद देने के लिए पौलुस के साथ करब 20 या 30 राजपूत बच गए। फिर भी हमने बिरसा को पकड़ने की कोशिश की, पर उसके साथ अनुयायियों की भीड़ हम लोगों के मुकाबले कई गुना ज्यादा थी। फिर भी इमने डटकर कोशिश की, पर बिरसा को घर से बाहर निकाल लाने में नाकामयाब रहे। हारकर हमें अपनी झोंपड़ी में

वापस आना पड़ा। यह स्थिति 18 अगस्त को 8 या 9 बजे सवेरे की थी। तब मैंने पूरे हालात के बारे में तमाड़ के थानेदार साहब को रिपोर्ट भेज दी और उनका अगला हुक्म आने का इन्तजार करने लगा। फिर ऐसा हुआ कि 16 अगस्त को बिरसा, उसके दीवानों और आदमियों ने आकर हमारी झोंपड़ी चारों ओर से घेर ली। बिरसा अपने आदमियों को आदेश दे रहा था कि हम लोगों को वहाँ से खदेड़ दिया जाए। बिरसा अपने घर की छत पर खड़ा था और अनुयायियों की भीड़ को सम्बोधित करते हुए कह रहा था—'बिल्कुल ही डरो मत। मेरा राज शुरू हो गया है। सरकार का शासन खत्म हो गया है। उनकी बन्दूकें बेकाम हो जाएँगी। तब तुम लोगों को डर किस बात का?' बिरसा और भी बातें कह रहा था, जैसे कि ये लोग (सरकार के कान्स्टेबुल आदि) मेरे राज को जोखिम पहुँचा रहे हैं, इन्हें मार भगाओ आदि-आदि। बिरसा कुछ खास मन्त्र भी पढ़ रहा था जो हम कुछ भी न समझ सके। वह यह भी बतला रहा था कि वह जो कुछ कह रहा है, उसका मतलब सिर्फ वही समझता है। वह इस तरह अपने अनुयायियों को प्रेरित कर रहा था जो भालों, कुल्हाड़ियों, लाठियों आदि से लैस हमारी झोंपड़ी को घेरे हुए थे। उस गिरोह के नेता (माता बीर सिंह नम्बर दो) ने मेरी गर्दन के पास तक भाला ले जाकर मुझे धमकी दी कि अगर मैं उस जगह से नहीं चला गया तो वह मुझे मार डालेगा। तब हम लोगों ने बिरसा की गिरफ्तारी की उम्मीद बिलकुल ही छोड़ दी और वहाँ से वापस आने के लिए अपना सामान जुटाने लगे। बिरसा अभी भी अपने मकान की छत पर ही था। उसने फिर अपने अनुयायियों की भीड़ को सम्बोधित करते हुए कहा—तुम लोग देर क्यों कर रहे हो? इनको मार भगाओ। मेरा राज अब उत्कर्ष पर है। तब हम लोग बीरबाँकी सड़क से तमाड़ की ओर चल पड़े। हमारे पीछे हमें खदेड़ते हुए बिरसा के 800-900 अनुयायियों की भीड़ चल रही थी। वे हमारी बेइज्जती करने के लिए अनाज ओसाने के सूप लिए हुए, बड़े-बड़े घंटे बजाते और बाण भाँजते हुए चल रहे थे। यही नहीं, वे लोग उन तीनों खटियों को भी लिए चल रहे थे जिन पर वहाँ हम सोए थे। जब हम लोग चलकद से एक मील चल चुके तो उन लोगों ने खटियों को वहाँ एक नदी में फेंक दिया। उस नदी का नाम मैं नहीं जानता। हम लोगों के साथ उन लोगों ने भी नदी पार की। पहाड़ों पर चढ़ना मुश्किल था और उन पर फिसलन भी थी। हम जल्दी नहीं

चल पा रहे थे। पर बिरसा के अनुयायियों की भीड़ हमें धकेल रही और तेज चलने पर मजबूर कर रही थी। हमें धक्के पर धक्के दिए जा रहे थे और हम पर बोलियाँ और आवाजें कसी जा रही थीं। हम लोगों में सबसे आगे सीताराम सिंह और ईदान कान्स्टेबुल थे और तब मैं था। मेरे पीछे सुजारत और ईसुफ खाँ चल रहे थे और उनके पीछे दो चौकीदार थे, जिनको भीड़ भाले आदि चुभा रही थी। उस रात हम माची मुंडा के गाँव में सोए। गाँव का नाम मुझे नहीं मालूम पर वह बीरबाँकी के उत्तर-पूरब और चलकद से 7 कोस पर है। उस गाँव से हम सीधे तमाड़ चले गए। बिरसा भगवान भीड़ के साथ हम लोगों के पीछे नहीं चल रहे थे, पर अन्य सभी अभियुक्त चल रहे थे....

जब 16 तारीख को हम चलकद छोड़ने की तैयारी कर रहे थे तो कान्स्टेबुलों ने मुझसे कहा कि चलने के पहले उनको खाना खा लेने का मौका दिया जाए। पर भीड़ ने यह मौका न दिया और हमें तुरन्त जगह छोड़ देने पर मजबूर किया। जब वे लोग हमें हमारी झोंपड़ी से बाहर ला रहे थे तो हाथा-पाई में एक कान्स्टेबुल ईसुफ खाँ का कोट किसी ने फाड़ डाला। मैंने उस आदमी को नहीं पहचाना, क्योंकि वह घटना मैंने नहीं देखी थी। ईसुफ खाँ का बेल्ट भी तोड़ दिया गया।

हम दोनों की खटियों को नदी में फेंकते हुए बिरसा के अनुयायियों की भीड़ ने जोरों से कहा—सरकार का राज खत्म हो गया है और उसके नौकर मर गए, इसलिए हम उनके बिस्तर नदी में फेक रहे हैं। वे लोग घंटे बजा रहे थे और अनाज ओसाने के सूप जोर-जोर से हिला रहे थे। ऐसा वे न सिर्फ हमें अपमानित करने के लिए कर रहे थे, बल्कि उनके अपने विचार से ऐसा करना एक अशुभ चिह्न था। बिरसा लोगों को उपदेश देता था कि वे भूत-प्रेत की पूजा न करें और न किसी को बलि दें, बल्कि केवल उसकी (बिरसा की) आज्ञा मानें; वह देह पर हल्दी मल लेता था जिससे उसके पाँव सुनहरे मालूम पड़ें। बिरसा ने अपने मकान के चारों ओर जो पुआल के गद्दे सजा रखे थे, उनके ही सहारे वह मकान की छत पर चढ़ा था।''[20]

पुलिस का विवरण एकतरफा और अतिरंजित था। इस संबंध में मुंडाओं ने घटनाओं का अपना विवरण पेश किया। उनके अनुसार बिरसा ने पुलिस अधिकारी से कहा, ''मैं नए धर्म का उपदेश कर रहा हूँ। सरकार मुझे कैसे रोक सकती है?''

इस पर पुलिस अधिकारी ने उसे चेतावनी दी कि वह बड़ी भीड़ इकट्ठा न किया करे। बिरसा ने जवाब में कहा कि जब लोग खुद इतनी बड़ी संख्या में उसे सुनने आते हैं तो वह क्या कर सकता है? पुलिस अधिकारी की ढिठाई से लोग क्रुद्ध और उत्तेजित हो गए। बिरसा उसके साथ सज्जनता से पेश आया। पुलिस अधिकारी के स्वागत में भोज के लिए बकरा कटा। तब उसने बिरसा को तिकड़म से पकड़ने की कोशिश की। उसने बिरसा को पालकी में सवार होकर चलने का प्रलोभन दिया। पर बिरसा इस कदर चालाक था कि उसे ऐसी तिकड़म से न पकड़ा जा सकता था। तब पुलिस अधिकारी की बेइज्जती की गई और उसे वहाँ से खदेड़ दिया गया। बिरसा ने जब अपनी गिरफ्तारी की संभावना देखी तो उसने लोगों से कहा कि अगर वह गिरफ्तार किया गया तो उसका शरीर लकड़ी के कुंदे में बदल जाएगा। वह खुद तो तीन दिनों के भीतर चलकद वापस आ जाएगा और लकड़ी का कुंदा उसकी जगह जेल में मिलेगा।

इस घटना से संपूर्ण ग्रामीण क्षेत्र में उत्तेजना फैल गई। जमींदारों के विरुद्ध प्रस्तावित उपायों पर विचार करने के लिए बुलाई गई पंचायतों में भूमि संबंधी पुरानी समस्याओं पर विचार किया जाने लगा। साथ ही उन पंचायतों में उन अन्य जातियों के विरुद्ध प्रस्तावित उपायों पर भी विचार किया जा रहा था, जिनके बारे में बिरसा ने लोगों की भावनाएँ उत्तेज़ित कर रखी थीं। सरकार ईसाई मिशनरियों और जमींदारों का तो समर्थन करती थी, और लगान बढ़ता जा रहा था। इसलिए स्वभावतः जन-साधारण की भावनाएँ सरकार के खिलाफ थीं। बिरसा द्वारा जन-मानस की इस स्थिति से लाभ उठाया जा रहा था. हालात ऐसे थे कि गोरे शिकार का मजा उठाने के लिए तो बाहर निकलते थे, पर उनको शोषकों के खिलाफ मुंडाओं की शिकायतों के बारे में जाँच करने की फुरसत न थी। इस तरह की जाँच निश्चित रूप से गैर-अंग्रेज अफसर करते थे और जमींदारों के पक्ष में निर्णय देते थे। दारोगा आता था और खुलकर पैसा कमाता था। स्पष्ट था कि ऐसी स्थिति अब और न चल सकती थी। फैली हुई खबरों के अनुसार पैगम्बर (बिरसा) ने घोषणा की कि जो प्रलय आनेवाला है, वह सरकार को भी बहा ले जाएगा। सरकार को प्राप्त खबरों के अनुसार लोग न केवल खेती-बाड़ी छोड़ते जा रहे थे और अपने मवेशी बेच रहे थे, बल्कि अपनी पत्नियों को भी नकली पैगम्बर के सुपुर्द कर रहे थे। सोनपुर अब तक जिले का वैसा हिस्सा था, जहाँ भूमि-आंदोलन की हवा न पहुँची थी और वह सरदार-आंदोलन का एक प्रमुख केंद्र था। वहाँ के लोग भी उस व्यक्ति (बिरसा) के साथ बड़ी संख्या में पहुँचने लगे। प्रधान कान्स्टेबुल से संबंधित उपर्युक्त घटना का एक परिणाम यह हुआ कि जो लोग उस कांस्टेबुल की मदद के लिए पहुँचे थे, वे नए राजा (बिरसा) के कोप-भाजन हुए। वह और अधिक उद्धत हो गया और उन लोगों को, चाहे वे मुंडा हों या हिंदू,

अपने समक्ष बुलाने लगा जो अब तक उसके पास न आए थे। उसने कोंचांग के उन राजपूतों को भी बुला भेजा जो उसे गिरफ्तार करने के लिए प्रधान कांस्टेबुल की बुलाहट पर उसकी मदद करने के लिए आए थे, पर उन राजपूतों ने उसके (बिरसा के) बुलावे का आदेश मानने से इंकार कर दिया। इस पर बिरसा ने उनके पास अपने आदमी भेजे कि वे उन लोगों को पकड़कर उसके पास ले आएँ। उसके आदमियों ने उन लोगों का बाजार तक पीछा किया जहाँ वे गए हुए थे, पर वे अपराधी राँची भाग गए और पदाधिकारियों के पास इस बारे में शिकायत दर्ज करा दी।

क्या 24 या 27 अगस्त, 1895 की रात को ईसाई मिशनरियों की हत्या कर डालने का षडयंत्र किया गया था? हौफमैन ने इसका संकेत इस प्रकार किया है–

> "यह कहना असंभव है कि स्वयं बिरसा और सरदार लोग धार्मिक भ्रांति के शिकार थे या नहीं, और यदि थे तो किस हद तक थे। धार्मिक भ्रांति का निश्चित तौर पर यह फायदा तो था कि उस समूचे क्षेत्र में सरदारों की वे अनेक सभाएँ हानिरहित मालूम पड़ती थीं जिनमें प्रस्तावित विद्रोह के बारे में फैसले किए जाते थे। धार्मिक भ्रांति की आड़ के कारण उन सभाओं के बारे में न सरकार को कोई शंका होती थी और न ही मिशनरियों को। इसी कारण अगस्त 1895 में चलकद में बिरसा के इर्द-गिर्द 6000 सशस्त्र व्यक्ति इकट्ठा हो सके। ऐसा तब हुआ जब यह घोषणा की गई कि वह (बिरसा) विदेशियों, और चलकद में शरण लेने के लिए न आनेवाले मुंडाओं के विनाश के लिए स्वर्ग की अग्नि का आह्वान करेगा। तब ईसाई धर्म और (बिरसा के) नए धर्म में से किसी एक को निश्चित रूप से स्वीकार न कर सकनेवाले, हिचकिचाहट में पड़े, कुछ नवयुवक मेरे पास पहुँचे। उन्होंने मुझसे अनुरोध किया कि मैं तुरंत वह जगह छोड़कर राँची चला जाऊँ। उन्होंने कहा कि अगली सुबह ही बिरसा के साथ कुछ सशस्त्र लोग सभी विदेशियों का कत्ले-आम शुरू करेंगे और चूँकि मैं चलकद के सबसे निकट रहनेवाला यूरोपियन हूँ, अतः कत्ल कर दिए जानेवालों में मैं सबसे पहला आदमी होऊँगा। मैंने उनके अनुरोध के बावजूद वहाँ से हटने से इंकार कर दिया। तब वे लोग मेरा कत्ल किया जाना निश्चित समझकर और निराश होकर वहाँ से चले गए।"[21]

ऐसी खबर मिली कि बिरसा के धर्म में विश्वास न रखनेवालों को सामूहिक

हत्या के लिए एक कोई खास दिन तय किया गया है। बिरसा के अनुयायी अपने-अपने गाँव जाकर अपने बलवे (लड़ाई की कुल्हाड़ियाँ) और टांगी लानेवाले थे और, बिल्कुल तैयार होकर, नियत समय पर कत्ले-आम शुरू करने के लिए लौटनेवाले थे। समूचे क्षेत्र में यह हुक्म भी घुमा दिया गया कि लोग अपने हथियारों से लैस मंगलवार, 27 तारीख को चलकद में बिरसा के घर पहुँचें। कहा जाता है कि बिरसा बंदगाँव के एक प्रभावशाली जमींदार पर भी, जो कोचांग गाँव का मुखिया था, बहुत खफा था। जमींदार ने बिरसा की अवज्ञा की थी। बिरसा के गुस्से का दूसरा शिकार ऐंग्लिकन मिशन, मुरहू का नेहमिया था, जिसे बिरसा का शाप मिला था। फैली हुई रिपोर्ट के अनुसार उपर्युक्त दो व्यक्तियों को मौत के घाट उतार देने के बाद कत्ले-आम की शुरूआत होती, जिसमें पादरियों की अच्छी खबर ली जाती। सरकार को बाद में मिली खबरों में यह भी कहा गया था कि कोलों ने भी उसी तरह गदर छेड़ देने का षडयंत्र कर रखा था जिस तरह कि पहले कोल विद्रोह के समय किया गया था। कोलों की शिकायत थी कि उन लोगों के साथ न्याय नहीं किया गया है, यद्यपि उन्होंने काफी खर्च करके सरदारों द्वारा अपनाई गई कानूनी पद्धति की विफलताओं को स्वीकार करते हुए सरकार को स्मरण-पत्र दिया था। कोलों का विचार था कि यदि वे सरकार के खिलाफ विद्रोह करते हैं तो सरकार उनके प्रति न्याय करेगी और सरकार पूर्व की भाँति उनके खोए राज्य को उन्हें वापस दिला देगी। यह विचार वैसा ही था जैसे कि 1890-92 से सरदारों का था। इसके अलावा बंदगाँव के जमींदार जगमोहन सिंह ने सरदारों और बिरसा के अनुयायियों के इरादे के बारे में सरकार के यहाँ बढ़ा-चढ़ाकर रिपोर्ट दी। उसके अनुसार वे लोग न केवल साहब लोगों को मार डालना चाहते थे, बल्कि उन सदानों को भी खत्म कर देना चाहते थे जो बिरसा भगवान की इज्जत न करते थे (?) और जिनको उसके प्रति निष्ठा न थी। जमींदार जगमोहन सिंह ने अधिकारियों को बहुत ही ज्यादा डरा दिया और अपनी रिपोर्ट में कहा कि चलकद में हजारों-हजार आदमी यह षडयंत्र रचने के लिए इकट्ठे हुए हैं कि किन-किन लोगों को मौत के घाट उतार दिया जाए। षडयंत्रकारी गाँव (कोचांग) को, जो कि जगमोहन सिंह का अपना गाँव था, क्षत-विक्षत कर देना चाहते थे (कट-मर करके रहेंगे), बल्कि खूँटी और राँची की अदालतों को भी तोड़-फोड़ देना चाहते थे।

बाद में यह स्पष्ट हो गया कि इस तथाकथित षडयंत्र की रिपोर्टें अधिकतर अफवाहों पर आधारित थीं और निस्संदेह अतिशयोक्तिपूर्ण थीं। साथ ही संभवतः ये रिपोर्टें बंदगाँव-जमींदार के अपनी सुरक्षा के बारे में भय के चलते फैलाई जा रही थीं। पर यह सही था कि बिरसा का अनुमोदन लेकर, या उसके बिना ही, सरदारों ने तैयारियाँ शुरू कर दी थीं और हथियार इकट्ठे किए जा रहे थे। यद्यपि

24 अगस्त 1895 को विद्रोह छिड़ जाने की संभावना न थी, पर शीघ्र ही छिड़ सकता था, यह तय-सी बात थी।

बिरसा की गिरफ्तारी

22 अगस्त 1895 तक सरकार ने बिरसा को गिरफ्तार करने का निर्णय नहीं लिया था। कमिश्नर चाहते थे कि बिरसा को एक संदिग्ध पागल अथवा शांति-भंग करने की आशंका उत्पन्न करनेवाली कार्रवाइयों में लगे व्यक्ति के रूप में पकड़कर लाया जाए। जिला-पदाधिकारियों की एक बैठक में बिरसा की गिरफ्तारी की योजना पर विचार हुआ। इस सिलसिले में पुलिस डिप्टी सुपरिंटेंडेंट जी. आर. के. मेयर्स भारतीय दंड प्रक्रिया संहिता की धारा 353 और 505 के अधीन गिरफ्तारी का वारंट तामील करनेवाले थे। धारा 353 का संबंध सरकारी सेवक को अपना कर्त्तव्य करने से रोकने के लिए, उस पर हमला करने या उसके विरुद्ध आपराधिक शक्ति का प्रयोग करने से है और धारा 505 का संबंध ऐसा वक्तव्य, अफवाह या रिपोर्ट देने, प्रकाशित करने या प्रचारित करने से है जिससे सार्वजनिक अशांति फैलने की आशंका हो। इन धाराओं के अधीन गिरफ्तारी के वारंट बिरसा और उसके उन नौ अनुयायियों पर तामील किए जानेवाले थे, जिनका हाथ ऊपर वर्णित चलकद की घटना में था। पुलिस डिप्टी सुपरिंटेंडेंट को खासतौर पर हिदायत दी गई कि इन लोगों की गिरफ्तारी के सिलसिले में बंदूक आदि आग्नेयास्त्रों का तभी इस्तेमाल किया जाए जब ऐसा करना अनिवार्य हो जाए। दिन-दहाड़े किसी बड़ी भीड़ के साथ संभावित टक्कर से बचने को भी कहा गया। साथ ही इस मामले में अत्यधिक जल्दी करने पर भी जोर दिया गया, क्योंकि इसमें जितनी भी ज्यादा देर की जाती, मामला उतना ही खराब हो जाता।

अगली सुबह सामान्य रिजर्व दल के 20 कांस्टेबुल, जो उत्तर भारत के थे, खूँटी भेजे गए। खूँटी के पुलिस-थानेदार ने उस क्षेत्र के अपने कुछ विश्वसनीय आदमियों को चलकद भेजा। उन्हें आदेश दिया गया कि वे अगले दिन बंदगाँव में यह पता लगाकर वापस आएँ कि बिरसा के पास वास्तव में कितने आदमी हैं, गाँव के शेष भागों के संदर्भ में उसके घर की अवस्थिति क्या है और उसके घर के कितने दरवाजे हैं तथा सामान्यतः घर के इर्द-गिर्द कौन-कौन से मकान और जगहें हैं। यह मालूम कर लेना इस उद्देश्य से जरूरी था कि बिरसा की गिरफ्तारी के लिए जानेवाली टुकड़ी उसे चुपचाप रात के समय हिरासत में ले ले। जिला पुलिस सुपरिंटेंडेंट राँची से पहले ही पहुँच चुके थे। वे खूँटी से रवाना होकर बंदगाँव की ओर चल दिए। मुरहू में ऐंग्लिकन मिशन के रेवरेन्ड लस्टी ने, जो बिरसा के बारे में रिर्पार्ट कर चुके थे, अनुरोध किया कि उनको पार्टी के साथ जाने दिया जाए क्योंकि उन्होंने बिरसा को कभी नहीं देखा। तीसरे पहर चलकद भेजे

गए लोगों ने लौटकर यह सूचना दी कि बिरसा के घर करीब 105 से 200 व्यक्ति इकट्ठे थे। चलकद में बिरसा का घर एक और घर के पास था और गाँव के शेष हिस्सों से करीब 60 गज की दूरी पर था। लोगों द्वारा लाई गई खबरों के अनुसार उस समय प्रातः बिरसा के सभी अत्यधिक विश्वसनीय गुरु (प्रधान अनुयायी) चलकद से बाहर, लोगों और हथियारों को इकट्ठा करने के उद्देश्य से गए थे। फलतः तय किया गया कि उस रात को ही गिरफ्तारी के लिए धावा बोला जाए, क्योंकि बिरसा को सूचना थी कि एक (अंग्रेज) साहब और पुलिस (पल्टन) के कई लोग राँची से बंदगाँव के लिए रवाना हो चुके हैं। इसलिए बिरसा इस बात की उम्मीद न करता होगा कि वे लोग उसी रात को पहाड़ी पर धावा करनेवाले हैं।

पार्टी बंदगाँव से सुबह 8-30 बजे चली। पुलिस उपाधीक्षक मेयर्स और लस्टी हाथी पर थे। उनके साथ बाबू जगमोहन सिंह और बीस सशस्त्र पुलिसवाले थे। बहुत ही ऊबड़-खाबड़ क्षेत्र में चौदह मील की लंबी और थका देनेवाली यात्रा के बाद वे लोग तीसरे पहर तीन बजे चलकद पहुँचे। दस कांस्टेबुल पहले से ही चुन लिए गए थे और केवल उन्हीं के पास बंदूक के छर्रे थे। पार्टी ने गाँव के नीचे संगीनें गाड़ दीं और फिर वे लोग बिरसा के घर की ओर चले। घर को उन लोगों ने चुपके-चुपके घेर लिया। खूँटी का पुलिस-दारोगा और एक दूसरा आदमी, जो बिरसा को पहचानने आया था, उसके घर में घुसे। वह सोया हुआ था। उसके पूरे शरीर पर हल्दी मली हुई थी। जब उसे हथकड़ी पहनाई जाने लगी तो उसने जोरों से प्रतिरोध किया। उसने मुंडारी भाषा में चिल्लाते हुए लोगों को खतरे की सूचना दी कि उसे गिरफ्तार करके ले जाने के पूर्व ही लोग हथियारों के साथ पहुँच जाएँ और उसे छुड़ा लें। दालान में दूसरे कमरे से दस-बारह आदमी निकलकर बाहर आए, पर उनको पुलिस ने खदेड़ दिया। बाहर का दरवाजा बंद कर दिया गया। लस्टी ने उनसे मुंडारी में बातचीत की और उनको शांत करने की कोशिश की। दालान में जो कुल्हाड़ियाँ पड़ी हुई थीं, उनको हटा दिया गया और बिना किसी झंझट के बिरसा को गिरफ्तार कर ले जाया गया। पार्टी बंदगाँव में साढ़े आठ बजे रात में पहुँची।

पार्टी के वहाँ से रवाना होने के बाद यह खबर मिली कि बिरसा के अनुयायी बहुत बड़ी संख्या में पहाड़ी पर इकट्ठा हो रहे हैं और उसे छुड़ा लेने की कोशिश की जानेवाली है। 100 आदमियों का एक दल देखा भी गया और करीब 25 आदमी बंदगाँव डाकबँगले में यह देखने के लिए आए कि बिरसा के साथ क्या किया गया था। उनमें से सात के नाम खूँटी के पुलिस-थानेदार के वारंट में भी थे। वे भी गिरफ्तार कर लिए गए और शेष वापस चले गए। कोई अशांति न होने देने के लिए बिरसा को गिरफ्तार करनेवाली पार्टी खूँटी के लिए 11 बजे दिन में रवाना हुई और बिना किसी विघ्न-बाधा के 4 बजे शाम को खूँटी पहुँची।

खूँटी तक की सड़क के कुछ हिस्सों में कई व्यक्ति जंगलों के किनारे इधर-उधर खड़े देखे गए। उन लोगों ने संभवतः सशस्त्र पुलिस को काफी बड़ी संख्या में देखकर बिरसा को छुड़ाने की सभी आशाएँ छोड़ दी थीं। बिरसा को एक डोली में चढ़ाकर ले जाया जा रहा था। उसे देखने के लिए बड़ी भीड़ जमा थी। वह लोगों को देखकर मुस्कराता और हँसता था।

मेयर्स ने बिरसा को बहुत तेजी और तिकड़म के साथ गिरफ्तार किया था। इस काम के लिए उसके साथ के आदमियों को काफी लंबा और दुरूह रास्ता बड़ी कठिनाई से पार करना पड़ा था। बरसात के कारण रास्ते में कीचड़, दलदल और फिसलन थी, जिससे यात्रा और भी दुरूह हो गई थी। असाधारण रूप से अच्छा काम करने के लिए उन लोगों को उचित पुरस्कार देने की सिफारिश डिप्टी कमिश्नर ने की। बिरसा को पकड़ लाने की अपनी सफलता के लिए सरकार द्वारा मेयर्स की प्रशंसा किए जाने की भी सिफारिश की गई।

बंदी बिरसा राँची में चार बजे शाम को लाया गया। उसे तुरंत डिप्टी कमिश्नर के सामने पेश किया गया। उसके पीछे लोगों का एक बड़ा हुजूम चल रहा था। भीड़ इस कदर बढ़ गई कि लोगों को अदालत के कमरे से जबर्दस्ती ठेलकर बाहर करना पड़ा और दरवाजे बंद कर देने पड़े। लोगों के बीच ऐसी उत्तेजना और अशांति इस बात का सबूत मानी गई कि कैदी (बिरसा) सनकियों जैसे काम किया करता था। उसे सिविल सर्जन डॉ. रोजर्स के निरीक्षण के अधीन रखा गया, ताकि यह निश्चित तौर पर जाना जा सके कि उसका मस्तिष्क दुरुस्त है या नहीं। पिछले दो महीनों में जो घटनाएँ हुई थीं, उनसे ऐसी आशंका थी कि उसका मस्तिष्क दुरुस्त नहीं है। यदि सिविल सर्जन रोजर्स उसे दुरुस्त और सही दिमागवाला घोषित करते तो खुद उन पर मुकदमा चलाया जा सकता था।

शाम को करीब 7 बजे बिरसा को जेल ले जाया गया। उस दिन पानी जोरों से बरस रहा था। ज्यों ही वह जेल में घुसा, मिट्टी की एक मोटी दीवार भर-भराकर गिर गई। दीवार गिरने की खबर गाँवों में बिजली की तरह फैल गई और उससे बिरसा के अनुयायियों के दम में दम आया। ऐसा समझा गया कि बिरसा की गिरफ्तारी की वजह से भगवान ने यह कहर बरपा किया है। फिर यह अफवाह फैली कि बिरसा अपने लोगों के बीच पुनः वापस आ रहा है।

बिरसा की गिरफ्तारी के बाद उत्तेजना कम होते जाने के बजाय तेजी से फैलती ही गई। ऐसी आशंका थी कि मुंडा लोग प्रतिरोध की कार्रवाइयाँ जरूर करेंगे। गिरफ्तारी के बाद उसी दिन चलकद में एक बहुत बड़ी भीड़ इकट्ठा हुई जिसमें करीब 7000 लोग होंगे। उन लोगों ने चौथे दिन तक अपने नेता के लौटने की प्रतीक्षा की। इसका कारण यह था कि बिरसा ने कह रखा था कि किसी भी हालत में उसे तीन दिनों से ज्यादा बंदी बनाकर नहीं रखा जा सकता।

अधिकारियों को आशंका थी कि उपद्रव छिड़ जाएगा। बिरसा के अनुयायियों की भीड़ कुल्हाड़ियों से सुसज्जित थी। स्थिति काफी गंभीर हो चली थी। उधर सरदार लोग भी मौके की ताक में थे। उन्होंने अपना विद्रोहात्मक प्रचार फिर से शुरू करने के लिए व्यापक उत्तेजना से फायदा उठाने में तनिक भी समय न गँवाया। कोलों का उत्सव (कर्मा) चल रहा था, जिसमें कि मुंडा लोग शराब के नशे में धुत रहा करते थे। ऐसे मौके पर सरकार द्वारा कोई कार्रवाई उचित न होती। फिर भी पुलिस की एक-एक टुकड़ी चलकद में तैनात कर दी गई। उसे काम सौंपा गया कि वह लोगों की बैठकों की कार्यवाही देखे और उनके मनसूबों और कार्य-कलाप के बारे में बंदगाँव में रिपोर्ट करे। और बंदगाँव का जमींदार जगमोहन सिंह तो डरा हुआ था ही। उसे अपनी जान की फिक्र थी। उसने सरकार के यहाँ रिपोर्ट दी कि चलकद में लोगों के जमाव के इरादे साजिश से भरे हुए हैं। रिपोर्ट में आगे कहा गया कि सभी ओर से लोग गाँव में पहुँचे रहे हैं। हर गाँव के कोलों ने, जो धांगड़ों के रूप में काम कर रहे थे, अपने-अपने काम छोड़ दिए। उनका कहना था कि वे दो या चार दिनों की छोटी अवधि के लिए काम न करेंगे। लोगों ने बिरसा के फिर से लौट आने की इंतजारी तीन दिनों तक की। फिर वे निराश होकर अपने घरों को वापस चले गए। कमिश्नर ने उस स्थान की अपनी प्रस्तावित यात्रा रद्द कर दी। बिरसा की गिरफ्तारी और तीन दिनों के बाद भी उसके न लौटने पर लोगों को धक्का लगा और वे मर्मान्तक रूप से दुखी हो उठे। इस बारे में हौफमैन ने लिखा है—

> "दूसरे दिन सुबह मैंने देखा कि क्षुब्ध भीड़ सभी ओर से अपने-अपने घरों को लौट रही है। वे लोग इस कदर निराश थे कि आपस में कुछ बातचीत भी न कर रहे थे। उन लोगों में कुछ से मेरी मुलाकात भी हुई। उनसे मैंने पूछा कि क्या बात हुई है। इस पर वे कुछ न बोले और यहाँ तक कि मेरी ओर देखा तक नहीं। पैगम्बर (बिरसा) ने असावधानी में केवल यह भविष्यवाणी करने की ही गलती न की थी कि अंगारों की वर्षा होगी, बल्कि अपनी गिरफ्तारी के कुछ दिनों पहले उसने अपने अनुयायियों को आश्वासन दे रखा था कि अगर अंग्रेजों ने उसको गिरफ्तार कर भी लिया तो वह अदृश्य हो जाएगा और किसी-न-किसी तरह अपने अनुयायियों के बीच आ जाएगा। अन्य भविष्यवाणियों की तरह जब उसकी यह भविष्यवाणी भी गलत सिद्ध हो गई तो उसके अनुयायियों में पराजय की दारुण व्यथा फैल गई और वे किंकर्त्तव्यविमूढ़-से रह गए।"[22]

पर फिर भी कुछ समय तक लोगों का चलकद पहुँचना जारी रहा। सुदूर

बसिया और कर्रा अंचलों तक से लोग वहाँ सच्चाई का पता लगाने और यह जानने जाते थे कि भगवान (बिरसा) अभी तक लौटे हैं या नहीं। वे लोग उसके खाली पड़े घर पर पूजा भी करते थे।

लोगों में फैली इस उत्तेजना का तत्काल एक परिणाम यह हुआ कि खूँटी और तमाड़ पुलिस-थानों में पुलिस-दल को और मजबूत किया गया। रिजर्व टुकड़ियों से वहाँ अतिरिक्त कांस्टेबुल भेजे गए, जिला रिजर्व से पुलिस के 40 आदमी बंदगाँव भेजे गए ताकि वे वहाँ लोगों की गतिविधि पर निगाह रखें और जगमोहन सिंह तथा कोचांग के अन्य लोगों की रक्षा करें। पुलिस डिप्टी सुपरिन्टेंडेंट (उपाधीक्षक) मेयर्स खुद 31 तारीख को बंदगाँव गए और वहाँ दो दिनों तक रहे। रैवरेंड लस्टी की रक्षा के लिए मुरहू में एक पुलिस टुकड़ी तैनात कर दी गई। राँची के डिप्टी कमिश्नर ने यह भी सुझाव दिया कि यदि बिरसा के अनुयायियों ने अपने उपद्रव के कार्यक्रम को कार्य रूप दिया तो सेना के रेजिमेंट की एक कंपनी भी बुला ली जाए। इसके लिए उन्होंने सिंहभूम के डिप्टी कमिश्नर का सहयोग भी माँगा। पर कमिश्नर ने स्थिति का सही अंदाज लगाया। उन्होंने चलकद और आस-पास के गाँवों में विशेष पुलिस दल तैनात करने का प्रस्ताव नामंजूर कर दिया। उनके अनुसार ऐसा करने से बेकार का शक पैदा होता और उपद्रव शुरू हो सकता था। जिन गाँवों में पुलिस दल तैनात करने का प्रस्ताव था, वहाँ के निवासी गरीब थे और आबादी विरल। पर कमिश्नर ने यह बात स्वीकार की कि उपद्रव करनेवालों के इरादे क्रांतिकारी हैं और एतिहात के तौर पर ऐसे उपाय किए जाने चाहिए ताकि लोगों की भीड़ इकट्ठी न हो और उत्तेजना न फैले। साथ ही तनाव को और ज्यादा फैलने से रोका भी जाना चाहिए। पड़ोस के जमींदार सारजुमडीह के ठाकुर और तराई के मानकी को हिदायत दी गई कि वे अपने इलाके के कोलों को बिरसा के अनुयायियों की भीड़ में शामिल होने से रोकें। खरसावाँ के ठाकुर और सिंहभूम के डिप्टी कमिश्नर को भी ऐसी ही हिदायतें दी गईं। 4 सितंबर तक एतिहात के सभी प्रबंध पूरे हो चुके थे। 6 सितंबर 1895 को लैफ्टिनेंट गवर्नर को सूचना भेज दी गई कि बंदगाँव में स्थिति सामान्य होती जा रही है। गवर्नर ने आशा प्रकट की थी कि उन्हें सूचना दी जाएगी कि अधिकारियों द्वारा उठाए गए कदमों से पूरी तौर पर शांति और व्यवस्था कायम हो गई है।

प्रान्तीय सरकार का विचार था कि स्थानीय अधिकारियों ने एक सिर-फिरे नौजवान को, जो सिर्फ बीस साल का था, ऊल-जलूल बातों को हद से ज्यादा महत्त्व दे दिया था। सरकार ने पुलिस उपाधीक्षक मेयर्स द्वारा बिरसा की गिरफ्तारी के लिए रात में किए गए धावे को बेकार के बतंगड़ की संज्ञा दी। पर जब लोगों के बीच उत्तेजना जारी रही और स्थिति और बिगड़ गई तो प्रांतीय सरकार ने

महसूस किया कि स्थिति ज्यादा गंभीर हो गई है और इस बारे में भारत सरकार को भी सूचना दे देनी चाहिए। फिर जब आंदोलन दब गया तो लैफ्टिनेंट गवर्नर ने विचार प्रकट किया कि उपद्रव अभी भले ही शांत हो गए हों, पर भारत सरकार को लगातार स्मरण दिलाते रहना चाहिए कि वह बारूद के ढेर पर बैठी हुई है। भविष्य के बारे में यह एक गंभीर और सही सूचना थी।

मुकदमा और सज़ा

पुलिस उपाधीक्षक मेयर्स ने बंदगाँव में दो दिन ठहरकर बिरसा और उसके अनुयायियों के बारे में प्रारंभिक जाँच-पड़ताल की। उन लोगों के विरुद्ध तमाड़ के प्रधान कांस्टेबुल और कोचांग के बूड़ा मुंडा की शिकायतें थीं। इसी जाँच-पड़ताल के आधार पर उन लोगों पर पहला मुकदमा चला। मेयर्स कुछ निष्कर्षों पर पहुँचे थे। प्रथम तो यह कि बिरसा आंदोलन का सरदारों के उपद्रव के साथ घनिष्ट संबंध था और इसमें किसी प्रकार का संदेह न था कि इससे मुंडा सरदार और आंदोलनकारी संबंधित थे। दूसरा निष्कर्ष यह था कि प्रधान कांस्टेबुल से संबंधित घटना में कोचांग और अन्य जगहों से बहुत ज्यादा लोगों ने बिरसा को सहयोग दिया था। सभी मुंडा गवाह बिरसा के पक्ष में चले गए थे; सिर्फ एक, कोचांग के बूड़ा मुंडा ने ऐसा करने से इंकार किया था और उसे ऐसा रुख लेने के लिए मौत की धमकी दी गई थी। उक्त घटना में सक्रिय भाग लेनेवाले देवकी पाँड़ और साव मुंडारी को गिरफ्तार कर लिया गया था। देवकी पाँड़ ने अपने बयान में कहा था कि बिरसा केवल लोगों को इस बात के लिए प्रेरित करता है कि वे मूर्त्ति-पूजा न करें और अच्छी जिंदगी बिताएँ। देवकी पाँड़ ने आगे कहा कि इसके अलावा बिरसा-आंदोलन के बारे में और कोई बात न थी। पर मेयर्स को यह पक्का विश्वास था कि दरअसल बिरसा ही झगड़े की जड़ है। मेयर्स का तीसरा निष्कर्ष यह था कि सर्वसम्मति के अनुसार, जिससे कि प्रोटेस्टेंट और रोमन कैथोलिक, दोनों ही ईसाई मिशनरियाँ सहमत थीं, बिरसा को लौटने की अनुमति देना हद से ज्यादा खतरनाक होता। जाँच-पदाधिकारी इस बात से सहमत थे कि अगर बिरसा को सोमवार, 26 अगस्त को स्वतंत्र रहने दिया गया होता तो उपद्रव जरूर ही जो जाता। जाँच-पदाधिकारी के अनुसार यद्यपि स्थिति अब काफी शांत हो गई थी, पर बहुत सारे मुंडा ऐसे थे जो बिरसा में विश्वास रखते थे। पर बिरसा के गिरफ्तार रहने की स्थिति में उन्हें एकजुट होने और उनके द्वारा नए सिरे से आंदोलन शुरू किए जाने की बहुत कम गुंजाइश रहती। इस पर डिप्टी-कमिश्नर सहमत हो गए। उनके अनुसार, यह अच्छी बात थी कि बिरसा अब स्वतंत्र नहीं था। बिरसा पर उन आरोपों के लिए मुकदमा चलाया जानेवाला था, जिनके आधार पर उसकी गिरफ्तारी का वारंट जारी किया गया था। एक मौका ऐसा भी आया

जब यह सोचा गया कि बिरसा और उसके अनुयायियों द्वारा आतंकवादी कार्य किए जाने के बारे में जन-साधारण की शिकायतों के आधार पर मुकदमा चलाया जाए। पर बाद में यह विचार छोड़ दिया गया।

कमिश्नर ने बिरसा से जेल में मुलाकात की। बिरसा ने उससे कहा कि वह सिर्फ धार्मिक विषयों पर लोगों में भाषणा करता था। कमिश्नर बिरसा से केवल यही सूचना पा सके। पर उनकी यह धारणा बनी ही रही कि बिरसा जंगलों के बकाओं के बारे में छिड़े आंदोलन और जमीन के प्रश्न के साथ मिली-जुली जन-उत्तेजना से संबंधित रहा है। जब अधिकारियों ने मनश्चिकत्सक डॉ. रोजर्स की रिर्पार्ट के अनुसार पाया कि बिरसा, प्रत्यक्षतः सही और दुरुस्त दिमाग का है, तो उस पर मुकदमा चलाने का निर्णय किया गया। मुकदमा चलाने का स्थल राँची से बदलकर खूँटी ले जाया गया जो कि मुंडा क्षेत्र का केन्द्र स्थान था। ऐसा इसलिए किया गया कि बिरसा के दावों से धोखे में रहनेवाले लोग मुकदमा खुद देख सकें और उसके दावों की व्यर्थता समझ सकें। आम सूचना की प्रतिक्रिया-स्वरूप खूँटी में अपने 'धरती आबा' यानी बिरसा के दर्शन के लिए लोगों की बहुत बड़ी भीड़ इकट्ठी हुई। इस अवसर पर अन्य अनेक लोगों के अलावा बिरसा के 20 या 30 अत्यंत उत्साही प्रशंसक भी उसके प्रति अपनी श्रद्धांजलि अर्पित करने आए थे। वे कोई हथियार वगैरह नहीं लिए हुए थे और सफेद कपड़े पहने हुए थे। कर्नल गोर्डन ने उन लोगों को समझाया कि बिरसा उन्हीं की तरह एक साधारण आदमी है और यदि वे लोग थाने में इंतजार करें तो पहरे के बीच हाजत के कमरे में वापस ले जाए जाते हुए उसे देख सकते हैं। उन लोगों ने डिप्टी कमिश्नर (कर्नल गौर्डन) की इस बात का बुरा माना और बिरसा के दर्शन की माँग पर अड़े रहे। थानेदार ने उनके नाम और पते लिख लिए। तुरंत यह खबर आई कि उन लोगों के पीछे-पीछे एक सौ और आदमी आ रहे हैं। मुकदमा चल रहा था। उसकी कार्यवाही रोक दी गई। ऐसी भी रिर्पार्ट मिली कि भीड़ उत्तेजित थी और वे लोग 3 बजे दिन से पूर्व ही बिरसा का दर्शन करने पर जोर दे रहे थे। डिप्टी कमिश्नर ने थानेदार को आदेश दिया कि वह उन लोगों को शांत रहने के लिए चेतावनी दे दे। पर भीड़ अशांत होती जा रही थी। उन लोगों ने तीव्र उग्रता के साथ सवाल किया कि उनके भगवान, गुरु और सरदार को तीन महीने से क्यों गिरफ्तार रखा गया है। उन्होंने पूछा—तुम सरकार हो और हाथ पर हाथ घरे बैठे हो। तुम इस बात पर विचार क्यों नहीं करते? उन लोगों ने फिर जोर दिया कि उनके समक्ष उनके 'धरती आबा' को लाया जाए और वे तब तक वहाँ से न हटेंगे जब तक बिरसा को छोड़ नहीं दिया जाता। कुछ लोगों ने बोलने के साथ-साथ अपनी भावनाएँ प्रकट करने के लिए, हाथ, मुँह आदि से इशारे भी किए। एक जवान आदमी ऐंठता हुआ आगे आया और थानेदार की मूँछ

खींच ली। इस तरह उस जगह बड़ा उपद्रव (गोलमाल) हो गया। लोग पागल-से होकर उछल-कूद रहे थे। मसीहदास नाम का एक आदमी बैठा हुआ अपना एक हाथ दूसरे हाथ पर मारते हुए, उत्तेजना में कह रहा था—आज मुझे मेरे धरती आबा को दिखला ही दो। इतने दिनों तक तुमने उनको कहाँ छिपा रखा है? यदि तुम उन्हें नहीं दिखलाते तो इसे मैं बर्दाश्त न करूँगा। कुछ लोगों ने कहा—यदि तुम विचार नहीं करते तो मेरा गला काट दो (खुद मैं तुम्हें काटूँगा नहीं)।

बंदगाँव के जमींदार और बिरसा के पुराने विरोधी जगमोहन सिंह शरिस्तेदार, जमादार और दुभाषियों ने भीड़ के इरादों की गलत ढंग से व्याख्या की। जगमोहन सिंह ने जैमासी नामक भीड़ के एक व्यक्ति के बारे में बतलाया कि यदि डिप्टी कमिश्नर ने बिरसा को उसी क्षण न छोड़ दिया तो वह रात में उनको काट डालेगा। भीड़ ने मुकदमे की कार्यवाही तुरंत पूरी किए जाने की माँग की। उन लोगों से कहा गया कि इससे उन्हें कुछ भी लेना-देना नहीं है, और जाँच पूरी होने में छः महीने लग सकते हैं। जब वे लोग और उत्तेजित हो गए तो जैमासी पात्रा को हथकड़ियाँ डाल दी गईं और अन्य आठ लोगों को रस्सी से बाँध दिया गया। डिप्टी कमिश्नर ने उन लोगों को फिर समझाने की कोशिश की कि बिरसा भगवान नहीं है, क्योंकि वह न तो दयावान है और न ही कृपालु। इस पर भीड़ और क्रुद्ध हो गई। सात आदमी गिरफ्तार कर लिए गए, क्योंकि उन्होंने खुद इच्छा प्रकट की थी कि उन्हें भी बिरसा के साथ जेल भेज दिया जाए।

डिप्टी कमिश्नर ने राँची से कुमक मँगाई। बिरसा को तुरंत जेल वापिस भेज दिया गया। 24 तारीख की आधी रात के वक्त कमिश्नर को यह डरावनी खबर मिली। पुलिस के पच्चीस आदमी तुरंत खूँटी भेजे गए। कमिश्नर उनके बाद गए। जो व्यक्ति इकट्ठे हुए थे, उनको कमिश्नर ने एक-एक समूह में गाँववार बैठाया और हौफमैन की मदद से मुंडा क्षेत्र के सभी भागों से आए उनमें से 82 गवाहों की जाँच की। तब उनको उक्त घटना का पूरा तात्पर्य समझ में आया। कमिश्नर इस बात पर खफा हुए कि किस तरह जमींदारों ने कर्नल गौर्डन (डिप्टी कमिश्नर) को अपनी चाल में फाँस लिया था और उनसे थाना की दैनन्दिनी (डायरी) से भीड़ द्वारा आक्रमण के आरोप की बात काटने से इंकार करा दिया था। कमिश्नर ने पाया कि भीड़ का इरादा अधिकारियों का विरोध करना न था, यद्यपि यह सही था कि भीड़ के लोग क्षणिक उत्तेजना के असर में आ गए थे।

जो लोग गिरफ्तार किए गए थे, उनके विरुद्ध आरोपों की जाँच बाद में एक डिप्टी कलक्टर बाबू कृष्ण काली मुखर्जी ने की, जो मुंडारी भाषा जानते थे। उन सबको छोड़ दिया गया। श्री मुखर्जी का फैसला था कि उक्त उत्तेजना के दरम्यान उन लोगों द्वारा कही गई बातें ठीक-ठीक न समझी गईं और वास्तविकता यह थी कि उनका उपद्रव करने का इरादा कतई न था। उन लोगों के विरुद्ध अभियोग-पत्र

पूरी तरह निराधार पाया गया। डिप्टी कमिश्नर का तबादला कर दिया गया। इस जाँच का मुख्य उद्देश्य आंदोलनकारियों को एक ठोस सबक सिखाना था और बिरसा के देवत्व की मनगढ़ंत कहानी को असत्य सिद्ध करना था। साथ ही उनका उद्देश्य इस खुली जाँच के फलस्वरूप बिरसा के प्रति लोगों के विश्वास को खत्म भी कर देना था। पर यह उद्देश्य पूरा न हो सका। उल्टे, इस घटना से बिरसा की लोकप्रियता एक बार फिर सिद्ध हुई।

और इस घटना से बिरसा के मुकदमे की सुनवाई के काम में भी तेजी आई। डिप्टी कमिश्नर ने अपने फैसले में सरदार आंदोलनकारियों और बिरसा की कार्रवाइयों के बीच सम्बन्ध रहने का पुराना राग फिर अलापा था। फैसले में इस बात का भी उल्लेख था कि एक लंबे अरसे से मुंडाओं का दिल-दिमाग उत्तेजित रहा था और उनमें फैली उत्तेजना की इस आग को निहित स्वार्थवाले आंदोलनकारियों ने मानो पंखे से हवा दे देकर सुलगाये रखा था। फैसले में आगे कहा था कि ये लोग (आंदोलनकारी) आंदोलन और मुंडाओं से होनेवाले मुनाफे से मोटे होते जा रहे थे और आंदोलनकारियों ने इन लोगों को मनगढ़ंत प्रचार और खोखले वादों से खुरच-सा डाला था। फैसले में सिफारिश की गई थी कि आंदोलनकारियों के साथ सख्ती से पेश आया जाए और सिर्फ इसी रास्ते पर चलकर मुंडाओं को नकली पैगम्बरों और दुष्ट आंदोलनकारियों का अनुसरण करने से रोका जा सकेगा। फैसले में यह भी कहा गया कि आंदोलनकारियों का प्रचुर प्रचार उग्रतापूर्ण राजद्रोह की भावना से भरा हुआ था और उनका उद्देश्य देश में अंग्रेजों के विरुद्ध निष्ठाहीनता की भावना व्यापक रूप से फैलाना था। इसमें कोई संदेह नहीं कि एक साजिश को कारगर रूप दिया जा रहा था, जो अगर सफल हो जाती तो बड़े पैमाने पर खून-खराबा होता। इसके लिए अपराधी पाए जानेवाले लोगों को वह बड़ी-से-बड़ी सज़ा दी जानी चाहिए थी, जो भी कानून के अनुसार जायज समझी जाती। बिरसा पर आरोप लगाया गया था कि वह चलकद में इकट्ठा हुई भीड़ को ब्रिटिश सरकार के विरुद्ध राजद्रोह के लिए उमड़ रहा था और अपने कर्त्तव्य-पालन में लगे सरकार के पुलिस-कर्मियों को कर्त्तव्य करने से रोक रहा था और उन पर आक्रमण करा रहा था।

डिप्टी कमिश्नर ने अपने फैसले में आगे बिरसा पर यह आरोप लगाया था कि वह ऐसा प्रचार जारी रखे हुए था, जिसका उद्देश्य ब्रिटिश सरकार के प्रति घृणा फैलाना, सरकारी कोषागार के गायब हो जाने की घोषणा करना एवं सरकारी हथियारों और गोली-बारूद की व्यर्थता सिद्ध करना था। फैसले के अनुसार बिरसा लोगों को मालगुजारी अदा न करने या भारत सरकार और उसके पदाधिकारियों के प्रति और अधिक निष्ठा का भाव न रखने के लिए प्रेरित करता था। अन्य पन्द्रह अभियुक्तों पर आरोप लगाया गया था कि वे बिरसा की निष्ठाहीन और

घृणापूर्ण बातें लोगों के बीच दुहराते चल रहे थे तथा लोगों को प्रेरित कर रहे थे कि वे सरकार और अधिकारियों की बातें न मानें। इसके साथ ही उन बिरसा-अनुयायियों पर यह आरोप भी लगाया गया था कि वे पुलिस को अपना कर्त्तव्य करने से रोकते और उन पर हमला भी करते थे।

फैसले में कहा गया कि वे लोग बीरबाँकी, कोचांग और बंदगाँव के बाजारों में लोगों के बीच प्रचार करते चल रहे थे कि डरो मत, सरकार खत्म ही होने को है। साथ ही वे लोगों से यह भी कह रहे थे कि बिरसा की बातें मानी जाएँ जो अपने रुपए के सिक्के चलाना शुरू करनेवाला था तथा इसके फलस्वरूप सरकारी रुपयों के सिक्के बेकार होने जा रहे थे। इस मुकदमे में बीस गवाहों की जाँच की गई। अभियुक्त (बिरसा) ने अपने बचाव में न कुछ कहा और न गवाहों से जिरह की। बिरसा और अन्य अभियुक्तों को भारतीय दंड संहिता की धारा 505 के अधीन 19 नवंबर को दोषी ठहराया गया। उन लोगों को दंगा कराने के अपराध के लिए अतिरिक्त अल्पकालिक सजाएँ दी गईं और मुख्य अपराध के लिए दो वर्ष के सश्रम करावास की सज़ा दी गई। बिरसा पर 50 रु. जुर्माना भी किया गया और जुर्माना न देने की स्थिति में छः महीने सश्रम कारावास की सज़ा सुनाई गई। अन्य लोगों में से हरेक को बीस-बीस रु. का जुर्माना किया गया। उन्हें जुर्माना न देने की स्थिति में तीन महीने के सश्रम कारावास की सज़ा सुनाई गई थी। उच्च न्यायालय में अपील किए जाने पर 22-1-95 को निचली अदालत का दंडादेश थोड़ा परिवर्तित कर दिया गया। अढाई वर्ष की जेल की सज़ा घटाकर दो वर्ष की कर दी गई।

बिरसा के आंदोलन के दमन और उस बारे में की गई सरकारी कार्रवाई का एक परिणाम यह हुआ कि घटनाओं ने अत्यधिक सरलता और शीघ्रता के साथ विपरीत दिशा में पल्टा खाया। नए लोगों ने ईसाई धर्म स्वीकार किया और जो ईसाई धर्म छोड़कर बिरसा की ओर चले गए थे, वे पुनः ईसाई धर्म की छत्रछाया में आ गए। लोगों ने सरकार द्वारा प्रतिशोध के कदम की आशंका से बहुत ही ज्यादा भयभीत होकर पादरी की आड़ में शरण लेना श्रेयस्कर समझा था। तत्काल तो ऐसा लगा कि सरकार ने भूत के सभी आतंक स्वयं ग्रहण कर लिए थे और उस भूत को संतुष्ट करने के लिए सरकारी धर्म स्वीकार करना अर्थात् ऐंग्लिकन मिशन में शामिल हो जाना एकमात्र उपाय मालूम पड़ा। लोग स्थानीय पुलिस से भी बचने का रास्ता ढूँढ़ना चाहते थे। पुलिस मौके की ताक में बैठी हुई थी। उसने स्थिति का फायदा उठाते हुए लोगों से रुपया-पैसा झोंटना शुरू किया। अधिकारियों के अत्यधिक जागरूक रहने के बावजूद पुलिस ने अपना यह धंधा जारी रखा। मुरहू में करीब पचास परिवारों ने ऐंग्लिकन मिशन में धार्मिक दीक्षा ली। पर वे निर्भर-योग्य न थे। इसमें कोई संदेह नहीं था कि उनमें से काफी बड़ा

बहुमत बहुत जल्द विधर्मिता (बिरसा का धर्म) की ओर वापस चला जानेवाला था।

बिरसा के विरुद्ध फैसले में सरकार ने अपनी पीठ आप ही ठोंकी थी। अपनी सफलता के लिए खुद अपने को बधाई देने का यह असामान्य कदम था, जिसमें घोषणा की गई थी कि आंदोलन सफलतापूर्वक कुचल दिया गया। पर बाद की घटनाओं से सिद्ध हुआ कि यह आशावादिता बालू की भीत जैसी खोखली और कमजोर थी। 1895 में मुंडाओं को एक ऐसा व्यक्ति नेता के रूप में मिला, जिसका नेतृत्व अविजेय लगनेवाले सरदारों ने भी स्वीकार किया था। विभिन्न शक्तियों का जो नया ताल-मेल बना था, उसके परिणाम तो भविष्य ही बतलानेवाला था। 1895 में भूमि-संबंधी, राजनीतिक एवं क्रांतिकारी धारणाएँ बीज रूप में ही थीं; मुंडा राज के अस्पष्ट और अधकचरे नारों को अभी ठोस रूप ग्रहण करना बाकी ही था और आंदोलन की रणनीति ठीक से निर्धारित करने का काम भी अभी अधूरा ही था। यदि बिरसा-आंदोलन का रुख किसी भी हद तक सरकार विरोधी था तो बिरसा की गिरफ्तारी से उसे बल ही मिला।

हौफमैन ने 1900 के विद्रोह की तुलना में 1895 के आंदोलन की ज्यादा खतरनाक आशंकाओं का उल्लेख किया है। उनका कहना है—"पूरी आबादी, ईसाई और गैर-ईसाई दोनों ही, जिनमें उराँव और खड़िया के अधिकांश लोग भी शामिल थे, निराश मनःस्थिति में, चलकद के पैगम्बर द्वारा विद्रोह शुरू करने के संकेत की प्रतीक्षा कर रहे थे और यदि सरकार ने तुरंत कदम न उठाया होता तो राँची से बाहर रहनेवाले अधिकांश विदेशियों को मौत के घाट उतार दिया गया होता।"[23] यद्यपि उराँव और खड़िया चलकद की ओर खिंचे जरूर थे पर तत्कालीन प्रमाण इस बात की पुष्टि नहीं करते कि वे लोग मुंडाओं के भूमि-संबंधी एवं राजनीतिक आंदोलन में पूरी तरह शामिल थे। वस्तुतः उराँव और मुंडा सरदार 1886 में ही एक दूसरे से अलग हो चुके थे। हौफमैन ने अपने विवरण में 1899-1900 के विद्रोह के महत्त्व को कम करके आँका है। 1895 का आंदोलन एक अधूरी कहानी थी। वह विद्रोह न था, वरन् एक राजनीतिक एवं उग्र आंदोलन की भूमिका मात्र थी।

अध्याय 5

अंतराल
(सितंबर 1895-नवबंर 1899)

बिरसा-आंदोलन के बाद चार वर्षों की अवधि में दो बार अकाल पड़े। ब्रिटिश सरकार ने एक प्रभावहीन भूमि-कानून जारी किया और सरदारों का आंदोलन चलता रहा। बिरसा के जेल से रिहा होने के बाद उसकी कार्रवाइयों पर रोक लगाने में सरकार विफल रही। अब आंदोलन भूमिगत हो गया था, पर उसमें अधिक तेजी आ गई थी। फलतः इस अवधि का अंत होते-होते वह पहले के मुकाबले और ज्यादा शक्तिशाली तथा सरकार के लिए खतरनाक संभावनाओं से पूर्ण हो उठा।

अकाल

1896-97 और 1899-1900 के दो अकालों का मुंडा-आंदोलन पर प्रभाव पड़ा था। पहला अकाल उस समय पड़ा जब विद्रोह की तैयारियाँ चल रही थीं और दूसरा उस समय जब विद्रोह दम तोड़ चुका था। यों इस बात के कोई प्रमाण नहीं मिलते कि इन अकालों का आंदोलन पर प्रत्यक्ष प्रभाव पड़ा था, पर यह आसानी से माना जा सकता है कि अकाल में लोगों को जो मुसीबतें झेलनी पड़ीं, उनसे एक विस्फोटक स्थिति पैदा हो गई थी। जो क्षेत्र अकाल-ग्रस्त हुए उनमें आंदोलन के मुख्य केन्द्र भी शामिल थे। 1896-97 में खूँटी, सीसल और बसिया पुलिस थानों के अनेक भागों में अकाल पड़ा और 1899-1900 में खूँटी की छोड़कर इनमें से सभी स्थान अकालग्रस्त हुए। 1896-97 में कोढ़ के रोग की छूत की तरह अकाल फैला। संभव है, बिरसा की भविष्यवाणियों के चलते फसलों को नुकसान हुआ हो, पर इसे उसका आंशिक कारण ही माना जा सकता है। फसलों को नुकसान अगस्त-सितंबर की अपर्याप्त वर्षा के कारण पहुँचा जो 1873 की वर्षा की तरह अत्यधिक अपर्याप्त थी, और वर्षा किसी क्षेत्र में अगर थोड़ी-बहुत हुई भी थी तो किसी क्षेत्र में बिल्कुल ही नहीं हुई थी। भदई फसल को तो बहुत ही ज्यादा नुकसान पहुँचा और मिट्‌टी में नमी के अभाव में रबी को भी क्षति पहुँची, यद्यपि कुछ क्षेत्र इस बर्बादी से अछूते रहे। अनाजों के दाम इतने ज्यादा चढ़ गए जितने देश में उसके पूर्व हुई अन्न की कमी के दौरान किसी अन्य क्षेत्र में नहीं चढ़े थे।

इस संकट से निबटने के लिए जुलाई-अगस्त में सरकारी तंत्र सक्रिय हुआ। निःशुल्क सहायता बाँटी गई, गाँवों में निर्माण-कार्य के लिए ऋण दिए गए, दान की रकमें मंजूर की गईं और व्यापारियों को भी सहायता-राशियाँ दी गईं। छोटा नागपुर और अन्य स्थानों में, सरकारी सूत्रों के अनुसार, चालीस मौतें हुईं। बढ़ते हुए मूल्यों से सबसे बुरा प्रभाव खेत-मजदूरों और भिखमंगों पर पड़ा। मेहनत-मजूरी करनेवालों की तबाही का बयान कर सकना मुश्किल था। ऊपर उल्लिखित थानों के अंतर्गत 700 मील के व्यापक क्षेत्र की पाँच से दस प्रतिशत आबादी पर अकाल का असर पड़ा। ईसाई-मिशनों ने सार्वजनिक भोज-प्रबंध किए। उदाहरण के लिए कर्रा के स्थानीय रोमन कैथोलिक मिशन ने सभी आयु के 150 लोगों को रोज भोजन कराने की व्यवस्था की। ये लोग जब अपने लिए भात पकाए जाते हुए देखते थे तो भूख के कारण अधीर हो रो पड़ते थे। जब खाना परोसनेवाली औरतें भोजन के लिए बैठे लोगों के बीच भात बाँटती थीं तो उन लोगों की सतृष्ण निगाहें उन औरतों की हर हरकत का मानो पीछा करती रहती थीं। गोविन्दपुर के जर्मन मिशन के कीफेल इस कार्यक्रम के अंचल-अधिकारी नियुक्त किए गए। उन्हें इस बात का पूरा अधिकार दिया गया कि वे आस-पास के क्षेत्रों में निःशुल्क भोजशालाएँ खोलें और साहायकार्यों का प्रबंध करें। इन भोजशालाओं से अकालग्रस्तों को बहुत ही लाभ हुआ। पूरे जिले की आबादी के प्रायः अट्ठारह प्रतिशत लोगों को राहत पहुँची। राँची की सार्वजनिक भोजशालाओं का खर्च दातव्य निधि से चलाया जाता था। खाद्यान्न की कमी और गरीबी के चलते 1896 के अंत में सम्पत्ति की चोरी और लूट-मार के अनेक अपराध हुए। डकैतियाँ हुईं और अन्न-भंडार लूटे गए।

साथ ही इस अवधि में जमींदारों का आचरण किसी भी अर्थ में प्रशंसनीय नहीं रहा। उन्होंने जान-बूझकर एक सुनहला मौका खो दिया और इनकी जो रैयत उनके व्यवहार से पहले से ही क्षुब्ध थी उसकी सद्‌भावना और विश्वास प्राप्त करने में वे एक बार फिर चूक गए। उल्टे अपनी इस गरीब और बेसहारा रैयत को और भी पूरी तरह बर्बाद करने में उन्हें मानो मजा आया। अपने अधीन इन गरीब और जरूरतमंद लोगों को ज्यादा-से-ज्यादा बढ़े हुए सूद पर कर्ज देने से इंकार करके वे हृदयहीनता की पराकाष्ठा पर पहुँच गए। उन्होंने इस बात तक से इंकार कर दिया कि उनके पास अन्न अच्छे परिमाण में जमा था। एक जमींदार तो इस हद तक चला गया कि दो व्यक्तियों द्वारा अपने किसी काम से उनके जंगल से दो नए बाँस ले लेने के कारण उन पर मुकदमा तक चलाने से बाज न आया।

1900 के दुर्भिक्ष का मुख्य कारण वर्षा की कमी थी। क्षेत्र के केवल कुछ बाहरी हिस्सों में पानी पड़ा था और सो भी महज 9.08 इंच ही, जब कि इस क्षेत्र में वर्षा का सामान्य औसत 24.95 इंच रहा करता आया था। लोहरदगा और

चैनपुर में तो उतनी भी वर्षा न हुई। जाड़े की फसल तो बिल्कुल ही मारी गई। रब्बी फसल भी नामो-निहाल की रही थी। मार्च में आम और महुआ के पेड़ों में फल इनते कम हुए जितने कम पिछले अनेक वर्षों में न हुए थे। मार्च और अगस्त तक अन्न की वास्तविक कमी की अवधि का कुछ खास महत्त्व अधिकारियों द्वारा इसलिए महसूस न किया जा सका, क्योंकि इस अवधि में आंदोलन दम तोड़ चुका था। लोगों को इस अकाल के दरम्यान जो भीषण कष्ट हुए, उनसे बिरसा के भविष्य-कथनों की याद स्वभावतः हो आई। बिरसा ने इस बारे में चेतावनियाँ दे रखी थीं और भावी संकट के स्वरूप के बारे में भी लोगों को बताया था। अब स्थिति सहन-शक्ति के बाहर हो चुकी थी और संकट के जो काले, भयावने बादल मँडरा रहे थे, उनमें आशा की एकमात्र किरण बिरसा का आंदोलन ही था। फलतः लोग उसमें शामिल होने लगे।

भूमि संबंधी उपाय

आंदोलन के पहले असफल चरण से सरकार के रुख में कोई परिवर्तन न आया। मुंडाओं के प्रति उसने स्पष्ट रूप से सहृदयता का व्यवहार न किया। पर इस सच्चाई से इंकार नहीं किया जा सकता कि राँची के नए डिप्टी-कमिश्नर ए. सी. स्ट्रीटफील्ड ने, जो कर्नल गोर्डन के बाद इस पद पर आए थे, ऐसे अनेक काम किए जिनसे एक लंबे अरसे से सरकार के विरुद्ध चला आनेवाला संशय कम हुआ। पर भूमि-संबंधी कानूनों में तत्काल ऐसे सुधारों की परिकल्पना और उनका कार्यान्वयन न किया गया जिनसे खेतिहर वर्गों को लाभ पहुँचता। 1895-96 में राज्य सरकार ने एक कानून के मसौदे पर विचार किया, जिससे लगान में वृद्धि और जमीन के जिन्स के रूप में दिए जानेवाले लगान को सिक्कों के रूप में देने के नियम को नियमित रूप दिया जा सकता था। बाद में भारत सरकार के सुझावों के अनुरूप एक कानून का संशोधन हुआ। फिर कुछ और फेर-बदल किए गए और उसे 1897 के अधिनियम (ऐक्ट) 6 के रूप में स्वीकृत किया गया। इस अधिनियम के जरिए सरकार को यह शक्ति मिली कि अपने निर्णय के अनुसार या "जब ऐसा करना उचित प्रतीत हो" भूमि संबंधी स्थितियों और सेवाओं में अनिवार्य रूप से परिवर्तन किया जा सके। पर यह कानून सिर्फ कागज पर ही रह गया। सरकार ने इसके अधीन अपनी विशेष शक्तियों का प्रयोग न किया और जिन्स के बदले नकद लगान दिए जाने या किसी और प्रकार के परिवर्तन का आदेश कभी न दिया गया। और फिर जिन रैयतों के अपने जमींदारों के साथ संबंध अच्छे थे, उन्हें अपने लगान का कुछ हिस्सा जमींदार के यहाँ मेहनत-मजूरी करके माफ करवा देने में कोई एतराज न था। और ईसाई रैयत तो लगान देते ही न थे। जमींदार दावा करते थे कि महज अपनी जरूरतों के चलते और सिर्फ

उसी परिमाण में वे लगान माँगते हैं और वे कुछ भी नहीं चाहते। कैसी भोली-भाली-सी दलील थी यह ! और फिर इस तरह के मामलों में मुकदमेबाजी का खर्च कमर-तोड़ था। कानून से फायदा पाने के लिए जो लोग उत्सुक थे, उनकी राह में अनेक छोटी-मोटी बाधाएँ थीं, उदाहरण के लिए इसे लागू करने में कुछ मामलों में न्याय का कतई ध्यान नहीं रखा गया, बल्कि उसकी हत्या की गई और कुछ मामलों में सेवाओं के बदले रुपयों के भुगतान का प्रावधान करते समय कमिश्नर ने दर से कहीं ज्यादा भुगतान का नियम रखा। इस प्रकार कानून का कार्यान्वयन पूरी तरह विफल हो गया, उससे भूमि-समस्या के सुधार की दिशा में कोई कारगर कदम न उठाया जा सका। इस प्रकार इस कानून से मुंडाओं के बीच कोई उत्साहवर्द्धक प्रतिक्रिया न हो सकी। और सरदारों की हरचंद कोशिश थी कि कानून विफल हो जाए। उन्होंने इस मामले में अपने सर्वदा निर्भरयोग्य मित्र और वकील जैकब को नियुक्त किया। कानून तैयार किए जाते समय उनके द्वारा पेश सभी सुझाव अनसुने कर दिए गए। जब कानून स्वीकृत हो गया तो उससे जैकब के मुवक्किलों को कुछ भी संतोष न हुआ। उन्होंने उन लोगों को सलाह दी कि वे उस कानून की उपेक्षा करें। इस मामले में बहुत-से मुकदमे दायर किए गए जिसका सुस्पष्ट उद्देश्य यह सिद्ध करना था कि कानून पूरी तरह बेकार और अव्यावहारिक था। तब अधिकारियों ने यह आश्वासन दिया कि कानून में परिवर्तन किया जाएगा। इस पर जैकब अपने मुवक्किलों की ओर से जिन्स के बदले नकद भुगतान के अधीन मुकदमों को रोक रखने के लिए राजी हो गए।

बोर्ड ऑफ रेवेन्यू (राजस्व परिषद) ने बंगाल काश्तकारी कानून (टेनेन्सी ऐक्ट) को छोटा नागपुर पर भी लागू करने के मामले की जाँच की। कमिश्नर ने एक कानून के मसौदे का प्रस्ताव रखा, जिसका उद्देश्य प्रमंडल में जमींदार और काश्तकार संबंधी कानून से संबंधित अनेक स्वीकृत विधेयकों में संशोधन करना था। इस पर 1899 में विचार किया गया। इस सिलसिले में लेफ्टिनेंट गवर्नर सर जौन वुडबर्न अगस्त 1899 में राँची आए। वे स्थिति के अध्ययन के उपरांत इस निष्कर्ष पर पहुँचे कि 1895 के बिरसा-आंदोलन और अभी भी जारी भूमि संबंधी जटिल अशांति को देखते हुए ऐसा अत्यधिक विवादास्पद कदम अनुचित और असामयिक होगा। उन्होंने आगे कहा कि इस पर विचार-विमर्श के कारण पहले ही उत्तेजित और भोली-भाली जनता में उत्तेजना की आग और भड़केगी।

सरदारों की कार्रवाइयाँ

इस तरह सरकारी अधिकारी भूमि-सुरक्षा के प्रश्न का एक कोना तक न छू सके, उसका समाधान करना तो दूर रहा। मुंडाओं को भूमि-सुरक्षा की बेहद जरूरत थी। और फिर सरदार भी हाथ पर हाथ धरे न बैठे थे। बिरसा की गिरफ्तारी के बाद

बिरसा के अनुयायी जिस तेजी से और जिस बड़ी संख्या में उसके इर्द-गिर्द इकट्ठा हुए थे, उससे कहीं ज्यादा तेजी से तितर-बितर हो गए। पर प्रमुख सरदारों ने न केवल बिरसा का पंथ नहीं छोड़ा, बल्कि वे उस आंदोलन की जोत बराबर जलाए रहे। उन लोगों ने 24 अक्तूबर 1895 को बिरसा के कुछ धर्मान्ध अनुयायियों द्वारा प्रदर्शन कराया जो बिरसा पर मुकदमे की सुनवाई के खिलाफ आयोजित किया गया था। और किस्सा यह था कि प्रमुख सरदार बिरसा के साथ गिरफ्तार भी नहीं किए गए बल्कि उसके साथ जिन लोगों को विभिन्न अवधियों के कारावास-दंड दिए गए, वे लोग कहीं कम खतरनाक थे। सरदार लोग ग्राम-क्षेत्रों में बिना किसी बाल बाँका के छुट्टा घूमते चलते थे और सरकार द्वारा बिरसा को दी गई सज़ा का मजाक उड़ाते फिरते थे। वे लोगों को उकसाते चलते थे कि बिरसा ज्यों ही जेल से छूटकर आए, वे पुराना खेल फिर से चालू कर दें। बाद में बिरसा जेल से रिहा होने के बाद जब चुटिया मंदिर में गया तो उस समूचे क्षेत्र पर सरकार द्वारा अस्थायी तौर पर कब्जा कर लिए जाने के कारण आंदोलन बढ़ने पर काफी हद तक रोक लगी। पर यह रोक काफी नहीं थी। दो प्रमुख सरदार, गीडियन और प्रभुदयाल, गिरफ्तार किए गए और फिर छोड़ दिए गए। सिंहभूम के डिप्टी कमिश्नर अपनी इस धारणा के शिकार बने रहे कि बिरसा की सीमित भूमिका एक धर्मान्ध व्यक्ति की है। उसे अगर अकेले छोड़ दिया जाए तो उसे नाममात्र के मुंडा ईसाइयों में से अनुयायी मिल जाएँगे, जिन्हें उतना मिल गया था जितना कि वे ईसाई मिशनरियों से पा सकते थे। इसलिए डिप्टी कमिश्नर ने मिशनरियों द्वारा ईसाइयों पर बिरसा का अनुयायी बनने से रोक लगाने पर एतराज किया। आंदोलनकारियों में एक गोडियन से तो किसी भी खतरे की आशंका न की गई थी। वह पिछली घटनाओं से इतनी सीख ले चुका था कि हिंसा का रास्ता अख्तियार न कर सकता था। जमींदारों के खिलाफ और मुंडा राज के पक्ष में चलनेवाला सरदार-आंदोलन अब भी धीमा न पड़ा था। अकाल और उसके बाद भी फसलों की लूट-मार जारी थी। सरकार ने 29 अगस्त 1897 को एक घोषणा जारी कि जिसमें धमकी दी गई थी कि अगर सरदारों की कार्रवाइयों के चलते किसी गाँव में दंगा हुआ या फसलें लूटी गईं तो सम्बद्ध गाँवों में, दंड-स्वरूप, पुलिस बैठा दी जाएगी जिसका खर्च गाँववालों से ही वसूला जाएगा।

बिरसा की रिहाई और विद्रोह की तैयारियाँ

सज़ा सुनाए जाने के बाद बिरसा को राँची की जेल से हजारीबाग जेल भेज दिया गया। उसने वहाँ पूरे दो वर्ष की सज़ा भोगी। सज़ा खत्म होने के कुछ दिनों पूर्व उसे राँची जेल फिर भेज दिया गया, ताकि उसकी रिहाई के बाद उसकी गतिविधि पर राँची की पुलिस निगाह रख सके। जेल में वह शांत और अच्छे आचरणवाला

रहा। उसके भूतपूर्व अनुयायियों के बीच किसी तरह की कार्रवाई के लक्षण न दिखलाई पड़ने पर सरकार काफी संतुष्ट हुई और उम्मीद की गई कि अब उस तरफ से हल्ला-हंगामा की आशंका खत्म हो गई। बिरसा को 30 नवबंर 1897 को जेल से रिहा किया गया। उसे पुलिस चलकद ले आई और चेतावनी दे गई कि वह अब अपनी पुरानी हरकतें न करेगा। अगले महीने 7 तारीख को डिप्टी कमिश्नर ने चलकद (या कोचांग) में उससे मुलाकात की। बिरसा ने वायदा किया कि अब वह किसी तरह का उपद्रव न करेगा।

पर बाहर से दीख पड़नेवाले शांत और सुस्थिर वातावरण में भीतर-ही-भीतर भीषण चक्रवात पल-बढ़ रहा था। बिरसा अपने लोगों के बीच अभी भी एक शक्तिमान आकर्षण-केंद्र बना हुआ था। जब वह जेल में था तो उसके अनुयायियों ने उसके बारे में अत्यधिक ऊल-जलूल कहानियाँ फैला रखी थीं। इन कहानियों के अनुसार सरकार ने भले ही उनके नेता को जेल में बंद कर दिया हो, पर वह उसे जेल के भीतर रख नहीं पा रही थी और वह तो सीधे स्वर्ग प्रस्थान कर चुका था। उसका दाहिना हाथ एकाएक सोने का बन गया था और फिर वह अदृश्य हो गया था। वह जेल में तो कभी रहा ही नहीं, वहाँ तो उसके बदले मात्र मिट्टी की एक मूरत थी। उन लोगों ने इन कहानियों में पिछली एक घटना पर आधारित एक और कहानी जोड़ दी। उस कहानी के साथ ही उसकी प्रसिद्धि शुरू हुई थी। बहुत पहले एक दिन जब वह हल चला रहा था तो उसके हल पर बिजली गिर गई। पर उससे उसका बाल तक बाँका न हुआ। इस प्रकार यह सिद्ध हुआ कि उसकी रक्षा देवताओं ने की और वह संसार में उनकी इच्छा को कार्य रूप देनेवाला था। जब वह जेल से छूटा तो यह खबर निकट और सुदूर के गाँवों में बिजली की तरह फैल गई। जेल से छूटने के बाद उसका अत्यंत शानदार और उत्साहपूर्ण स्वागत किया गया। खुशी में उन्मत्त होकर मुंडा लोगों ने बहुत दिनों तक अनवरत नृत्य-गान किया और जश्न मनाया जाता रहा।

उसके जेल से निकलकर आने के कुछ दिनों बाद उसके अनुयायी उससे मिले। उन्होंने उससे अनुनय किया कि एक संगठन फिर से खड़ा किया जाए। उन्होंने कहा कि ऐसा करना अपने खोए अधिकारों को फिर से हासिल करने और दुश्मनों को मार भगाने के लिए निहायत जरूरी है। बोरतोडीह में बिरसा के अनुयायी सरदार डोंका मुंडा और साली के घर पर बैठक रखी गई। साली वह महिला थी जो बाद में चलकर बिरसा की सेवा में रह गई। और उस बैठक के बाद ही शुरू हुई आंदोलन की तैयारियाँ। आंदोलन की राजनीतिक-धार्मिक तैयारियों के सिलसिले में, लोगों की गिरी हुई हिम्मत को उठाने के लिए, संगठन स्थापित हुए, 'पैतृक स्थानों की यात्रा की गई और सभाओं के साथ जोरदार प्रचार आरंभ हुआ। अनुयायी एवं शिष्यगण दो टुकड़ियों में बाँट दिए गए। एक टुकड़ी

पर धार्मिक प्रचार का भार था और दूसरी विद्रोह की तैयारियों में लग गई थी। धार्मिक संगठन का प्रधान था जलमई का सोमा मुंडा, और राजनीतिक संगठन का डोंका मुंडा। राजनीतिक संगठन-कार्य में सरदारों का बोलबाला था।

अब बिरसा के धार्मिक आंदोलन की तैयारी के सिलसिले में आंदोलन की एक स्पष्ट विशेषता यह थी कि उसका स्वरूप ही बदल गया था। अब उसका उद्देश्य पुरातन धार्मिक मूल्यों को पुनरुज्जीवित करना था, जब कि पहले चलकद में पैगम्बर के रूप में कार्य करते हुए उसने धार्मिक सुधारों पर बल दिया था। प्रचारकों पर यह काम सौंपा गया कि वे लोगों के कल्याण का ख्याल रखें और लोगों के पूर्वज उन पर जो जिम्मेदारियाँ छोड़ गए हैं, उनका भली-भाँति निर्वाह करें। प्रचारकों को बिरसा के धर्म और विचारों के मूल तत्त्व दूर-दूर तक फैला देने थे। साध ही उल्लेखनीय बात यह भी थी कि वह धार्मिक प्रचार कुछ-कुछ राजनीति की ओर भी झुका हुआ था। इस प्रचार का जोर इस बात पर था कि लोगों को निरन्तर याद दिलाया जाए कि वे सतयुग यानी अपने पूर्वजों का स्वर्णिम युग वापस लाने का प्रयत्न करें, पुराने तौर-तरीके और रीति-रिवाजों में पुनः जीवन फूँकें, निष्ठा और धर्म के अनुसार आचरण करें और अंतिम, पर सबसे महत्त्वपूर्ण बात थी कि अपने अधिकार और सम्पत्ति फिर से वापस कराएँ। राजा और जमींदार उसका शोषण करते रहे थे और उन्हें क्रीतदास और परमुखापेक्षी की लज्जाजनक स्थिति में डाल रखा गया था। फल यह हुआ कि वे लोग (सामान्य जन) अपने कपड़ों—धोती और वस्त्र, पगड़ी और पनही से भी वंचित हो चुके थे और यहाँ तक कि बेचारे छाता तक इस्तेमाल न कर सकने की हालत में पहुँच चुके थे। उन लोगों को कुर्सी या उच्चासन पर बैठने की अनुमति नहीं थी। यही नहीं, वे लोग मंदिर में प्रवेश भी नहीं कर पाते थे और न उन्हें सोने, चाँदी या पीतल की थाली में भोजन करने की ही अनुमति थी। वे अपनी इज्जत गँवा चुके थे और अब खाक चाट रहे थे। और उनकी बात तो अब नक्कारखाने में तूती की आवाज़ जैसी हो गई थी।

धार्मिक संगठन के इस स्वरूप से राजनीतिक आंदोलन की तैयारी में आसानी हुई। बिरसा-अनुयायियों के मकान परम पवित्र घोषित किए गए थे। उनमें वे लोग इसलिए न घुस सकते थे कि वैसा करने से वे धर्म-बहिष्कृत हो जाते। फलतः किसी भी संख्या में अस्त्र-शस्त्र इकट्ठा करने के लिए वे घर एक सुरक्षित स्थान थे। आबादी से अलग-अलग बसे इन मकानों के कारण बिरसा-अनुयायियों को मौका मिला कि वे अपने इन मनचाहे स्थानों में इकट्ठे होकर अपनी योजनाओं के बारे में सलाह-मशविरा कर सकें और अपरिचित तथा अवांछित लोगों के वहाँ पहुँचने और उनकी बातें सुनने का डर न रहे। आंदोलनकारियों की तीन श्रेणियाँ थीं। इनमें प्रथम श्रेणी के लोगों को प्रचारक या गुरु कहा जाता था। ये अत्यधिक विश्वासपात्र

अनुयायी थे। इनके घरों में हर हफ्ते बृहस्पतिवार और रविवार को बिरसा के अनुयायियों की बैठक होती थी। बैठकें रात को होती थीं, जिनमें बिरसा या उसका कोई बहुत विश्वासपात्र व्यक्ति शामिल होता था। दूसरी श्रेणी में पुरानक या पुराने लोग आते थे। ऐसे वे लोग थे जिन्होंने खुले विद्रोह का अपना मूल उद्देश्य कभी नहीं छोड़ा था। इनका चुनाव पूरे क्षेत्र के लोगों के बीच बहुत सोच-समझकर किया जाता था। आंदोलनकारियों की तीसरी या अंतिम श्रेणी में ननक या नए भर्त्ती किए गए लोग आते थे। इन्हें महत्त्वपूर्ण पंचायतों में प्रवेश की अनुमति न थी, पर कार्यक्रम सम्बन्धी प्रस्तावों की जानकारी इन्हें करा दी जाती थी। विद्रोह फूट पड़ने के पहले के पाँच महीनों में आंदोलन-संगठन की तीसरी श्रेणी के इन सदस्यों की संख्या में बेतहाशा वृद्धि हुई थी।

'पैतृक स्थानों' की यात्राएँ

बोरतोडीह में हुई सभा में जो कार्यक्रम बनाया गया, उसके अनुसार चुटिया और जगन्नाथपुर के मन्दिरों की यात्रा करना तय हुआ। इनके अलावा 1711 या उसके आस-पास राजा दुर्जन साय द्वारा बनवाए और पूरे किए गए नवरतन किले की यात्रा करने का निर्णय किया गया। ये यात्राएँ महत्त्वपूर्ण घटना-शृंखला की कड़ियाँ थीं, क्योंकि इनसे प्रकट होता था कि पुराने मूल्यों की पुनः स्थापना की सरदार-आंदोलन की परम्परा आगे बढ़ाई जा रही है। इन पैतृक स्थानों की स्थापना के बारे में तरह-तरह की कहानियाँ गढ़ी गईं। उदाहरण के लिए कहा गया कि सतयुग के अन्त में महा भीषण प्रलय के समय भगवान की पूजा-आराधना और उसके साथ सम्पर्क स्थापित करने के लिए लोगों ने एक सुविशाल मंच बनाया था। इसके लिए उन लोगों ने रात-दिन मेहनत की थी और खेती तथा जीवन के अन्य जरूरी काम-काज तक को तिलांजलि दे दी थी। पर फिर भी मंच बनाने का काम पूरा न हुआ। तब हारकर उन लोगों ने जगन्नाथपुर मन्दिर का निर्माण शुरू किया। पर इसमें भी उन्हें सफलता न मिली। अन्त में उन्होंने चुटिया का मन्दिर बनाना शुरू किया। इन्हें ईश्वरीय प्रेरणा हुई कि वे इस काम में आगे न बढ़ें, पर उन्होंने ध्यान न दिया। इस पर भगवान बहुत कुपित हुए। मन्दिर-निर्माण में लगे लोगों की उँगलियाँ काट ली गईं और आँखों की ज्योति नष्ट कर दी गई। इस प्रकार, इनके बारे में गढ़ी गई कहानियों के अनुसार, ये तीनों मन्दिर वास्तव में कोम्पाट मुंडाओं ने बनाए थे, पर बाद में इन पर विदेशियों ने जबरन कब्जा कर लिया। इन मन्दिरों की यात्रा का उद्देश्य था कि पुरानी पैतृक वस्तुएँ इकट्ठी की जाएँ। इन वस्तुओं में चुटिया से तुलसीदल, नवरतन के प्राचीन राज्य-स्थल से पवित्र मिट्टी और जल तथा जगन्नाथपुरी मन्दिर से चंदन का लेप लाना शामिल था। साथ ही इन यात्राओं का उद्देश्य इन स्थानों में जाति के पुरखों-पूर्वजों को

श्रद्धांजलि अर्पित करना भी था।

बिरसा ने अपने अनुयायियों के साथ 28 जनवरी 1898 को चुटिया के मन्दिर की यात्रा की। यह मन्दिर 1685 में राजा रघुनाथ के शासन-काल में बनाया गया था। यह स्थल चुटिया-पूर्ति के वंश के पूर्वजों से सम्बन्धित था। बिरसा इसी वंश का था। इस यात्रा का दूसरा अत्यन्त आवश्यक कारण यह था कि वहाँ मुंडाओं के तथाकथित अधिकार-अभिलेखों को इकट्ठा करना था। कहा जाता था कि ये अधिकार-अभिलेख ताँबे के पट्टों पर खुदे हुए थे और उस मन्दिर में रखे हुए थे। मन्दिर की उत्तरी दिवाल पर जो लिखावट अंकित थी, शायद उसी को गलती से मुंडाओं का तथाकथित अधिकार-अभिलेख (रेकर्ड ऑफ राइट्स) मान लिया गया था। यात्रा के लिए जोर-शोर से तैयारियाँ की गईं। यात्रा कर जानेवालों को तीन दलों में बाँटा गया। पहला दल सबसे बड़ा था, जिसमें एक सौ आदमी थे। उसके बाद दूसरा और तीसरा दल था। इन बादवाले दलों में अन्य लोगों के अलावा बिरसा का बड़ा भाई कोमता मुंडा और बानापीड़ी का डोकन मुंडा था। बिरसा ने उन लोगों को हिदायत दी कि यदि कोई उनसे उनका पता आदि पूछे तो वे कहें कि वे लोग जम्बू वन से आ रहे थे। चलकद के पास के जंगल को बिरसा ने यही नाम दे रखा था। इनमें से पहले दल ने हटिया में कटहल के पेड़ के नीचे शाम बिताई और वहीं रसोई बनाई। रसोई के स्थान से कुछ दूर आराम करते हुए बिरसा ने अपने शिष्यों को एक प्रतीक-कथा सुनाई। उसने उस चूल्हे की ओर लोगों का ध्यान दिलाया, जिस पर खाना पक रहा था। तत्काल उपयोग के लिए बनाया गया वह कामचलाऊ चूल्हा एक पर एक रखे पत्थर के तीन टुकड़ों और मिट्टी के ढोंकों के सहारे टिका हुआ था। बिरसा ने पूछा कि तुम लोग मिट्टी के ढोंकों पर पत्थर को देख रहे हो? शिष्यों ने जवाब दिया कि पत्थर मिट्टी के ढोंकों के नीचे है। कुछ समय बाद बिरसा ने अपना सवाल फिर दुहराया, पर शिष्यों का जवाब पहले जैसा ही था। उसने उन्हें फिर बुलाया और सवाल दुहराया। शिष्यों ने इस बार देखा कि मिट्टी के ढोंके पत्थर के नीचे दबकर और नीचे की तरफ ढुलक गए थे। बिरसा ने इससे सबक लेने को कहा, 'दिकुओं' ने उन लोगों (आदिवासियों) को इसी तरह कुचल डाला है। अब आदिवासियों के पास सिर्फ सूखी घास-पात रह गई है। पर उन्हें भगवान पर भरोसा रखना चाहिए और धीरज और हिम्मत से काम लेना चाहिए। फिर एक दिन ऐसा भी आएगा जब वे ठीक उस पत्थर की तरह मिट्टी के ढोंके के ऊपर आ जाएँगे। यह प्रतीक-कथा सुनकर लोग खुश हुए। फिर भोजन और आराम के बाद वे हटिया से चुटिया की ओर बढ़े। अपनी यात्रा के दरम्यान उन्होंने अपने सफर का जश्न एक पेड़-तले मनाया। उन्होंने अपने अतीत के गौरव-गीत गाए और खुशी से उन्मत्त होकर नाचे और फिर अपने गन्तव्य पर पहुँचकर उन्होंने मंदिर में प्रवेश किया। उनमें से कुछ ने मूर्त्तियों

को उलट दिया, उनको गंदा कर दिया और इस तरह मंदिर को अपवित्र किया। तब उन्होंने नाच भी किया। उसके बाद बिरसा के अनुयायियों ने अपने धर्मानुष्ठान भी किए। फिर उन्होंने ताँबे के उन पट्टों की खोज में पूरा मंदिर छान मारा, जिन पर मुंडाओं के अधिकार-अभिलेख होने का उन्हें विश्वास था। इस बीच उन लोगों की कारगुजारियों पर पहरेदारों और स्थानीय लोगों का ध्यान गया। फलतः उन्होंने हल्ला मचाया और लोग इकट्ठे हो गए। बिरसा के अनुयायी भाग निकले। बिरसा खुद एक दीवार फाँदकर भाग गया। पश्चिम की ओर भागते हुए सिरमटोली तक उसका पीछा किया गया। वहाँ उसने अपना कंबल छोड़ दिया, जिसे एक पहरेदार ने उठा लिया। बोरतोडीह लौटने की राह में उसकी मुलाकात अपने अनुयायियों के शेष दो दलों से हुई, जो उसके भाई कोमता मुंडा के नेतृत्व में चुटिया जा रहे थे। उसने उन्हें लौट जाने की सलाह दी। चुटिया की इस घटना की ओर स्वभावतः सरकार का ध्यान भी गया। जेल से बिरसा की रिहाई के बाद यह घटना उसकी पहली कार्यवाही के रूप में दर्ज की गई। इस घटना के सिलसिले में जो लोग गिरफ्तार किए गए, उन्होंने अपने को निर्दोष बतलाया और कहा कि उन्होंने यह काम अपनी स्वतंत्र इच्छा से नहीं, बल्कि बिरसा के कहने पर किया था। उन्होंने यह भी कहा कि वे सबको यह जता देना चाहते थे कि चुटिया का मंदिर कोलों का पैतृक मंदिर था। बिरसा को फिर से गिरफ्तार करने का वारंट जारी किया गया और उसे पकड़नेवाले के लिए इनाम का ऐलान किया गया। पर बिरसा अब पकड़ के बाहर जा चुका था।

बाद में बिरसा के अनुयायियों ने जगन्नाथपुर मंदिर की यात्रा की। इसे ठाकुर ऐनी शाही ने 1691 में बनवाया था। पर इस यात्रा में वह जोश-खरोश न था। मंदिर का चंदन का लेप अतीत से चली आनेवाली परंपरा-स्वरूप था और इस तरह वह अतीत के साथ संबंध की एक कड़ी थी। बिरसा ने अपने शिष्यों को यह आदेश भी दिया कि वे एक नई झोली में कलमदानी धान का चूरा ले आएँ। जब वे लोग जगन्नाथपुर मंदिर पहुँचे तो बिरसा ने उसके दरवाजे पर खड़े होकर जोर से आवाज दी, "मेरे इस घर के अंदर कौन है?" तब भीतर से एक आवाज सुनाई दी। शायद वह बिरसा की आवाज की ही प्रतिध्वनि थी। उसे सुनकर बिरसा का एक अनुयायी साको मुंडा बहुत डर गया और भाग खड़ा हुआ। अपने बचे हुए शिष्यों के साथ बिरसा ने धर्मानुष्ठान किया और सबके माथों पर चंदन का टीका लगाया। लौटते हुए वह अपने अनुयायियों के साथ पास के फलों के एक बगीचे में कुछ देर के लिए रुक गया। फिर बोरतोडीह वापस आ गया। इसके अलावा एक और पैतृक स्थान नागफेनी था। यह सिसई थाने के अंतर्गत उस जगह पर है, जहाँ कोयल नदी चट्टानी भूमि से नीचे की ओर बहती है। नागफेनी जगह का संबंध नागवंशी राजा से बताया जाता है। बिरसा अपने कुछ अनुयायियों

के साथ वहाँ भी गया। फिर वह पालकोट गया, जहाँ एक रात ठहरकर चलकद वापस आ गया।

बिरसा अपने अनुयायियों के साथ नवंबर 1899 में नवरतन गया। मनिहातु में अपने अनुयायियों के बीच बोलते हुए बिरसा ने कहा कि वह वहाँ (नवरतन) से पानी लाकर उन पर छिड़क देगा जिससे उन्हें अलौकिक शक्ति प्राप्त होगी। उसने उस लोगों को एक मंत्र भी सिखाया—

> "सिरमारे फिरन राजा जय
> धरतोते पदवी राजा जय!"
> "स्वर्ग में फैरो (मिस्र के प्राचीन राजा की उपाधि) की जय और पृथ्वी पर राजा की उपाधि वाले (बिरसा) की जय।"

अपने भाषण के दरम्यान उसने अपने समाज के लोगों के दुःख-दर्द का वर्णन किया और अपने अनुयायियों का आह्वान किया कि वे दुश्मनों को मार भगाएँ। नवरतन जाते हुए बिरसा के साथ अनेक लड़के-लड़कियाँ और बूढ़े मर्द और औरतें भी थीं। पवित्र पानी (बीर दा) लाने के लिए लड़कियाँ मिट्टी की गगरियाँ लिए हुए थीं। वे अपना 'पैतृक घर' देखने के लिए भी उत्सुक थीं। रास्ते में इस दल ने जरिया के निकट सरना में पड़ाव डाला। अगले दिन वे नवरतन के लिए रवाना हो गए। जब वे उस जगह पहुँचे तो 'कौन-कौन' की आवाज आई। फिर फेनभरा पानी निकला। बिरसा ने अपने शिष्यों से कहा कि वे पानी से अपने बर्तन भर लें। उसने खुद वहाँ की कुछ मिट्टी ले ली। फिर उस दल ने रात नवरतन में बिताई। लोगों से कहा गया कि अगर कोई अपने पूर्वजों को कुछ कहते सुने तो वह सुबह उस बारे में सब लोगों को बता दे। रात में जो लोग बिचले कमरे में सोए थे, उन्होंने किसी के द्वारा यह पूछा जाते हुए सुना, "क्या तुम तैयार हो?" उसके जवाब में कहा गया, "हाँ, हम तैयार हैं।" इस प्रकार जाति के पुरखों-पूर्वजों ने बिरसा के अभियान को अपना आशीर्वाद दिया था। लौटने के क्रम में वे लोग जरिया में रुके। फिर वहाँ से चलकर बोरतोडीह बुधवार के दिन वापस आए। अगले दिन, बृहस्पतिवार को बिरसा का जन्म-दिन पड़ता था। उसने नवरतन के पवित्र पानी को मिलाकर तैयार किया मिट्टी का लेप अपने शिष्यों के माथे पर लगाया।

इन स्थानों की यात्रा के बाद एक परिक्रमा पूरी हुई। यात्रा के फलस्वरूप अपने वंश के अतीत के साथ उन लोगों का संबंध जुड़ गया और लोगों की सोई कल्पना-शक्ति में एक जागरण-सा हुआ। अतीत से 'वंश के धर्म' के तीन मूल तत्त्व उन्हें हासिल हो गए थे : नवरतन से यज्ञोपवीत (पवित्र धागा), चुटिया से तुलसीदल और जगन्नाथपुर से प्रसाद और चंदन का लेप। मुंडाओं को वह दैविक

जल तो उपलब्ध हो गया था जिससे उन्हें योद्धा और अविजेय लड़ाकू बनने की क्षमता मिली, और इस तरह सम्पन्न' हुई विद्रोह की मनोवैज्ञानिक पृष्ठभूमि। बिरसा ने इस चरण की समाप्ति इस कथन से की—"मुंडाओं ने जो कुछ हासिल किया है, उसको अपने हाथ से न जाने देना चाहिए। वे उन चीजों को फिर हासिल न कर सकेंगे, जब वह (बिरसा) लौटेगा तो उन चीजों की माँग उठाएगा।"

ठाकुरद्वारा (जगन्नाथपुरी, उड़ीसा) की यात्रा बिरसा ने अकेले ही की। उसका उद्देश्य वहाँ तप करना था—

> "पृथ्वी पापों से परिपूर्ण है और अब वह पाप का भार और नहीं ढो सकती। बिरसा ने स्वर्ग-स्थित परमात्मा से प्रार्थना की और जगन्नाथपुरी गया। उसने कठिन जीवन स्वीकार किया और तपस्या की। पंद्रह दिनों तक वह ध्यान करता रहा। इस बीच उसने पूरा उपवास किया। पसीना उसके शरीर से खून की बूँदों की माफिक गिरने लगा। मंदिर के कुएँ में झाँककर उसने देखा। पानी की सतह बहुत नीचे चली गई थी। वह चिल्ला उठा कि सतयुग आ गया है और वह अपने लोगों की व्यथा-वेदना खुद झेलेगा। वह धार्मिक महंतों, पुरोहितों, बलिदान के रिवाज और हिंसा के खिलाफ उठकर प्रहार करेगा।"[24]

वह पातपुर के निकट पितीबुरु में भी ठहरा और पूजा की। वहाँ उसने अपना झंडा गाड़ दिया। वह वृन्दावन भी गया।

गुप्त बैठकें

इन सब बातों के साथ बैठकों का भी सिलसिला चल रहा था। इनमें सशस्त्र विद्रोह की तैयारी के बारे में विचार-विमर्श होता था। विद्रोह के बारे में सरदारों की नई नीति आंदोलनकारियों के बीच मान्य हो रही थी। दूसरी ओर बिरसा का शांतिपूर्ण आंदोलन का विचार जन-समर्थन खोता-सा प्रतीत हो रहा था। बोरतोडीह की बैठक के बाद से कार्रवाइयों का केंद्र स्थान चलकद से डोम्बारी आ गया था। इस प्रकार बिरसा के जीवन का एक चरण समाप्त हुआ और दूसरा चरण आरंभ।

चलकद में बिरसा 'पैगम्बर' के रूप में विख्यात हुआ और डोम्बारी में "स्वतंत्रता के लिए जूझनेवाले" सेनानी के रूप में। डोम्बारी को रणनीतिक दृष्टि से भी चुना गया और शायद मुंडाओं की भावनाओं को संतुष्ट करने के लिए भी। डोम्बारी हासदा प्रदेश के केंद्र में स्थित था। यह विशुद्ध मुंडाओं और मुंडारी का स्थान था। इसके मुकाबले चलकद रणनीतिक दृष्टि से आंदोलन के लिए कतई उपयुक्त स्थान न था। वह हासदा क्षेत्र के छोर पर था। वहाँ आंदोलनकारियों के

लिए खतरनाक बात यह थी कि वह बंदगाँव के समीप था। बंदगाँव राँची से चाइबासा के रास्ते पर पड़ता है। डोम्बारी पर्वतीय श्रृंखलाओं के प्राचीर से घिरा हुआ है और इससे बाहर जाने का सिर्फ एक रास्ता डोम्बा या सैको घाटी में खुलता है। इसके निकट ही सइल रकंब, केरा ओरा, बीचा बुरु, तीरीलकुटी बुरी की पहाड़ियाँ हैं और दूर से सर ऊँचा किए खड़ी हैं तमाड़ और दक्षिणी खूँटी की उन्नत, श्याम-वर्णी कठोर पर्वत-श्रृंखलाएँ। यही नहीं, यहाँ सभा आदि के लिए एक बड़ा ही अच्छा मैदान है और पीने या अन्य कार्यों के लिए पानी पास में ही उपलब्ध है। इस जगह और इसके निकट के क्षेत्रों में बिरसा ने अपना बचपन बिताया था, फलतः यहाँ की सभी चीजों पर उस समय की स्मृतियों की छाप थी। साथ ही इस स्थान का संबंध कोल विद्रोह से भी था। ईचा हुड़ंग और लोगों लोर की घाटियों, डोम्बा घाट और जिकीलता पहाड़ की ऊँची भूमि पर मुंडाओं और लरकाहो ने अंग्रेजों का डटकर मुकाबला किया था और उन लोगों को नाकों चने चबवा दिए थे। इस विजय-गाथा को बड़े गौरव के साथ मुंडाओं के लोक-गीतों की कड़ियों में पिरोया गया है और उसकी याद ताजा रखी गई है। इन सब बातों के चलते डोम्बारी विद्रोह का केंद-स्थान बनाया गया। डोंका मुंडा और सरदार-अनुयायियों में से उसके दल ने रणनीति की यह योजना तैयार की।

मुंडाओं के क्षेत्र के सभी स्थानों से आए मुंडाओं की एक सभा डोम्बारी में फरवरी 1898 में हुई। स्थान जगारी मुंडा का घर चुना गया जो पहाड़ी के तले स्थित था। सर्वप्रथम बिरसा की प्रशंसा में भजन गाए गए। उसकी तुलना पृथ्वी पर परमात्मा से की गई। बिरसा ने बाद में बोलते हुए अपने शिष्यों से यह पता लगाने को कहा कि लोग अपने खोए राज्य को हासिल करने के लिए धार्मिक रास्ता अपनाना चाहते हैं या जोर-जबरदस्ती और विद्रोह का रास्ता। उसने स्वयं धार्मिक रास्ते को बेहतर बतलाया। उसने कहा कि लोग रास्ता जो भी चुनें, सफलता मिलने में पाँच साल लगेंगे। उसने दलील दी कि–''मैं तुम लोगों पर कुछ थोपना नहीं चाहता। जो भी ठीक समझो, करो। पर पहले अपनी ताकत का अंदाज कर लो और फिर मैदान में कूदो।'' बिरसा ने आगे कहा–''अपनी रोज़ी कमाने, जिंदा रहने और अपनी जमीन के लिए, जिसे तुम इतना प्यार करते हो, तुम घास काटना, उपजे हुए बैंगनों और टमाटरों को उखाड़कर खाना और बेचना तथा आम और कटहल के पेड़ों की रखवाली जारी रखना। पर याद रखो कि अभी तीर और कुल्हाड़ी निकालने का वक्त नहीं। हाँ, जब ठीक मौका आएगा तो तुम खुद समझ जाओगे कि तुम्हें कब कार्रवाई करनी है।'' लोगों ने अपने नेता (बिरसा) को बतलाया कि अपनी खोई जमीन को वापस लेने में कानून और शांति के तरीके की राह में अड़चनें ही अड़चनें हैं। उससे उन्हें कभी सफलता न मिलेगी। इस पर बिरसा ने उन्हें चेतावनी दी कि अगर उन्होंने जोर-जबर्दस्ती का

रास्ता चुना तो उन्हें अपने परिवार और बच्चों को भूखे रहने को छोड़ना होगा, खुद भी भूखा रहने को तैयार होना होगा और यही नहीं, जेल तक जाने की नौबत उठानी पड़ेगी। बिरसा ने उन लोगों को बार-बार समझाया, पर वे मानने को तैयार न थे। फिर शायद इस मामले पर अंतिम निर्णय सिम्बुआ में अगली बैठक में करना तय हुआ। उसके बाद विचित्र-सी बात यह हुई कि शांति के तरीके पर जोर देनेवाले बिरसा ने एक गीत गाया, जो विद्रोह की भावना से ओत-प्रोत था—

> विशाल नदी में बाढ़ आई है, आसमान में धूल-भरी
> आँधी उमड़-घुमड़ रही है,
> ओ मैना, भाग जा, भाग जा।
> जंगल में आग और धुआँ जोरों से उठ रहा है,
> ओ मैना....
> तेरी माँ झुलस रही है,
> ओ मैना....
> तेरा बाप बाढ़ में असहाय बहा जा रहा है,
> ओ मैना....

उन लोगों की अगली बैठक मार्च 1898 में सिम्बुआ पहाड़ी में हुई, जहाँ से निकट ही सरवदा मिशन दीख पड़ता था। इसमें बिरसा के दो या तीन सौ निष्ठावान अनुयायी शामिल हुए। वे तीर-धनुष लिए हुए थे। होली का त्योहार था। उन लोगों ने लकड़ियाँ जलाकर होली जलाई। फगुआ काटा गया और बिरसा ने उपस्थित लोगों को आकाश की ओर देखने को कहा। लोगों ने आश्चर्य से देखा कि जलती आग का धुआँ धरती से आसमान तक टिका हुआ था और धुएँ का एक गोला चक्कर खाता छाते की नाईं आकाश में फैला हुआ था। फिर उन्हें नाचने-गाने को कहा गया—

> आओ, हम पीपल की घनी छाँह तले नाचें,
> आओ, बरगद की सुखद छाया में करमा-नृत्य करें
> ओ साथी, बोलो, बोलो, हम यहाँ क्यों न नाचें?
> हम करमा-नृत्य करें
> अरे, हम तो पीपल के पेड़ तले नाचें-गाएँगे ही,
> अरे, बरगद की छाँव में उन्मत होकर करमा-नृत्य करेंगे।

और तब मुण्डा इतिहास के दो योद्धाओं की प्रशंसा के जोर-शोर से गीत गाए गए, जिनमें एक था डुण्डीगाड़ा का दुखन सोई और दूसरा रामगाड़ा का रतन सोई—

अरे, डुंडीगाड़ा का दुखन सोई डरेगा नहीं
अरे, रामगाड़ा के रतन सोई को डराया न जा सकेगा।
अगर तुम इसे उसके पास ले जाओ तो वह डरेगा नहीं
अगर तुम इसे उसके पास ले जाओ तो उसे डराया न जा सकेगा
यदि तुम इसे उसके पास ले भी जाओ
तो निश्चय ही नहीं डरेगा।

तब एक अनुयायी ने मुण्डाओं के उस सुनहले युग की चर्चा की, जब वे लोग लड़ाई से कतई न डरते थे और न ही उससे उनके बच्चे डरते थे। और अब ऐसी बात नहीं रही। अब उनमें जो डर की भावना आ गई है, उसे उन्हें दिल से बाहर निकाल देना चाहिए।

बैठक में उपस्थित लोगों को उत्साहित करने के लिए कोल-विद्रोह पर भी एक गाना गाया गया–

अरे, छोटी चींटी की तरह वे कंधे पर
हथियार रखे कहाँ लड़ रहे हैं?
अरे, बड़ी चींटी की तरह वे कहाँ तीर चला रहे हैं
और हथियार लिए हुए हैं?
अरे, वे तो बुंडू में लड़ रहे हैं
अरे, वे तमाड़ में तीर चला रहे हैं।

और फिर केले के पेड़ों से बनाए गए ब्रिटिश साम्राज्य के पुतले को, जिसके ऊपर एक सर भी रखा गया था, जलाकर प्रतीक के रूप में ब्रिटिश साम्राज्य का विनाश दिखलाया गया। बिरसा ने घोषणा की कि उन लोगों को रावण (अंग्रेज) के राज्य का अंत करना है और मंदोदरी (ब्रिटिश साम्राज्ञी) का पुतला जलाना है। पानी से तर-ब-तर एक केले का पेड़ (?) अपने बड़े-बड़े पत्तों-समेत लाया गया और उसमें आग लगा दी गई। फिर बिरसा ने अपने शिष्यों में से एक को आज्ञा दी कि वह उसे काट डाले। सबसे पहले बनबीरा का जैमसीह सामने आया और उसने उस पर प्रहार किया, पर उससे पेड़ न कट सका। बाद में जगाई मुण्डा ने एक बार ही प्रहार कर पेड़ काट डाला। तब बिरसा ने फिर घोषणा की, "इसी तरह राजा और हाकिमों को काट डालना चाहिए।" फिर नगाड़ों और ढोलों पर थाप के साथ नृत्य हुआ और पुरानी बात पर फिर जोर दिया। उसने अनुयायियों से कहा कि उन लोगों को अपने धर्म के आदेशों के अनुसार राज करना चाहिए। उसने भरमी मुण्डा को अपना प्रवक्ता बनाया। भरमी मुण्डा ने बुंडू से आए लोगों को बतलाया कि यदि उन लोगों ने नया धर्म अपनाया और उसके अनुसार अपनी दिनचर्या रखी तो फिर उनके राज्य का सूरज उगने में देर न लगेगी और अगर

उन लोगों ने जोर-जबर्दस्ती का शासन रखा तो फिर उन्हें चक्की से पिसा चावल खाना होगा (जेल की सज़ा भुगतनी होगी), अपने घर और बच्चों को असहाय छोड़ देना होगा और यातनाएँ झेलनी पड़ेंगी। लोगों ने, जो प्रतिशोध की मुद्रा में थे, जबाव दिया कि इस रास्ते से उनका राज्य जल्द न आएगा, क्योंकि इस समय जो लोग गद्दी पर हैं, वे काफी शक्तिशाली हैं और आसानी से अपना अधिकार छोड़ना न चाहेंगे। भरमी मुण्डा ने इस पर उन्हें समझाने का प्रयत्न छोड़ दिया और सब बातों की रिपोर्ट बिरसा मुण्डा को दी। फिर बिरसा ने बालों के झूरा मुण्डा और मार्चा के सुखनाथ मुण्डा को लोगों को समझाने के लिए भेजा। पर उन्होंने अपने नेता की बात लोगों के सामने सही ढंग से नहीं रखी। वे खूँटी के पूर्व में स्थित हासदा क्षेत्र के अपने बंधुओं से प्रभावित होकर बोले। यह क्षेत्र सरदारों का शक्तिशाली केंद्र था। मतलब यह कि लोगों को बिरसा की नीति से प्रेरित न किया जा सका। अपनी कार्यपद्धति का इस प्रकार विरोध होने से बिरसा दुखित हुआ।

पुलिस-थानेदार को बाद में उस जगह केले के पेड़ के पत्ते पड़े मिले और इस बात के भी चिह्न देखे गए कि वहाँ एक बड़ी सभा हुई थी। प्राप्त रिपोर्टों के अनुसार बिरसा ने सिम्बुआ की बैठक में कहा था कि जब तक उसका राज्य न आ जाएगा, वह कहीं भी देखा न जाएगा। सरकार इस बात से आश्वस्त और निष्क्रिय-सी हो गई। पर यह सच न था। शायद बिरसा के इस कथन का उद्देश्य था कि अगले विद्रोह की तैयारियों के लिए इसके द्वारा मात्र एक आड़ बनाई जाए और तैयारियों की खबर सरकार तक न पहुँचने दी जाए।

सोहराई (अक्तूबर या नवम्बर 1899) के दो सप्ताह पूर्व शायद बिरसा के नवरत्न से लौटने के बाद (?) अगली बैठक डोम्बारी पहाड़ पर रखी गई। दिन शुक्रवार था। बिरसा ने दो झंडे लिए, एक सफेद और दूसरा लाल। सफेद मुण्डाओं का प्रतीक था और लाल दिकुओं (बाहरी लोगों) द्वारा मुण्डाओं और आदिवासियों के शोषण का प्रतीक। बिरसा उनको लिए हुए अखाड़ा (बैठक के स्थल) में पहुँचा। उसके पीछे-पीछे अति उत्साह में, पागल से नाचते-गाते उसके अनुयायियों की जमात चल रही थी। काफी ऊँचे स्थल (डोम्बारी पहाड़) पर उसने पूरब में सफेद झंडा गाड़ दिया और उसके पश्चिम में लाल झंडा। फिर उसने एक तलवार निकाली और सफेद झंडे पर "टेक टेक टेक" शब्दों का उच्चारण करते हुए हल्का-सा प्रहार किया। फिर उसने 'लेह लेह लेह' कहते हुए लाल झंडे पर भी हल्का-सा ही प्रहार किया। फिर बिरसा ने घोषणा की "दिकुओं से कसकर लड़ाई होनेवाली है; उन लोगों के खून से जमीन इस लाल झंडे की तरह लाल हो जाएगी।" तब झटपट केले के पेड़ का एक पुतला बनाया गया और मिट्टी का एक दिया जलाकर उस पर रखा गया। फिर उसे सफेद और लाल झंडों से ढँका

गया। उसमें आग लगाई गई और उसे लक्ष्य कर तीर चलाए गए। यह सब नृत्य-गान के हर्षोल्लासपूर्ण वातावरण के बीच हुआ और इस प्रकार ब्रिटिश साम्राज्य के विनाश का प्रतीक प्रस्तुत किया गया।

फिर मुण्डाओं के प्रतीक सफेद झंडे के इर्द-गिर्द एक कृत्रिम उपवन तैयार किया गया और घोषणा की गई कि गले के गहने, अलंकृत अँगूठी और कंघी, नृत्य और गान पर रोक लगा दी गई थी, क्योंकि ये सब अंधकारपूर्ण युग, कलियुग, में प्रयोग की चीजें थीं। इसी तरह करमा नृत्य-गान का भी, जो दिकुओं के प्रभाव से प्रचलित हुआ है और कलियुग का नृत्य है, बहिष्कार करना चाहिए। अगले वर्ष (1900) के शुरू में जब डिप्टी कमिश्नर ने बिरसा की खोज शुरू की तो उन्हें डोम्बारी पहाड़ पर दो झंडे मिले और जमीन पर लोगों के नाचने से पड़े गोल चक्करों के निशान भी दिखलाई पड़े।

समूचे मुण्डा क्षेत्र और उसके बाहर पड़नेवाले स्थानों में भी बैठकें हुईं, जैसे कि बसिया, कोलेबिरा, बानो, लोहरदगा, तोरपा, कर्रा, खूँटी, मुरहू, तमाड़, बुंडू, सोनाहातु और सिंहभूम का पोरहाट क्षेत्र। सामान्यतः छोटी पहाड़ियों और कठिनाई से पहुँचे जा सकनेवाले स्थानों पर बैठकें रखी जाती थीं। भरमी मुण्डा के अनुरोध पर बिरसा ने तोरपा और बसिया की यात्रा की। भरमी मुण्डा ने अपने नेता (बिरसा) से जलमई में मुलाकात की और सूचित किया कि उसके क्षेत्र की जनता बिरसा का संदेश सुनने को व्यग्र है। इस क्षेत्र के अंतर्गत कारो नदी के दक्षिण बेलसिया के दो परगने और कारो नदी के उत्तर सोनपुरगढ़ पड़ते थे। वहाँ तक पहुँचने के लिए बिरसा बंदगाँव के जंगल से होते हुए जलमई पहुँचा और फिर बलिहातु और जलसार। वहाँ बिरसा का संदेश सुनने के लिए बहुत सारे लोग इकट्ठे थे। बिरसा ने उनके समक्ष भाषण किया। अपने अनुयायियों की जाँच के लिए बिरसा पूरब की ओर मुँह करके खड़ा हुआ, मिट्टी का एक ढेला हाथ में लिया और ईश्वर के प्रति प्रार्थना की। उसके ऐसा करने पर सभी लोग चंचल हो उठे और नाचने लगे। लोगों ने अपनी-अपनी तलवारें भी भाँजी पर घायल कोई न हुआ। जब भरमी मुण्डा भी उन लोगों के साथ मिलकर नाचने-गाने लगा तो बिरसा ने उसे झिड़कते हुए कहा–"तुमको यह सब न करना चाहिए। अगर तुम भी उन्हीं की तरह काम करते हो तो तुम उन्हें नेतृत्व कैसे दे सकोगे?"

बिरसा ने पुनः प्रार्थना की और फिर अपने भाषण के क्रम में विदेशी पुरोहितों (पादरियों) पर कसकर प्रहार करते हुए कहा–"भाइयो, ये जो लोग आपके बीच घूमते चलते हैं, उनसे आप लोगों की सेवा ठीक से कभी नहीं हो सकती। जो लोग कहते हैं कि पाँच या उससे कम दिन पहले मरे लोगों को फिर से जिंदा किया जा सकता है, याद रखो कि वे तुम लोगों को बुद्धू बना रहे हैं। वे देश को बर्बाद करके छोड़ेंगे।"

वहाँ से वे लोग बाँदा (जयपुर) गए जहाँ बिरसा ने एक दिन और रात बिताई। वहाँ भी इसे सुनने के लिए बहुत बड़ी भीड़ जमा हुई। वहाँ से उस ने करा मार्चा की यात्रा की, पर वहाँ उसके स्थानीय अनुयायी बुबरा मुण्डा द्वारा उसके आने की खबर चारों तरफ फैला देने के बावजूद सभा में कोई नहीं आया। दूसरी ओर बनसिंहा (बसिया) में बिरसा का बड़ा ही भव्य स्वागत हुआ। खेरखई में हुई सभा के लोगों ने बिरसा का धर्म स्वीकार न किया। कसमार उस यात्रा का आखिरी पड़ाव था। वहाँ से बिरसा अपने गाँव चला गया और भरमी मुण्डा अपने गाँव।

इन सभाओं के अलावा बिरसा ने जिन अन्य स्थानों में सभाएँ कीं, वे थे जिलिंग सेरंग (सिहंभूम), कोटेया, (सिंहभूम), चरारी (तोरपा में सोडे के निकट), मनि साई (कोयल नदी पर बोनो में) और बिरता, कोटाम, पितीबुरु का सोनपुरगढ़। अन्तिम तीनों स्थल तोरपा में पड़ते हैं। वह बुण्डू में ताउ और तिलाइ मार्चा भी गया। वहाँ वह भरमी मुण्डा के साथ एक दिन रहा। अपनी एक और यात्रा के दौरान वह नागफेनी और पालकोट से लौटते हुए तिरला गया।

डोम्बारी पहाड़ पर अक्तूबर-नवम्बर 1899 में पहली बैठक के बाद जल्द ही जो दूसरी बैठक हुई उसके साथ ही विद्रोह की तैयारी का तीव्रतापूर्ण चरण आरंभ हुआ। उसी से स्पष्ट हो गया कि विद्रोह राजद्रोहपूर्ण एवं अत्यंत उग्र होगा। इस बारे में एक प्रत्यक्षदर्शी का यह विवरण महत्त्वपूर्ण है–

> ''हम आधी रात से कुछ पूर्व सभा-स्थल पहुँचे। सभा पहाड़ की चोटी पर हो रही थी। जब हम लोग पहुँचे, उस समय साठ या अस्सी ही लोग इकट्ठे हो सके थे। बिरसा एक पत्थर पर आसीन था। उस पत्थर पर एक कपड़ा बिछा हुआ था। वह पूरब की ओर मुँह किए बैठा था और लोग उसके चारों ओर बैठे थे। आधी रात होते-होते सब लोग जमा हो गए। कुछ ही देर बाद चाँद उगा। जब सभी लोग पहुँच गए तो बिरसा ने पूछा कि हमारी तकलीफें क्या हैं। कुड्डा के जगई और तीन या चार अन्य लोगों ने, जिनके नाम मैं नहीं जानता, उठकर कहा कि हम लोग जमींदारों, जागीरदारों और ठेकेदारों के शोषण और दमन से त्रस्त हैं। इस पर बिरसा ने हम लोगों से कहा कि हम लोग धनुष-बाण और बलुआ (कुल्हाड़ी) बनाना शुरू करें, क्योंकि हम बहुत ज्यादा पीड़ित हैं। हम लोगों ने नेता (बिरसा) को आश्वासन दिया कि हम ये चीजें बनाएँगे। बिरसा ने यह भी कहा कि उसने देश में विभिन्न भागों में हुई सभाओं में ऐसे ही उपदेश दिए हैं। जो लोग उसके धर्म में विश्वास करते हैं, उनमें से हरेक आदमी हथियार बना रहा है। बिरसा ने आगे कहा कि इन हथियारों से ठेकेदारों, जागीरदारों, राजाओं, हाकिमों और ईसाइयों को मौत के

घाट उतारा जाएगा। उपस्थित लोगों में से कुछ ने शंका प्रकट की कि क्या राजा, हाकिम और ईसाई हमारे आक्रमण के जवाब में अपनी बंदूकों से हमें नहीं मार डालेंगे। इस पर बिरसा ने आश्वासन दिया कि हम लोगों को उनके प्रहार से कतई चोट न लगेगी। उनकी बंदूकें और गोलियाँ पानी बन जाएँगी और हमारा कुछ न बिगाड़ सकेंगी। बिरसा ने अगली योजना के लिए बतलाया कि वह दो हफ्ते बाद ईसाई त्यौहार(बड़ा दिन) के मौके पर आएगा। उस दिन तक हमें अपने हथियार तैयार कर लेने चाहिए। सभा सुबह होने के कुछ पूर्व समाप्त हुई।"[25]

लोगों ने यह शिकायत भी की कि यद्यपि उनके शरीर पवित्र थे, पर फिर भी ईसाई पादरी उन लोगों का धर्म परिवर्तित कर देते थे और इस तरह उनकी जाति नष्ट करने पर तुले हुए थे। इस पर बिरसा ने उनसे कहा कि ऐसे बाँस जुटाएँ जो पूरब की ओर झुके हुए उगते हैं। ऐसे बाँसों से बने धनुषों से तीर इस तरह छूटेंगे, जैसे बंदूकों से गोलियाँ।

बिरसा के अनुयायियों की कुल मिलाकर सोलह सभाएँ हुईं, जिनमें कुछ बड़ी थीं और कुछ छोटी। कुछ का आयोजन या तो बिरसा ने किया था या उसके प्रचारकों ने। ये सभाएँ अधिकतर रात में होती थीं। इनके लिए स्थान चुने जाते थे बिल्कुल अलग-अलग जगहों में बसे बिरसा-अनुयायियों के मकानों में। जाहिर था कि ऐसी जगहों में सभाओं की बातें किसी और के द्वारा सुने जाने का खतरा न था। डोम्बारी पहाड़ पर हुई सभा के बाद, बड़ा दिन (क्रिसमस) से एक पखवाड़े पूर्व बोरतोडीह में डोंका के मकान में सभा हुई। इसमें सरदार (बिरसा) ने हथियारों की तैयारी के बारे में दरियाफ्त किया और लोगों से कहा कि वे जल्दी करें और गफलत में न रहें। इसके अलावा अक्तूबर या नवम्बर में मनिहातु और जचराडीह (?) में बैठकें हुईं। पौजे की कुसुम टोली में चंदा के मकान पर भी एक बैठक का आयोजन किया गया। बड़ा दिन के पूर्व डिंबूकेल, लपड़ा, पीपी, डोरमा, गोराइडीह और बीचाकुटी में बैठकें हुईं और बाली और करों में नुबस और दिलगू के मकानों पर भी बैठकों का आयोजन हुआ। सोहराई पर्व के दो हफ्ते बाद, संध्या के समय बाँदा में हुई बैठक में एक सरदार, चारा ने कहा—"रहर बढ़कर बहुत ऊँची हो गई है। जब उसकी कटनी होगी, उस समय तक राज्य उन लोगों के हाथ से चला आएगा।" एक अन्य बैठक में करिका बिरसा ने सभापतित्व किया। करीब 20 आदमी शामिल हुए थे। चाँद उदित न हुआ था पर लकड़ियों की आग जलाकर रोशनी की गई थी। बिरसा एक मचवा पर आग के उत्तर की ओर बैठा था। उसका चेहरा दक्षिण की ओर था, सर पर पगड़ी थी और उसके बगल में

जमीन पर एक तलवार पड़ी हुई थी। उसने शिकायत के लहजे में कहा कि उसे अपने धर्म की शिक्षा देने के आरोप में जेल में डाल दिया गया था। उसने क्षोभ के स्वर में कहा कि इसका बदला लेना होगा। ईसाइयों के त्यौहार की रात को उन लोगों पर तीर चलाने होंगे। अत्याचारियों को मार-काट देना होगा और उनके घर फूँक डालने होंगे। बैठक (पंचायत) आधी रात तक चलती रही।

इन सब बैठकों में जो विचार-विमर्श हुए, उनसे यह भलीभाँति और स्पष्ट रूप से प्रकट हुआ कि किस हद तक नए सरदारों के विचारों और हिंसा पर जोर देने की प्रवृत्ति ने आंदोलन को प्रभावित कर दिया था। उन लोगों ने हिंसात्मक तरीकों का प्रश्रय लेने के लिए दलील यह दी कि उन्होंने अपनी शिकायत लेकर उच्च न्यायालय और लंदन तक के दरवाजे खटखटाए थे, पर फल कुछ भी न निकला। और अब रास्ता यही बच रहा था कि जमींदारों, ठेकेदारों, पादरियों, प्रचारकों और बाइबिल (आंदोलन से संबंध न रखनेवाले लोगों) का कत्ले-आम किया जाए। हाकिम लोग मुण्डाओं के विरुद्ध और जमींदारों के पक्ष में फैसला देते थे। मुण्डाओं को अपने जंगलों में अपने ढोर चराने का अधिकार नहीं था। इसलिए दिसम्बर में आग और पानी की एक साथ वर्षा होगी। जो लोग यज्ञोपवीत नहीं पहनते या बिरसा का धर्म नहीं अपनाते, उन्हें मौत के घाट उतार दिया जाएगा। इन लोगों में सोंसारों (गैर-ईसाई मुण्डाओं), सदानों, राजाओं और हाकिमों के नाम गिनाए गए।

सिंहभूम की एक पहाड़ी की ऊपरी भूमि के निकट जो बैठक हुई, उससे आंदोलन के इस परिवर्तित, हिंसा-प्रधान स्वरूप का पता और अच्छी तरह चला। 22 दिसम्बर 1899 में एक कब्रिस्तान में हुई इस बैठक में करीब 60 प्रमुख बिरसा-अनुयायी (गुरु) शामिल हुए थे। इसके आसपास तीन स्थानों में आग जल रही थी। इसमें बिरसा स्वयं उपस्थित था। उसने फिर शिकायत के लहजे में कहा कि उसे बिना किसी कसूर के गिरफ्तार किया गया था। इसके बाद उसने प्रतिशोध के स्वर में कहा कि वह इसका बदला लेकर रहेगा। इस बैठक में आंदोलन की रूपरेखा बनाई गई। उसके अंतर्गत बड़ा दिन (क्रिसमस) के पूर्व बड़े पैमाने पर आतंकवादी कार्य शामिल थे। उसने जमींदारों, राजाओं, हाकिमों आदि द्वारा अत्याचारों और कुकर्मों की याद दिलाई और लोगों को ललकारा कि इस सबका बदला लेना सबसे जरूरी काम है। जब एक प्रचारक ने शंका उठाई तो उसने उसे और अन्य उपस्थित लोगों को आश्वासन दिया कि उनके दुश्मनों की बंदूकें और गोलियाँ पानी में परिणत हो जाएँगी और वे लोग (बिरसा-अनुयायी) अदृश्य हो जाएँगे। उसने कहा कि राज उसका है और इसमें विरोध की कोई गुंजाइश नहीं। उसने शासन में अपने प्रतिनिधियों के रूप में कराइकेला, चाईबासा, चक्रधरपुर, बंदगाँव और सांगरा में क्रमशः डोरे, काली, चैमन, सोया और मोल्गू को

प्रतिनियुक्त किया। उन लोगों को अपने-अपने स्थान के लिए रवाना करते हुए उसने धमकी दी–''यदि तुम लोग मेरे आदेशों का पालन नहीं करते और उन लोगों (दुश्मनों) को जान से नहीं मारते और उनके घर नहीं जलाते तो तुम्हें खुद तीरों से मार-काट डाला जाएगा।'' ये बैठकें विद्रोह की तैयारी के लिए की गई थीं। विद्रोह के स्पष्ट उद्देश्यों को पूरा करने के लिए सशस्त्र विद्रोहियों को विभिन्न जगहों में प्रतिनियुक्त किया गया। बीचाकुटी में हुई बैठक और बीरतोडीह में डोंको के मकान में हुई बैठक के बारे में इस बात के सबूत मिलते हैं कि लोगों को 'दुश्मनों' की हत्या करने और उनके घरों को जलाने के लिए तैनात किया गया। हर जगह जाति (मुण्डाओं) के दुश्मनों के विनाश के लिए बिरसा के अनुयायियों ने प्रतीकात्मक समारोह किए। बिरसा के पंथ में जो नए सदस्य शामिल किए जाते, वे हथियार के सामने तीन बार माथा टेकते, उसे घुमाते, छलाँग लगाते और रात देर गए तक उछलते-कूदते रहते थे। वे लोग यह मंत्र पढ़ते थे–

> ''अरे, डायन को मार डालो। उसका जहर चूस लो,
> अरे, मार डालो, मार डालो–
> ओ पिता, यूरोपियनों और अन्य जातियों को मार डालो,
> अरे, उन्हें मार ही डालो।

हौफमैन ने बाद में इन गुप्त व्यापक तैयारियों के गंभीर स्वरूप के बारे में इस प्रकार विवरण दिया–

> ''मुझे इस बारे में बिरसा के एक नए अनुयायी ने, जो सिम्बुआ गाँव का था, सूचना दी। उसके बड़े भाई ने उसे समझा-बुझाकर यह रास्ता छोड़ देने के लिए राजी किया। उसने बतलाया कि घटना के पूर्व तीन रविवारों को तीन पंचायतों में आक्रमण की योजना तैयार की गई। इनमें से प्रथम दो बैठकों में केवल पुरानक (विश्वस्त सदस्य) उपस्थित थे। उन बैठकों में तारीख तय की गई। विभिन्न स्थानों में जाने के लिए तीन-तीन और कुछ मामलों में चार-चार व्यक्तियों के दल चुने गए। उन लोगों को बड़ा दिन (क्रिसमस) के पूर्व सामान्यतः एकत्र होनेवाली ईसाइयों की भीड़ पर तीरों से प्रहार करना था और उनके घर जलाने थे। आखिरी पंचायत में आक्रमण के बारे में ननकों या नए अनुयायियों को बतलाया गया। जिस दिन हमला होनेवाला था, इस आदमी को कुछ-कुछ पश्चाताप का भाव हुआ। वह अपने भाई से कुछ दबे-छिपे शब्दों में विदा माँगने गया। उसने कहा कि आज से उनका भाई-भाई का रिश्ता टूट जाएगा और वे दोनों निश्चित तौर पर एक दूसरे को छोड़ दें।''[26]

बिरसा के विचारों ने न केवल मुण्डा-परिवारों में पूरी तरह प्रवेश करके उनको गहराई से प्रभावित किया, पर उसके साथ ही उनसे, कहीं-कहीं परिवार के सदस्यों के बीच विचारों के मतभेदों के चलते दरार भी पड़ी। बिरसा के सर्वथा नए विचारों के कारण मुण्डा समुदाय एक नए ढाँचे में ढल गया। वह एक ऐसी जाति बन गई जिसके नियम और पाबंदियाँ हिन्दुओं के कायदे-कानूनों से भी ज्यादा कड़ी बन गईं। इसके पूर्व मुण्डाओं में जातिप्रथा जैसी कोई चीज न थी। फिर भी वे मुण्डा और गैर-मुण्डा, कोम्पाट मुण्डा और माहिल मुण्डा आदि के बीच अन्तर मानते थे। पर अब बिरसा और उसके दल ने महज डेढ़ वर्ष की अवधि में मुण्डाओं की एक निश्चित जाति बना देने में सफलता पाई। इन में मुण्डा न केवल अपनी या अन्य सामान्य जनजातियों के साथ सम्पर्क रखने में पूरी तरह इंकार करते थे, बल्कि अपने गैर-बिरसा-धर्म के नेताओं या उस विचार के ज्यादा उम्र के लड़के के साथ भी कोई संपर्क न रखते थे। वे लोग उनके साथ खान-पान का संबंध तक न रखते थे और न ही उनके घरों में ही आते-जाते थे। मुण्डाओं की इस नई जाति के बारे में ऐसे-ऐसे मामले भी देखे जाते थे कि जब बड़ी उम्र के लड़के अपने माँ-बाप के घर जाते थे तो माँ-बाप उन्हें घर में प्रवेश तक न करने देते थे। लड़कों को खाने के लिए अनाज दे दिया जाता था, जिसे वे अपने माँ-बाप के घर से बाहर जहाँ भी पकाकर खाना चाहें, खा सकते थे।

रोक-थाम के अपर्याप्त उपाय

पीछे वर्णित चुटिया की घटना के बाद बिरसा के खिलाफ वारंट के बावजूद सरकार उसे गिरफ्तार करने में लगातार असफल रही। स्पष्टतः यह एक प्रशासनिक चूक थी। सरकार ने इस बारे में दृढ़तापूर्वक कोई कदम न उठाए। उल्टे, सरकारी अधिकारी उसके बारे में स्थानीय लोगों के बीच प्रचलित कल्पित कहानियों में ही विश्वास करते रहे। इन कहानियों के अनुसार वह स्वर्ग जा चुका था और दैवी इच्छा से पृथ्वी पर से हटा लिया गया था। सरकार इन्तजार करती रही कि वह पृथ्वी पर फिर प्रकट हो। चुटिया की घटना के तुरन्त बाद राँची और सिंहभूम के जिला अधिकारियों ने संयुक्त रूप से कदम उठाए जिससे कि उस घटना से संबंधित अपराधियों को गिरफ्तार किया जा सके। पुलिस की एक टुकड़ी बंदगाँव भेजी गई जिसने अपराधियों की खोज में राँची पुलिस के साथ सहयोग किया। जिला पुलिस के बारह आदमियों ने एक प्रधान कांस्टेबुल के अधीन, दो टुकड़ियाँ बनाकर उस क्षेत्र में गश्त लगानी शुरू की। 20 मार्च को सिंहभूम के जिला पुलिस अधीक्षक बंदगाँव के लिए रवाना हुए। उनका उद्‌देश्य भी हाल में रिहा हुए मुण्डा-विद्रोही (बिरसा) की गिरफ्तारी में मदद करना था। वे बंदगाँव 21 मार्च को पहुँचे। उन्होंने जगमोहन सिंह से मुलाकात की, जो बिरसा को गिरफ्तार कराने

के लिए बहुत ही उत्सुक था। पुलिस अधीक्षक इस सिलसिले में कुछ मानकियों से भी मिले और उनको बिरसा की गिरफ्तारी में मदद के लिए पुरस्कार देने का वादा किया।

22 मार्च को राँची के पुलिस-अधीक्षक मेयर्स भी बंदगाँव पहुँच गए। सिंहभूम के पुलिस-अधीक्षक ने मेयर्स के साथ सलाह-मशविरा करके सभी और पुलिस-कर्मियों को भेजा कि वे बिरसा और आंदोलन में उसके प्रमुख कार्यकर्ता गीडियन, मार्कुस और प्रभुदयाल को खोज निकालें। इनमें से दो सरदारों गीडियन और प्रभुदयाल को उसी दिन शाम को गिरफ्तार कर लिया गया। उन दोनों से 23 तारीख को जिरह की गई और उन्हें राँची भेज दिया गया। बिरसा की गिरफ्तारी के लिए इनाम के बारे में व्यापक रूप से सूचना घुमाई गई। साप्ताहिक हाटों में भी इस बारे में ढिंढोरा पीटकर लोगों को जानकारी दी गई। पर सिंहभूम के पुलिस-अधीक्षक की यह धारणा बनी कि बिरसा इस क्षेत्र में प्रसिद्ध नहीं था और न ही वह कभी इस क्षेत्र की यात्रा ही करता था। उनकी राय थी कि साल की डस अवधि में बिरसा को गिरफ्तार करना असंभव था, क्योंकि इस समय जंगलों में इतने फल-फूल और अन्य वन्य खाद्य पदार्थ उपलब्ध थे, जिनसे कोई भी कोल अपनी भूख मिटा सकता था। साथ ही उस क्षेत्र में आजादी भी काफी कम थी, जिस कारण खाद्य-आवश्यकताओं की पूर्ति कर सकना बहुत आसान था। सिंहभूम पुलिस का यह भी विचार था कि अगर इस समय बिरसा छुट्टा घूम रहा था तो ऐसा खूँटी के थानेदार (मृत्युंजय नाथ लाल) के निजी कारणों के चलते संभव हुआ था। थानेदार ने सचमुच चाहा होता तो वह यह सब गड़बड़ शुरू में ही खत्म की जा सकती थी। खूँटी के थानेदार को बहुत पहले ही यह ठीक-ठीक खबर दी गई थी कि कुछ दिनों बाद, एक निश्चित समय पर, बिरसा एक नृत्य का आयोजन करने जा रहा था। शायद यह खबर सिम्बुआ पहाड़ पर हुए नृत्य-गान और बैठक के बारे में थी। पर थानेदार ने यह सूचना देनेवाले से खुलेआम कहा कि बिरसा पहाड़ की एक चोटी पर नाचने-गाने से अधिक कोई और महत्त्वपूर्ण काम नहीं करता। उसे गिरफ्तार करना उन्हें (थानेदार को) शोभा नहीं देता। उधर जगमोहन सिंह का मामला था। उसने 1895 में बिरसा को गिरफ्तार कराने में महत्त्वपूर्ण योगदान किया था। उसके लिए बिरसा के अनुयायियों द्वारा बदला लिए जाने के डर से वह हद से ज्यादा भयभीत था। वह सबसे ज्यादा अपनी सुरक्षा के लिए चिन्तित था। वह पागलपन की हद तक उतर आया। वह उठा और उसने बंदगाँव के लोक निर्माण विभाग के निरीक्षण-बँगले पर बड़े ही नाटकीय ढंग से एक साधारण-सा धावा किया। एक पंखे का किनारा तोड़कर टुकड़े-टुकड़े कर दिया और उससे एक छोटा-सा झंडा बनाया। कुछ और चीजें तोड़ दीं पर कोई भी चीज न हटाई। इस प्रकार उसने ऐसी सावधनी बरती

जिससे कि इस कार्य के लिए सरकार की ओर से दंड की कोई कार्यवाही का मौका न मिल सके। पंखे के टूटे किनारे का झंडा यह दिखलाने के लिए बनाया गया कि झंडे बिरसा को विशेष रूप से प्रिय थे। इसके जरिए यह सिद्ध करने की कोशिश की गई कि बिरसा उस रात उसी स्थान पर था। इस घटना से स्पष्टतः सिंहभूम पुलिस पर कोई प्रभाव न पड़ा और जगमोहन सिंह की योजना पूरी तरह विफल रही। निरीक्षण-बँगले के चौकीदार ने निश्चित रूप से कहा कि उस उपद्रव में शामिल व्यक्तियों में से वह किसी को नहीं जानता। फिर भी जिला रिजर्व पुलिस की एक टुकड़ी वहाँ भेज दी गई।

इस प्रकार सिंहभूम के पुलिस अधिकारियों को विश्वास हो गया कि बिरसा को गिरफ्तार करने की कोई सच्ची कोशिश तब तक नहीं की जा रही, जब तक वह मंदिर में केवल नृत्य-गान करने या एक-दो मूर्तियाँ तोड़ देने से अधिक गंभीर कार्य नहीं करता। साथ ही यह भी सोचा गया कि बिरसा को ऐसा जाल बनाने दिया जा रहा था कि जिसमें फँसकर वह अपने को खुद बर्बाद कर लें। 9 मई 1898 को राँची की पुलिस वापस बुला ली गई। बाद में 24 या 25 मई को सिंहभूम पुलिस को भी वापस बुला लिया गया। इस कार्यवाही के लिए निम्नलिखित कारण दिए गए—अस्वास्थ्यकर स्थान में रहने के कारण कई कांस्टेबल गंभीर रूप से बीमार पड़ गए, सिंहभूम के अधिकारी बिरसा के खिलाफ कोई खास मामला न बना पाए, संभवतः बिरसा राँची में वहीं छिपा हुआ था, और बिरसा के प्रमुख कार्यकर्ता गीडियन और प्रभुदयाल की गिरफ्तारी और बाद में रिहाई से सब कुछ शांत हो गया था। अंतिम कारण यह दिया गया कि इन दो सरदारों की गिरफ्तारी के लिए राँची के अधिकारियों ने सिंहभूम पुलिस-कर्मियों को पुरस्कार देने का जो वायदा किया था, उसे पूरा नहीं किया गया था। स्पष्ट था कि राँची के अधिकारियों ने बिरसा को गिरफ्तार करने के प्रयत्नों में ढिलाई कर दी। हौफमैन का कार्यक्षेत्र खूँटी, तमाड़ और चक्रधरपुर स्थानों के क्षेत्र के बीच पड़ता था। उन्होंने बिरसा की गिरफ्तारी में विफलता का पूरा दोष सिंहभूम पुलिस के सर मढ़ा। हौफमैन का कहना है कि ऐसा लगता था कि वे लोग सब कुछ देखते हुए मानो उससे अपना मनोरंजन कर रहे थे और उन लोगों ने बिरसा को गिरफ्तार कराने की दिशा में प्रायः कुछ भी नहीं किया। वे आगे लिखते हैं—"यह बिल्कुल साफ बात है कि जो भी आदमी अपनी आँखें और कान इस्तेमाल करने की सावधानी बरतता, उसे यह समझने में देर न लगती कि बिरसा के आंदोलन का मुख्यालय चलकद (तमाड़ थाना) से चक्रधरपुर थाना के उत्तरी पहाड़ी क्षेत्र में चला गया है।"[27]

सच पूछा जाए तो राँची पुलिस और सिंहभूम पुलिस, दोनों की ओर से, पारस्परिक सहयोग की कमी थी। अब बिरसा के विद्रोह का मुख्यालय न केवल

सिंहभूम के पहाड़ों की उच्च भूमि पर अवस्थित था, बल्कि राँची जिले में डोम्बारी में भी। इस प्रकार उसके कार्यकलाप का क्षेत्र दो जिलों में विस्तृत हो गया था।

विद्रोह के जो गुप्त विचार-विमर्श और तैयारियाँ इन चार वर्षों तक चलीं, उनके फलस्वरूप आंदोलन के साध्य और साधन में स्पष्ट परिवर्तन आ गया। जहाँ तक विद्रोह के सामाजिक-सांस्कृतिक पहलुओं का प्रश्न है, वे अब सुधारवादी नहीं रहे बल्कि उनका उद्देश्य प्राचीन मूल्यों को पुनरुज्जीवित करना हो गया। साथ ही सामाजिक-सांस्कृतिक पहलू राजनीतिक आंदोलन के साथ घनिष्ट रूप से संबद्ध हो गए। यदि बिरसा के 1895 के आंदोलन में पुरातन-पंथिता का कुछ तत्व था भी तो वह छिपा हुआ-सा था। 1899 के विद्रोह की तैयारियों में वह पूरी तरह खुलकर सामने आ गया। धर्म के पुराने अवयव या मूल तत्व मानो लोगों को फिर से वापस किए गए। विदेशियों को उखाड़ फेंकना था और जातीय दुश्मनों को निकाल बाहर करना था। पहले धार्मिक तरीकों पर जोर दिया गया, पर अब खुले आम संघर्ष के लिए हिंसा का समर्थन किया जाने लगा। बिरसा कुछ समय तक तो इस तरह का रास्ता अपनाने में हिचकिचाया, पर बाद में उसने भी इसे स्वीकार कर लिया। इसका कारण क्या था? क्या बिरसा हिंसा के रास्ते पर इसलिए आया कि नए सरदारों ने उसके शांतिपूर्ण धार्मिक तरीके का जबर्दस्त विरोध किया अथवा इसलिए कि उसके जेल-जीवन में उसे मिले अपमानों ने उसे इस रास्ते पर आने के लिए प्रेरित किया? इस सवाल का कोई सीधा-सादा जवाब नहीं दिया जा सकता। सब कुछ के बावजूद संघर्ष के तरीके के सवाल पर सरदारों और बिरसा के बीच मतभेद बने ही रहे। ऐसा लगता है कि मतभेदों के बावजूद दोनों आपस में सहयोग करने पर इसलिए बाध्य हुए कि वे एक-दूसरे के बिना काम न चला सकते थे। सरदारों को बिरसा के नेतृत्व की जरूरत थी तो दूसरी ओर बिरसा अपने उन शिष्यों और अनुयायियों के बिना काम न चला सकता था, जिनमें से ज्यादातर सरदार थे। फिर भी यदि विद्रोह की तैयारियों में एक सफल संगठनकर्ता के रूप में बिरसा की मुख्य भूमिका और अपने धर्म के पैगम्बर होने के बारे में उपलब्ध प्रचुर सामग्री पर विचार किया जाए तो यह बहुत अच्छी तरह स्पष्ट हो जाता है कि शुरू-शुरू में वह धार्मिक तरीके अपनाने का समर्थक था, पर अब वह पूरी तरह बदल चुका था और सशस्त्र आंदोलन के एकछत्र नेता के रूप में स्थापित हो चुका था। जैसा कि इस पुस्तक में आगे वर्णित घटनाओं से स्पष्ट हो जाएगा कि बिरसा केवल चाँदनी रात में बैठकें और विभिन्न पहाड़ों की चोटियों पर निर्दोष-से नृत्य-गानों का ही आयोजन नहीं करता था, बल्कि उसकी ओर से विभिन्न कार्रवाइयों के लिए एक व्यापक और सुनिश्चित योजना का ताना-बाना बुना गया था।

अध्याय 6

विद्रोह (1899-1900)

विद्रोह के उद्देश्य

1899-1900 के विद्रोह के समय वे विचार अच्छी तरह उभरकर सामने आए जो अब तक भीतर-ही-भीतर पल-पनप रहे थे। 1895 के आंदोलन में इस तरह के अप्रत्यक्ष सुझाव सामने आए थे कि जमींदारों को लगान देना बंद किया जाए, जमीन मालगुजारी से मुक्त की जाए और मुण्डाओं को जंगलों के उनके अधिकार वापस किए जाएँ। विद्रोह की तैयारी के दौरान भूमि-समस्या की बहुत स्पष्ट रूप से चर्चा हुई। उदाहरण के लिए, कहा गया कि मुण्डा जमीन के सच्चे मालिक हैं। वे ही महाराजा नियुक्त करते हैं। उसे लगान इस मान्यता के आधार पर नहीं दिया जाता कि जमीन पर उसका अधिकार है, बल्कि इसलिए कि लगान से मिले धन से वह अपना भरण-पोषण कर सके। साथ ही बार-बार यह भी कहा गया कि सभी गैर-आदिवासी अपने लाभ के लिए आदिवासियों के अंदरूनी मामलों में दखलंदाजी कर रहे हैं और जमीन हड़पते जा रहे हैं। आंदोलन में मुण्डाओं के अधिकारों पर बराबर जोर दिया गया और उन्हें ही जमीन का सच्चा मालिक घोषित किया गया। साथ ही इस बात पर भी जोर दिया गया कि बिचौलियों को निकाल बाहर किया जाए। पर 1899-1900 में मुण्डाओं के विचारों के अनुसार यह आदर्श भूमि-व्यवस्था तभी संभव हो सकती थी जब यूरोपियन, अफसर और मिशनरी के लोग उनके क्षेत्र से पूरी तरह हट जाते। इसलिए सर्वोच्च राजनीतिक लक्ष्य यह हो गया कि बिरसा के अधीन एक राज स्थापित किया जाए और उस पर कब्जा कायम रखा जाए। साथ ही उल्लेखनीय बात यह भी थी कि बिरसा का धर्म और उसका राज एक दूसरे से अलग नहीं, बल्कि आपस में घनिष्ट रूप से संबद्ध घोषित किए गए। मुण्डाओं को न केवल अपना खोया राज फिर से हासिल करना था, बल्कि अपना धर्म भी वापस लाना था, जिसकी व्याख्या बिरसा उन लोगों के समक्ष करते रहते थे।

स्वभावतः यूरोपियनों का आंदोलन के प्रति तीव्र विरोध भाव था। हौफमैन के इस संबंध में विश्लेषण से यह स्पष्ट हो जाता है। वह यद्यपि विद्रोहियों के प्रति किसी कटु भावना से प्रेरित नहीं थे, पर फिर भी वह यह लिखने से अपने

को न रोक सके कि विद्रोही पूरी तरह धर्मान्ध थे और उन लोगों में विदेशियों—हिन्दुओं (?) और यूरोपियनों, दोनों ही के विरुद्ध तीव्र घृणा थी। हौफमैन ने विद्रोह होने के दो वर्ष पूर्व से ही विद्रोहियों में से कुछ को प्रत्यक्ष या अप्रत्यक्ष रूप से यह समझाने की कोशिश की कि सरकार को उलट देने की उनकी आशाएँ बिल्कुल बेकार हैं। सिम्बुआ गाँव में कुछ मुण्डा एक हिन्दू के खिलाफ मुकदमें में फँसे हुए थे। हौफमैन ने उन मुण्डाओं को रुपए-पैसों से मदद भी की। उसने सामू मुण्डा और अन्य भगवानों (बिरसा के अनुयायियों) को गंभीरतापूर्वक समझाया कि वे लोग बिरसा के षडयंत्र (?) में न फँसें। उन लोगों ने हौफमैन से रुपए-पैसे तो ले लिए पर दो महीने के भीतर ही आदेश दिया कि हौफमैन और कारबेरी को खत्म कर दिया जाए क्योंकि वे दोनों गोरी चमड़ी के हैं और उनकी योजनाओं की राह में बाधक हैं। विद्रोह से पूर्व कुछ वर्षों में हौफमैन जैसे कुछ और अंग्रेजों ने बिरसा के अनुयायियों के प्रति ऐसे ही और कभी-कभी तो इससे भी ज्यादा दया के काम किए पर उसका परिणाम करीब-करीब कुछ भी न निकला। डोल्डा में हौफमैन ने उन तीन आदमियों की पत्नियों और बच्चों को भोजन और कपड़े-लत्ते दिए जिन्हें बिरसा के प्रथम आंदोलन में छः महीने कैद की सज़ा हुई थी। उसने उन लोगों को सलाह और सहायता देकर कोशिश की कि वे बिरसा से अपने संबंध तोड़ लें, पर उसका फल कुछ नहीं निकला। जिन लोगों को इस प्रकार बिरसा के रास्ते से हटाने की कोशिश की गई, उनमें अंग्रेजों के प्रति कटुता और बढ़ गई।

अपना धर्म और राज्य वापस लेने के लिए बिरसा का विद्रोह निर्बाध रूप से उग्रतापूर्ण था। बिरसा ने शुरू में अपने अनुयायियों को सलाह दी कि वे ज्यादतियाँ न करें और अपना आंदोलन एक दिन और एक रात से ज्यादा समय तक न चलाएँ, पर उन लोगों ने उसकी यह सलाह न मानी। दरअसल अब नए सरदारों की बन आई थी। विद्रोह का स्पष्ट घोषित उद्देश्य अंधाधुंध कत्ले-आम और आतंकवाद था और प्रहार के सबसे पहले लक्ष्य थे यूरोपियन और उनके समर्थक। बिरसा और उनके अनुयायियों का आह्वान था कि आग और तीर से दुश्मनों पर करारा प्रहार किया जाए। यूरोपियनों के बाद प्रहार के लक्ष्य ईसाई थे। उन पर आरोप था कि वे मिशनरियों और सरकार के समर्थक हैं। उन लोगों को रात के समय चाँदनी में हत्या करके या हत्या की कोशिश करके अथवा अगलगी के कार्यों से डराना-धमकाना था। इस प्रकार उन्हें बिरसा का धर्म और बिरसा का राज स्वीकार कर लेने पर बाध्य करना था। पर तथ्यों से यह प्रमाणित होता है कि बिरसा-सर्मथकों की योजना निश्चय ही ईसाइयों का कत्ले-आम करने की न थी। बात सिर्फ यह थी कि उन्हें आशा थी कि यदि वे केवल एक बार कारगर प्रहार करने में कामयाब हो सके तो समूचे छोटा नागपुर क्षेत्र की जनता आसानी

से उनकी ओर आ जाएगी। और यह आशा निराधार न थी, क्योंकि बिरसा-अनुयायियों को अपनी आधार-भूमि और शक्ति का अच्छी तरह पता था। अपने पिछले अनुभवों से वे सोचने लगे थे कि सरकार ने सही उद्देश्य का गलत अर्थ लगाया था। इसलिए यदि वे विशाल जनता को अपनी ओर ला सके तो सरकार उनके विरुद्ध कोई गंभीर कदम न उठाएगी। बिरसा-अनुयायियों ने सोचा कि यदि उनके ईसाई भाई-बंधु उनके साथ आ गए तो उनका आंदोलन पूरी तरह दुश्मनों के विरुद्ध एक मुण्डाजातीय अभियान का रूप धारण कर लेगा।[28]

अगलगी, हत्या या हत्या के प्रयत्नों को कार्य रूप देने के लिए बड़े दिन के पूर्व का दिन यानी 24 दिसम्बर 1899 निर्धारित किया गया। करीब 1899 के अन्त में सरकार को यह अशांतिजनक खबर मिली कि बिरसा फिर से प्रकट होनेवाला है। राँची के डिप्टी-कमिश्नर ने तुरंत एक मुण्डारी-भाषी इंसपेक्टर और कुछ कांस्टेबुलों को छद्म भेष में भेजा। जिला पुलिस सुपरिन्टेन्डेन्ट को भी तैनात किया गया कि वे स्थानीय तौर पर सावधानी के साथ जाँच-पड़ताल करें। दिसम्बर में राँची के डिप्टी कमिश्नर खुद भी वहाँ दौरे पर गए। पर फल कुछ भी न निकला। कहीं भी कोई विश्वसनीय सूचना न मिल सकी। वे राँची लौट आए। उन्हें 27 दिसम्बर को सरकारी अधिकारियों की एक बैठक में शामिल होना था, जिसमें छोटा नागपुर मालगुजारी कानून में संशोधनों पर विचार-विमर्श होना था। पर ग्रामीण क्षेत्रों में अफवाह गर्म थी और तरह-तरह की बातें सुनने में आ रही थीं। यूरोपियन मिशनरियों की हत्या की खबरें धीरे-धीरे उन लोगों को मालूम हो गईं जो प्रहार के शिकार होनेवाले थे। सरवदा मिशन के फादरों (पादरियों) को अपने छात्रों और नौकरों से यह खबर मिली। पर उन्होंने यह खबर हँसकर उड़ा दी।

प्रथम चरण : 'अगलगी और तीरों की महामारी'

जैसी कि विद्रोह की योजना बनाई गई थी, बड़ा दिन (क्रिसमस) के एक दिन पूर्व अगलगी और तीरों से प्रहार की महामारी-सी बरपा कर दी गई।[29] विद्रोहियों की कार्यवाहियों का क्षेत्र काफी व्यापक था। सिंहभूम जिले के चक्रधरपुर थाने और राँची जिले के खूँटी, कर्रा, तोरपा, तमाड़ और बसिया थानों के अन्तर्गत पूरे क्षेत्र में विद्रोह की आग दहक उठी थी (परिशिष्ट 'ख')। जो विद्रोही विभिन्न स्थानों में भेजे गए थे, उन्होंने क्रिसमस के अवसर पर गीत गाते ईसाइयों की भीड़ और गिरजाघरों में भीड़ पर तीर चलाए। तमाड में ईसाइयों पर हमले की दो घटनाएँ हुईं। बिरसा के पैतृक गाँव उलिहातू में वहाँ के गिरजाघर पर भी तीर चलाए गए। 24 दिसम्बर की शाम को कुछ ईसाई जब अपने घरों से निकल रहे थे, तो उन पर भी तीर चलाए गए। मार्चा का धर्मोपदेशक जान पाहन तीर से बाल-बाल बचा। बसिया में जर्मन ईसाई मिशन पर तीर चलाए गए, पर कोई घायल न हुआ। 24 तारीख की ही शाम

को कज़रा में भी ऐसा ही हुआ। रामटोलिया में एक ईसाई लड़के की जाँघ में तीर लगा। राँची में छेदी मिस्त्री नामक व्यक्ति को जर्मन मिशन के निकट उसकी दुकान के बाहर तीर लगा और वह मर गया। पुलिस सुपरिन्टेन्डेन्ट के निवास के निकट एक यूरोपियन नौकर को तीर लगने से थोड़ी चोट आई।

खूँटी थाने का क्षेत्र इस आंदोलन का केंद्र था। सबसे ज्यादा घटनाएँ वहीं हुईं। ईसाइयों पर हमले की कुछ घटनाएँ हुईं। पर कोई मरा नहीं। कुछ गाँवों में घर जलाए गए। मुरहू ऐंग्लिकन स्कूल भवन पर दो तीर चलाए गए। उस समय वहाँ लस्टी लड़कों द्वारा गाए जानेवाले ईसाई भजन सुन रहे थे। यहाँ स्मरणीय है कि बिरसा को पहली बार गिरफ्तार कराने में लस्टी ने प्रमुख भूमिका अदा की थी। तीर से लस्टी को चोट न लगी। सरवदा ईसाई मिशन में रात 9 बजे के बाद गोदाम में आग लगा दी गई। उसमें गिरजाघर-भवन निर्माण के सामान रखे हुए थे। दो फादर हौफमैन और कारबरी उस समय मिशन के बँगले में ही थे। गोदाम से आग की लपटें ऊँची उठते देख वे लोग बाहर आए। चूँकि उस समय लपटों के कारण चारों ओर तेज रोशनी थी, विद्रोहियों ने इन दोनों पर भी, जिन पर प्रहार की योजना पहले से ही थी, तीर चलाए। कमरे से बाहर आते समय कारबरी पर इस्पात की नोकवाला तीर चलाया गया। उन्हें छाती पर चोट लगी। वे एक मोटा ओवरकोट पहने हुए थे, इसलिए तीर ने केवल छाती की हड्डी का स्पर्श-मात्र किया और उन्हें मामूली-सी चोट लगी। हौफमैन पर दो तीर चलाए गए पर निशाना चूक गया। विद्रोही प्रहार करके अँधेरे की ओर खिसक गए और शायद देख न सके कि फादरों पर उनके प्रहार का क्या असर हुआ। जब फादरों ने शोर मचाया तो मिशन के दूसरे लोग दौड़े-दौड़े आए। चन्दागुटू के प्रचारक ने आकर खबर दी कि किसी बदमाश ने उसके एक जवान संबंधी पर तीर चलाया जो उसके आँगन से होते हुए आकर लगा और उसके गले में चोट लग गई। फिर पादरियों ने बचाव के उपाय किए। उन्होंने अगले दिन गिरजाघर की छत पर एक खेमा गाड़ा और वहाँ लड़कों को रखा, ताकि वे विद्रोहियों के प्रहार से बच सकें। वहाँ पत्थर और ईंट भी इकट्ठे किए गए जिससे उपद्रवी विद्रोहियों के खिलाफ जवाबी कार्यवाही की जा सके।

सिंहभूम के पोरहाट क्षेत्र में तीरों के प्रहार के बजाय अगलगी की ज्यादा घटनाएँ हुईं (परिशिष्ट 'ग')।[30] कुन्द्रूगुटू में 28 जनवरी को जर्मन मिशन का गिरजाघर जला दिया गया। एक और चौकीदार पर बुंडू में हमला किया गया। यह रिपोर्ट भी मिली कि सोनपुर क्षेत्र में एक जर्मन व्यापारी सेसर की हत्या की गई। बिरसा-अनुयायी जोर-जोर से नारे लगाते थे–"हेंडे राम्बरे केचे-केचे, पुंडी राम्बरे केचे-केचे" (काले ईसाइयों और गोरे ईसाइयों के सर काट दो, सर काट दो)। पर कोई ईसाई न मारा गया, यद्यपि कुछ ईसाई, विद्रोहियों के प्रहार से, घायल जरूर

हुए। साथ ही यह भी उल्लेखनीय है कि अब तक जमींदारों या दिकुओं (बाहरी लोगों) पर जान-बूझकर या सुनियोजित रूप से हमले नहीं हुए, बल्कि विद्रोहियों ने उन लोगों की सुरक्षा के लिए एहतियाती उपाय किए।

विद्रोहियों की कार्रवाइयाँ आरम्भ होने के दूसरे ही दिन उस बारे में सूचना राँची पहुँच गई। और फिर एक के बाद एक उपद्रवों की खबरें जल्दी-जल्दी राँची पहुँचने लगीं। उस समय सरकार को लगा कि विद्रोह गंभीर नहीं है। राँची के डिप्टी कमिश्नर एच. सी. स्ट्रीटफील्ड कैप्टन रोसे के साथ 21 दिसम्बर को कुछ सैनिकों को लेकर उपद्रवों के स्थलों के निरीक्षण के लिए रवाना हुए। बंदगाँव में उन्होंने अनेक व्यक्तियों से पूछताछ की। सिंहभूम जिले के मानकियों और अन्य अनेक लोगों के बयान के आधार पर वे लोग इस निष्कर्ष पर पहुँचे कि बिरसा के अनुयायियों का दल बड़ा मजबूत था। फलस्वरूप यह निर्णय लिया गया कि सिंहभूम को ऐसा क्षेत्र बना दिया जाए जहाँ उन लोगों के लिए अपनी कार्रवाइयाँ कर पाना बहुत मुश्किल हो जाए। सिंहभूम जिले के 150 वर्ग मील क्षेत्र, खूँटी और तमाड़ पुलिस थानों के 300 वर्ग मील क्षेत्र तथा राँची जिले के 100 वर्ग मील क्षेत्र में पुलिस की मजबूत टुकड़ियाँ तैनात कर दी गईं। उनको आदेश दिया गया कि वे उक्त क्षेत्रों के गाँवों में पूरी चौकसी के साथ गश्त लगाएँ। उन पर खर्च का भार स्थानीय जनता को उठाना था। इस तरह उन पुलिस टुकड़ियों की उपस्थिति का कष्टकर अहसास स्थानीय जनता को कराना था, ताकि वे बिरसा के आंदोलन का समर्थन न करें। बंदगाँव सिंहभूम और राँची जिलों की सीमा पर अवस्थित है। उसे बिरसा के खिलाफ सरकारी कार्रवाइयों का नियंत्रण-केंद्र बनाया गया। दुमका और चिनसुरा में स्थित फौजी कम्पनियों से मिलटरी पुलिस के एक सौ जवान भी वहाँ भेज दिए गए।

फिर शुरू हुईं बिरसा की गिरफ्तारी की कोशिशें। पोरहाट के जंगलों और खासकर जीम्कोपाई, रोगतो और संकरा गाँवों में 4 से 6 जनवरी 1900 तक खोज-बीन की गई। खोज करनेवाला पुलिस-दल 4 जनवरी की रात को रिजर्व जंगल से होते हुए, नालों के किनारे-किनारे, एक सँकरी पगडंडी पर तीन मील तक भटकते हुए दूसरे दिन 4 बजे शाम को जोम्कोपाई पहुँचा। फिर जब उन्होंने दो मील भटकते हुए आगे का रास्ता तय किया तो फिर मार्गदर्शक ने उन्हें एकाएक बताया कि वह सँकरा रास्ता जाने के लिए ठीक नहीं है। उसने यह भी कहा कि उसे खुद रास्ते का पता नहीं है। सच पूछा जाए तो पुलिस दल को जान-बूझकर, बिरसा-अनुयायियों के खौफ के चलते, गलत रास्ते पर ले जाया गया था। पुलिसवालों को सभी मकान खाली मिले। सिर्फ एक व्यक्ति के, जो बिरसा-समर्थक न था, मकान में लोग मिले। जो मकान खाली थे उनमें से औरतों और बच्चों को छोड़कर सभी लोग भाग गए थे। इसमें शक की गुंजाइश न थी कि पुलिस की

खोज-पार्टी आने की खबर उस क्षेत्र के लोगों को पहले ही मिल चुकी थी। ऐसा या तो मार्गदर्शकों ने किया होगा या घटना के अन्य जानकारों अथवा बिरसा की ओर से चौकसी करने वालों ने। इस अनुभव से सिद्ध हो गया कि किसी बड़ी पुलिस-पार्टी द्वारा बिरसा को धोखे से पकड़ सकना असंभव है। जाहिर था कि ऐसी पार्टी के चलने से काफी आवाज़ होतीं और वह मशाल-वशाल के साथ चलती। इससे बिरसा की ओर से चौकसी रखनेवाले, भले ही मीलों दूर हों, सावधान हो जाते थे। रोगतो में थानेदार को मंगली मुण्डा के घर के बाहर एक घोड़ा मिला, जो संभवतः बिरसा का था। यही नहीं, घर में एक कमरे में तीन चारपाइयाँ ऐसी स्थिति में थीं जिनको देखने से लगता था कि बिरसा वहाँ सोए थे।

24 दिसम्बर, 1899 की घटनाओं को भले ही मुण्डाओं की बगावत या विद्रोह न माना जाए, पर उसकी लहर दूर-दूर तक फैल गई। ये घटनाएँ, निस्संदेह, सही अर्थों में विद्रोह की प्रारंभिक चिनगारियाँ थीं।

द्वितीय चरण : विद्रोह जन-जन तक पहुँचा

उधर राँची के डिप्टी कमिश्नर के आदमी बिरसा की खोज में पोरहाट के जंगलों की खाक छान रहे थे और इधर खूँटी क्षेत्र में बिरसा के अनुयायियों ने आम बगावत की तैयारियाँ शुरू कर दीं। 26 दिसम्बर, 1899 से 5 जनवरी, 1900 तक अपेक्षाकृत शांति का जो समय था, वह दरअसल उतना शांत न था जितना बाहर से दीख पड़ता था। विद्रोह के प्रथम चरण के सिलसिले में अगलगी और तीरों से प्रहार की महामारी ने अपना उद्देश्य प्रायः हासिल कर लिया था। अनेक ईसाई मुण्डा उससे बुरी तरह आतंकित हो गए थे और अब विद्रोहियों से सहयोग के लिए तैयार हो गए थे। क्रिसमस पर्व के दो दिनों बाद बिरसा के अनुयायियों ने कहना शुरू किया कि अब वे मुण्डाओं को नुकसान न पहुँचाएँगे, बल्कि सरकार से लड़ना चाहते हैं। उनकी इस घोषणा में हिन्दुओं से ज्यादा सरकार के साथ संघर्ष पर जोर दिया जाता था। साथ ही उन लोगों ने ग्राम-निवासियों से जोरदार अनुरोध किया कि वे लोग उनका साथ दें। बिरसा-अनुयायी बराबर से और अब भी ईसाइयों से बैर-भाव रखते थे। अब बिरसा की ओर से घोषणा की गई कि उसके सच्चे दुश्मन साहब लोग और सरकार है। साथ ही घोषणा में यह भी कहा गया था कि किसी मुण्डा को नुकसान न पहुँचाया जाएगा, चाहे वह ईसाई हो या नहीं। बिरसा-आंदोलन के कार्यकर्ताओं ने इसके अनुसार तुरन्त अपनी कार्य-पद्धति बदली।

इस प्रकार विद्रोह की रणनीति बदल गई। अब गिरजाघरों और ईसाइयों पर हमले बंद कर दिए गए और अधिकारियों के साथ सीधी टक्कर शुरू हुई। अब आंदोलन पूरी तरह राजनीतिक हो गया। उसका धार्मिक रूप फीका पड़ गया।

आंदोलन के क्षेत्र की सीमा पर पड़नेवाले बुरजू मिशन के प्रभारी फादर पुशिंग ने अपनी रिपोर्ट में कहा–

> "अब मुंडा लोग जंगलों में इकट्ठा हो रहे हैं और उनका इरादा ऐसा मालूम पड़ रहा है कि वे एकजुट होकर सामूहिक विद्रोह करेंगे और पुलिस और सेना से जमकर टक्कर लेंगे।"[31]

ऐसी भी खबर मिली कि बुरजू के पास विद्रोहियों ने 6 जनवरी को जंगलों में काटे जानेवाले शहतीरों के एक ठेकेदार जसी और उसके नौकर की हत्या कर डाली है (?)।

ऐटकेडीह में डिप्टी कमिश्नर पर प्रहार किया गया और खूँटी पर भी हमला किया गया। इस सब से राँची में खलबली और भय की व्यापक भावना फैल गई। यह सब आंदोलन की नई रणनीति के व्यापक उद्देश्यों के अनुकूल था। जिऊरी में बिरसा-अनुयायियों की बैठक हुई जिसमें आंदोलन के भावी कार्यक्रम पर विचार-विमर्श किया गया। विद्रोहियों की अगली बैठक ऐटकेडीह में गया मुण्डा के घर पर करने का निर्णय किया गया। फिर ये लोग दनाली की ओर बढ़े, जहाँ के जमींदार को काट डालने की योजना थी। पर वह नहीं मिला। किसी दिकू (बाहरी आदमी) पर प्रहार की कोशिश का यह एकमात्र मामला था।

ऐटकेडीह की घटना : 5 जनवरी

खूँटी के दक्षिण और पूर्व में तीरों की महामारी और अगलगी की अनेक घटनाएँ हुई थीं। इन्हीं में से एक सैको की घटना भी थी। खूँटी का प्रधान कांस्टेबुल उसके बारे में जाँच के लिए 4 जनवरी को सैको पहुँचा। संभवतः उसका इरादा ऐटकेडीह के, जो सैको के दक्षिण में पड़ता है, गया मुंडा को गिरफ्तार भी करना था। गया मुंडा एक सरदार था और बिरसा का अनुयायी। अगली सुबह दो कांस्टेबुल और तीन चौकीदार गाँव में भेजे गए। इस बीच जिउरी में हुई उपरोक्त बैठक के निर्णय के अनुसार 5 जनवरी को गया मुंडा के घर पर विद्रोहियों की बैठक हुई, जिसमें चालीस या साठ आदमी शामिल हुए। इनमें गोपी और उसका लड़का, सनीका, पाकू और उसका लड़का दूबा आदि थे। बैठक के बाद वे लोग गाँव के पूरब में तजना नदी के किनारे पहुँचे। उनमें से प्रायः सबके पास बुल्वा (कुल्हाड़ी), धनुष-तीर और तलवारें थीं। इस दल में करीब अस्सी विद्रोही थे। पुलिस के आने की खबर उन्हें शायद पहले से मिल गई थी और वे उनसे भिड़ने के लिए तैयार होकर गए थे। उनमें से कुछ नदी के तल में पड़ी एक बड़ी चट्टान पर बैठ गए। कुछ अन्य नहाने-धोने और पानी में अपने हथियार साफ करने लगे। उधर ऐटकेडीह में पहुँचे पुलिसवालों को गाँव की महिलाओं से खबर मिली कि

विद्रोहियों का दल नदी की ओर रवाना हो चुका है। कांस्टेबुल भी उसी ओर चले। ज्यों ही वे सूखी नदी के तल में उतरे, उन्हें देख गया मुंडा चिल्लाया–''सांभर हिरण आ गए हैं, उनको मार गिराओ।'' एक कांस्टेबुल और उसके पीछे-पीछे एक चौकीदार ने नदी पार की और दोनों पूरब की ओर भाग निकले। दूसरा कांस्टेबुल जयराम और दो चौकीदार भागकर पास के एक जंगल में छिप गए। बिरसा के अनुयायियों ने उन सबका पीछा किया। गया के लड़के सानरे ने जयराम पर तीर चलाया जो उसके एक तरफ लगा। चौकीदार पूरब की ओर भागा और बच गया। जयराम नदी के पास धान के एक खेत में गिर गया। अन्य लोगों के साथ गया मुंडा ने भी उसका पीछा किया और सबसे पहले उसने ही उसे पकड़ा और उस पर अपनी कुल्हाड़ी दे मारी। गया मुंडा के लड़के ने भी प्रहार किया। अन्य जो विद्रोही वहाँ पहुँचे, उन्होंने भी उसे मारा। फलतः उस कांस्टेबुल की मृत्यु हो गई। यह खबर मिलते ही प्रधान कांस्टेबुल करीब दोपहर के समय घटना-स्थल पर पहुँचा और जल्दी-जल्दी में उसकी लाश वहाँ से ले गया। उसने ऐकटेडीह के निकट बहुत-से हथियारबन्द लोगों को देखा, जो पुलिस के बचाव-दल की कार्रवाइयाँ देख रहे थे। मृत कांस्टेबुल को पहले सैको ले आया गया और फिर लाश को एक चक्करदार रास्ते से राँची ले जाया गया। ऐसा इसलिए किया गया कि खूँटी जानेवाले सीधे रास्ते पर विद्रोहियों के प्रहार से जो दूसरा कांस्टेबुल बुंडू मारा गया था उसकी लाश तुरत नहीं मिल सकी। बाद में जंगल में एक खोपड़ी मिली जो संभवतः उसकी ही थी। खोपड़ी पर काटने के दो निशान थे। लाल कपड़े के कुछ टुकड़े और कुछ संदूक भी मिले।

जब गया मुंडा कें नेतृत्व में विद्रोही-दल घर वापस लौटा तो महिलाएँ उत्साहपूर्वक उनकी अगवानी करने आईं। उन्होंने उन सब के पाँव पखारे। उस उत्साह के वातावरण में पुरुषों ने शिकार-गीत गाए।

डिप्टी कमिश्नर से मुठभेड़ : 6 जनवरी

राँची के डिप्टी कमिश्नर, जो बंदगाँव में इस विद्रोह के दरम्यान ठहरे हुए थे, यह भयावनी खबर पाकर जल्दी से 6 जनवरी को ऐटकेडीह पहुँचे। 11 बजे दिन को वह गया मुंडा के घर आए। बरामदे में कोई आदमी न था। जिन बर्तनों में चावल पक रहा था, उनको आग पर से उतार लिया गया था। पुलिस ने मुंडारी में आवाज़ देकर घर में से किसी को आने को कहा। पर भीतर से कोई जवाब न आगा। एक कांस्टेबुल ने घर में घुसने की कोशिश की, पर थोड़ी ही देर में वह घर से ''बचाओ, बचाओ'' कहते हुए बाहर निकल आया। कमरे के भीतर जो आठ या नौ औरतें और बच्चे थे, वे भी मदद के लिए चिल्ला पड़े। डिप्टी कमिश्नर ने परिवार के सशस्त्र लोगों को आत्म-समर्पण का आदेश दिया और कहा कि वे अपने

हथियार रख दें। गया मुंडा ने जवाब दिया कि घर उसका है और डिप्टी कमिश्नर को उसके भीतर घुसने का कोई अधिकार नहीं है। उसके बाद क्या हुआ, उस बारे में डिप्टी कमिश्नर ने सम्पूर्ण और यथातथ्य विवरण इस प्रकार दिया है—

"मैंने, जहाँ तक भी मुझसे संभव था, उन लोगों को समझाने की कोशिश की। मैं घर के दरवाजे के बिल्कुल पास चला गया और उन्हें अपना परिचय दिया। पर फल कुछ भी न हुआ। इधर दरोगा इल्ताफ हुसैन घर की बाहरी दीवार के पास खड़ा घरवालों को समझा रहा था। तभी एकाएक उसकी ओर लक्ष्य करके एक भारी कुल्हाड़ी फेंकी गई जो उसके माथे पर लगी। पर कुल्हाड़ी दारोगा की पगड़ी में लगी थी, जिससे उसका वेग कुछ कम हो गया। अगर ऐसा न होता तो दारोगा वहीं ढेर हो जाता। पर फिर भी वह चोट खाकर बरामदे में गिर पड़ा। उसे चोट मामूली लगी थी। मैं इसके लिए चिन्तित था कि किसी तरह की खून-खराबी न हो। घर के भीतर के लोगों को मैंने अपनी पिस्तौल दिखाई। छत की धरन को लक्ष्य कर मैंने एक गोली भी चलाई। इस पर वे लोग डर गए और बोले कि मैं शायद उन लोगों पर गोली दागना चाहता हूँ। पर उनमें से कोई घर से नहीं निकला। उन लोगों ने यह भी कहा कि अगर मैं घर में घुसा तो मुझे मार डाला जाएगा। इस पर मैंने गया की बाँह पर गोली मारी। ऐसा मैंने इसलिए किया कि यदि उसने घायल हो जाने पर तलवार जमीन पर डाल दी तो फिर और गड़बड़ी न होगी। पर निशाना चूक गया और गोली उसकी बाँह में न लग सकी। उसके बाद मैंने गोली न चलाई। मुझे डर था कि कहीं अँधेरे में उन लोगों के पीछे खड़ी औरतों और बच्चों में से किसी को गोली न लग जाए। घर में बिना खून-खराबी के घुस पाना असंभव था। और यदि पुलिस अपनी संगीनें इस्तेमाल करती तो हो सकता था कि वे लोग संगीनें छीन लेते। संगीनें छिन जाने पर पुलिसवालों के काट डाले जाने का डर था। मैंने गया मुंडा को दुबारा चेतावनी दी कि यदि वह बाहर न आया तो मैं उसका घर फूँक दूँगा और जब वे आग से बचने के लिए बाहर आएँगे तो उन सबको गिरफ्तार कर लूँगा। अंत में मैंने उन्हें दियासलाई की डिब्बी भी दिखाई, ताकि वे समझें कि घर फूँक डालने का मेरा इरादा सिर्फ भय की बात-भर नहीं है। पर इस सब का उस पर कोई असर न पड़ा। घर की औरतें सहायता के लिए चिल्ला रही थीं और यह खबर भी मिली कि पास ही करीब 100 सशस्त्र बिरसा-अनुयायी

तैयार खड़े हैं। मैंने सोचा कि यदि वे लोग भी गया मुंडा और उसके घर की वीर औरतों की भाँति ही जिद्दी और उसी तरह पागल-जैसे हुए तो निश्चय ही हम लोगों का सफाया कर दिया जाएगा। इसलिए जाहिर था कि मैं और इंतजार न कर सकता था। मैंने दियासलाई खोली और घर में पीछे से आग लगा दी। एक दियासलाई की डिब्बी गया मुंडा के पास फेंक दी गई और दूसरी को जलाकर उसे यह समझाने की कोशिश की कि हम लोगों का क्या इरादा है। पर फिर भी वह टस-से-मस न हुआ। जब घर में आग लगाई गई तो उस समय चल रही तेज हवा के कारण छत तेजी से जल उठी। फलतः घर के लोग तुरंत बाहर आ गए। (परिवार के सशस्त्र सदस्य बाहर आए। गया मुंडा नंगी तलवार लिए हुए था। उसकी औरत माकी के हाथ में लंबी लाठी थी। छोटा लड़का बुल्वा (कुल्हाड़ी) के साथ था। 14 साल का पोता रामू धनुष और दो तीर लिए हुए था। दो पुत्र-वधुओं में से एक डौली और दूसरी टाँगी के साथ थी। तीन पुत्रियों थीगी, नागी और लेम्बू के हाथों में क्रमशः लाठी, तलवार और टाँगी थी। गया मुंडा नाच रहा था और तलवार भाँज रहा था। वे सब अपने-अपने हथियार लिए हुए थे और हम लोगों को उनके निकट न आने के लिए चेतावनी देते जाते थे)। हम लोग उस समय उन्हें गिरफ्तार करने के लिए बढ़ सकते थे, पर मैंने सोचा कि इससे फायदे के बजाय नुकसान ही हो सकता है। भले ही उससे हमारी जिंदगी खतरे में न पड़ती पर संभव था कि पुलिस की संगीनों से उनमें से कुछ औरतों की मृत्यु हो जाती। अपने इस विचार के अनुसार मैंने अपनी पिस्तौल से, जो छोटी (360 बोर की) थी, गया की दाहिनी बाँह और कंधे को लक्ष्य कर दो गोलियाँ दागीं। मुझे उम्मीद थी कि यदि गोली की चोट से वह अपंग हो गया तो औरतें स्वतः समर्पण कर देंगी। दूसरी गोली उसके दाहिने कंधे में लग गई। पर उससे वह सिर्फ थोड़ी देर के लिए लड़खड़ाया और फिर तलवार लेकर सामने आ गया। मैंने पिस्तौल से आखिरी गोली छोड़ी जिसके बारे में स्वीकार करता हूँ कि वह उसे मार डालने के लिए छोड़ी गई थी। तब मैंने पिस्तौल छोड़ दी और उससे भिड़ गया। मुझे बतलाया गया कि उसने मेरे बाएँ कंधे पर तलवार से वार किया। पर मुझे एक खरोंच-भर आई। हम लोग एक-दूसरे से गँथे हुए जमीन पर आ गए और लड़ते और लुढ़कते हुए मकान के सामने के बरामदे के कोने में चले गए। इस गुत्थम-गुत्थी में मैं उसके ऊपर था और उसकी

कलाई कसकर पकड़े हुए था। जब हम दोनों इस स्थिति में थे तो पीछे से कोई औरत मुझ पर किसी चीज से प्रहार कर रही थी। (उसके धक्के से सुनहली कलईवाला धूप से बचने का गया मुंडा का हैट उसके सर से गिर गया) पहले मैंने सोचा कि मुझे कुल्हाड़ी से मारा जा रहा है (जिसे गया मुंडा की पत्नी माकी ने छोटे लड़के के हाथ से छीन लिया था और जिससे डिप्टी कमिश्नर को काट डालना चाहती थी)। मुझे आश्चर्य हो रहा था कि अगर मुझे कुल्हाड़ी से मारा जा रहा है तो इसका परिणाम भयानक क्यों नहीं हो रहा। पर पुलिस दारोगा इल्ताफ हुसैन ने मुझे बाद में बताया कि जब मैं गया मुंडा से गुँथा हुआ था तो उसकी पत्नी मुझे लाठी से मार रही थी। वह बहुत भयानक औरत थी, बिल्कुल डायन जैसी। इसी बूढ़ी खतरनाक औरत ने पुलिस-दारोगा को कुल्हाड़ी फेंककर मारी थी। अंत में जब घर में आग की लपटें हम दोनों के समीप पहुँचने लगीं तो पुलिस ने मुझे और गया को, जो अभी तक गुँथे हुए लड़ ही रहे थे, उठा लिया। वे हमें घर के बरामदे के बाहर ले गए। उस समय भी उससे दूर हर औरत ने अपने-अपने हथियार छीने जाने के पूर्व जमकर लड़ाई लड़ी। पर हम लोगों ने जल्द ही उन सब को गिरफ्तार कर लिया। हममें से किसी को छोटे-मोटे घावों और खरोंचों के अलावा कोई गंभीर चोट न आई। केवल प्रधान कांस्टेबुल मैरिया उराँव की उँगलियाँ बुरी तर कट गई थीं। जब गया मुंडा मुझसे लड़ रहा था तो उसने उसके हाथ से तलवार खींच लेने की कोशिश की थी। जहाँ तक गिरफ्तार लोगों का संबंध था, गया के कंधे में गोली लगी थी, उसकी पत्नी के सर में मामूली-सा कटने का घाव था और एक लड़के की एक बाँह भी थोड़ी कट गई थी। बाकी में से किसी को कोई चोट न लगी थी। यहाँ यह भी बतला देना जरूरी है कि लड़नेवाली औरतों में से कम-से-कम दो अपने बाएँ हाथ में अपने छोटे बच्चे लिए हुए थीं और दाहिने से कुल्हाड़ी भाँज रही थीं।"[32]

स्ट्रीटफील्ड ने बाद में कहा कि उनके द्वारा उन स्थितियों में पिस्तौल का उपयोग उचित था। साथ ही उन्होंने जो कदम उठाए वे समझ-बूझकर इस हिसाब से उठाए गए थे कि काम भी चल जाए और खून-खराबी का भी कम-से-कम खतरा रहे। उन्होंने इल्ताफ हुसैन (दारोगा) की भी प्रशंसा की, जिसने उत्तेजक परिस्थितियों में भी आश्चर्यजनक रूप से अपने गुस्से को काबू में रखा और घटनाओं का मुकाबला पूरी शांति और साहस के साथ किया। साथ ही स्ट्रीटफील्ड

ने प्रधान कांस्टेबुल मैरिया उराँव और अपने अन्य आदमियों की भी तारीफ की, जिन्होंने इस घटना के दरम्यान प्रशंसनीय धैर्य प्रदर्शित किया था। उन लोगों ने शोर-गुल मचाती उन झगड़ालू औरतों पर अपनी तनी हुई संगीनों से प्रहार न किया, यद्यपि वे उन लोगों पर तलवारें और कुल्हाड़ियाँ चला रही थीं। लेफ्टिनेंट गवर्नर ने भी स्थिति की गंभीरता में डिप्टी कमिश्नर द्वारा पिस्तौल के उपयोग को उचित ठहराया।

इस घटना से यह पूरी तरह स्पष्ट हो गया कि यह विद्रोह विदेशियों के प्रति आत्मसमर्पण न करने की हठ और उनके प्रति तीव्र घृणा की भावना से प्रेरित था। गया मुंडा ने जिस हिम्मत और अदम्य निर्भीकता से संघर्ष किया, वह अपने में एक रहस्योद्‌घाटक और आश्चर्यजनक-सी घटना थी। और इस घटना में उससे भी ज्यादा महत्त्वपूर्ण औरतों की भूमिका थी, जिसने आंदोलन के नए मोड़ का संकेत दिया। ऐसी रिपोर्ट भी मिली कि आस-पास के क्षेत्रों में 200 सशस्त्र मुंडा युवक तैयार थे जो यदि इसी तरह गुस्से में आ गए तो किसी भी मिशन-केंद्र पर हमला बोल सकते थे।

पर डिप्टी कमिश्नर स्ट्रीटफील्ड ने पुनः बिरसा के कार्यकलाप की सही दिशा समझने में गलती की। विद्रोह के आक्रमण के लक्ष्य अब मिशन नहीं रह गए थे। उक्त घटना के दूसरे ही दिन वे खूँटी पर धावा बोलने की तैयारियाँ कर रहे थे।

6 जनवरी की रात को बोरतोडीह में विद्रोहियों की बैठक हुई। यह जगह उनके इकट्‌ठा होने का केंद्र-स्थल थी। बैठक के बाद विद्रोही करीब दस बजे दिन को खूँटी के लिए रवाना हुए। यह विद्रोह की जनप्रियता का द्योतक था कि आस-पास के गाँवों के लोग भी उनके साथ होकर धावे के लिए चल पड़े। वह दृश्य बड़ा ही आकर्षक और रंगारंगपूर्ण था। तमाड़ और हासदा के बंधुगण धनुष तीर लिए हुए थे। कुछ के पास ढालें और तलवारें थीं जो सूरज की धूप में चमचमा रही थीं। उन्होंने शरीर पर धूल मल रखी थी। वे हाथों में चँवर लिए उनको डोलाते जा रहे थे। उन्होंने सर पर पगड़ियाँ बाँध रखी थीं और बगले के पंख की तरह खूब सफेद धोती पहने हुए थे। नाचते, उछलते-कूदते और अपनी तलवारें भाँजते हुए, अजीब मस्ती में, वे खूँटी पहुँचे। मुण्डा क्षेत्र के केंद्र में खूँटी थाना सरकार के आधिपत्य का प्रतीक था। इसलिए उन्होंने जोर से आवाज दी, ''खूँटी में रहर की फसल पक गई है, आओ इसे काटें।'' विद्रोही हुटुबबाग, पासा और गौरमारा पहाड़ी से गुजरे जो खूँटी के उत्तर-पूर्व आधा मील पर है। वे पहाड़ी के निकट थोड़ी देर रुके और खूँटी थाने की ओर तेजी से बढ़े।

पुलिस थाने में उस समय सिर्फ पाँच कांस्टेबुल थे, जिनके पास दो राइफलें और कुछ छर्रे थे। उनमें से दो कांस्टेबुल राँची के थाने के लोगों की तनख्वाह लेकर आए थे। थानेदार और प्रधान कांस्टेबुल उस क्षेत्र में हुए अगलगी और तीरों से

प्रहार की घटनाओं की जाँच के लिए गए हुए थे। साक्षर सिपाही (राइटर कांस्टेबुल) को सूचना दी गई कि तीन या चार सौ आदमियों की एक बड़ी भीड़ थाने की ओर बढ़ी चली आ रही है। वे लोग सब तरह के हथियारों से, जो सूरज की रोशनी में चमाचमा रहे थे, लैस थे। उसने एक कांस्टेबुल और चौकीदार को गाँववालों से मदद माँगने के लिए भेजा पर वे दोनों जो गए तो फिर लौटकर नहीं आए। देखा गया कि आगे बढ़ती हुई भीड़ थाने से करीब आधा मील दूर पिपराटोली में एक कब्र के किनारे रुकी और दक्षिण की ओर सड़क से थाने के तरफ बढ़ने लगी। और अंत में वे लोग चिल्लाते-चीखते और नारे लगाते हुए थाने तक पहुँच ही गए। इस तरह वे एक प्रकार का युद्ध-नाद कर रहे थे, जिसे स्थानीय बोली में 'कुलकुली' कहते हैं। वे थाने की इमारत पर, कांस्टेबुलों पर अपनी-अपनी गुलेल से पत्थर फेंक रहे थे और तीर चला रहे थे। जब साक्षर सिपाही ने उन्हें मना किया, तो उन्होंने तेज आवाज में जवाब दिया–"लाल पगड़ीवालों और कम्पनी को पीटो और काट डालो।" पहरे पर के चार कांस्टेबुलों ने, जहाँ तक उनसे संभव हो सकता था, अपनी रक्षा की कोशिश की। उन्होंने आगे बढ़ती भीड़ पर दो राउण्ड गोली चलाई। पर गोली किसी को भी न लगी। विद्रोहियों की भीड़ को इस कारण बिरसा की यह भविष्यवाणी सच होती लगी कि उन पर चलाई जानेवाली गोलियाँ पानी में परिणत हो जाएँगी। इससे उनकी हिम्मत और बढ़ गई और उन्होंने पुलिस पर हमला बोल दिया। सभी कांस्टेबुल और सईस अपनी जान बचाने के लिए भाग निकले। उनमें रघुनी राम भी था जो पश्चिम की ओर, दुकानों के बीच से गुजरनेवाली सड़क से, भागा था। विद्रोहियों ने उसका पीछा किया और जब वह एक दीवार फाँदने की कोशिश कर रहा था, उसे नीचे खींच लिया गया। और तब उस पर बहुत बुरी तरह प्रहार किया गया। उस जगह ही उसका सर पीट-पीटकर भुर्ता बना दिया गया और निर्दयता के साथ कुल्हाड़े से उसकी बोटी-बोटी काट डाली गई। करीब-करीब ऐसा लगा, मानो उसे ओखली में कूट-पीस डाला गया हो। डोंका और माझिया मुण्डा ने उस पर सबसे ज्यादा घातक प्रहार किए थे। फिर वे लोग गरजते हुए बोले–"हम जीत गए। अपना झंडा गाड़ दो।" वे नाचने लगे और उसी खुशी में थाने के अहाते में शौच-गृह के रूप में प्रयोग किए जानेवाले एक छप्परदार शेड में आग लगा दी और स्थानीय बनियों की तीन झोंपड़ियों को जला डाला, पर वास्तव में केवल एक व्यक्ति सीताराम का घर ही जलाया गया था। वहाँ से जाते समय उन लोगों ने बँगले के डाक ढोनेवाले दो घोड़ों को खोलकर छोड़ दिया और उनकी जीन के कुछ हिस्से को काटकर फेंक दिया। वे लोग महुआटोली की ओर से लौट गए, जहाँ से कि आए थे। बिरसा उस दल में न था। यह उल्लेखनीय बात है कि उस दिन थाने में जो रुपया था, उसे उन्होंने छुआ तक नहीं।

खूँटी में चारों ओर दहशत फैल गई। औरत, मर्द और बच्चे दौड़े-दौड़े खूँटी के जमींदार बड़ाइक साहब के पास पहुँचे। विद्रोहियों के पुनः किसी भी क्षण हमले की आशंका थी, इसलिए जवान आदमियों को पहरे पर तैनात कर दिया गया। 4 बजे शाम को खबर मिली कि लरका लोग वापस चले गए हैं। भयग्रस्त परिवारों के लोग जमींदारों के यहाँ से अपने-अपने घरों को लौट गए। लरका लोगों ने स्थानीय निवासियों की संपति को भी छुआ तक नहीं था। खूँटी थाने से कुछ नीचे पड़नेवाले खेतों के उस पार कुछ सौ कदमों पर रोमन कैथोलिक मिशन का भवन था। वहाँ खतरे के पहले संकेत का आभास मिलते ही एक अजीब दहशत फैल गई। सभी तरफ से भयग्रस्त ईसाई तेजी से वहाँ पहुँचने लगे और भवन चारों ओर से घेर लिया। कुछ ही क्षणों में पूरा बँगला लोगों से भर गया। कुछ लोग तो रेवरेंड बैंडेल की छत पर चढ़ गए। जहाँ तक बैंडेल से हो सकता था, उन्होंने उन लोगों को धीरज बँधाने की कोशिश की। विद्रोहियों ने स्थानीय रोमन कैथोलिक मिशन पर हमला न किया। इसका कारण यह न था कि उन्हें ऐसा करने से किसी दैवी शक्ति ने आश्चर्यजनक ढंग से रोका, बल्कि उन्होंने ऐसा अपनी नई रणनीति की वजह से किया था। उनके द्वारा एक बनिये का फूस का घर जलाया जाना भी कोई हल्की-फुल्की घटना न थी। और न ही ऐसी बात थी कि 6ठी बंगाल इन्फैन्टरी रेजिमेन्ट के लोगों के घटना-स्थल पर पहुँच जाने की वजह से वे लोग वहाँ से गए। ये फौजी लोग बंदगाँव स्थित सैन्य टुकड़ी को रसद पहुँचानेवालों के साथ उनकी रक्षा के लिए आए। दरअसल फौज के ये लोग वहाँ उस समय पहुँचे जब विद्रोही लोग वहाँ से जा चुके थे। खूँटी पर हमला अधिकारियों के साथ विद्रोहियों की पहली बड़ी सीधी टक्कर थी। इससे यह बात निर्विवाद रूप से सिद्ध हो गई कि खूँटी और बंदगाँव के बीच मुण्डाओं का एक जन-विद्रोह उभर रहा है। साथ ही यह भी सिद्ध हो गया कि कोलों के विद्रोह का जनाधार और व्यापक हो गया है।

राँची में आतंक

एक बढ़ई पर घातक आक्रमण और उस तरह की अन्य घटनाओं से राँची में व्यापक भय फैल गया था। इस तरह की अफवाहों का बाजार भी गर्म था कि विद्रोही 8 जनवरी को राँची पर हमला बोलनेवाले हैं। नगर तक पहुँचनेवाली सड़कों पर स्वयंसेवक, पुलिस कांस्टेबुल और अफसर तैनात कर दिए गए। वे बंदूकों से लैस रात-दिन पहरा देते थे। खूँटी थाना पर हमले की खबर मिलने पर चार सौ सिपाही राँची नगर की रक्षा के लिए बुलाए गए। अन्य जगहों से भी फौजें आईं। छोटा नागपुर से कलकत्ता मिलनेवाली निजी चिट्ठियों में कहा गया था कि मुण्डाओं के विद्रोह के अतिरंजित समाचारों ने हिंदुओं के बीच दहशत फैला दी थी। लोग अँधेरा हो जाने के बाद घरों से बाहर नहीं निकलते थे। उन्हें डर रहता

था कि मुण्डा लोग रास्ते में झाड़ियों के पीछे होंगे और राह चलतों पर जहरीले तीर चला देंगे। बचाव के इन उपायों का परिणाम यह हुआ कि चूँकि हर बँगले पर हर रात पुलिस पहरेदार तैनात कर दिए गए; राँची में 16 जनवरी से तीरों के प्रहार की घटनाएँ बंद हो गईं। पुरुलिया और झरिया के अनेक स्वयंसेवकों ने प्रस्ताव किया कि अगर जरूरत हो तो वे भी राँची की रक्षा के लिए आने को तैयार हैं। स्वयंसेवकों ने राँची में गश्त लगाना जारी रखा। डोरण्डा छावनी पर 6वीं जाट पल्टन के उड़नदस्ते पहरा दे रहे थे। पर राँची पर खतरा नहीं आया।

आंदोलन का तीसरा चरण : विद्रोहियों पर कार्रवाई

7 जनवरी की आधी रात के तुरंत बाद पुलिस अधीक्षक खूँटी के कांस्टेबुल के साथ राँची के कमिश्नर ए. फौरवेस से मिले और उन्हें पुलिस थाने पर आक्रमण की खबर बतलाई। मिशनरी प्रधान डॉ. ए. नौट्रौट ने भी कमिश्नर को मुण्डा विद्रोह के बारे में बताया था। कमिश्नर ने उनको आश्वासन दिया था कि उनकी, और विक्षुब्ध क्षेत्र के आस-पास पड़नेवाले मिशन--भवनों और वहाँ रहनेवालों की रक्षा की जाएगी। खूँटी से मिलनेवाली इन खबरों से नौट्रौट की आशंकाओं की पुष्टि ही हुई।

डोरण्डा स्थित सेना के कमान पदाधिकारी (आफिसर कमांडिंग) को आदेश मिला कि वे 150 राइफल (6ठी जाट टुकड़ी) के साथ खूँटी रवाना हों। उधर कमिश्नर भी 8 जनवरी की सुबह को खूँटी चल पड़े। कमान-पदाधिकारी कर्नल वेस्टमोरलैंड रास्ते में उनके साथ हो लिए। खूँटी पहुँचने पर उन्होंने कथित घटना की सरसरी तौर पर जाँच की । वे इस निष्कर्ष पर पहुँचे कि कांस्टेबुलों द्वारा उस बारे में दी गई खबर बिल्कुल सही थी। हुक्म दिया गया कि पुलिस-दारोगा रामवृक्ष सिंह दस सिपाहियों के साथ विद्रोहियों का पता लगाने के लिए जाएँ। कमिश्नर कर्नल वेस्टेमोरलैंड के साथ बुरजू रवाना हुए। वहाँ डिप्टी कमिश्नर बिरसा-अनुयायियों की बैठक की खबर पाकर पहले पहुँच चुके थे। इस बैठक के बारे में डॉ. नौट्रौट को पहले ही रिपोर्ट दी गई थी। राँची रिजर्व पुलिस को सैको भेजा गया जो बुरजू से 6 मील पर है। संभवतः सैको होते हुए ही विद्रोही वापस जाते थे। इसके बाद कमिश्नर बंदगाँव गए जहाँ उन्हें सिंहभूम के डिप्टी कमिश्नर थौमसन से बिरसा-विद्रोहियों को पकड़ने के उपायों में ही गिरफ्तार करने की योजना बनाई गई। उनके गाँव मुख्यतः बंदगाँव, बारिंग, कुंदूगुटू, लागरा, सांगरा, गिरगा और डोरका थे। आठ पुलिस टुकड़ियाँ, जिनमें से हर एक में करीब आठ से दस आदमी थे, इनमें से हर गाँव में एक-एक हफ्ते के लिए रखी गईं, ताकि बारी-बारी से बिरसा-अनुयायियों के प्रमुख गाँवों में कार्रवाई की जा सके। बाकी कांस्टेबुलों का एक-एक चलन्त दस्ता बनाया गया जिसके प्रधान पुलिस टुकड़ी के दस्तों का

बारी-बारी से निरीक्षण करते थे, उन्हें प्राप्त सूचनाएँ देते थे, बंदी बनाए गए विद्रोहियों को भेजते थे और हथियार जब्त करते थे।

राँची के डिप्टी कमिश्नर स्ट्रीटफील्ड और कैप्टन रोसे 4 या साढ़े 4 बजे सैको के लिए रवाना हुए। उनके साथ रिजर्व पुलिस और 6ठी जाट सैन्य टुकड़ी के चालीस आदमी थे। उन्हें निश्चित खबर मिली थी, जिससे उनके इस संदेह की पुष्टि हुई थी कि विद्रोही लोगों के जाने या लौटने का रास्ता कौन-सा है।

संभवतः विद्रोहियों ने उस शाम सैको पर हमला करने की योजना बनाई थी। स्ट्रीटफील्ड अपने दल के साथ वहाँ 7 बजे शाम को पहुँचे। उस रात कोई घटना नहीं घटी।

सईल रकब का रक्तपात : 9 जनवरी

9 जनवरी को आठ बजे सुबह खबर मिली कि सईल रकब पहाड़ी पर विद्रोही मुण्डाओं की एक बड़ी बैठक होने जा रही है। यह जगह डोम्बारी से कुछ दूर और सैको से करीब तीन मील उत्तर है। ऐसा ख्याल किया गया कि यह विद्रोहियों का वही दल था जिसने खूँटी पुलिस थाने पर हमला किया था और जिसका पीछा पुलिस दारोगा रामवृक्ष सिंह कुछ कांस्टेबुलों के साथ कर रहे थे। कमिश्नर उसी समय बुरजू से पहुँचे। वे भी सईल रकब जा रहे डिप्टी कमिश्नर की पार्टी के साथ हो लिए।

करीब आधा मील चलने के बाद उन लोगों ने उस ऊबड़-खाबड़ पहाड़ी को देखा, जहाँ एक भीड़ इकट्ठी थी। वे लोग इस तरह बढ़े कि लोग उन्हें आते हुए न देख सकें। जहाँ तक संभव हो सकता था, वे लोग जंगल से होते हुए एक नाले के किनारे-किनारे चल रहे थे। करीब 10 बजे दिन में वे एक पर्वतश्रेणी के पास पहुँचे जो सईल रकब से एक मील पर थी। उस दल से पुलिस-कर्मियों को अलग करके इस उद्देश्य से भेज दिया गया कि वे पहाड़ी के सुदूर भाग को चारों ओर से घेर लें और विद्रोहियों में से जो उधर भागने की कोशिश करें, उन्हें गिरफ्तार कर लें। मुख्य दल वहीं एक घंटे तक ठहरा, ताकि पुलिसवाले निर्दिष्ट क्षेत्र में अपना स्थान ठीक से ग्रहण कर सकें।

जब पुलिसवाले पहाड़ की तलहटी के करीब 800 गज के भीतर पहुँच गए तो उन्होंने पाया कि पहाड़ के सभी ओर 200 से 300 फुट ऊँची और ऊबड़-खाबड़ चढ़ाई थी। केवल उत्तर की ओर कोई ऐसी चढ़ाई न थी। पुलिस दल के प्रधान फौरबेस ने पास की एक दूसरी पहाड़ी तिरिलकुटीबुरु की चोटी पर चढ़ जाने का निर्णय किया। इस पहाड़ी और सईल रकब पहाड़ी के बीच एक गहरा नाला था, पर दोनों पहाड़ियाँ एक स्थान पर एक घाटी के जरिए मिली हुई भी थीं। पुलिस दल के पीछे-पीछे सेना की टुकड़ी भी 1 बजे दिन में पहाड़ी की चोटी पर

पहुँच गई। उस स्थल से सईल रकब की चोटी पर अधिक आसानी से पहुँचा जा सकता था।

विद्रोहियों को जो सईल रकब पहाड़ी पर इकट्ठा थे, सरकारी पार्टी के पहुँचने का आभास हो गया था। सीटी बजने की आवाज, जो शायद संकेत चिह्न था, सुन पड़ी। सईल रकब पहाड़ी में अपनी रक्षा के लिए छिपने के भी कई स्थान थे। उसमें अनेक गुफाएँ थीं जिनमें बहुत-से लोग छिप सकते थे और जिनमें सिर्फ एक ही रास्ते से घुसा जा सकता था। 25 दिसम्बर 1899 से ही विद्रोही बड़ी संख्या में सईल रकब पहुँचने लगे थे। उन्होंने वहाँ नियमित रूप से अपनी स्थिति बड़ी सुदृढ़ कर ली थी। चोटी के बीच-बीच में सांगर बनाए थे। सांगरों की संख्या कुल 11 थी। वे लोग वहाँ अपने साथ अपना पूरा परिवार लाए थे। जाहिर था कि वे इसे एक सुरक्षित और अभेद्य शरण-स्थल समझते थे। यही नहीं; उन्होंने पहाड़ी की चोटी पर, सांगरों के पीछे, बहुत बड़ी संख्या में पत्थर भी इकट्ठे कर रखे थे। खाने-पीने का सामान, पकाने के लिए बर्तन, बहुत से कपड़े-लत्ते, अनेक कुल्हाड़ियाँ, धनुष-तीर और गुलेलें आदि भी इकट्ठा की गई थीं। इस प्रकार विद्रोही पहले से ही घमासान लड़ाई के लिए तैयारी किए हुए थे।

ज्यों ही दुश्मन यानी पुलिस और सेना के आदमी दिखलाई पड़े और पास आने लगे, करीब चालीस विद्रोही धनुष-तीरों और गुलेलों से लैस होकर मुकाबले के लिए तैयार हो गए। वे सांगरों और पत्थरों के पीछे छिपे हुए तलवार और कुल्हाड़ियाँ भाँज रहे थे। वे जोर-जोर से चिल्ला और नारे लगा रहे थे।

पुलिस पार्टी तब आगे बढ़कर उस जगह पर आगई जहाँ विद्रोहियों के साथ बातचीत की जा सके। राँची के डिप्टी कमिश्नर स्ट्रीटफील्ड ने एक दुभाषिए के जरिए मुण्डारी में उन लोगों को समझाया कि वे लोग अपने को सरकार के सुपुर्द कर दें और हथियार आदि भी सौंप दें। विद्रोहियों ने इसके उत्तर में गालियाँ दीं और विद्रूप की हँसी के साथ आवाजें कसीं। वे लोग अपनी कुल्हाड़ियाँ भी भाँज रहे थे और पुलिसवालों को चुनौती दे रहे थे कि वे लोग आएँ और लड़कर देख लें। इस बार फिर फोरबेस और स्ट्रीटफील्ड पहाड़ की चोटी पर कुछ दूर आगे बढ़ कर उसके पिछवाड़े तक गए। उन्होंने विद्रोही नेताओं को बुलाया और अनुरोध किया कि वे लोग जो कुछ कहना चाहते हैं, उसे विद्रोही सुनें। विद्रोहियों ने बिरसा को सरकार के हाथ सौंपने से साफ इंकार कर दिया।

फिर नरसिंह मुंडा नामक एक विद्रोही सामने आया और कुछ दूर से ही (ताकि उसके पकड़े जाने का खतरा न रहे) जोर-जोर से, ललकारता हुआ बोलने लगा कि–"अब राज हम लोगों का है, अंग्रेजों का नहीं। अगर हथियार रखने का सवाल है तो मुंडाओं को नहीं, अंग्रेजों को हथियार रख देने चाहिए और अगर लड़ने की बात हो तो वे (मुण्डा) आखिरी बूँद तक लड़ने को तैयार हैं।" इस तरह

बातचीत से समस्या हल होने की गुंजाइश न रही। फौरबेस और स्ट्रीटफील्ड अपने दल के पास लौट आए। फौरबेस ने प्रस्ताव किया कि पहाड़ी पर पीछे से हमला करने पर वे आत्मसमर्पण कर देंगे और उन पर गोलियाँ चलाने की जरूरत न पड़ेगी। पर कैप्टन रोसे इससे सहमत न थे। उनका विचार था कि पहाड़ के निकट जाकर विद्रोहियों से मुठभेड़ होने से बहुत-से लोगों की जिंदगी खतरे में पड़ जाएगी। इसलिए तय हुआ कि वे (सरकारी पार्टी) जहाँ (तिरिलकुटीबुरु) पर हैं, वहीं से विद्रोहियों पर गोलियाँ बरसाई जाएँ और सिर्फ इसी तरह उन्हें खतरे के बारे में आगाह किया जा सकता है। स्ट्रीटफील्ड ने विद्रोहियों को फिर चेतावनी दी कि यदि उन्होंने तुरंत आत्मसमर्पण न किया तो उन पर गोलियाँ चलाई जाएँगी। पर विद्रोही उसी तरह अड़े रहे। उन्होंने बिना भयभीत हुए उसी विरोध भाव के साथ, चिल्लाकर जवाब दिया। वे अपनी कुल्हाड़ियाँ भी भाँज रहे थे और लड़ने के लिए पूरी तरह तैयार थे।

गोलीबारी शुरू हुई। पहली हाफ-कंपनी गोलीबारी का कोई असर न हुआ। इससे बिरसा के अनुयायियों को फिर विश्वास हुआ कि बिरसा की भविष्यवाणी सही सिद्ध हो रही थी कि दुश्मनों की बंदूकें लकड़ियों की ढेर हो जाएँगी और गोलियाँ पानी बन जाएँगी। विद्रोहियों ने और व्यंग्य और विद्रूप से चिल्लाकर और नारे लगाकर जवाब दिया। यद्यपि कुछ गुफाओं में जाकर छिप भी गए। तब सरकारी पार्टी की ओर से दूसरी बार गोलीबारी की गई। इस बार विद्रोहियों में से कुछ आदमी नीचे गिरते देखे गए। पर वे तुरंत सँभल गए और विरोध में पुनः चिल्लाने और नारे लगाने लगे। उन्होंने अपने सांगरों से दुश्मनों (सरकारी पार्टी) पर गुलेल से पत्थर भी चलाए। उनमें से अधिकांश बहादुरी के साथ चट्टानों के ऊपर आकर सरकारी पार्टी के आमने-सामने आने से भी नहीं डरे। फिर उन पर तीसरी बार गोली चलाई गई, जिससे चोट खाकर दो या तीन नीचे गिर गए। इसके फलस्वरूप कुछ पीछे चले गए। पर अन्य उसी तरह विरोध की मुद्रा में डटे रहे। उन्होंने मैदान नहीं छोड़ा, बल्कि पहले से कहीं ज्यादा तेजी और शक्ति के साथ कुल्हाड़ियाँ भाँजते रहे और गुलेल से पत्थर फेंकते रहे जो सरकारी पार्टी से थोड़ी ही दूरी पर आकर गिरे। विद्रोहियों का ऐसा रुख देख फोरबेस अब इस बात से सहमत न रहा कि विद्रोहियों पर सुरक्षा की दृष्टि से कुछ दूर से प्रहार किया जाए। इसलिए हुक्म दिया गया कि गोली चलानेवाले आगे बढ़कर पहाड़ की चोटी पर जाकर गोली चलाएँ। अंतिम बार गोलीबारी के पूर्व राँची के डिप्टी कमिश्नर स्ट्रीटफील्ड पहाड़ी की दक्षिणी ओर कुछ आदमियों के साथ नीचे उतर गए, ताकि भागनेवाले विद्रोहियों को गिरफ्तार कर सकें। वे इस बात के लिए एतिहात बरत रहे थे कि रिजर्व पुलिस को जरूरत से ज्यादा गोलीबारी करने से रोकें और ज्यादा लोगों की जान जाने की नौबत न आने दें। अंतिम बार प्रहार के लिए बढ़ने के

पूर्व इस बात के लिए सख्त आदेश दिए गए कि केवल आत्मरक्षा के लिए गोली चलाई जाय। साथ ही यह आदेश भी दिया गया कि रिजर्व पुलिस और सेना को विद्रोहियों को जिंदा ही पकड़ना है और अधिक लोगों की जान नहीं लेनी है। रिजर्व पुलिस और सेना ने पहाड़ी चोटी पर चढ़ाई शुरू की। रास्ते में लोग कुछ सेक्सन और हाफ सेक्सन की गोलीबारी करते जा रहे थे। पहाड़ी पर से पत्थरों की धुआँधार वर्षा हो रही थी। विद्रोही मैदान में डटे रहे और हाथ से अथवा गुलेलों से सरकारी पार्टी पर पत्थर फेंक रहे थे। तब बढ़ती हुई सेना ने अपनी संगीनें विद्रोहियों की ओर कर दीं और अंतिम गोलीबारी की। जब तक फौजें विद्रोहियों के चालीस या पचास गज के भीतर तक नहीं पहुँच गईं, विद्रोही प्रतिरोध करते रहे और गुलेल से पत्थर फेंकते रहे। पर फौज के उतना निकट पहुँच जाने के बाद वे लोग भागकर पहले पहाड़ की चोटी पर चले गए और फिर गहरे खड्ड में जाकर उसके पूर्व की ओर बाहर जंगल में प्रवेश कर छिप गए।

इसके बाद भी भागनेवालों पर गोलियों की वर्षा जारी रही, जब कि फौरबेस ने स्पष्ट आदेश दिया था कि गोली केवल आत्म-रक्षा में चलाई जाए। फौरबेस ने बाद में कहा कि पहाड़ के ऊपर गोलीबारी के पहले उसने इस बारे में सख्त आदेश दिए थे, पर पहाड़ के ऊपर पहुँच जाने पर कुछ लोग आपे से बाहर हो गए और भागती हुई औरतों पर भी गोली चलाने से बाज न आए। कैप्टन रोसे ने कर्नल वेस्टमोरलैंड के माध्यम से उच्च अधिकारियों को इस बारे में अपनी यह सफाई दी कि उन्होंने फौरबेस का यह आदेश ठीक-ठीक न समझा था और इसीलिए पहाड़ी पर गोलीबारी के लिए जानेवालों से यह न कहा था कि वे केवल आत्म-रक्षा में गोली चलाएँ। गोली से तीन औरतों को भी जान से मार दिया गया। बाद में फौरबेस के अनुरोध पर कैप्टन रोसे ने गोलीबारी बंद करने का आदेश दिया। भागनेवाले विद्रोहियों के खिलाफ पहाड़ी के पूरब तरफ पुलिस दारोगा इल्ताफ हुसैन काम इसलिए न कर पाए कि उनके आदमियों में हिम्मत न थी। वे लोग अपने को खतरे में डालना न चाहते थे। भागनेवालों को पकड़ने की और कोशिश इसलिए भी न की गई कि फौरबेस और अन्य सरकारी अफसरों को डर था कि अगर विद्रोहियों को पकड़ने की और कोशिश की जाती तो वे लोग खुद अपने आग्नेयास्त्रों से अंधाधुंध गोलियाँ चलाते। हताहतों की खोज से पता चला कि चार व्यक्ति मरे और तीन घायल हुए। विद्रोहियों के रहने के स्थान के पीछे के जंगल में तीन मृत औरतें और एक बहुत ज्यादा घायल बच्चा मिला। कैप्टन रोसे ने बतलाया कि "दरअसल विद्रोहियों में औरतों और मर्दों के बीच फर्क कर सकना ही मुश्किल था।" और वे लोग पहाड़ी पर पुरुषों के अलावा और किसी की उपस्थिति के बारे में न जानते थे। फौरबेस ने इस बारे में यह भी कहा कि विद्रोहियों में औरत और मर्द दोनों ही लम्बे बाल रखते थे, इसलिए भी एक को

दूसरे से अलग कर सकना मुश्किल था। इसके अलावा, जंगल बहुत घना था और जिन लोगों पर गोली चलाई जा रही थी, वे लोग काफी दूर थे। नीचे उतरने के रास्ते पर दो-तिहाई हिस्सा वे पार कर चुके थे। इसलिए यह समझ पाना मुश्किल था कि उनमें कौन मर्द है और कौन औरतें। दो मर्द, एक युवक, बीस औरतें, आठ बच्चे गुफाओं में छिपे पाए गए। काफी बड़े परिमाण में कपड़े, खाना पकाने के बर्तन, चावल और अन्य खाद्यान्न जंगल में पड़े पाए गए। इसके अलावा बहुत-से हथियार, जिनमें धनुष, तीर, कुल्हाड़ियाँ, गुलेलें और दो तलवारें भी थीं, जंगल में पड़ी मिलीं। जाहिर था कि विद्रोही भागते हुए ये सब चीजें छोड़ गए थे। करीब सूर्यास्त के समय 6ठी जाट सैनिक टुकड़ी के आधे लोग सैको वापस आ गए। घायल और गिरफ्तार विद्रोही भी वहाँ लाए गए और घायलों की प्राथमिक चिकित्सा की गई। पुलिस दारोगा को सईल रकब पर रात-भर के लिए छोड़ दिया गया, ताकि वह मृतकों को अपनी देख-भाल में रखे। उसे यह आदेश भी दिया गया कि वह आस-पास के गाँवों से आए लोगों से मृत व्यक्तियों की शिनाख्त कराए। जब विद्रोहियों और सैनिकों के बीच लड़ाई खत्म हो गई तो आस-पास से बहुत-से लोग वहाँ जमा हो गए थे। केवल करीब पैंतीस वर्ष के एक आदमी की लाश छोड़कर और सभी लाशों की शिनाख्त कर ली गई।

अगली सुबह कमिश्नर और डिप्टी कमिश्नर जाँच आगे जारी रखने के लिए सईल रकब पहुँचे। पुलिस दारोगा रामवृक्ष सिंह ने खूँटी से सईल रकब तक विद्रोहियों के लिए गाँव-गाँव छान मारा था। उसने सईल रकब की उक्त घटना को अपने परिश्रम की सफल परिणति के रूप में देखा और संतोष प्रकट किया। उसने कैद किए गए सभी लोगों को पहचान लिया। कैदी महिलाओं और बच्चों को उनके गाँव में भेज दिया गया और उन लोगों ने अपनी-अपनी जिस संपति की पहचान की, उसे उनको वापस कर दिया गया। उन लोगों को आश्वासन दिया गया कि यदि वे लोग भविष्य में अवैध सभाओं और आक्रमणों में शामिल नहीं होते और अपने गाँवों में शांतिपूर्वक रहते हैं, तो उनके और परिवार के पुरुष सदस्यों के साथ सब कुछ ठीक रहेगा। कार्रवाई सिर्फ उन्हीं लोगों के खिलाफ की जाएगी जो हत्या या अन्य खास ज्यादतियों के अपराधी पाए जाएँगे। मंगलवार को जिस दिन जोजोहातू में बाजार लगता था, पुलिस अधिकारियों ने लोगों से संपर्क करके सईल रकब पहाड़ी पर लोगों की लाशें गाड़ देने के लिए कहा। दो बड़ी खाइयाँ खोदी गईं और उनमें सभी लाशें गाड़ दी गईं।

क्या बिरसा सईल रकब पर गोलीबारी के समय मौजूद थे? इस संबंध में मुण्डाओं के जो विवरण मिलते हैं, उनके अनुसार उनके शिष्यों ने उन्हें बोरतोडीह में छिप जाने के लिए राजी कर लिया था और एक औरत, संभवतः ऊपर वर्णित साली, उसकी पहरेदारी कर रही थी। बोरतोडीह से वे अपने ननिहाल अयूबहातू

चले गए, जहाँ वे अगले मंगलवार तक रहे। जब फौजें वहाँ भी पहुँचीं तो वे उस गाँव से भी भेष बदलकर निकल गए। फिर वे मरंगदाहा चले गए और वहाँ से सिंहभूम गए। बाद में एक और विवरण में यद्यपि सईल रकब की घटना की चर्चा नहीं है, पर इस बात पर जोर दिया गया है कि बिरसा में साहस की कमी न थी। इस विवरण में कहा गया है कि उनका चेहरा सुनहले रंग से रँगा हुआ था और वह मसीहा थे। भारी गोलीबारी के बीच भी वे एक चट्टान पर खड़े रहे और इस प्रकार साबित कर दिया कि उन्हें मार डालना असंभव है। जब गोलीबारी में उनके अनुयायी आहत हुए तो उनसे उन्होंने निश्चित रूप से कहा कि अपने विश्वास की कमजोरी के कारण वे आहत हुए थे। यह असंभव नहीं है कि बिरसा सईल रकब पहाड़ी पर गोली के समय मौजूद रहे हों और इसी कारण उनके अनुयायियों ने सेना के प्रहार का मुकाबला ऐसे प्रशंसनीय साहस के साथ किया।

सईल रकब पर सैनिक और असैनिक दोनों ही सरकारी अधिकारियों की कार्रवाई की भारत सरकार ने, कुछ नरम शब्दों में ही सही, आलोचना की। लेफ्टिनेंट गवर्नर ने महिलाओं की दुखद मृत्यु के लिए सेना को सभी प्रकार के आरोपों से मुक्त कर दिया। उन्होंने अफसरों द्वारा गोलीबारी को भी उचित ठहराया, क्योंकि कार्रवाई के लिए पहाड़ों पर बने रहने का इसके अलावा उनके सामने कोई रास्ता न था। पर फिर भी लेफ्टिनेंट गवर्नर के अनुसार महिलाओं की मृत्यु अत्यधिक खेदजनक थी। गर्वनर जनरल ने भी इस घटना पर विचार किया। उनके एवं उनके परामर्शदाताओं के अनुसार पहाड़ी की चोटी पर पहुँचने के पहले गोलीबारी उचित थी, पर ज्यों ही सांगरों पर कब्जा कर लिया गया और विद्रोहियों का प्रतिरोध खत्म हो गया तो फौजों को भागनेवालों पर गोली चलाना बंद कर देना चाहिए था। यह अच्छा होता कि जब पहाड़ी के शेष भाग पर भी कब्जा हो गया था तो कैप्टन रोसे ने उसी वक्त गोलीबारी रुकवा दी होती, जोकि उन्होंने फौरबेस के अनुरोध पर रुकवाई। कैप्टन रोसे वास्तव में बहुत कठिन स्थिति में पड़ गए थे, पर भारत सरकार की यह इच्छा न थी कि उनकी निन्दा की जाए। कैप्टन रोसे ने खुद अपनी कार्रवाई को उचित ठहराया था और फौज के उच्चाधिकारियों ने अपनी एक टिप्पणी में उनके इस कथन का समर्थन किया था। इसलिए उस टिप्पणी से सहमत न होने के कारण भारत सरकार को उस संबंध में अपना यह मत देना पड़ा। एक अन्य पदाधिकारी, फौरबेस भी बख्शे न गए पर वैसा, एक-दूसरे के कारण, एक साधारण प्रशासनिक चूक के चलते हुआ। जब यह घटना हो चुकी तो उन्होंने इस बारे में रिपोर्ट देते हुए घटना का पूरा ब्यौरा न दिया। ऐसा उन्होंने राँची के डिप्टी कमिश्नर स्ट्रीटफील्ड की सलाह से किया। उनका विचार था कि वे घटना के पूरे ब्यौरे की रिपोर्ट सरकार को एक अर्द्धसरकारी पत्र के जरिए बाद में भेजेंगे। पर बाद में सरकारी कार्यों में अत्यधिक व्यस्तता

के कारण वे यह बात भूल गए। प्रान्तीय सरकार ने यह बात स्वीकार कर ली और अपनी राय दी कि उन्होंने जान-बूझकर स्थिति का पूरा ब्यौरा सरकार को न देने की गलती नहीं की थी, भले ही समय पर पूरी रिपोर्ट भेजने की गलती कितनी ही भयानक क्यों न हो। इस प्रकार प्रान्तीय सरकार के विचार में वे पूरी तरह निष्कपट और सम्मानित चरित्र के व्यक्ति थे। पर भारत सरकार इस बात से सहमत न थी। वहाँ से जिस गंभीर शब्दावली में फौरबेस को निंदा की सूचना भेजी गई, उससे स्पष्ट था कि फौरबेस द्वारा पूरा ब्यौरा तत्काल न भेजने की गलती को भारत सरकार ने बहुत गंभीरता से लिया। जबकि भारत सरकार ने भाग रही विद्रोही महिलाओं पर खेदजनक गोलीबारी के बारे में स्पष्टीकरण स्वीकार कर लिया, पर कार्याधिक्य के कारण पूरी रिपोर्ट न भेजने की फौरबेस जैसे अनुभवी और उच्च श्रेणी के पदाधिकारी ने निर्णय लेने में गलती की कि तत्काल पूरे तथ्यों के बारे में रिपोर्ट न भेजी। यदि उन्होंने 10 जनवरी की अपनी रिपोर्ट में, जिसमें घटना का सामान्य विवरण था, पूरे ब्यौरे को शामिल करना उचित न समझा तो उन्हें उस रिपोर्ट के साथ सरकारी तौर पर एक अलग गोपनीय पत्र भेजना चाहिए था, जिसमें घटना का पूरा ब्यौरा होता। पर फिर भी इस प्रसंग में संदेहजनक बात कुछ भी न थी। फौरबेस अपने सरकारी कार्यों में बहुत ज्यादा व्यस्त रहे। उन्होंने निष्कपट भाव से स्वीकार किया कि 17 जनवरी के पहले उन्हें यह बात कभी नहीं सूझी कि सईल रकब की घटना का पूरा ब्यौरा सरकार के पास भेजने का काम उन्हें पूरा करना है।

सईल रकब की घटना में फौज का कोई आदमी हताहत नहीं हुआ। पर बाहर साधारण जनता में सईल रकब की घटना में हताहत मुण्डाओं के बारे में सच्चाई से कहीं ज्यादा बढ़ा-चढ़ाकर खबरें फैलाई गईं। हताहतों की संख्या के बारे में अधिकारी चुप्पी साधे रहे। अफवाह थी कि 15 से 25 के बीच लोग हताहत हुए। यह भी कहा जाता था कि हताहतों की संख्या इससे भी ज्यादा हो सकती है, क्योंकि फैली खबरों के अनुसार मुण्डा लोग घटना के बाद की रात के अँधेरे में वहाँ आए थे और अपने अनेक मृत साथियों को उठाकर ले गए थे। एक और सूत्र की ओर से यह अफवाह फैली कि सईल रकब पर गोलीबारी में 400 मुण्डा मौत के घाट उतार दिए गए। उन लोगों ने माँग की कि इस बारे में पूरी और विस्तार से जाँच की जाए। सरदारों के निर्भीक और ईमानदार वकील जैकब और उनके आदमी इस विवरण से सहमत थे। एक तीसरे विवरण में इस संख्या को घटाकर मृतकों की संख्या सिर्फ 40 बताई गई। एक मुण्डा विवरण के अनुसार घटना में 200 या उससे कुछ ही ज्यादा आदमी मरे थे। हौफमैन के अनुसार पूरे हताहतों की संख्या सिर्फ 20 थी। इन सब विवरणों के मुकाबले सावधानी के साथ व्यापक जाँच-पड़ताल के बाद सरकार की रिपोर्ट थी कि 7 जनवरी को खूँटी की

घटना में एक कांस्टेबुल द्वारा पीठ पर गोली की चोट से एक मुण्डा मारा गया था और दो को मामूली चोट लगी थी, और 9 जनवरी को सईल रकब की गोलीबारी में दस मुण्डा मारे गए और सात घायल हुए थे। इस सरकारी विवरण को एक 'जानकार' व्यक्ति ने चुनौती दी। उसने जोर देकर कहा कि कुछ सम्मानित व्यक्तियों ने, जिन्हें वह वर्षों से जानता था, उसे उस स्थान पर ले जाने का प्रस्ताव किया है जहाँ गोलीबारी में मरे व्यक्ति गाड़े गए थे, इसलिए पूरी छानबीन किए जाने के लिए यह एक अत्यावश्यक मामला था। बाद में खबर मिली कि गाँववालों (मुण्डाओं) में से अधिकांश ने इस बात पर बहुत खेद प्रकट किया कि सईल रकब की गोलीबारी में मृत व्यक्तियों की संख्या इतनी बढ़ा-चढ़ाकर पेश की गई है कि उन लोगों की ओर से यह प्रस्ताव भी रखा गया कि सचाई का पता लगाने के लिए घटना-स्थल का निरीक्षण किया जाए। फिर भी इस संबंध में सरकार की ओर से जो आँकड़े दिए गए वे काफी हद तक साधारण ही थे। एक प्रत्यक्षदर्शी ने सरकारी आँकड़ों की पुष्टि की।[33]

विद्रोहियों के प्रतिरोध की भावना कुछ समय तक और कायम रही। आंदोलन को दबाने के लिए तुरंत जो रिजर्व पुलिस दल और डोरंडा से फौज पहुँच गई और सईल रकब की पहाड़ी पर जो गोलीकाण्ड हुआ, उससे आंदोलनकारियों में से डरपोक लोग बहुत ही डर गए। पर हौफमैन ने रिपोर्ट दी कि "इस भ्रम में रहना बहुत बड़ी गलती होगी कि इस घटना से बिरसा के आदमियों के दृढ़ संकल्प में कुछ भी कमी आई है।"[34] बिरसा के आदमी और उनकी पत्नियाँ अजीब किस्म के जिद्दी और दृढ़ संकल्पवाले लोग थे और लड़ाई जारी ही रखे हुए थे। 15 या 17 व्यक्तियों की मौत से उनका संकल्प ढीला पड़ने का प्रश्न ही नहीं उठता था। उन लोगों ने ही जो गोलीकाण्ड के समय जान बचाकर भाग निकले थे, फिर बैठक की। इसमें वे शामिल नहीं हुए जो हिम्मतवर न थे और कुछ समय के लिए सरकारी आतंक से डर गए थे। बैठक में आंदोलन के बारे में नई रणनीति तय की गई और उसके लिए तैयारियाँ की जाने लगीं। मिशन के लोगों को विश्वस्त सूत्रों द्वारा सूचना दी गई कि विद्रोहियों ने उनके प्रति दिखाई उदारता को घृणापूर्वक ठुकरा दिया है। विद्रोहियों ने घमण्ड के साथ कहा कि "बस दस-बारह दिन और देखो क्या होता है।"[35] वे लोग इसके साथ ही जन-साधारण से आंदोलन में सहयोग के लिए भी अनुरोध करते रहे और जो मुण्डा अभी भी बिरसा के प्रति निष्ठावान थे, उनका आह्वान करते रहे कि विलायती लोगों और साहबों को निकाल बाहर किया जाए। पर सरकार ने किसी भी स्थिति का मुकाबला करने के लिए कड़े कदम उठाए। यह इससे प्रकट था कि वह आंदोलनकारियों की सर न टेकने और आत्म-समर्पण न करने की भावना के प्रति, जो सईल रकब की घटना से पूरी तरह उजागर हो चुकी थी, पूर्णतः जागरूक थी।

फिर भी सईल रकब के गोलीकाण्ड से आंदोलन में बिखराव शुरू हो गया। ऐसा लगा मानो आंदोलन की रीढ़ ही चरमरा गई। डोंका मुण्डा और माझिया मुण्डा के नेतृत्ववाले जिस विद्रोही दल ने आंदोलन की योजना तैयार की और संगठन खड़ा किया था, वह अब टूट चुका था और पूर्ण विश्रृंखलन की स्थिति में था। सईल रकब की घटना ने मानो मुण्डाओं के प्रिय, कोमल स्वप्न को क्रूरता के साथ रक्त से लथपथ करके छोड़ दिया। रातोंरात वह पहाड़ी गोलीकाण्ड की पहाड़ी के नाम से जानी जाने लगी।

मुण्डा लोकगीतों में उसकी चर्चा एक त्रासदीपूर्ण घटना के रूप में बड़े हृदय द्रावक ढंग से की जाती है, "सात नदियाँ विद्रोहियों के गरम-गरम खून से उबल पड़ीं, ऊपर से धुआँधार गोलियाँ मौत उगल रही थीं।" पुरानी उपत्यकाओं में पहाड़ी की अधित्यका (उच्च भूमि) की मक्खन जैसी कोमल भूमि और उसके नीचे जमीन को दूध जैसी भूमि कहा जाता था। लोकगीतों में अब उस भूमि को रक्त से स्नात और आर्द्र कहा जाने लगा। सईल रकब पर भीषण और क्रूर गोलीकाण्ड से विद्रोहियों के बीच भगदड़ मच गई थी, उनका सफाया कर दिया था–

लड़ाई की घड़ी आ पहुँची
उन लोगों से पहाड़ी को घेर लिया गया
डोम्बारी पहाड़ पर नरसिंह मुण्डा को गोली की पहली चोट लगी,
वे लोग भाग गए, वे केले के पेड़ के नाईं गिरे,
मरते हुए इन लोगों ने पहाड़ी छोड़ दी और
ऊँची चट्टान के नीचे गिर गए
जो भाग नहीं सके, वे पकड़े गए
डोम्बारी पहाड़ी पर धुआँ छा गया
ईचा हुड़ंग पहाड़ी कुहासे से ढँक गई।

विद्रोहियों की धर-पकड़ : 13 से 26 जनवरी

सईल रकब के गोलीकाण्ड के बाद स्थिति निश्चय ही बड़ी गंभीर हो गई थी। अगर बड़े पैमाने पर बहुत प्रभावकारी कदम तुरंत न उठाए जाते तो यह आशंका थी कि खूँटी, तमाड़, बसिया और चक्रधरपुर के बीच बहुत जल्द विद्रोह फैलता जो आगे चलकर जन-विद्रोह का रूप ले लेता। बिरसा-अनुयायियों के बीच बिरसा का यह आश्वासन एक दृढ़ विश्वास का रूप ग्रहण कर चुका था कि उनके आश्चर्यजनक वरदान के कारण दुश्मनों की बंदूकें पत्थर और लकड़ी बन जाएँगी और गोलियाँ पानी। यह बात इससे सिद्ध हो गई कि 9 जनवरी को फौज द्वारा भीषण गोलीबारी का सामना उन लोगों ने आश्चर्यजनक निर्भीकता से किया। इसलिए सरकारी अधिकारियों ने सोचा कि अब आधे-अधूरे कदमों से काम न

चलेगा, बल्कि सरकार के अधिकार को बिना किसी लाग-लपेट के निर्विवाद रूप से सत्य सिद्ध करके दिखला देना होगा।

कमिश्नर ने 10 जनवरी को सईल रकब के पास के दो गाँवों–जोजोहातू और चोंदोर का निरीक्षण किया। उन्होंने कथित आगजनी की घटना और पहाड़ी पर से भागनेवाले एक विद्रोही द्वारा गुलेल से पत्थर चलाने के आरोप के बारे में जाँच की। 11 जनवरी को खूँटी में मुण्डाओं और मानकियों की एक बैठक बुलाई गई जिसमें उपद्रवग्रस्त क्षेत्र में शांति और व्यवस्था फिर से कायम करने के सवाल पर विचार किया गया। राँची के डिप्टी कमिश्नर स्ट्रीटफील्ड और हौफमैन ने विचार रखा कि स्थिति से निपटने के लिए कड़े कदम उठाने चाहिए। हौफमैन ने बिरसा के प्रति अभी भी विश्वास और निष्ठा रखनेवाले मुण्डाओं और उनके महिलावर्ग के हठीलेपन की चर्चा की और उनके विरुद्ध आधे-अधूरे कदमों को व्यर्थ बतलाया। हौफमैन ने कहा कि उनके विरुद्ध पूर्ण उदारता और दया दिखाना बिल्कुल बेकार और अहमकों के जैसा काम है। उन्होंने अनेक अत्यंत कठोर कदम उठाने के प्रस्ताव रखे : अभी भी भागे हुए बिरसा अनुयायियों की सभी चल संपत्ति तुरंत जब्त और कुर्क की जाए; उनकी पत्नियों पर अपने गाँव छोड़कर कहीं जाने पर सख्त मनाही लागू की जाए; विद्रोहियों तक किसी तरह की आपूर्ति और खाने-पाने के आवश्यक सामान पहुँचाने के सभी रास्ते कड़ाई के साथ बंद कर दिए जाएँ। बिरसा-आंदोलन के कुछ नेताओं और लड़कों को, जो अभी भी गाँवों में घूमते फिरते और जासूस का काम करते थे, तब तक के लिए गिरफ्तार कर लिया जाए जब तक सभी हथियारबंद गिरोह पूरी तरह खत्म नहीं कर दिए जाते। फौज जिस प्रथम हथियारबंद गिरोह को गिरफ्तार करे, उसके सदस्यों के साथ किसी तरह की नरमी न बरती जाय; बिरसा-आंदोलन के सभी सामान्य नेताओं को एक निश्चित अवधि तक के लिए जेल में ठूँस दिया जाय, आदि। हौफमैन ने अंतिम प्रस्ताव यह रखा कि मानकियों और गाँवों के प्रधानों से एक तथाकथित मचिका (गारंटी) ली जाए, जिसके अंतर्गत उन पर इसके लिए जिम्मेदारी रहे कि उनके जिलों और गाँवों में नए षडयंत्र रोके जाएँ और साथ ही बिरसा या उनका कोई मुख्य सरदार उनके गाँवों में ठहर न सके या छिप न सके। हौफमैन ने आगे चेतावनी दी कि विद्रोहियों में पश्चाताप की कोई संभावना नहीं दिखाई पड़ती, इसलिए उनमें यह भावना कतई न पनपने दी जानी चाहिए कि सरकार कमजोर है।

पर कमिश्नर ने हौफमैन के विचारों को 'अतिवादितापूर्ण' समझा। वे इस बात के पक्ष में न थे कि जो लोग हाल के और मौजूदा उपद्रव में शांतिपूर्वक अपने घरों में रहे और जिन्होंने केवल बिरसा का मत मानने के अलावा, अपने कार्यों से किसी अपराध में सहायता या सहयोग देने के संदेह का कोई कारण प्रस्तुत नहीं किया हो, उनके विरुद्ध दण्ड की कार्रवाई की जाय। कमिश्नर ने यह भी स्पष्ट किया कि

सरकार का उद्देश्य बिरसा के धर्म के विरुद्ध जेहाद छेड़ना था, पर वह उन लोगों द्वारा कानून तोड़ने के प्रयत्नों को सख्ती के साथ दबा देना चाहती थी। जिन लोगों ने विद्रोह में कोई सक्रिय हिस्सा नहीं लिया, उन्हें इसके लिए मजबूर न किया जाय कि वे फरार रहें और खुले विद्रोह में भाग लें। हौफमैन द्वारा सामूहिक गिरफ्तारी के प्रस्ताव को लागू करने से ऐसी प्रतिक्रिया हो सकती थी।

कमिश्नर के विचार से धर-पकड़ की कार्रवाई का उद्देश्य था कि (1) विद्रोहियों के गिरोहों को, जो पकड़े जाएँ, यदि जरूरत महसूस हो तो बलपूर्वक छिन्न-भिन्न कर दिया जाय और ऐसे गिरोहों के उन सदस्यों के विरुद्ध, जिन पर दंगा-फसाद या अन्य संज्ञेय अपराध करने का आरोप सिद्ध हो, उनको गिरफ्तार करके उन पर मुकदमा चलाया जाए, (2) किसी अन्य व्यक्ति पर भी यदि हत्या, हत्या के प्रयत्न या किसी अन्य संज्ञेय अपराध का आरोप हो तो उसे भी गिरफ्तार किया जाए, और उस पर मुकदमा चलाया जाए; (3) यदि अन्य बिरसा-अनुयायियों के विरुद्ध यह साबित हो सके कि हाल की घटनाओं में वे जान-बूझकर गैर-हाजिर रहे तो उनसे उसके बारे में सफाई देने को कहा जाय और उन्हें 'कारण बताओ' नोटिस दिए जाएँ कि उनसे भविष्य में अच्छा आचरण रखने के लिए जमानत क्यों न माँगी जाय और (4) भविष्य में जिन स्थानों में शांति और व्यवस्था के लिए आवश्यक प्रतीत हो, वहाँ बड़ी संख्या में पुलिस तैनात की जाय।

विद्रोहियों की धर-पकड़ शुरू करने के पहले पुलिस थानों और मिशनों की सुरक्षा के लिए वहाँ पुलिसवालों और सेना को पर्याप्त संख्या में तैनात किया गया। बंदगाँव से दस राइफलों का एक सैन्य रक्षक दल सरवदा स्थित रोमन कैथोलिक मिशन और बिरजू के जर्मन मिशन की रक्षा के लिए नियुक्त किया गया। 6ठी बंगला स्थल सेना के लोग भी इतनी ही संख्या में खूँटी पुलिस थाना की सुरक्षा के लिए नियुक्त किए गए। कर्रा पुलिस थाने के अंतर्गत गोविंदपुर मिशन की रक्षा के लिए बीस सैनिक तैनात किए गए। दुमका से बुलाए गए मिलिटरी पुलिस के पाँच सुरक्षा दस्ते, जिनमें से हर एक में दस आदमी थे, कर्रा, तमाड़, बसिया, तोरपा और बुंडू पुलिस थानों और चौकियों पर भेज दिए गए ताकि वे उनकी रक्षा वैसे आक्रमण से कर सकें, जैसाकि पूर्व में खूँटी थाने पर किया गया था। इसके अलावा सुरक्षा के अन्य कदम भी उठाए गए। राँची और सिंहभूम के उपद्रवग्रस्त क्षेत्रों में सरकारी आदेश हिंदी और मुंडारी भाषाओं में प्रसारित किए गए। इस आदेश में लोगों से आग्रह किया गया था कि वे बिरसा-आंदोलनकारियों को मदद कतई न दें। खासकर बिरसा-आंदोलन के प्रभाव के अंतर्गत न आनेवाले गाँवों के लोगों से इस तरह की अपील की गई थी, क्योंकि उन लोगों ने आंदोलन दबाने में सरकार की सहायता नाममात्र के लिए ही की थी। ऐसी अपील हौफमैन की प्रेरणा से की गई। बिरसा की गिरफ्तारी के लिए 500 रु. का पुरस्कार घोषित

किया गया। इस बारे में सरगुजा, उदयपुर, जशपुर, रामगढ़ और बनाई की देशी रियासतों के प्रधानों को भी सरकार के निर्णय की सूचना दी गई। बिरसा के मुख्य सरदारों की गिरफ्तारी के लिए भी इनाम घोषित किए गए, यद्यपि इन इनामों की राशियाँ अपेक्षाकृत कम थीं।

सरकार की ये कार्रवाइयाँ सिंहभूम जिले में पोरहाट के तीन क्षेत्रों और राँची जिले के खूँटी और तोरपा पुलिस थानों में की गईं। पोरहाट क्षेत्रों की कार्रवाइयों के लिए कमिश्नर और सिंहभूम जिले के डिप्टी कमिश्नर को प्रभारी बनाया गया। कैप्टन रोसे के अधीन 6ठी बंगला स्थल सेना की एक कंपनी बंदगाँव में तैयार रखी गई। बंदगाँव में इन कार्रवाइयों का मुख्यालय बनाया गया। इस कम्पनी पर भार सौंपा गया कि आस-पास के किसी क्षेत्र में बिरसा-आंदोलनकारियों का विद्रोह छिड़ने की स्थिति में उनकी सेवाएँ सिंहभूम के डिप्टी-कमिश्नर को उपलब्ध रहेंगी। राँची के डिप्टी-कमिश्नर स्ट्रीटफील्ड और कर्नल बेस्टमोरलैंड को एक चल दस्ते का प्रभारी बनाया गया। इस दस्ते को खूँटी के उपद्रवग्रस्त क्षेत्र के पूर्वी भाग में गश्त लगानी थी और जो विद्रोही 9 जनवरी के गोलीकांड से भाग निकले थे, उनका भी पीछा करना और उन्हें गिरफ्तार करना था। साथ ही इस दस्ते को उन नए गिरोहों को भी छिन्न-भिन्न करना था जो उक्त घटना के बाद खूँटी और तमाड़ थानों में बना लिए गए हों।

सहायक पुलिस कमिश्नर स्टिवेंस को लेफ्टिनेंट मिडिलमैन के साथ तोरपा के पूरब की ओर गश्त लगानी थी और बसिया थाना क्षेत्र में शांति कायम रखनी थी। सेना को सईल रकब में घायल हुए लोगों और अपराधियों को पकड़ना था। भागे हुए लोगों और बिरसा-अनुयायियों का अनाज-पानी और जायदाद कुर्क करनी थी। साथ ही उन्हें इस बात का भी प्रबंध करना था कि बचे हुए विद्रोहियों के पास रसद पहुँचने के सभी स्रोत बंद कर दिए जाएँ। मुण्डा क्षेत्र के लोगों के समक्ष स्थानीय सरकारी अधिकार और सेना द्वारा शक्ति-प्रदर्शन की इस योजना को राज्य सरकार ने अपना अनुमोदन दिया कि जब तक बिरसा और उनके प्रमुख अनुयायी गिरफ्तार नहीं कर लिए जाते, तब तक यह अभियान लगातार और बिना कोई ढील दिए चलता रहे।

'धर-पकड़' की यह कार्रवाई 13 जनवरी 1900 को शुरू की गई। कमिश्नर इस कार्रवाई का स्वयं संचालन करने के लिए 13 जनवरी को बंदगाँव के लिए रवाना हुए। सिंहभूम के डिप्टी कमिश्नर वहाँ 8 जनवरी 1900 को ही पहुँच चुके थे। उन्होंने बिरसा के पुराने विरोधी और सरकार-समर्थक जमींदार जगमोहन सिंह से संदिग्ध व्यक्तियों की सूची प्राप्त कर ली। फिर 10 जनवरी को बिरसा-अनुयायियों के गाँवों—करेका, तुकाडीह, चतुमा, सिंको, कोडाडीह और कटमकेल पर धावा मारकर अनेक बिरसा-अनुयायियों की धर-पकड़ की। 11 जनवरी को 47 गिरफ्तार

व्यक्तियों में 35 छोड़ दिए गए। बचे हुए प्रसिद्ध विद्रोही नेताओं के विरुद्ध कार्यवाही शुरू की गई। अन्य बिरसा-आंदोलनकारियों को गिरफ्तार करने के लिए फौजी टुकड़ियाँ चतुमा और तुकाडीह गईं और 12 जनवरी को डिप्टी कमिश्नर सिदूरीबेरा के लिए रवाना हुए। 13 जनवरी को गदड़ी, कोमोरोरा, पुँडिग, लेमना और बूड़ में विद्रोहियों की जोरदार खोज की गई ओर 6 व्यक्ति गिरफ्तार किए गए।

कमिश्नर के पहुँचने के साथ ही बिरसा को सहायता पहुँचानेवाले मुण्डाओं और मानकियों के विरुद्ध कड़ी दंडात्मक कार्रवाइयाँ की गईं। साथ ही बिरसा की गिरफ्तारी के प्रयास और तेज कर दिए गए। आंदोलन बंदगाँव, लागरा, सांगरा, कुंद्रूगुट्टू, बारिंग और गुदड़ी में मजबूत मालूम पड़ते थे। बिरसा-आंदोलन का कराइकेला पर असर न था। द्वारकापुर के रसू मानकी और अन्य बारह मुंडाओं को हटा दिया गया। यह मानने के पर्याप्त कारण थे कि वे लोग बिरसा के 'षडयंत्र' में शामिल हो गए थे, जिसका स्पष्ट उद्देश्य था कि बल-प्रयोग करते हुए संपत्ति-संबंधी अधिकारों और मुंडा राज के दावों पर जोर दिया जाए। इन मानकियों ने इस प्रकार सरकार के साथ किए गए पट्टे की शर्तों का उल्लंघन किया था। उनके स्थान पर वे लोग मानकी नियुक्त किए गए जो अंग्रेज सरकार के प्रति अपना समर्थन बिना किसी संदेह के सर झुकाकर सिद्ध कर चुके थे। पोरहाट के कुमार नरपत सिंह ने बिरसा और उनके अनुयायियों के विरुद्ध कार्रवाई में सक्रिय समर्थन दिया था। सरकार की ओर से आश्वासन दिया गया कि कोई मानकी या मुंडा, जो बिरसा को गिरफ्तार करेगा या उनके बारे में पक्की सूचना देगा तो उसे पूरे जीवन के लिए गाँव का लगानमुक्त पट्टा दिया जाएगा। नए मुंडाओं को जो पट्टे दिए गए उनमें उक्त आशय की शर्तें स्पष्ट रूप से शामिल की गईं। सांगरा, कुंदूगुटु, लागरा, वारिंग, बंदगाँव, डोरका, गुदरी आदि के शेष मुंडाओं को भी परवाने जारी किए गए।[36] सराईकेला के राजा ने बिरसा की गिरफ्तारी में सहायता के लिए 25 पुलिसकर्मियों को भेजा। सराईकेला के राजा को यह सहायता देने के लिए धन्यवाद देते हुए उन पुलिस कर्मचारियों को वापस भेज दिया गया और राजा से अनुरोध किया गया कि वह अपने सरायकेला परगना पर अच्छी तरह नजर रखें और जो बिरसा आंदोलनकारी उनके क्षेत्र में भाग गए हों, उनको गिरफ्तार करके भेजें।

कराइकेला के तहसीलदारों को आदेश दिया गया कि वे अपने-अपने क्षेत्र में पड़नेवाले पहाड़ों और जंगलों में प्रवेश के रास्तों पर नजर रखें। पर फिर भी विद्रोहियों को पकड़ सकने की संभावनाएँ बहुत कम थीं। पहाड़ों और जंगलों के सुविस्तृत और बीहड़ क्षेत्र में फरार विद्रोहियों के छिपने की गुंजाइश बहुत ज्यादा थी। अंत में सरकारी पार्टीवालों ने सरकार की घोषणा के अनुसार भागे हुए

विद्रोहियों की संपत्ति कुर्क करने के कदम उठाए। बिरसा-अनुयायियों के गाँवों तक खाद्य-आपूर्ति न पहुँचने देने के उपाय किए गए। पर इसके लिए समुचित प्रबंध किए गए कि उन लोगों की औरतों और बच्चों से उनको पकड़ने में मदद मिल सके। ऐसा सोचा गया कि अगर विद्रोहियों और उनके परिवारों के बीच आपूर्ति और सूचनाओं के आदान-प्रदान के साधन बंद किए जाएँ तो फिर अंत में विद्रोही कुछ ही समय में आत्मसमर्पण कर देने को बाध्य हो जाएँगे।

कैप्टन रोसे के अधीन छठी बंगाल स्थल सेना के साठ राइफलधारियों के अलावा चक्रधरपुर से मिलिटरी पुलिस की तीसरी टुकड़ी भी 14 जनवरी को पहुँच गई। कमिश्नर ने हेसाडीह से जान्ते तक 15 मील की यात्रा पैदल तय की, ताकि वे सरकारी कार्यवाही का पर्यवेक्षण खुद कर सकें। 16 जनवरी को आंदोलन का मुख्यालय, जिसके अंतर्गत सेंगरापी के रेजोटो, सेंतरा और कोटागारा पड़ते थे, चारों ओर से घेर लिया गया और वहाँ जोरों से छानबीन की गई। यह वही क्षेत्र था जहाँ सरकारी सूचना के अनुसार आंदोलन की योजनाएँ बनाई जाती थीं और जहाँ ही बिरसा ने वे उपदेश दिए थे, जिनसे उनका नया धर्म आरंभ हुआ। क्षेत्र के सभी पुरुष बच निकले। सिर्फ औरतें और बच्चे रह गए पर सेन्ता के सुंगी मुंडा की पुत्री, जो बिरसा की नई पत्नी (?) थी, वहाँ न पाई गई। मालूम हुआ कि बिरसा पास ही की एक पहाड़ी में छिपा हुआ है। 19 जनवरी को हेसाडोह के शिविर से पहाड़ियों की जमकर छानबीन की गई। सरकार की एक पार्टी, जिसमें कमिश्नर थॉमसन, बोक्सवेल, कुमार नरपत सिंह, सात मिलटरी पुलिस, बीस जिला रिजर्व पुलिस और करीब एक हजार रैयत थे, 5 बजे सवेरे रवाना हुए और बिरसा तथा अन्य भागे हुए विद्रोहियों के लिए कोरटागारा, सेन्तरा, हलमट और रोगोतो के जंगली गाँवों को पूरी तरह छान मारा। सेन्तरा में बिरसा का साला पकड़ा गया। गाँव से आधा मील दूर जंगल में बोक्सवेल को करीब पाँच मन साफ किया गया छिपाया हुआ चावल मिला और सोने के लिए प्रयोग में लाई जानेवाली कई चटाइयाँ भी पाई गईं। इससे प्रकट हुआ कि भागे हुए विद्रोहियों के छिपने का यही स्थान था। उसी दिन रोगतो से आधा मील दूर जंगल में सुनसान जगह में एक मकान भी मिला, जिसकी स्थिति वर्णनयोग्य थी—

> "इसके लिए जंगल के बीच में मिट्टी के एक ऊँचे ढेर(?) के सिरे पर जगह चुनी गई थी ताकि वह जंगल की पगडंडियों से दिखलाई न पड़े। ये पगडंडियाँ पहाड़ के एक ओर काराकाल के दक्षिण-पूर्व से और दूसरी ओर चक्रधरपुर थाना की निचली भूमि से होकर जंगल से गुजरती थीं। जंगल के बीच से इस पहाड़ी के सिरे पर चढ़ते हुए हमने पहले फूस से बनाई गई बंदनवार के रूप में बनी गोलाकार रस्सी चारों ओर पेड़ों से बँधी देखी। गोलाकार रस्सी का व्यास 60

गज का होगा। इस गोलाकार रस्सी के ठीक बीचोंबीच झाड़ियों के घेरे में घिरी एक काफी छोटी अच्छी तरह बनाई गई मिट्टी की झोंपड़ी थी, जिसमें दो कमरे थे। उस पर छप्पर अच्छी तरह छाया गया था और जो खूब साफ करके रखी गई थी। उस जगह में आराम से रहने के लक्षण देखे गए और लगा कि वहाँ सुखी-संपन्न लोग रहते हैं। झोंपड़ी के सामने एक ऊँचा मचान था, जिस पर चढ़ने के लिए 20 फुट ऊँची सीढ़ी थी। मचान पर भी एक अच्छा छप्पर था और उसकी दीवारें चटाइयों से बनाई गई थीं। उसके भीतर काफी परिमाण में नया साफ फूस था और स्पष्ट मालूम पड़ता था कि हाल में वह जगह दो व्यक्तियों के सोने के प्रयोग में लाई जाती रही है। झोंपड़ी के पीछे फूलों की क्यारी (तुलसी पिंडा) थी। क्यारी सिर्फ एक थी जिसके चारों किनारों पर चार बाँस गड़े थे, जिनको पवित्र धागे से बाँधकर घेरा गया था। झोंपड़ी का भीतरी हिस्सा खूब झाड़कर रखा गया था। एक कमरे में एक चूल्हा था, जिसमें आग जलाए जाने के अवशेष पड़े हुए थे। आग की राख बुझी हुई थी पर अभी भी छूने से गरम मालूम पड़ती थी। आँगन में गड़े एक छोटे-से बाँस से बिरसा-अनुयायियों द्वारा पहने जानेवाले जनेऊ का टुकड़ा लटका हुआ था।"[37]

जाहिर था कि बिरसा यहाँ बराबर छिपा करते थे और पिछली रात वे यहीं पर थे। पर सरकारी पार्टी को यहाँ पहुँचने के दो घंटे बाद यह बात मालूम हुई। उनकी खोज यहीं समाप्त हो गई। इसमें संदेह नहीं कि घर के रहनेवालों को उनके आने की खबर पहले से मालूम हो गई थी।

रोगातों के भागे हुए बिरसा-अनुयायियों का धान और अन्य संपति कुर्क कर दी गई। फरार विद्रोहियों के गिरफ्तार होने तक उनके परिवारों की महिलाओं और बच्चों को जोम्कोपाई में रोज पका हुआ भोजन मुफ्त दिया जाता था। 22 जनवरी को फरार बिरसा-अनुयायियों के अन्य संभावित छिपने के स्थानों की छानबीन की गई। ये स्थान लोम्बडा, देना, रायघुल और कोलेबिरा गाँव थे। 23 जनवरी को कमिश्नर ने जाँराते से बारह मील दूर गुदरी की यात्रा की जो कि प्रमुख बिरसा-अनुयायियों गीडियन, मारकुस और अन्य सरदारों से संबद्ध रहा था। 25 और 26 जनवरी को वारिंगपीर के मुंडाओं और मानकियों की जाँच की गई। तीन प्रमुख बिरसा-अनुयायियों—कोलिदा के अमकु मुंडा, जलेसर के टीका मुंडा और तमुआ के मलकू मुंडा, को गिरफ्तार कर लिया गया। बिरसा और सरदार-आंदोलन से संबंध रखनेवाले बुदरी और वारिंग पीर के पाँच मुंडा सरकारी सेवकों को बरखास्त भी कर दिया गया। 25 जनवरी को पुलिस ने बुध मुंडा को गिरफ्तार कर लिया, जिसकी लड़की से बिरसा का विवाह तीन ही महीने पूर्व हुआ था।

रायगोड़ा, संकरा ओर हलमत गाँवों की फिर तलाशी की गई, पर रात के समय की गई इस कार्रवाई का कोई खास परिणाम न निकला। अब कोई ऐसा सुराग न बचा था, जिससे बिरसा को गिरफ्तार किया जा सकता। पर अधिकारियों के दमन और परेशान करने की कार्रवाइयों का प्रभाव पड़ना शुरू हो गया था। 21 जनवरी को गिरफ्तार किए गए लोग अधिकारियों की मदद करने के लिए तैयार हो गए थे।

एक दूसरी सरकारी पार्टी ने जिसमें छठी जाट पलटन की तीसरी राइफल टुकड़ी का प्रभार सहायक जिला पुलिस अधीक्षक जे. ए. स्टिवेन्स और मिडल्टन को सौंपा गया था, बसिया पुलिसथाने और तोरपा पुलिस चौकी के क्षेत्रों की गश्त लगाना शुरू किया। इस क्षेत्र में कार्रवाई का लक्ष्य सरदारों पर धावा बोलना था। उनकी संपत्ति भी कुर्क करने का आदेश दिया गया जो आत्मसमर्पण करने पर उनको वापिस कर दी जानेवाली थी। आदेश दिया गया कि बंदूक या अन्य आग्नेयास्त्र का प्रयोग केवल आत्म-रक्षा के लिए किया जाए और अगर उन लोगों के समक्ष हिंसक विरोध की स्थिति उत्पन्न हो जाए तो मिडल्टन हस्तक्षेप करेंगे। 13 जनवरी को साढ़े आठ बजे सुबह यह पार्टी खूँटी से रवाना हुई और 3 बजे दिन में तोरपा पहुँची। उन लोगों ने बिरसा अनुयायियों के मुख्य केंद्रों-कर्रा, मार्चा और बेरुबेरा में तलाशियाँ लीं।

दूसरे दिन इन लोगों ने इन गाँवों के नौ सरदारों को गिरफ्तार किया, जिनमें छः महत्त्वपूर्ण थे। बिरसा-अनुयायियों के एक और मुख्य केंद्र डोरमा की छानबीन रात में करने की योजना बनाई गई। पर उसे छोड़ दिया गया, क्योंकि मालूम हुआ कि लोगों को उसके बारे में खबर मिल गई थी। ऐसी खबर मिली कि एक छुट्टी के दिन तोरपा पर विद्रोहियों का हमला होनेवाला था। पर यह खबर निराधार सिद्ध हुई। कुल 134 व्यक्ति गिरफ्तार किए गए जिनमें से अधिकांश को मुंडा गाँवों के लोगों ने ही पकड़ा था। यह सरकारी पार्टी सोनपुर गढ़ और नुरहू होते हुए राँची वापस लौट गई।

राँची के डिप्टी कमिश्नर स्ट्रीटफील्ड और कर्नल वेस्टमोरलैंड के अधीन एक तीसरी सरकारी पार्टी ने खूँटी क्षेत्र की छानबीन की। उनका उद्देश्य खूँटी पुलिस थाने पर हमले और सईल रकब पर कार्रवाई से संबंधित विद्रोहियों को गिरफ्तार करना था। वे खासतौर पर दो विद्रोही नेताओं-बोरतोडीह के डोंका मुंडा और सेरेंगडीह के माझिया मुंडा को गिरफ्तार करने के प्रयास में थे। इस पार्टी के एक हिस्से ने, जिसमें जाट सैन्य टुकड़ी के 60 राइफलवाले और लेफ्टिनेंट वंडरगुट थे, सीनीगूटू, पोसिया और सिलाईडीह में तलाशियाँ लीं। ये विशेष रूप से बिरसा-विद्रोहियों के गाँव थे, जहाँ के लोगों ने निश्चित रूप से, उपर्युक्त दो घटनाओं में भाग लिया होगा और जो अब शांति के साथ रहने को उत्सुक जनता

को डरा-धमका रहे होंगे। खूँटी थाने पर हमले का नेतृत्व करनेवाले सिनीगुटू के बागी मुंडा और तैंतीस अन्य व्यक्तियों को गिरफ्तार किया गया। सरगोनिया में धान कुर्क किए जाने के फलस्वरूप पाँच अन्य बिरसा-अनुयायियों की गिरफ्तारी संभव हुई। वहाँ से पार्टी मारंगहदा के लिए रवाना हुई। प्रधान कांस्टेबुल और दस सिपाही बुडूडीह गए। सोपारोम गाँव में किसी भी आदमी के दर्शन न हुए। वहाँ सन्नाटा छाया हुआ था। यहाँ तक कि लोग अनाज तक उठाकर ले गए थे। हौफमैन ने यह अफवाह उड़ा दी कि आरुबूरा में बिरसा-अनुयायियों की बहुत बड़ी भीड़ इकट्ठा होनेवाली है। पर वहाँ भीड़-बीड़ कुछ न थी। डिप्टी कमिश्नर दुबू जिउरी, रेटनदाग और सैको भी गए। दुबू में बिरसा-अनुयायियों की संपत्ति कुर्क कर ली गई। वहाँ मकान खाली पड़े मिले। इनमें कहीं भी चावल तक न देखा गया। इससे मालूम पड़ा कि आंदोलन के दरम्यान लोगों ने खेती तक करना छोड़ दिया था। डिप्टी कमिश्नर ने सरकारी पार्टी के साथ सैको से बंदगाँव तक दूर-दूर तक फैले उपद्रवग्रस्त क्षेत्रों की पैदल यात्रा की। रास्ते में डोल्डा, बीरबाँकी और कोचाँग पड़े। वहाँ भी उन लोगों ने छानबीन की और तलाशियाँ लीं। फिर डिप्टी कमिश्नर राँची लौट आए।

12 से 25 जनवरी तक सरकारी कार्रवाइयों का प्रथम चरण पूरा हो गया, पर प्रत्यक्ष रूप से इसका कोई विशेष लाभ न हुआ। आंदोलन के प्रमुख नेता डोंका माझिया और गया मुंडा के पुत्र अभी भी फरार थे। यों गिरफ्तारियाँ काफी हुई थीं और गिरफ्तार लोगों की संपत्ति सरकार ने अपने कब्जे में ले ली थी। खतरा अभी भी बना हुआ था कि शायद पहले से कहीं बड़ा विद्रोह फिर न छिड़ जाए। मिशनरियों और सरकार-समर्थक मुंडाओं के बीच सामान्यतः यह धारणा बनी रही कि अभी बिरसा-आंदोलन का अंत नहीं हुआ है। जो लोग गिरफ्तार किए गए थे, उन्होंने अपने बयानों में बताया कि बिरसा का स्पष्ट उद्देश्य यह है कि विदेशियों को निकाल बाहर किया जाए। फरार विद्रोहियों के घरों की महिलाएँ अपने-अपने गाँवों की शांतिप्रिय महिलाओं को डरा-धमका रही थीं। सईल रकब के गोलीकांड के बाद भागे हुए लोग अपने साथियों को, जिनसे उनकी मुलाकात हो जाती थी, बराबर आश्वासन दे रहे थे कि गोलीकांड में केवल वे लोग मारे गए जो बिरसा के धर्म के सच्चे अनुयायी न थे।

फलतः आंदोलन को पूरी तरह कुचल डालने के लिए बिरसा-अनुयायियों पर भयानक आतंक बरपा कर दिया गया। उन लोगों के साथ धोखाधड़ी और जालसाजी की गई, उन्हें सताया गया, बुरी तरह पीटा गया और उन पर प्रश्नों और पूछताछ की झड़ी लगा दी गई। एक बिरसा-अनुयायी ने एक पदाधिकारी के सवाल के जवाब में कहा—"क्या आप बिरसा पर निगाह रखने के लिए मुझे तनख्वाह देते हैं? उन्हें आप ही गिरफ्तार कीजिए क्योंकि आपको इसके लिए तनख्वाह दी

जाती है।" इसी कारण उस पर खूब मार पड़ी। जो लोग बिरसा-धर्म का प्रतीक यज्ञोपवीत पहने रहते थे और अपने नेता (बिरसा) का पता बतलाने से इंकार करते थे, उन्हें खास तौर से यातनाएँ दी जाती थीं। हासदा, बुरजू और सरवदा क्षेत्रों के गाँवों में जो लोग ईसाई धर्म अपना चुके थे, वे इन यातनाओं से बच जाते थे। अन्य बिरसा-अनुयायियों की संपत्ति लूट ली जाती थी और उनकी बहनों-बहुओं का शील-हरण किया जाता था।

एक महीने से कुछ ज्यादा समय तक चलनेवाले इस विद्रोह के विभिन्न चरणों और उद्देश्यों का ठीक-ठाक वर्गीकरण किया जा सकता है। पहले वह आगजनी और तीरों की 'महामारी' की घटनाओं से शुरू हुआ, जिनका उद्देश्य था कि ईसाई मुंडाओं और अन्य लोगों को विद्रोहियों का साथ देने के लिए बाध्य किया जाए और फिर विद्रोह ने अपने गैर-धार्मिक और शुद्ध राजनीतिक चरण में प्रवेश किया, और अधिकारियों से विद्रोहियों की सीधी टक्कर हुई। उनके स्पष्ट लक्ष्य यूरोपियन थे, यद्यपि एक भी यूरोपियन मारा नहीं गया। शायद आक्रमण की योजना भली-भाँति तैयार न की गई थी। दिकुओं पर भी आक्रमण की, सिर्फ एक घटना को छोड़कर, कोई योजना नहीं थी।[38] विद्रोहियों का विचार शायद यह था कि पहले अंग्रेजों का शासन समाप्त किया जाए जो उनके दुश्मनों की रक्षा करता है। उसके बाद वे अपने दुश्मनों पर प्रहार करते। दो घटनाएँ, जिनमें एक एकटेडीह में डिप्टी कमिश्नर से गया मुंडा की व्यक्तिगत मुठभेड़ और दूसरी सईल रकब की भीषण गोलीबारी, निस्संदेह आंदोलन के पीछे की निहित भावना को अच्छी तरह स्पष्ट कर देती हैं। यह भावना विदेशी शासकों का तीव्र प्रतिरोध और उनके विरुद्ध कड़वी घृणा से ओत-प्रोत थी। साथ ही विद्रोहियों में नृशंस हिंसा का भाव और बिरसा के उपदेशों और नेतृत्व में पूर्ण निष्ठा थी। मुंडाओं के आक्रमण या प्रतिरोध को एक सशस्त्र युद्ध की संज्ञा नहीं दी जा सकती। वह एक घमासान लड़ाई भी नहीं थी। विद्रोहियों के पुराने किस्म के हथियार उनके दुश्मनों के आधुनिक शस्त्रों के मुकाबले में बहुत-बहुत हद तक प्रभावहीन थे। फलतः सईल रकब में बंदूकों के छर्रों की मात्र एक बौछार ने उस हिंसक विद्रोह के भाग्य का निर्णायक अंत कर दिया। लेकिन विद्रोह का क्षेत्र पहाड़ी प्रदेश के 400 वर्ग मील में फैला हुआ था, जिनमें अनेक घटना-स्थल प्रायः साठ-साठ मील के अंतराल पर थे।

इतने व्यापक क्षेत्र में इस प्रकार एक साथ विद्रोह फूट पड़ने के पीछे निश्चय ही रण-चातुर्य और प्रबंध के बारे में गोपनीयता की नीति का प्रमाण मिलता है। विद्रोहियों के हाथों से केवल आठ व्यक्तियों के प्राण गए। इनमें चार कांस्टेबुल, एक चौकीदार और तीन अन्य लोग थे। पर उन्हें हत्या के प्रयत्न के 32 मुकदमों और आगजनी के 81 मुकदमों में फँसाया गया। एक महीने का यह अल्पकालिक

विद्रोह उस तीव्र भावना और हिंसा की आग से सराबोर था, जो पूरे चार दशकों के सरदार-आंदोलन के दरम्यान मुंडाओं के हृदय में सुलग रही थी। और साथ ही कोल विद्रोह के बाद पहली बार इससे यह भी सिद्ध हुआ कि एक बार फिर निराशोन्मत्त मुंडा जन-समुदाय के दिलों में व्यापक और गहराई से जड़ें जमाए हुए विद्रोह की भावना व्याप्त थी और वे अत्यंत विषम परिस्थितियों के बीच संघर्ष करने के लिए तैयार थे।

अध्याय 7

अंत (फरवरी 1900–अक्तूबर 1901)

28 जनवरी को दो प्रमुख मुंडा सरदारों–डोंका और माझिया ने अन्य बत्तीस विद्रोहियों के साथ सामूहिक रूप से आत्म-समर्पण कर दिया। अपनी संपत्ति कुर्क किए जाने के कारण उन्होंने यह कदम उठाया। इससे प्रकट हुआ कि राँची जिले में आंदोलन के प्रयत्न पूरी तरह समाप्त हो गए थे। आंदोलन के क्षेत्र से फौज वापस बुला ली गई। सरकार ने निर्णय किया कि अब से वहाँ अतिरिक्त फौजें तैनात न रखी जाएँगी। यह अनुचित समझा गया कि बाहर यह भावना फैले कि सरकार अपने समर्थक और विरोधी मुंडाओं के बीच भेद-भाव बरतती है। केवल सुदूर क्षेत्रों में कुछ स्थानों पर पहरे के लिए थोड़े-से आदमी छोड़ दिए गए।

जैसाकि 1895 के आंदोलन के समय हुआ था, 1900 के आंदोलन में भी मिशनों की सदस्य-संख्या बेतहाशा बढ़ी। अधिकारियों के भय से ग्रस्त लोग गिरजाघरों की ओर मुड़े। 1899 के दुर्भिक्ष ने भी ईसाई धर्म अपनाने की प्रक्रिया तेज की थी। पर बिरसा-आंदोलन से इस प्रक्रिया को बहुत धक्का लगा था। 1885-90 में तोरपा क्षेत्र में फादर लीवेन्स के समय 15,000 मुंडाओं के नाम ईसाई धर्म अपनानेवालों में अंकित किए गए। पर जब बिरसा ने अपने लोगों से वायदा किया कि उनकी प्राचीन महानता और एक स्वतंत्र मुंडा राज्य की फिर से स्थापना की जाएगी, तो प्रायः सभी रोमन कैथोलिक मुंडा एक साथ बिरसा-आंदोलन में शामिल हो गए। केवल मिशनों के आसपास के क्षेत्रों के ईसाई मुंडाओं ने बिरसा का अनुयायी बनना स्वीकार न किया और जब बिरसा-आंदोलन का अंत विफलता में हुआ तो मिशनरियों के सामने यह समस्या उपस्थित हुई कि मुंडाओं को ईसाई धर्म अपनाने के लिए प्रेरित करने का काम प्रायः नए सिरे से शुरू किया जाए और मिशनरियों ने यह काम पूरा किया। इससे स्पष्ट है कि 1922 तक रोमन कैथोलिक धर्म अपनानेवाले मुंडाओं की संख्या 30,000 तक पहुँच गई।

सरकार के भय से ग्रस्त मुंडाओं ने बिरसा-विद्रोहियों को गिरफ्तार कराने में अधिकारियों की मदद की। सरकार ने इसके लिए जो पुरस्कार घोषित किए थे, उनकी राशि का लोभ अनेक मुंडा संवरण न कर सके। बिरसा-समर्थकों को गिरफ्तार कराने के लिए खूँटी में तैंतीस और तमाड़ में सत्रह मुंडाओं को पुरस्कार

दिए गए। गुटूहाटू के सिंगराई मुंडा ने विद्रोहियों की खोज में सरकार की मदद की और डोंका मुंडा तथा अन्य लोगों को गिरफ्तार कराया। उसे सौ रुपए का नकद पुरस्कार दिया गया।

बिरसा की गिरफ्तारी और कारावास

बिरसा ने अपने अंतिम दिन पोराहाट की अधित्यका (उच्च भूमि) पर जगह-जगह बिताए। उनका लगातार पीछा किया जा रहा था। रोगोटो में बिरसा-अनुयायियों की आखिरी बैठक हुई, जिसके लिए बहुत जल्दी में तैयारी की गई थी। उन्होंने उस बैठक में अपने धर्म और अपने अनुयायियों के लिए आचरण-संहिता के बारे में निर्देश दिए। जाहिर था कि वे अपने अनुयायियों का मनोबल ऊँचा करने और उनकी संख्या में वृद्धि के अंतिम और असंभव-से प्रयास में लगे हुए थे। इसलिए उन्होंने प्राणियों और खासकर अपने शरण-स्थल यानी जंगल के खूँखार एवं अन्य जानवरों के बारे में अपने धर्म की उपयोगिता के प्रदर्शन की कोशिश की। उदाहरण के लिए उन्होंने एक तिलई पेड़ से करीब आधा सेर गेहूँ बाँधकर लटका दिया और घोषणा की कि रात के समय जंगल के सभी जानवर उस ओर खिंच आएँगे। ऐसा हुआ भी, पर उपस्थित लोग प्रभावित न हुए।

सरकार ने बिरसा की गिरफ्तारी में सहायता देने के लिए जो इनाम घोषित कर रखा था, उससे पासवाले गाँवों—मानमारू और जरीकेल के सात आदमी लोभ में पड़ गए थे और वे बिरसा की खोज में लगे हुए थे। 3 फरवरी 1900 को उन्होंने दिन में देखा कि कुछ दूर पर सेंतरा के पश्चिम-स्थित जंगल के काफी भीतर मानो एक शिविर से जलाई गई आग का हल्का-सा धुआँ उठ रहा है। वे सातों लोभी आदमी धीरे-धीरे, रेंगते हुए-से, वहाँ तक पहुँचे। वहाँ पहुँचकर उन्होंने देखा कि बिरसा दो तलवारों के साथ बैठे हुए थे और उनकी दो पत्नियाँ, जिनमें एक ऊपर चर्चित साली और दूसरी शायद सुंगी मुंडा की पुत्री थी, उनका खाना पका रही थीं। चोरी-छिपे वहाँ पहुँचे वे लोग इस इंतजार में छिपकर बैठे रहे कि कब वे लोग सोएँ और कब उन पर धावा बोला जाए। जब काफी समय बाद बिरसा और उनकी दोनों पत्नियाँ गाढ़ी नींद में सो गईं तो उन लोगों ने ठीक मौका पाकर उन पर झपट्टा मारा और इसके पूर्व कि बिरसा आत्म-रक्षा के लिए तलवार इस्तेमाल करें, उन्हें चारों ओर से कसकर पूरी तरह अपने कब्जे में ले लिया। उन्हें तुरंत बंदगाँव में कैम्प डाले गए डिप्टी कमिश्नर के हाथ सुपुर्द कर दिया। उन लोगों को 500 रु. का नकद पुरस्कार दिया गया। सिंहभूम के डिप्टी कमिश्नर ने तुरंत कमिश्नर को इसकी खबर दी। डिप्टी कमिश्नर को आदेश दिया गया कि बिरसा को चाईबासा नहीं, राँची भेजा जाए। खबर फैलते ही बंदगाँव में तुरंत भीड़ जमा होने लगी। रिसई और आस-पास के गाँवों से उसके अनुयायी, संबंधी, बहन चंपा और

बहनोई भी पहुँच गए। फिर यह अफवाह भी फैली कि बिरसा को छुड़ाने के लिए जिउरी से लोग लाठियों और हथियारों से लैस पहुँचने ही वाले हैं। पुलिस ने उपद्रव की आशंका देखते हुए बिरसा को खूँटी के रास्ते राँची तुरंत पहुँचा दिया। खूँटी में वे लोग बंदी बिरसा के साथ कुछ देर के लिए ठहरे। रास्ते में जगह-जगह बिरसा के दर्शन के लिए बड़ी भीड़ उमड़ी हुई थी। उस संकट और खतरे की घड़ी में भी बिरसा के चेहरे पर मुस्कान थी। वे एक बड़ी पगड़ी बाँधे और चादर ओढ़े हुए थे।[39]

जेल में बिरसा ने अपने बारे में नहीं, बल्कि अपने प्रायः चार सौ गिरफ्तार अनुयायियों के बारे में ही सोचा। बाद में उन्होंने अपने एक निकट अनुयायी भरमी मुंडा से कहा कि वे लोग अदालत में उनके (बिरसा के) बारे में किसी भी तरह की जानकारी से इंकार करें और वे भी उन लोगों के बारे में जानकारी से इंकार करेंगे। सिर्फ इसी प्रकार वे लोग सज़ा से बच सकेंगे, और किसी अन्य प्रकार नहीं। उन्हें शायद अपनी आसन्न मृत्यु का भी भान हो गया था, जो उनकी इस बात से स्पष्ट हुआ—

> ''जब तक मैं अपना मिट्टी का यह तन बदल नहीं देता, तुम सब लोग न बच पाओगे। निराश न होना। यह मत सोचना कि मैंने तुम लोगों को मँझधार में छोड़ दिया। मैंने तुम्हें सभी हथियार और औजार दे दिए हैं। तुम लोग उनसे अपनी रक्षा कर सकते हो।''

इस सिलसिले में बिरसा ने पिछले दिनों सरदारों के साथ के अपने मतभेदों का भी जिक्र किया। उन्होंने कहा कि यदि उनके द्वारा सुझाए गए धार्मिक पथ को अपनाया गया होता तो उसके नतीजे बेहतर होते—

> ''मैंने तुम लोगों से कहा था कि हम यदि धर्म के अस्त्रों से लड़ते तो हमें ये सारी कठिनाइयाँ न उठानी पड़तीं और हमारा उद्देश्य भी पूरा हो जाता। तुम लोगों ने उसके विपरीत जो रास्ता चुना, उसके कारण हमें आज जेल की खिचड़ी खानी पड़ रही है। हमें अपने परिवार, अपने बच्चों और पत्नियों को बेसहारा छोड़ना पड़ा। अगर हमने एक-दूसरे की राय मानी होती तो हमारी यह दुर्गत न हुई होती। पर फिर भी हमें अपना दिल छोटा न करना चाहिए। हमें धीरज से इंतजार करना चाहिए। मैं एक न एक दिन फिर लौटूँगा और अपना राज्य हासिल करके रहूँगा। पर अगर इसके लिए सरदारों की तरह मैं कोई एक दिन नियत कर दूँ तो तुम सिर्फ उस दिन की इंतजारी में हाथ-पर-हाथ धरे बैठे रहोगे।''

बिरसा ने यह भी कहा कि अंग्रेजों को दस साल तक ही इस क्षेत्र में जिंदा रहने देंगे। उन्होंने सभी को उनके धर्म के झंडे के नीचे आने का आह्वान दिया। उन्होंने कहा कि वे अपने लोगों के बीच फिर से जन्म लेंगे और उनके विचार उनकी भूमि में अंततः विजयी होंगे–

> "मैं एक बार फिर आऊँगा। मैं बुंडू, तमाड़, सिंहभूम, क्योंझर, गंगपुर और बसिया में होलिकाग्नि की जोत जलाऊँगा। मैं सोनपुर में पाँवों से जमीन की धूल उड़ाते चलूँगा। बानों में करकोटा गाँव में सिल्क के एक कीड़े ने अंडे दिए हैं (यानी सुदूरस्थ गाँवों में कई गुना वेग से नए विचारों का प्रसार हो रहा है)।"

एक अन्य क्षण में बिरसा क्रोध में आकर पहरेदार से बोले–

> "आज तुम मुझ पर पहरा दे रहे हो। एक दिन तुम देखोगे कि मैं जमीन पर कैसा रूप बना देता हूँ। जिस तरह मशीन में बाजरे की पिसाई की जाती है, मैं जमीन को पीसकर चूर-चूर कर दूँगा। जिस तरह गोंदली (एक जंगली घास) भूँजी जाती है, मैं जमीन को भूँज डालूँगा। अगर इस काम में जमीन टुकड़े-टुकड़े भी हो गई, तो भी मैं उसे नहीं छोड़ूँगा। मैं 52 किलो (52 परगनों) और उतने ही फाटकों के देश में दुश्मनों को तंग कर मारूँगा और बर्बाद कर दूँगा। मैं उन्हें छोड़ूँगा नहीं। मैं दुनिया को हिलाकर रख दूँगा।"[40]

बिरसा के ये उद्धरण और मसीही भाषा में प्रलाप, जो अक्सर पागलपन की सीमा तक पहुँचे हुए-से लगते थे, उनकी मानसिक व्यथा और बिगड़ते स्वास्थ्य के द्योतक थे।

बीमारी और मृत्यु

20 मई 1900 को जब सबसे अलग कैद में रखे बिरसा के पास सुबह 5 और 5-20 बजे के बीच, हमेशा की तरह, भोजन ले जाया गया तो ऐसा लगा कि खाने की अनिच्छा के कारण उन्होंने भोजन नहीं किया। उस समय उन्होंने तबीयत अच्छी न रहने की शिकायत न की। बाद में 5-57 बजे सुबह उन्हें अन्य उन्नीस विचाराधीन कैदियों के साथ अदालत की हाजत में ले जाया गया। फिर वे अदालत में बीमार हो गए। तब उन्हें जेल वापस ले जाया गया। जेल-अस्पताल के सहायक चिकित्सक ने उन्हें सुबह 9-45 बजे कुछ दवा दी। जाँच से पता चला कि उनकी नाड़ी कमजोर और तेज गति से चल रही थी, उनकी जीभ सूख रही थी और उसमें जलन थी। उन्होंने प्यास तेज होने की तकलीफ बतलाई। उन्होंने यह भी बताया

कि सुबह पहली बार शौच के लिए जाने पर उन्हें मल-त्याग के साथ एक बार पेशाब हुआ था। जेल-अधीक्षक ने उनकी नाड़ी कमजोर और धीमी गति से चलती पाई। उनकी आँखें कोटरों के भीतर धँस गई थीं और उनकी आवाज लड़खड़ाती-सी और अस्पष्ट थी। वे तीन दिनों तक बहुत गिरी हुई हालत में रहे। अगले दिन (1 जून, 1900) डिप्टी कमिश्नर को सूचना दी गई कि बिरसा को हैजा हो गया है और अब उनके जीवित रहने की संभावना नहीं है। डिप्टी कमिश्नर ने जेल जाकर बिरसा को देखा और हालत खराब पाई। फिर उन्होंने जेल अधीक्षक कैप्टन ए.आर.एस. ऐंडरसन को लिखा कि वे जेल आकर बिरसा को देखें और यदि उनकी हालत में कोई सुधार ला सकें तो लाएँ। ऐंडरसन के इलाज से बिरसा की हालत ठीक होने लगी और उसमें 7 जून तक धीरे-धीरे और भी सुधार होता रहा। पर 8 जून को उनकी हालत फिर खराब हो गई। उस रात उन्हें तीन दस्त हुए। एक और दस्त 9 जून को सुबह हुआ। फिर उनकी हालत बहुत गिर गई। 8 बजे सुबह वे अचानक चिल्लाए और बार-बार खून का वमन करने लगे। फिर वे बेहोश हो गए और 9 बजे सुबह उनकी मृत्यु हो गई।

जब उनका शव बाहर लाया जा रहा था तो जेल में बहुत हल्ला उठा। सभी बंदी बिरसा-अनुयायियों को बुलाया गया कि वे नेता की लाश पहचान लें। पर डर से कोई भी नहीं आया। राँची जेल के अधीक्षक ने 9 जून को शाम साढ़े 5 बजे उनका अंत्य-परीक्षण किया। पाया गया कि उनके पेट के सभी भाग सिकुड़ गए थे, उनमें खून के निशान और द्रव थे और छोटी अँतड़ी नष्टप्राय और बहुत पतली हो गई थी। इस बात की सावधानी से जाँच की गई कि पेट में विष-पान के लक्षण तो नहीं हैं, पर वैसा कोई लक्षण नहीं पाया गया। अंत्य-परीक्षण के बाद घोषणा की गई कि बहुत दिनों तक पेचिश के अपने पुराने रोग से पीड़ित रहने और फिर हैजा का अचानक हमला हो जाने के कारण बिरसा की अँतड़ियों की ऊपरी दो तहों में बहुत ज्यादा खून जम गया था। इस वजह से उनके हृदय के बाएँ हिस्से में भी खून का जमाव हो गया था, जिससे वे बेहोश हो गए और अंततः मृत्यु के शिकार हुए। इसके कुछ दिनों पहले बिरसा ने एक प्रश्न के उत्तर में इस बात से इंकार किया था कि उन्होंने जेल के बाहर से मँगाई कोई चीज खाई या पी थी। पर एक बार उन्होंने जेल के गढ़े से लाए गए पानी से अपने दाँत साफ किए थे। जेल में जो अन्य कैदी बिरसा के बंदी-कक्ष के पास रखे गए थे, उन सब का स्वास्थ्य बिल्कुल ठीक था। यद्यपि जेल-अधीक्षक ऐंडरसन ने सावधानी के साथ जाँच-पड़ताल की पर वे इस बारे में किसी निष्कर्ष पर पहुँचने में असमर्थ रहे कि आखिर बिरसा को हैजा कैसे हो गया।

जहाँ तक बिरसा के शव-संस्कार का संबंध था, उसमें जेल-संहिता के सामान्य नियमों से हटकर कुछ नहीं किया जा सकता था। अगर बंदी बनाए गए

कुछ प्रमुख बिरसा-अनुयायियों को बिरसा का शव-संस्कार स्वयं देखने के लिए जेल से बाहर लाया जाता, तो उसके दुहरे ढंग से गलत मतलब लगाया जाता। यदि ऐसा किया गया होता तो बिरसा-अनुयायी यह खबर बढ़ा-चढ़ाकर प्रचारित करते और कहते कि उनके नेता का शव-संस्कार बड़े सम्मान के साथ किया गया। वे शायद यह भी कहते कि उस समय कुछ आश्चर्यजनक घटना भी हुई। सरदारों के उद्देश्यों के अथक और अनवरत प्रवक्ता वकील जैकब शायद यह प्रचार करते कि अधिकारियों ने बिरसा का शव-संस्कार उनके अभागे अनुयायियों की उपस्थिति में किया और उन लोगों को यह दुखद दृश्य चुपचाप देखने को बाध्य किया गया। लोगों के बीच प्रचलित एक विवरण में कहा गया कि राँची में कोकर में स्थित वर्तमान शराब-भट्ठी के निकट हरमू नदी के घाट पर बिरसा का शव जेल के भंगी द्वारा गोइठों की आग में जलाया गया।

बाद में यह रिपोर्ट मिली कि हैजे से सिंहभूम के एक विचाराधीन कैदी की मृत्यु हो जाने का एकमात्र मामला बिरसा के बीमार पड़ने के दस दिन पूर्व हुआ था। जेल-अधिकारियों को यह संदेह भी हुआ कि शायद बंदियों को अदालत में अथवा वहाँ ले जाने या वापस लाने के रास्ते में दूषित पानी या भोजन दिया गया था, पर उनके साथ जानेवाले प्रहरी और अन्य कैदियों ने इस तरह की कोई बात होने से साफ इंकार किया। जे. ए. क्रैवर्न पर बिरसा की मृत्यु की जाँच का भार सौंपा गया था। उन्होंने मृत्यु के कारण के बारे में यह निष्कर्ष दिया कि पेचिश से बिरसा के स्वास्थ्य को बहुत क्षति पहुँच चुकी थी, जिससे वह हैजे का आक्रमण बर्दाश्त न कर पाए। इस बारे में गवाहियों से यही निष्कर्ष निकला कि बिरसा की मृत्यु प्राकृतिक कारणों से हुई, और मृत्यु का कोई अन्य कारण होने के बारे में संदेह की कोई गुंजाइश न थी। पर बिरसा को हैजा किस वजह से हुआ, इस प्रश्न पर सिविल सर्जन किसी निश्चित निष्कर्ष पर न पहुँच सके और उन्हें अंदेशा था कि यह मामला बराबर एक रहस्य ही बना रहेगा। राज्य सरकार ने इस बात की पुष्टि की कि बिरसा हैजे से मरे। यह बीमारी उनके लिए द्योतक न होती, अगर वे पहले ही अपनी पेचिश की बीमारी से बहुत दुर्बल न हो गए होते। लेफ्टिनेंट गवर्नर ने भी इसमें षड्यंत्र का कोई आधार न पाया और यह मत प्रकट किया कि इस खेदजनक घटना के लिए जेल या चिकित्सा-अधिकारियों की कार्रवाई के चलते उन लोगों पर किसी तरह का आरोप नहीं लगाया जा सकता।

पर फिर भी बिरसा की मृत्यु एक पहेली ही बनकर रह गई।[41] यहाँ तक कि बिरसा के समसामयिक आलोचक घरबंधु ने इस घटना पर अपना विस्मय प्रकट किया और मृत्यु के लिए उन लोगों (सरदारों?) को उत्तरदायी करार दिया जो उनसे किसी तरह छुटकारा पाना चाह रहे थे। उन्हें इस दुनिया से ही हटा देने के कुछ बाध्यकारी कारण थे। यदि उन्हें आजीवन कारावास दिया जाता, जिसकी

पूरी संभावना थी, तो उससे एक जीवित खतरा अर्थात् वे कायम तो रहते ही। इसलिए उन्हें विष देकर मार डालने की आशंका से इंकार नहीं किया जा सकता। और फिर उनकी मृत्यु से उनके सहयोगियों पर मुकदमों को तैयारी में कोई अंतर न पड़ता। वे मर गए, इस कारण उनके सहयोगियों को कानून के चंगुल से छुटकारा तो न मिल सकता था।

बिरसा की मृत्यु के बारे में उनके अनुयायियों ने अपनी कहानी गढ़ी है। उनके अनुसार मरचा करोड़ा के सुकदेव (?) मुंडा ने बिरसा को रोटी में जहर मिलाकर दिया था। बिरसा ने भगवान से प्रार्थना की। भगवान ने कहा, "तू फिक्र मत कर। तुम्हारे राज-काज के लिए मैं जिम्मेदार हूँ। इस पृथ्वी पर तुम्हारा जन्म तीन बार होगा।" बिरसा ने अपने अंतिम संस्कार के बारे में हिदायतें दीं। जैसा कि ऊपर कहा गया है, उनके मरने के बाद जेल में बंद उनके अनुयायियों ने उन्हें डर के मारे पहचानने से इंकार कर दिया। बिरसा को जहाँ जलाया गया, वहाँ बिरसा-भगतों के अनुसार बाँस का एक पेड़ उगा जिसे अंग्रेज़ों ने काट डाला, एक गाय का जन्म हुआ जो मार डाली गई और फिर एक भेड़ का जन्म हुआ जिसे वे मार नहीं सके। उनके अनुसार बिरसा का पुनर्जन्म तीन बार होगा। पहला अवतार गंदर्प मुनि (?) के रूप में, फिर वे सईल रकब की मार-काट का बदला लेंगे और अंग्रेजों को भगाकर मुँड़कट्टी स्वराज्य की स्थापना करेंगे। यह जन्म महात्मा गाँधी के रूप में हुआ।

सरदारों और बिरसा-अनुयायियों पर मुकदमा

अनुयायियों पर मुकदमा एक साल से ज्यादा समय तक चला। और यही था बिरसा-आंदोलन का उपसंहार। ऐटकडीह की मुठभेड़ के बाद से कैदी और घायल व्यक्ति बड़ी संख्या में राँची लाए जा रहे थे। जो गिरफ्तार किए जाते थे, उनके हाथों में हथकड़ियाँ डाल दी जाती थीं और उन्हें घटना-स्थल से जिला मुख्यालय तक पैदल चलने को मजबूर किया जाता था। और इन बंदियों में बहुत-सी औरतें भी होती थीं। उनकी यातनापूर्ण स्थिति इससे स्पष्ट हो जाती है कि 9 जनवरी को जो 52 कैदी उपद्रव-स्थल से अधिकारियों द्वारा जिला मुख्यालय को भेजे गए, उनमें से एक ने अपने शरीर में लगी चोट से रास्ते में ही दम तोड़ दिया और एक अन्य को इतनी चोट लगी थी कि उसके फिर से चंगे होने की कोई उम्मीद ही न थी। 15 जनवरी को जो 35 बंदी राँची ले जाए गए उनमें से दो को खतरनाक रूप से और दो को बुरी तरह चोट लगी थी, और जब सरकार का धर-पकड़ का अभियान समाप्त हुआ तो कुल गिरफ्तार विद्रोहियों की संख्या 482 थी, जिनमें से राँची जिले में 348 और सिंहभूम जिले में 134 व्यक्ति बंदी बनाए गए थे। इनमें प्रमुख सरदार नेता और बिरसा-अनुयायी थे जो इस क्षेत्र में विद्रोह की आग

की लपेट में आनेवाले क्षेत्रों का पूरी तरह प्रतिनिधित्व करते थे।

राँची के डिप्टी कमिश्नर ने उपद्रवग्रस्त क्षेत्र में लौटने की अनुमति चाही, ताकि वे और प्रमाण इकट्ठे कर सकें तथा जिन बंदियों के बारे में यह आरोप नहीं था कि वे भारतीय दंड संहिता के विरुद्ध गंभीर अपराधों से संबंधित थे अथवा जिन्होंने आम आंदोलन में सक्रिय भूमिका नहीं निबाही थी, उन पर घटना-स्थल पर ही मुकदमा चला सकें। पर फिर भी सरकार ने निश्चय किया कि वह खुद कैदियों के खिलाफ मुकदमों पर विचार न करेगी, क्योंकि इससे अपीलीय न्यायालय निःसंदेह यह राय बनाते कि उनके मुकदमे पर विचार उस पदाधिकारी द्वारा किया जा रहा है जो खुद उस मामले से संबंध रखता है। इस प्रकार मुकदमे चलाए जाने से अभियुक्तों के विरुद्ध स्वभावतः न्याय न किए जाने का शक किया जाना गैरवाजिब न माना जा सकता था। इसलिए राँची के डिप्टी कमिश्नर को प्रमाण इकट्ठा करने, उनके वर्गीकरण और व्यवस्थापन आदि कार्यों के लिए पिछले उपद्रवोंवाले क्षेत्रों में जाना था और विशेष मजिस्ट्रेटों की अदालत में अभियुक्तों पर चल रहे मुकदमों का पर्यवेक्षण करना था। फरवरी और मार्च 1900 में दो विशेष पुलिस दारोगा डिप्टी कमिश्नर को इस कार्य में सहयोग देने के लिए नियुक्त किए गए, ताकि प्रमाण इकट्ठे किए जा सकें और मुकदमों की सुनवाई शीघ्रता के साथ हो सके। डिप्टी कमिश्नर ने खुद 9 अप्रैल को पिछले दिनों के उपद्रव के स्थान पर अपना कैम्प डाल दिया और उस क्षेत्र के विभिन्न स्थानों पर 14 मई तक दौरे पर रहे। केवल मई के आरंभ में दो-तीन दिनों तक वे किसी अन्य काम से कैम्प से बाहर रहे। इस अवधि के अंत तक उन्होंने जाँच का काम पूरा कर लिया और उस समय जेल में बंद मुंडाओं के खिलाफ सभी प्रमाण इकट्ठे कर लिए। 22 मई को सरकार के विधि-परामर्शी (लीगल रिमेम्बरेन्सर) गवर्नर के आदेश से राँची आए। उन्होंने सभी प्रमाणों की जाँच और वर्गीकरण किया। फिर उन्होंने बिरसा-अनुयायियों के मुकदमों के बारे में की जानेवाली कार्रवाई तय की। निश्चित किया गया कि पहले खोजबीन का काम पूरा कर लिया जाए। साथ ही यह ध्यान रखा जाए कि किसी को अनुचित सज़ा न मिले, पर यह भी कदम उठाया जाए कि वास्तव में अपराधी व्यक्ति मुकदमे के संचालन में गलती के चलते कहीं सज़ा से बच न निकलें। लेफ्टिनेंट गवर्नर अगस्त के शुरू में खुद राँची आए और जिला-अधिकारियों के साथ इस पूरी समस्या पर विचार-विमर्श किया। वे इस बात से संतुष्ट हुए कि अभियुक्तों के बारे में अपराधों के प्रमाण इकट्ठा करने और अदालत में विचारार्थ रखने में यथोचित शीघ्रता दिखाई गई थी। प्रमाण स्वभावतः बहुत ज्यादा इकट्ठा कर लिए गए थे।

जिन एकत्रित प्रमाणों के आधार पर बिरसा-अनुयायियों पर मुकदमे चलाए गए उनको जुटाने के तरीके ऐसे थे जिनकी आलोचना भी की जा सकती थी।

अधिकांश गवाह, जिनसे अपराधों के प्रमाण लिए गए, अक्सर पहले बिरसा के अनुयायी अथवा सहयोगी रह चुके थे। जाहिर था कि उनसे प्राप्त प्रमाणों की सत्यता के बारे में कुछ-न-कुछ शक की गुंजाइश तो थी ही। अधिकारियों से भय के चलते उन्होंने अपने भूतपूर्व साथियों (बिरसा-अनुयायियों) के विरुद्ध गवाही दी। राजा, जमींदारों, मिशनरियों तथा सरकार के विरुद्ध आंदोलन के कथित षडयंत्रकारी एवं उग्र स्वरूप को बढ़ा-चढ़ाकर रखा गया। उन्होंने अपने बयानों में खासकर बिरसा को प्रमुख षडयंत्रकारी के रूप में उनकी कार्रवाइयों को नमक-मिर्च मिलाकर पेश किया और उनकी कथित भयानकता का अतिरंजित वर्णन दिया। और फिर अधिकांश अभियुक्तों के मामले में प्रमाण बहुत जल्दबाजी में जुटाए गए थे, इसलिए पूर्णतः विश्वसनीय और यथातथ्य न थे। इसी वजह से मई-जून में ऐसे अनेक अभियुक्त रिहा कर दिए गए जिनके विरुद्ध कार्यवाही चलाना तय किया गया था। यह काम भी बहुत कुछ हड़बड़ी में किया गया। डिप्टी कमिश्नर ने इस मामले में कमिश्नर से निर्देश नहीं लिया, जिस पर लेफ्टिनेंट गवर्नर ने अपनी आपत्ति प्रकट की। वे कमिश्नर की इस अभियुक्ति से सहमत थे कि इस बात के पक्ष में पर्याप्त प्रमाण हैं, जिनके आधार पर डिप्टी कमिश्नर स्ट्रीटफील्ड को इस प्रकार रिहा किए गए अभियुक्तों की रिहाई के पूर्व उनसे, कम ही परिमाण में सही, जमानत की रकम वसूल करनी चाहिए थी। यह कदम सरकारी पक्ष के लिए लाभकारी सिद्ध हुआ, क्योंकि उन लोगों ने अपनी रिहाई की संभावना देखकर अपने भूतपूर्व साथियों के विरुद्ध बढ़ा-चढ़ाकर बयान दिए। भारत सरकार ने भी इस पर गंभीर रुख लिया। उसका विचार था कि ये लोग जल्दबाजी में गिरफ्तार नहीं किए गए पर जल्दबाजी में रिहा जरूर कर दिए गए। साथ ही भारत सरकार का यह भी कहना था कि उनको रिहा करने या उन पर मुकदमा चलाने के काफी पहले यह निर्णय ले लिया जाना चाहिए था। पर स्ट्रीटफील्ड ने सफाई दी कि उनके विरुद्ध प्रमाण बहुत कमजोर थे। और फिर कुल गिरफ्तार 482 में से केवल 98 यानी उनमें से 20 प्रतिशत के विरुद्ध अपराध सिद्ध होने की बात से प्रमाणित होता है कि उनके मामले पर न्याय की दृष्टि से नहीं, बल्कि अफसरों द्वारा उन लोगों से बदला लेने की भावना से विचार हुआ। गवर्नर जनरल तथा उनके परामर्शदाताओं का विचार था कि उन पर चलाए गए मुकदमों के परिणामों से स्पष्ट हुआ था कि जनवरी 1900 में किसी प्रकार के अचानक और गंभीर संकटकाल को देखते हुए उनमें से कुछ की गिरफ्तारी जल्दबाजी में हुई। स्थानीय अधिकारियों को उनके विरुद्ध प्रमाणों की गंभीरता अथवा कमजोरी के बारे में, सुविधानुसार, जल्द-से-जल्द विचार करके तय करना चाहिए था कि उनका कारावास उचित था या नहीं। इस प्रकार स्थानीय अधिकारियों का आचरण आलोचना से परे न था।

राँची में जनवरी से अक्तूबर 1900 तक जिन 348 मुंडा अभियुक्तों पर मजिस्ट्रेट ने जाँच और मुकदमों की कार्यवाही की, वह एक काफी दीर्घकालिक कार्य था। राँची में बिरसा-अनुयायियों पर मुकदमों की सुनवाई के लिए जे.ए. प्लेटेल विशेष मस्ट्रिट नियुक्त किए गए। उधर सिंहभूम जिले में विद्रोहियों की धर-पकड़ में विशेष भूमिका निभानेवाले डिप्टी कमिश्नर ने ही उनके मुकदमों की सुनवाई की। बिरसा पर एक राजनीतिक बंदी की भाँति नहीं, बल्कि एक आम अपराधी की तरह मुकदमा चलाया जानेवाला था जिन पर आरोप था कि उन्होंने काफी लंबी अवधि तक हत्या और आगजनी के कांडों को बढ़ावा दिया। अगर उन पर राजनीतिक बंदी की भाँति मुकदमा चलाया जाता तो मुकदमे की कार्यवाही पर राजनीतिक रंग चढ़ जाने का खतरा था। 4 दिसम्बर 1899 से 7 जनवरी 1900 तक विभिन्न समयों पर हुई घटनाओं के लिए पंद्रह प्रकार के आरोपों की फेहरिस्त तैयार की गई। इनमें मुख्य आरोप ये थे—ऐकटेडीह में अवैध भीड़ इकट्ठी करना तथा कांस्टेबुलों की हत्या, जमरी में जयपाल सिंह नाग का मकान जलाया जाना, सरवदा में दो मिशनरियों पर हमला और मकान जलाने तथा हत्या करने के उद्देश्य और मौजूदा सरकार उलटने तथा बिरसा के राज की स्थापना के लिए गैरकानूनी जमावड़ा इकट्ठा करना, जिसमें अधिकांशतः बिरसा के प्रमुख शिष्य थे। सिंहभूम जिले में दो महत्त्वपूर्ण मुकदमे दर्ज किए गए थे जिनमें एक चक्रधरपुर में एक चौकीदार की हत्या तथा दूसरा कुंद्रूगुटू में जर्मन मिशन का गिरजाघर जलाया जाना था। सईल रकब पहाड़ी पर गैरकानूनी भीड़ इकट्ठा करने के मामले में कोई आरोप दर्ज नहीं किया गया, क्योंकि अधिकारियों की दृष्टि में खूँटी थाने पर हमला उससे कहीं ज्यादा गंभीर था। ऐसा शायद इसलिए भी किया गया कि उस घटना के उल्लेख से वहाँ सरकारी पार्टी द्वारा किए गए रक्तपात पर भयंकर रूप से प्रकाश पड़ता। साथ ही यह भी पाया गया कि बिरसा और उनके अनुयायियों पर, विभिन्न घटनाओं के साथ उनके निकट संबंध को देखते हुए अदालत में उन पर राजद्रोह का अभियोग सिद्ध करना कठिन था। संख्या की दृष्टि से उन पर आरोप तो बहुत तैयार किए जा सकते थे पर राजद्रोह की उनकी मंशा सिद्ध करने के लिए वे वजनदार न थे। जब तक बंदी बनाए गए विद्रोहियों के विरुद्ध आरोपों संबंधी मुकदमे निबटा नहीं लिए जाते और अशांति की भावना पूरी तरह दबा न दी जाती, तब तक के लिए राँची में, मुकदमों की सुनवाई की अवधि में, मिलिटरी पुलिस की एक कंपनी तैनात की गई। बाद में विशेष मजिस्ट्रेट प्लेटेल की, सरकारी कार्यों की कुछ आवश्यकताओं के चलते, फरीदपुर बदली कर दी गई। उनके बाद स्ट्रेचन काउटेस इस पद पर नियुक्त किए गए। उन्होंने बिरसा-अनुयायियों के मुकदमों की सुनवाई अंत तक की।

राँची में विशेष मजिस्ट्रेट द्वारा मुकदमों की सुनवाई में सबसे जीवंत भूमिका

निभाई जेकब ने (परिशिष्ट 'घ')। वे अभियुक्तों की ओर से वकील थे और जैसा कि ऊपर बतलाया जा चुका है, वे सरदार-आंदोलन के बहुत बड़े समर्थक और प्रवक्ता थे। उन्होंने बिरसा-आंदोलनकारियों का मामला बड़ी निर्भीकता और निपुणता के साथ लड़ा। सबूत पक्ष के गवाहों से जिरह में उन्होंने अनेक को पानी पिलवा दिया और उन्हें अपने बयान से मुकर जाने तक पर मजबूर कर दिया। जैकब ऐसे लाजवाब वकील थे जो उन उद्देश्यों में, जिनके बारे में उन्हें पूरी सहानुभूति थी, कठोर मृत्यु की भाँति दृढ़ता के साथ विरोधियों का सामना करते थे। उनकी ईमानदारी सर्वथा निष्कलुष थी और जो अपने लक्ष्य में अजीब ढंग से अटल और दृढ़-निश्चयी थे। यह विद्रोही मुंडाओं का भाग्य था कि वकील के रूप में उन्हें ऐसा हिम्मतवर आदमी मिला। चारों ओर से आवाजें उठीं कि मुंडाओं के मुकदमों की सुनवाई में ईमानदारी बरती जाए और अभियुक्तों को अपनी सफाई देने का उचित और पर्याप्त अवसर दिया जाए। यह भी आरोप लगाया गया कि पुलिस ने बिरसा-आंदोलनकारियों के समर्थकों की एक बैठक जबर्दस्ती भंग कर दी थी, जिसमें वे अपने बंदी बंधुओं की पर्याप्त सफाई के लिए जुटकर प्रयास करने के उपायों पर विचार करनेवाले थे। यह भी कहा गया कि पुलिस ने उनका माल-मता भी छीन लिया। अभियुक्तों पर जेल में मुकदमा चलाया गया जो कानून के विरुद्ध था। ऐसा जेल-अधिकारियों के प्रति सरकारी पदाधिकारियों की नर्म-दिली के कारण किया गया। अभियुक्तों को अपना कोई प्रतिनिधि तक न रखने दिया गया। न ही वे लोग पेशेवर वकीलों से सहयोग ले सकते थे। और इस प्रकार उन्हें अपनी सफाई देने के स्पष्ट और निर्विवाद अधिकार के उपयोग तक से वंचित किया गया। यह एक हादसा देनेवाली बात थी कि उन्हें उन अपराधों के लिए लंबा कारावास भुगतना पड़ा जो अपराध उन्होंने दरअसल कभी न किए थे। यह भी आरोप लगाया गया कि पुलिस इस प्रकार अपने एक साथी कांस्टेबुल की हत्या का उनसे निर्ममता से बदला ले रही थी और उनके द्वारा अपनी सफाई देने की राह में रोड़े अटका रही थी। डिप्टी कमिश्नर ने जन-साधारण के बीच फैले इन आरोपों का खंडन किया और कहा कि अभियुक्तों को अपनी पूरी सफाई पेश करने की सभी सुविधाएँ दी जा रही थीं। पर उन्होंने भी यह स्वीकार किया कि यद्यपि अभियुक्तों पर कोई खास आरोप न था, पर उपद्रव जारी रहने के कारण एतिहात के तौर पर उन्हें गिरफ्तार किया गया था। डिप्टी कमिश्नर का यह भी कहना था कि जमींदारों के साथ अधिकारियों की साँठ-गाँठ का प्रचार नैतिकताहीन एवं हित-संबद्ध आंदोलनकारियों का काम था। पर आमतौर पर उनकी यह सफाई लोगों के गले न उतरी और उनका यह दावा तो परले दर्जे का शब्दाडंबर माना गया कि अभियुक्तों को अपनी सफाई देने की सभी सुविधाएँ दी गई थीं।

16 मई 1900 को अचंभे में डाल देनेवाली एक घटना घटी (परिशिष्ट 'घ')।

अभियुक्तों के वकील जैकब की ओर से 217 अभियुक्तों में से तीन अभियुक्तों को जमानत पर छोड़ देने की दरखास्त अदालत में पेश की गई। आवेदन में कहा गया कि उनके विरुद्ध नाममात्र का भी प्रमाण नहीं था और वे मात्र डिप्टी कमिश्नर की इस रिपोर्ट पर गिरफ्तार रखे गए थे कि उन्हें कुछ मामलों में शामिल माना जा सकता था। वे बहुत दिनों तक सिर्फ इस असंभव-सी आशा में कारावास भुगतने को बाध्य थे कि शायद उनके खिलाफ प्रमाण मिल जाए। बहुत-से विचाराधीन कैदी इसी प्रकार जेल में ही बंद मर गए थे। इस पर चार घंटों तक विचार हुआ और अच्छा-खासा वाग्युद्ध हुआ। फिर बंदी अभियुक्तों की ओर से इस प्रकार के आवेदनों की बाढ़-सी आ गई। यह भी कहा गया कि मजिस्ट्रेट इस मुकदमे की सुनवाई के लिए प्राधिकृत नहीं थे। डिप्टी कमिश्नर सुनवाई के दरम्यान बगल के कमरे में ही बैठे हुए थे। वे एकाएक अदालत में आए और वहीं आवश्यक आदेश दे डाला कि अभियुक्तों की जमानत की दरखास्त नामंजूर की गई है। इस पर वहाँ उपस्थित सभी लोग सकते में आ गए। इस पर समाचार-पत्र 'बंगाली' ने अपने संपादकीय लेख में लिखा कि अभागे मुंडाओं ने उतने पाप नहीं किए थे, जितने से कहीं ज्यादा पाप उनके विरुद्ध किए जा रहे थे। पत्र ने आगे लिखा कि स्ट्रीटफील्ड का यह कार्य सरासर आँखों में धूल झोंकने जैसा था। अतः मुकदमा किसी दूसरी अदालत में अंतरित कर दिया जाए। इसमें कोई संदेह नहीं कि अधिकारी न केवल मुंडाओं के विरुद्ध दुर्भावना से प्रेरित थे, बल्कि वे मन-ही-मन पिछले दिनों हुए मुंडा-विद्रोह के लिए प्रतिशोध की आग में जल रहे थे। इस प्रकार इस मुकदमे की सुनवाई ब्रिटिश शासन की उस निष्पक्ष और सभी प्रकार की भावनाओं से मुक्त नीति से नहीं चलाया जा रहा था, "जिसके कारण ब्रिटिश सरकार में न्याय-प्रशासन समूची दुनिया में औचित्य और दया का प्रतीक माने जाने का वास्तव में हकदार है।" मुंडा एक शांतिप्रिय और चिर-पीड़ित समुदाय थे। अगर वे अशांति का झंडा उठाने के लिए विवश हुए तो इसके लिए उनके प्रति अधिकारियों की घृणा और उदासीनता को ही जिम्मेदार माना जाएगा।[42]

मुकदमे की कार्यवाही में जनता की दिलचस्पी बढ़ने लगी। कलकत्ते के अखबारों ने इसके बारे में रिपोर्ट देने के लिए एक विशेष संवाददाता भेजा। उसके द्वारा भेजी गई खबरों के अनुसार यह कार्यवाही ब्रिटिश न्याय के नाम पर एक धब्बा थी और अधिकारियों के लिए बेहद शर्मनाक। संवाददाता की रिपोर्ट इस प्रकार थी—

> "मैं यहाँ आज सुबह पहुँचा। मैं अब तक यानी साढ़े 8 बजे सुबह तक जिन लोगों से मिला हूँ वे मुंडा-उपद्रव के मुकदमे की कार्यवाही के बारे में मानो अपने होंठ सिए हुए हैं। आतंक का पूरा राज-सा है। किसी को यह हिम्मत नहीं है कि वह अनेक विद्रोहियों

की हफ्तों-हफ्तों तक क्रूर गिरफ्तारी के लिए, जो सत्र न्यायालय द्वारा अवैध करार दी जा चुकी है, चलाए जानेवाले मुकदमों को चुनौती दे। जेल में बंद 217 मुंडाओं पर मुकदमे लंबित हैं और सो भी महज इस वजह से कि उन पर जघन्य अपराध करने का जो संदेह है, वह अब तक मात्र संदेह बना हुआ है। ऐसा लगता है कि उन अपराधों के बारे में किसी को जानकारी नहीं है। जानकारी इकट्ठी करने का काम अभी चल ही रहा है...। भारत के विभिन्न भागों में संवाददाता के रूप में काम करने का मुझे करीब 30 साल का अनुभव है। इस आधार पर मैं जोर देकर कहना चाहता हूँ और मुझे अपनी इस बात के खंडन का कतई भय नहीं है कि मैंने आज तक ऐसे किसी मुकदमे की कार्यवाही नहीं देखी, जिसमें ब्रिटिश शासन के न्याय के सिद्धांतों को इस प्रकार तिलांजलि दी गई हो, जिस प्रकार मुंडा-विद्रोहियों के इस मुकदमे में दी जा रही है।

आप लोगों को इस बारे में और खबर तब मिलेगी जब इस अदालत के फैसले के खिलाफ अपील पर उच्च न्यायालय में सुनवाई होगी। तब आप पाएँगे कि मुफस्किोल में न्याय के साथ किस तरह बलात्कार किया जाता है और कानून को किस तरह प्रधान जिला-प्रशासन का दास बनकर रहने को मजबूर किया जाता है।

आप लोग इस बारे में अब तक सुनते रहे हैं कि बेचारे कैदी जेल में बिना वजह सड़ाए जा रहे हैं। पर आपको यह भी जानना चाहिए कि गिरफ्तार किए गए अनेक लोग जेल में ही दम तोड़ चुके हैं। साथ ही आपको यह भी जानना चाहिए कि कथित दंगों में न जाने कितने निर्दयतापूर्वक गोलियों से भूँज दिए गए, और किस जगह भूँजे गए यह तो भगवान ही जानता है, गो कि उन्हें इस तरह मौत के घाट उतारने का कुकांड डिप्टी कमिश्नर की आँखों के सामने ही हुआ। शायद एक या दो दिनों में ही मैं आपको बता सकूँ अब तक कुल मिलाकर कितने आदमी इस तरह मारे गए हैं।

लोग स्तब्ध हो उठेंगे!

मैं यह बात जोर देकर कहना चाहूँगा कि निरपराध व्यक्तियों, हाँ, संभवतः निरपराध व्यक्तियों को ही, जिन पर डिप्टी कमिश्नर ने सैकड़ों मील दूर से प्राप्त अपुष्ट समाचारों के आधार पर आरोप लगाए हैं, भारी-भारी हथकड़ियाँ और पाँवों में बेड़ियाँ तथा कमर में जंजीरें पहनाई जाती हैं और उन्हें उस असह्य अवस्था में रोज-ब-रोज

अदालत लाया जाता है और उन पर मुकदमों की सुनवाई भी नहीं होती और उसी शर्मनाक हालत में उन्हें जेल वापस ले जाया जाता है। क्या यह सम्पूर्ण मानव-सभ्यता के लिए कलंक नहीं है?

हथकड़ियों और बेड़ियों का यह बोझ कितना बड़ा और असहनीय है, यह इससे स्पष्ट हो जाएगा कि जेल से मजिस्ट्रेट के कार्यालय तक की महज 300 गज से कुछ ही ज्यादा दूरी तय करने के लिए बेचारे बंदियों को कई जगह रुकने को मजबूर होना पड़ता है। मैं पहले ही बता चुका हूँ कि अदालत सुबह 7 बजे से बैठती है। मुझे पता नहीं कि जेल से चलते वक्त उन्हें कुछ खाना दिया जाता है या नहीं। पर शायद उन्हें जेल से ले जाते समय खाना दिया जाता या नाममात्र को दिया जाता है, क्योंकि डाक बँगले से मैंने देखा है कि अदालत से वापस ले जाए जाते समय वे भारी थकान के चलते रास्ते में ही गिर पड़ते हैं।''[43]

मुकदमे की सुनवाई में धाँधली और लापरवाही बरते जाने के बारे में यह आरोप भी लगाया गया कि मजिस्ट्रेट और पुलिस के बीच साँठ-गाँठ थी। पुलिस ने अचानक यहाँ पता लगाया कि 217 अभियुक्त मुंडाओं में से 67 ने ऐसे अपराध किए थे, जिन पर जमानत नहीं दी जा सकती थी।

इस पर समाचारपत्र 'बंगाली' ने व्यंग्य करते हुए अपने संपादकीय लेख में टिप्पणी की–

''जब कि रोमन देवता जूपिटर के प्रधान पैलेस एसेने की क्षमता एक समय केवल एक ही देवी को जन्म देने की थी, तो उस अद्भुत क्षमता की तुलना में राँची के पुलिस इंस्पेक्टर की क्षमता कहीं अधिक प्रतीत होती है। बिहार के लेफ्टिनेंट गवर्नर सर जान बुडबर्न की सरकार के लिए उचित यही होता कि इस मामले में और भी ज्यादा अन्याय होने देने के पूर्व राँची में न्याय का गला घोंटे जाने का यह कांड रोक देती। ऐसा न करने से भारत में अंग्रेजी हुकूमत को उतना बड़ा धक्का लगेगा जो भूमि और समुद्र पर एक दर्जन लड़ाइयाँ हार जाने पर भी न लगता। ऐसे आरोप भी काफी संख्या में लगातार आने लगे कि पुलिस गवाहियों को तोड़-मरोड़ रही है और उस मामले में बेजा हस्तक्षेप कर रही है। उसे मनचाहा करने की पूरी छूट मिली हुई है और गवाहों पर वह विषाक्त प्रभाव डाल रही है। वे सरकार के पक्ष में ही गवाही दें, इसलिए उन पर सरकार विशेष ध्यान दे रही है। उन्हें अच्छी तरह रखा जाता है और बढ़िया खाना दिया जाता है।

उन्हें पूरी सावधानी बरतते हुए नगर और अदालतों से पूरी तरह अलग-थलग रखा जाता है, और इसमें कोई कोर-कसर नहीं रखी जा रही है कि वे उचित निगरानी में रखे जाएँ ताकि उससे वे जनसाधारण से अलग और एक साथ रहने के लिए आसानी से सहमत हो जाएँ।[44]

लेजिस्लेटिव कौंसिल (उस समय की विधानसभा) में भी मुंडाओं का मामला श्री सुरेन्द्रनाथ बनर्जी ने उठाया। वे ही उपर्युक्त समाचारपत्र 'बंगाली' में अपने संपादकीय लेखों में मुंडाओं के विरुद्ध अन्याय का पर्दाफाश करने के लिए अपनी सशक्त लेखनी का प्रयोग करते थे। दूसरी ओर जर्मन मिशन के डॉ. ए. नौट्रोट ने सरकार के प्रति निष्ठावान मुंडाओं की ओर से कर्कशतापूर्वक बोलते हुए अपराधियों के विरुद्ध और कड़ी कार्यवाही की आवश्यकता पर जोर दिया।[45] वे हिमाकत दिखाते हुए यहाँ तक बोल गए कि आंदोलन से संबंधित सभी प्रमुख व्यक्ति गिरफ्तार कर लिए जाएँ। फिर अपनी सरकार-परस्ती और बेशर्मी का परिचय देते हुए वे यह भी बोले कि हिम्मतवर डिप्टी कमिश्नर स्ट्रीटफील्ड को सभी निष्ठावान मुंडा धन्यवाद देते, यदि वे विद्रोहियों के खिलाफ और भी कड़े कदम उठाते। फिर उन्होंने यह भी शिकायत करने की जुर्रत की कि सरकार विचाराधीन कैदियों के साथ नर्मी से पेश आ रही थी। उन लोगों को दंड पाए बगैर न छोड़ना चाहिए। उन्होंने मुंडाओं का हमदर्द होने का दावा करते हुए यह दलील भी दी कि जिन लोगों ने मुंडाओं के घर जलाए; उनकी जायदाद बर्बाद की और निर्दोष व्यक्तियों की जानें लीं, अगर उन पर फौजी अदालत में मुकदमा चलाया जाता तो मुंडा लोग दरअसल बहुत ही खुश होते। पर कौंसिल में उनकी आवाज बिल्कुल अकेली थी। समाचारपत्र 'स्टैट्समैन' और 'बंगाली' ने अभियुक्त विद्रोहियों के पक्ष में जो सशक्त आवाज उठाई थी, उसकी अनसुनी न की जा सकी। संभवतः भारत सरकार को भी उनकी दलीलों ने प्रभावित किया।

विशेष मजिस्ट्रेट की अदालत में मुकदमों की सुनवाई बहुत मंद गति से चलती रही और 29 अक्तूबर, 1900 तक भी पूरी नहीं हुई। केंद्रीय सरकार ने विचार प्रकट किया कि मुकदगों की सुनवाई में देर करने के आरोप पर पर्याप्त ध्यान न देने के बारे में राज्य सरकार अपने को निर्दोष सिद्ध न कर सकी। किसी भी दृष्टि से विचार करने पर यह अपयश की बात थी कि जनवरी में गिरफ्तार किए गए व्यक्तियों पर मुकदमों के निबटारे में दिसम्बर के अंत तक का समय लगा। इसके अलावा भारत सरकार की राय थी कि बिहार सरकार ने इस बारे में कोई स्पष्टीकरण न दिया कि मार्च के दूसरे पखवाड़े तक भी दो तिहाई बंदियों के विरुद्ध मुकदमे की कोई कार्यवाही शुरू न करने की गलती की गई। जैसा कि ऊपर वर्णन आया है, तत्कालीन समाचारपत्रों ने केवल संदेह के आधार पर जेल

के सीखचों के भीतर कर दिए गए विचाराधीन कैदियों की दुःस्थिति पर जनता और सरकार का ध्यान आकर्षित करने की निरंतर कोशिश की थी और कहा था कि उनके विरुद्ध कथित आरोपों को सिद्ध नहीं किया गया। ये अभागे आदमी (करीब 300 मुंडा), जो वस्तुतः केवल राँची के सरकारी अधिकारियों द्वारा अपने दस्तखत से जारी किए गए, फरमानों के आधार पर गिरफ्तार किए गए थे, तीन महीने के लंबे समय तक हाजत में यों ही सड़ने दिए गए। राँची के अधिकारियों के बीच ब्राह्मण समुदाय (उच्च श्रेणीवालों) के प्रवक्ता डिप्टी कमिश्नर स्ट्रीटफील्ड ने कड़ाई का रुख गलत दिशा में प्रदर्शित करते हुए जेल में बहुत बड़ी संख्या में उन बेचारे कोलों को ठूँस दिया जिनके विरुद्ध वास्तव में कोई प्रमाण नहीं मिल सका। मुकदमों में यह एक लज्जाजनक किस्म की सुनवाई थी। प्रसिद्ध समाचारपत्र 'स्टेट्समैन' ने, जिसके प्रबंधक वर्ग में मुख्य रूप से अंग्रेज थे, इस बारे में पूरी और संपूर्ण खोज-बीन के साथ फिर से जाँच की माँग की। उसने इसे सबसे ज्यादा दुःखद घटना बतलाया कि सर्वथा निर्दोष और भोले-भाले लोगों को सज़ा दी गई। आगे अखबार ने भारत के तत्कालीन वाइसराय लार्ड कर्जन से अपील की कि वे खुद छानबीन करें कि खुले आम और कानून के नाम पर इन गरीब और छल-प्रपंच से दूर किसानों के साथ कैसी क्रूरता और हृदयहीनता बरती गई है। अखबार ने आगे आरोप लगाया कि जिन 300 लोगों को गिरफ्तार करके जेल में ठूँस दिया गया और बहुत दिनों तक गिरफ्तार रखने पर भी जिन्हें अपनी समुचित सफाई देने की सुविधा से वंचित किया गया, इसके लिए अधिकारियों के बीच मौन दुरभिसंधि चल रही थी। गवर्नर-जनरल ने भी विचार प्रकट किया कि मुकदमे की तैयारी और सुनवाई के आरंभ में कुव्यवस्था बरती गई, जिसके चलते बाद में मुकदमों की तैयारी और सुनवाई में खेदजनक विलंब हुआ। उन्होंने इस बात का भी उल्लेख किया कि जो साठ आदमी मुकदमे की सुनवाई के बाद रिहा किए गए, उन्हें करीब एक साल तक जेल में बंदी बनाकर रखा गया। गवर्नर जनरल ने इस बारे में यह महसूस किया कि शीघ्रता के साथ मुकदमों की सुनवाई का निश्चित रूप से अंत करना चाहिए था। और भी ज्यादा दुख की बात तो यह थी कि जब मुकदमे की सुनवाई लंबित थी, उस बीच चौदह अभियुक्तों की मृत्यु हो गई जो निश्चय ही मजिस्ट्रेट की विलंब नीति से शहीद हुए। उनमें से कुछ निर्दोष थे और छोड़ दिए गए होते। इस गंभीर विलंब का एक बहुत ही अप्रिय परिणाम हुआ। इस प्रकार के शर्मनाक दृश्य से खासकर भोले-भाले लोगों के बीच, ब्रिटिश सरकार के प्रति निष्ठा और विश्वास की नींव बुरी तरह हिल गई। भारत सरकार ने यह विचार प्रकट किया कि मुकदमों की सुनवाई की तैयारी में देर खासकर इस कारण हुई कि इस कार्य के लिए अतिरिक्त पर्याप्त कर्मचारी पदस्थापित नहीं किए और सुनवाई की तैयारी की कार्यवाही का भार सामान्य

प्रशासनिक तंत्र पर ही छोड़ दिया गया। स्थानीय सरकार ने इसका खंडन किया और दावा किया कि उसने इस प्रश्न पर स्थानीय अधिकारियों की सभी माँगें पूरी कीं। पर स्थानीय प्रशासन मुकदमों की सुनवाई के लिए विशेष मजिस्ट्रेट के रूप में पहले नियुक्त प्लैटेल की बदली उस समय किए जाने का औचित्य सिद्ध नहीं कर सकी, जबकि सुनवाई का काम लंबित ही था, यद्यपि उनके स्थान पर नियुक्त विशेष मजिस्ट्रेट कौटेस युवा होने के साथ-साथ अपने काम में दक्ष भी थे। भारत सरकार ने इस प्रकार के प्रबंध को उचित न माना। उनके विचार से प्लैटेल के सहसा और अप्रत्याशित स्थानांतरण से मुकदमों के निबटाव में देर ही हुई। भारत सरकार ने अपनी टिप्पणी के दौरान यह भी कहा कि डिप्टी कमिश्नर मुकदमों की सुनवाई के समय अदालत में जो अकस्मात् आ गए और जाँच कर रहे मजिस्ट्रेट से मुकदमे के बारे में बातचीत की, उससे प्रकट हुआ कि उन्होंने स्वविवेक का प्रयोग न किया और फलतः आलोचना के शिकार हुए। राज्य प्रशासन के प्रधान लेफ्टिनेंट गवर्नर ने मुकदमे की काफी मंद गति से सुनवाई के दोष की पूरी जिम्मेदारी अपने ऊपर ली, पर फिर भी उन्होंने यह कहकर स्थानीय अधिकारियों की पीठ भी थपथपाई कि यद्यपि वे एक विरोधी देश में इन मुकदमों के बारे में सभी आवश्यक सामग्री जुटा न सकने के कारण अपने उग्र आलोचकों को संतुष्ट करने में असफल रहे, पर इससे इस बारे में उनके द्वारा प्रदर्शित शीघ्रता और औचित्य तथा सुनवाई की सफलता के लिए उनके प्रति प्रशंसाभाव में कतई और किसी प्रकार की कमी नहीं की जा सकती थी। सुनवाई में देर के बारे में उनकी यह दलील थी कि षडयंत्र की नई परिभाषा और साथ ही जुडीशियल कमिश्नर (न्यायायुक्त) द्वारा अभियुक्तों के सहापराधियों के बयानों के बारे में भिन्न विचार प्रकट किए जाने के कारण भी मुकदमे की सुनवाई में विलंब हुआ। भारत सरकार ने लेफ्टिनेंट गवर्नर का यह तर्क स्वीकार न किया और इस प्रश्न पर वैचारिक मतभेद को पूर्णतः उचित माना। वाइसराय लार्ड कर्जन ने उक्त विचार प्रकट करते हुए इस अध्याय को रुखाई के साथ बंद कर दिया और इस प्रश्न पर राज्य सरकार की सफाई को सर्वथा असंतोषजनक बतलाया।

फिर मुकदमे के अंतिम परिणाम से भी इस संबंध में राज्य सरकार की कार्यप्रणाली त्रुटिपूर्ण एवं आलोच्य सिद्ध हुई। राँची और सिंहभूम जिलों में जो 482 विद्रोही अभियुक्त थे, उनमें सिर्फ 98 पर ही दोष सिद्ध हो सका। शांति कायम रखने की दृष्टि से 68 अभियुक्तों को जेल में बंद रखने का निर्णय किया गया और 296 को या तो छोड़ दिया, अथवा उनके विरुद्ध मामला खारिज कर दिया गया या उन्हें माफी दे दी गई।[46] इस पर भी भारत सरकार ने गंभीर रुख लिया। राँची के 87 बंदियों में से 23 की रिहाई से राज्य सरकार के लीगल रिमेम्बरेंसर (विधि परामर्शी) की यह आशा पूर्णतः निर्मूल सिद्ध हुई कि अभियुक्तों में से सभी

के विरुद्ध दोष प्रमाणित हो जाएँगे, क्योंकि उन्होंने दावा किया था कि हरेक अभियुक्त के खिलाफ आरोपों की खुद उन्होंने बहुत ज्यादा सावधानी के साथ जाँच की है। लेफ्टिनेंट गवर्नर ने भी इस बारे में भारत सरकार के इस विचार से अपनी सहमति प्रकट की कि मुकदमों के अंतिम परिणाम अत्यधिक निराशाजनक थे।

मुकदमे के दौरान बिरसा-अनुयायी अनिश्चित मनःस्थिति में थे और बिल्कुल अलग-थलग पड़ गए थे (परिशिष्ट 'ङ')। सरदार, दिकू और उनके सौंसार (गैर-ईसाई) बंधु भी उनके विरुद्ध हो गए थे। मिशनरियों द्वारा उनके विरोध की बात कहना तो बेकार था। यहाँ तक कि उनके संबंधी भी अधिकारियों की घूस के कारण उनके विरुद्ध हो गए और उनके खिलाफ गवाही देने तक से बाज न आए। अपनी इस अनिश्चित मनःस्थिति और प्रायः सबके द्वारा परित्यक्त उन अभागे बंदी अभियुक्तों ने न केवल भय ही के चलते बिरसा-अनुयायी होने से इंकार किया, बल्कि अपने को सौंसार मुंडा एवं प्राचीन धर्मावलंबी बतलाया। मुकदमे के दौरान अधिकांश बिरसा-अनुयायी और सरदार दरअसल बुरी तरह हिम्मत हार चुके थे।

सत्र न्यायालय को सुपुर्द किए गए मुकदमों की सुनवाई में सुविधा के लिए एक अपर सत्र-न्यायधीश पदस्थापित किए गए, ताकि न्यायायुक्त एफ.बी. टेलर मई से दिसम्बर 1900 तक मुंडा-विद्रोहियों के मुकदमों पर स्वयं पूरी तरह विचार कर सकें। टेलर ने षडयंत्र संबंधी कानून की नए ढंग से व्याख्या की और गवाहियों के बारे में भिन्न रुख लिया, जिसके कारण बहुत-से अभियुक्तों को दोषमुक्त कर दिया गया। उनका विचार था कि किसी व्यक्ति को तब तक षडयंत्र का दोषी नहीं माना जा सकता, जब तक यह साबित न हो जाए कि अपराध किए जाने के समय तक वह खुले तौर पर षडयंत्र में शामिल था। स्थानीय अधिकारियों ने कहा कि उच्च न्यायालय का निर्णय एक सर्वसामान्य निर्णय नहीं माना जा सकता। इस पर टेलर ने इस बात पर जोर दिया कि अभियुक्त के सहापराधियों की गवाहियों की सत्यता की पुष्टि एक दूसरे के साथ मिलाकर की जाए।

गया मुंडा और उसके पुत्र सानरे को फाँसी की सज़ा दी गई, क्योंकि ऐकटेडीह की घटना में उन लोगों ने कांस्टेबुल जयराम की हत्या की थी (परिशिष्ट 'च')। सुखराम को भी चक्रधरपुर में एक चौकीदार की हत्या के लिए मृत्यु-दंड मिला। उच्च न्यायालय ने डोंका मुंडा के विरुद्ध मृत्यु-दंड को आजीवन कारावास में बदल दिया। ऐसा इस कारण किया गया कि यह स्पष्ट न हो सका था कि उसने खूँटी में कांस्टेबुल की हत्या करने में उन लोगों से अधिक प्रभावकारी भाग लिया था, जिन्होंने उस कांस्टेबुल को निकट से पीछा करते हुए दौड़ाया था। खूँटी पर हमला करनेवाले विद्रोहियों के एक और नेता माझिया मुंडा को आजीवन देश-निर्वासन हुआ। उन विद्रोहियों में से 4 अन्य को भी आजीवन देश-निर्वासन

की सज़ा दी गई और सात अन्य को सात वर्षों के लिए देश-निर्वासन दिया गया। बीस अन्य अभियुक्तों, जिनमें बिरसा के कुछ और प्रमुख अनुयायी, जैसे कि रोगोतो के मालगो मुंडा और जयपुर के भरमी मुंडा आदि को पाँच-पाँच वर्ष कड़ी कैद की सज़ा मिली। इन लोगों पर अवैध भीड़ में शामिल होकर हत्या और आगजनी करने का आरोप था। हौफमैन और कारबरी पर आक्रमण करनेवाला पारस मुंडा पूर्णतः अकारण हत्या के आरोप में अपराधी पाया गया और उसे आजीवन देश-निर्वासन की सज़ा मिली। जमरी के जयपाल सिंह के मकान में आग लगानेवालों में शामिल पेनराई मुंडा एवं दो अन्य को पाँच-पाँच वर्ष कड़ी कैद की सज़ा मिली। उन्हें निचली अदालत से मिली सज़ा में उच्च न्यायालय ने कमी कर दी, क्योंकि यह संदेहास्पद था कि इस मामले का बिरसा-अनुयायियों द्वारा किए गए उपद्रव और विद्रोह की कार्रवाइयों से वास्तव में संबंध था या नहीं। कुंद्रूगुटू के जर्मन मिशन में आग लगाने के आरोप में दोष सिद्ध सिंहभूम के असाओ मुंडारी को सात वर्ष कड़ी कैद की सज़ा दी गई। ऐकटेडीह में जयराम सिंह कांस्टेबुल की हत्या की घटना के अभियुक्त जिउरी के गोपी और छः अन्य आक्रमणकारी अकोला मुंडा को आजीवन देश-निर्वासन की सज़ा मिली। कराईकेला में एक कांस्टेबुल की हत्या को बिरसा-विद्रोह से संबंधित नहीं माना गया। अभियुक्तों को मिले अनेक दंडादेश निस्संदेह विद्रोह की गंभीरता के द्योतक थे। कुल मिलाकर तीन व्यक्तियों को, जिनमें एक सिंहभूम का था, मृत्यु-दंड और चौवालिस को, जिनमें भी सिंहभूम का एक अभियुक्त था, आजीवन देश-निर्वासन का दंड मिला। इसके अलावा सिंहभूम के एक अभियुक्त समेत दस को दस-दस वर्षों के कठोर कारावास की सज़ा मिली। एक ही महिला, गया मुंडा की पत्नी माकी को ऐकटेडीह की घटना में सक्रिय भाग लेने के लिए दो वर्ष का कठोर कारावास मिला। इस प्रकार दरअसल गया मुंडा के पूरे परिवार को सज़ा मिली। इसमें आठ या दस वर्ष का उसका लड़का भी था जो जेल में गंभीर रूप से बीमार था और जिसके बचने की आशा न थी। गया मुंडा की पुत्रियों और पुत्र-वधुओं को, जो जेल में तीन महीने से अधिक का समय काट चुकी थीं, अनुकंपा के आधार पर, केवल एक दिन के कठोर कारावास की सज़ा मिली। गया मुंडा के एक दूसरे लड़के जयमासी को ऐकटेडीह में कांस्टेबुल की हत्या के आरोप में आजीवन देश-निर्वासन का दंड मिला। गया मुंडा के मृत्युदंड-प्राप्त पुत्र सानरे को 22 अक्टूबर 1901 को 6 बजे सुबह फाँसी दे दी गई। गवर्नर जनरल ने मृत्युदंड से मुक्त करने संबंधी उसकी दया-याचिका नामंजूर कर दी थी।

मुकदमों के अंतिम परिणाम सरकार के लिए चाहे जितने भी निराशाजनक रहे हों, किंतु वे बिरसा-आंदोलन की पूर्णतः समाप्ति के द्योतक थे। बिरसा के प्रमुख अनुयायियों को कारवास दे दिया गया था। डोंका मुंडा और माझिया मुंडा

को देश-निकाला दिया गया था। सरदार-लड़ाई के सात सरदारों में से छः को भी आजीवन देश-निकाला दिया गया। सात अन्य पर भी मुकदमा चला था। जो लोग कम महत्त्व के अथवा महत्त्वहीन थे, उनको आतंकित करके चुप करा दिया गया था और जो लोग दोषमुक्त होकर घर वापस लौटे, उनके मनोबल को तोड़ दिया गया था, अतः वे पुनः आंदोलन छेड़ने की बात सोच भी नहीं सकते थे। अब कोई नेतृत्व शेष न था और संगठन भी विनष्ट कर दिया गया था। इस प्रकार एक राजनीतिक आंदोलन के रूप में बिरसा-आंदोलन का अस्तित्व लोप हो चुका था। एक धार्मिक आंदोलन या पंथ के रूप में उसका आकार बौने का-सा बना दिया गया था। अब वह केवल कहीं-कहीं छिटपुट रूप से ही, कुछ छोटे-छोटे क्षेत्रों में, बचा हुआ था। बिरसा और उनके निष्ठावान अनुयायियों की अब कहानी मात्र बच रही थी जो उनके बाद की, उनके प्रति श्रद्धायुक्त, पीढ़ी द्वारा हृदय-द्रावक लोकगीतों में पिरोई गई। विद्रोहियों के विरुद्ध मुकदमों के प्रति समाज के जागरूक लोगों का समर्थन बढ़ता गया और जैसा कि ऊपर बतलाया गया है, अखबारों ने भी उनके पक्ष में आवाज उठाई, जिस पर सरकार को ध्यान देने को बाध्य होना पड़ा। मुंडाओं का प्रश्न एक सार्वजनिक प्रश्न बन गया था, जिस पर तत्कालीन समाचार-पत्रों में और एक बार लेजिस्लेटिव कौंसिल में भी आवाज उठाई गई। इस प्रश्न के पक्ष में बढ़ते हुए जन-समर्थन का, अप्रत्यक्ष रूप से ही सही, प्रभाव पड़ा जो बाद में सरकार द्वारा स्वीकृत किए गए भूमि-सुधार के कदमों से स्पष्ट होता है। इस प्रकार मुंडाओं के विद्रोह की प्रत्यक्ष रूप से पराजय भले ही हो गई हो, पर कुछ अंशों में इस पराभूत विद्रोह के उद्देश्य अवश्य अवश्य सफल हुए।

अध्याय 8

बिरसा-धर्म

बिरसा का पार्थिव अंत हो जाने पर भी बिरसावाद का अंत नहीं हुआ।[47] बिरसा-आंदोलन के दरम्यान उसकी दोनों ही धाराएँ—धार्मिक और राजनीतिक चलती रहीं। इससे उनके जटिल और कुछ-कुछ पहेलीनुमा व्यक्तित्व पर प्रकाश पड़ता है। यों कहा जा सकता है कि उन्होंने बारी-बारी से धार्मिक एवं राजनीतिक नेता के रूप में अपनी भूमिकाएँ अदा कीं। कभी उनके भीतर धार्मिक नेता निष्क्रिय हो जाता था और राजनीतिक नेता सजग। डोम्बारी, सिम्बुआ और रोगोतो में राजनीतिक बैठकों के दौरान क्रांतिकारी कार्रवाइयों के गर्म वातावरण के बीच सहसा वे पैगम्बरों जैसी बातें बोल उठते थे। उनके टूटते हुए जातीय समाज की पृष्ठभूमि में उनके धार्मिक आंदोलन में उन पुरातन मूल्यों की, जैसा कि उन्हें बिरसा ने समझाया और उनकी व्याख्या की, पुनर्स्थापना की कोशिशें कीं।

विस्तार

बिरसा के धर्म के स्वरूप और विस्तार का अभी तक सही मूल्यांकन न होने के कई कारण हैं—विश्वसनीय आँकड़ों का अभाव, अधिकारियों से बिरसा-अनुयायियों का भय, और अपना परिचय और अपने नेता के उपदेशों के बारे में दूसरों को कुछ बतलाने में उनकी अनिच्छा। अंतिम कारण यह है कि उनका राजनीतिक संगठन बुरी तरह बिखर चुका था और फिर बाद में बिरसा-अनुयायियों के बीच तीन उपपंथ या गुट हो गए जिससे बिरसा के धर्म के बारे में फैली भ्रांतियाँ और भी गहरी हो गईं। इनमें से हरेक गुट अपने को विशुद्ध एवं मूल बिरसा-धर्म का प्रतिनिधि होने का दावा करता है और तीनों के बीच एक दूसरे के साथ बहुत ही कम या नहीं के बराबर संपर्क रहा है। उन लोगों के बीच राम-सलाम भर का संबंध है। इसके बावजूद इस बात के लिए उन्हें श्रेय दिया जाना चाहिए कि अनेक विषम परिस्थितियों के बावजूद वे लोग बिरसा-धर्म के प्रति अपनी निष्ठा पर अटल रहे हैं और विजातीय विश्वासों एवं प्रभावों की बाढ़ के बीच बिरसा के पुराने उपदेशों को सुरक्षित रख सके हैं। बिरसा-धर्म के पुराने अनुयायियों में से कुछ के द्वारा धर्म-त्याग और मूल धर्म में विभिन्न बातों की मिलावट का धक्का

भी उन्हें बर्दाश्त करना पड़ा है। कर्रा, खूँटी और मुरहू में बिरसा के अनुयायियों ने फिर सौंसार धर्म को माना था और इस प्रकार इन स्थानों में बिरसा-धर्म अपने क्षीण स्वरूप में वर्तमान है। बिरसा रचित प्रार्थना-पुस्तिका सिर्फ रविवारी उपपंथ और सो भी इसके मुट्ठी-भर सर्मथकों के अलावा अपने को बिरसा-धर्मावलंबी कहनेवाले अन्य दो उपपंथों के पास उपलब्ध नहीं है। काल का प्रवाह और बिरसा के उन विभिन्न समसामयिक लोगों की, जिनको उनके धर्म के विषय में अधिकारी माना जा सकता था, मृत्यु के कारण भी बिरसा-धर्म के प्रति इनके अनुयायियों की निष्ठा में कमी आई है।

इन कठिनाइयों के कारण सरकारी रिपोर्टों में दिए गए बिरसा-अनुयायियों की संख्या का अनुमान पूरी तरह सही नहीं माना जा सकता। पिछली जनगणना (1961) में, जिसमें केवल 15 व्यक्ति बिरसा-अनुयायी के रूप में वर्गीकृत किए गए हैं, उसे वास्तविक तथ्य से काफी दूर माना जाएगा। 1911 में ओ. मैली ने छोटा नागपुर में बिरसा-अनुयायियों को एक अत्यंत अल्पसंख्यक गुट बतलाया, पर उन्हें यह विश्वास करने का आधार जरूर प्रतीत हुआ कि बिरसा-अनुयायियों की संख्या सरकारी रिपोर्ट में दी गई संख्या से वस्तुतः अधिक थी। इस निष्कर्ष का कारण उन्होंने यह दिया है कि एक जिले में जिन लोगों ने अपने को बिरसा-धर्मावलंबी बतलाया, उनके नाम जनगणना-अनुसूची में जीववादी के रूप में दर्ज किए गए थे।[48] इस संबंध में पी. सी. टैलेंट्स[49] (1921) ने इस प्रश्न पर तथ्यों को और स्पष्ट रूप में पेश किया है। उनका कहना है कि यद्यपि किसी भी एक व्यक्ति ने अपना नाम बिरसा-धर्मावलंबी के रूप में अंकित नहीं कराया पर बिरसा-संप्रदाय को समाप्त प्रायः नहीं माना जा सकता था। बिरसा द्वारा पुनः अवतरित होने में, जिस संबंध में उन्होंने अपने जीवन के अंतिम समय में घोषणा की थी, विलंब होने के कारण कुछ बिरसा-धर्मावलंबी उनके प्रति अपनी निष्ठा में डगमगा-से गए, पर उनके बावजूद राँची जिले में खूँटी, तोरपा और तमाड़ में ऐसे करीब छः या सात सौ मुंडा हैं जो बिरसा-भगवान नामक एक देवता की पूजा करते थे। पर इस कथन में भी बिरसा-धर्म के प्रभाव और विस्तार को कम करके आँका गया है।

सच पूछा जाए तो बिरसा-धर्मावलंबी कहीं बड़ी संख्या में पाए जाते हैं (परिशिष्ट 'छ')।[50] वे पोरहाट (सिंहभूम) के एक सौ से अधिक गाँवों, खूँटी अनुमंडल के कर्रा, तोरपा, खूँटी, मुरहू और तमाड़ थानों, सिमडेगा अनुमंडल में कोलेबिरा और बानो थाने, राँची जिले के बेड़ो और लापुँग पुलिस थानों और उड़ीसा के बेसरा (?) पुलिस थाने के अंतर्गत क्षेत्रों में दूर-दूर तक बिखरे पड़े हैं। इनमें से हर स्थान में वे लोग एक संबद्ध एवं आपस में घनिष्ट रूप से जुड़े हुए समुदाय के रूप में छोटे-छोटे समूहों में रहते हैं। वे अक्सर छोटे-छोटे गाँवों या टोलों में

निवास करते हैं। अपने विश्वासों से कारण वे कुछ सीमाबद्ध-से होते हैं और यही कारण है कि इनकी बस्तियाँ कम और अलग-थलग-सी होती हैं।

बिरसा-धर्म का वर्तमान स्वरूप

बिरसा-धर्म के अनुयायी अपने धर्म को एक विशिष्ट धर्म के रूप में मानते हैं। उनका कहना है कि बुनियादी धर्म सरना धर्म है, फिर हिन्दू धर्म आता है और फिर मिशन धर्म, जिसके धर्म गुरु यीशु हैं। यह हिंदुस्तान के बाहर का धर्म है। बिरसा-धर्म इन सबसे भिन्न है चूँकि इसमें मांस-मछली खाना, हँड़िया दारू पीना, चूना-तंबाकू या बीड़ी-भाँग का सेवन करना मना है। इसमें व्यक्तिगत स्वच्छता और शुद्धता पर विशेष जोर दिया गया है। बिरसा भगत दूसरे धर्मवालों के साथ खाना-पीना नहीं करते हैं।

जैसा कि ऊपर कहा जा चुका है, इस समय मूल बिरसा-धर्म तीन उपपंथों में बँट गया है। बिरसा के अनुयायियों ने अपने-अपने विशेष दिन सामूहिक पूजा और धार्मिक विचारों के आदान-प्रदान के लिए चुन लिए हैं। दो उपपंथ, जिनके पूजा के दिन बृहस्पतिवार और रविवार हैं, बिरसा के समय में भी मानो अपनी भ्रूणावस्था में वर्तमान थे। इन दो उपपंथों के, एक या अनेक गाँवों के, विशिष्ट अनुयायी अपनी बैठक करते हैं। यह बैठक तपे-तपाए विशिष्ट अनुयायियों में से, जिन्हें गुरु या प्रचारक कहते हैं, किसी एक के घर में होती है। बिरसा ने स्वयं एक बार कहा था कि रविवार का दिन पूजा और अवकाश के रूप में बिताया जाना चाहिए। पर बिरसा का जन्म-दिवस होने के कारण उनके शिष्यों के बीच बृहस्पतिवार लोकप्रिय हो गया और व्यापक पैमाने पर उनके बीच उसका वही महत्त्व हो गया जो ईसाइयों के बीच रविवार का है। 9 जनवरी 1900 को सईल रकब पर हुए गोलीकांड के बाद सरकार ने बिरसा-अनुयायियों के विरुद्ध जो दमन-चक्र चलाया, उसके कारण और बृहस्पतिवार को होनेवाली उन लोगों की बैठक का पता अधिकारियों को आसानी से लगने की संभावनाओं के चलते बाद में रविवार और बुधवार को अवकाश और प्रार्थना के लिए चुना गया। बिरसा ने स्वयं रोगोतो में हुई अपने अनुयायियों की आखिरी बैठक में दिनों के बारे में इस परिवर्तन के लिए सलाह दी थी।

भौगोलिक क्षेत्र की दृष्टि से बिरसा-धर्मावलम्बियों में बृहस्पतिवार को पूजा का दिन माननेवाले लोग राँची जिले में कर्रा, तोरपा (सोनपुरगढ़ के पास), लापुँग और बेड़ो थाने के अंतर्गत अनेक गाँवों में बिखरे हुए हैं। रविवार को पूजा और अवकाश माननेवालों का क्षेत्र अधिक व्यापक है। इसके अंतर्गत सिंहभूम के पोरहाट, तोरपा में कारो नदी के दक्षिण, सिमडेगा अनुमंडल के कोलेबिरा और बानो थाने के गाँव आते हैं। बुधवार को पूजा का दिन माननेवाले काफी कम संख्या

में हैं और उपर्युक्त दो प्रमुख उप-पंथों के साथ, उनके अपने क्षेत्रों में, वे कहीं-कहीं मिलते हैं। इस प्रकार रविवारी धर्मावलंबी सबसे बड़ी संख्या में हैं, जिनके बाद बृहस्पतिवारियों का स्थान आता है।

बिरसा-धर्म के इन दो प्रमुख उप-पंथों के बीच एक और विभाजन रेखा है। इनमें से एक के अनुयायी अपने मत के प्रतीक-स्वरूप झंडा गाड़ते हैं और दूसरे उप-पंथ के अनुयायी अपने मकान के आँगन में तुलसी का पौधा लगाते हैं। यह स्मरणीय है कि डोम्बारी पहाड़ी पर बिरसा ने दो रंगों के झंडे गाड़े थे। उनमें से सफेद रंग का झंडा मुंडा जाति की परिशुद्धता का परिचायक था और दूसरा लाल रंग का झंडा दिकुओं (बाहर से लोगों) द्वारा मुंडाओं के शोषण का। बिरसा स्वयं तुलसी के पौधे की पूजा करते थे, जैसा कि मुंडाओं के पूर्वज अपने स्वर्ण-युग में किया करते थे। रोगोतो में उनके निवास-स्थान में एक छोटी-सी फुलवारी थी, जिसके चारों ओर गड़े छोटे-छोटे बाँसों से पवित्र धागा बाँधकर उसे घेर दिया गया था। बृहस्पतिवारी बिरसा-धर्मावलंबी अपने-अपने घरों के बाहर झंडे गाड़ते हैं, जब कि रविवारी बिरसा-धर्मावलंबी तुलसी के पौधे के पूजक हैं। इस संबंध में टैलेंट्स ने बृहस्पतिवारी उपबंध की अप्रत्यक्ष रूप से चर्चा करते हुए उन्हें, अपने बाहरी रूप से, उनके घरों के सामने गाड़े गए झंडों और उनके द्वारा पहने जानेवाले यज्ञोपवीत से पहचाने जानेवाला बतलाया था। आज भी किंसूटोली में बृहस्पतिवारी विचार-धारा के प्रतीक झंडे का एकमात्र उदाहरण ऐसा पाया जाता है जहाँ तीन रंगों—हरे, लाल और सफेद, का मिश्रण है, जो उक्त विचारधारा के अनुसार क्रमशः पिता, पुत्र और भाई अथवा भगवान विष्णु, उनकी पत्नी और पुत्र का प्रतीक है। यह एक अद्‌भुत-सी व्याख्या है। बिरसा-धर्म-अनुयायी अपने को सिर्फ दूसरे धर्मों से ही भिन्न नहीं देखते, बल्कि अपने विभिन्न उप-समुदायों में भी भिन्नता देखते हैं। उदाहरण के लिए, बृहस्पतिवारवाले अपने को तुलसी-पूजक पार्टी या रविवार वालों से अलग मानते हैं, प्रथम उप संप्रदाय के अनुसार तुलसी पार्टीवाले मुर्गी, सुअर और बैल का मांस छोड़कर अन्य जंतुओं का, जैसे खसी का मांस और मछली खाते हैं, हालाँकि दोनों हँड़िया-दारू नहीं पीते। उनके अनुसार किसी भी जानवर की बलि नहीं देनी चाहिए, चूँकि इससे उन्हें दुख होता है और भगवान बलि से खुश नहीं होते हैं। भगवान को अगर कुछ चढ़ाना हीं है तो निर्मल पानी, रोटी, मिठाई, शाक सभी हो सकता है। अतः बृहस्पतिवारी विचारधारा अति नैतिकतावादी है। इसके अनुयायी सभी सामाजिक अवसरों पर अपेक्षाकृत संयम बरतते हैं। वर्तमान शताब्दी के चतुर्थ दशक में उनके बारे में चर्चा में टैलेंट्स ने कहा है कि इस विचारधारा के लोग सामान्यतः, मुंडा संप्रदाय के अतिवादी और सहज उत्तेजित हो जानेवाले लोगों में से आते हैं। इस विचारधारावाले बिरसा भगतों ने टाना भगतों के साथ स्वाधीनता आंदोलन में उल्लेखनीय भूमिका अदा की और वे लोग गाँधी

जी से प्रभावित हुए थे। उन्होंने गाँधी जी को बिरसा का अवतार माना और अपने मंत्रों में महात्मा गाँधी का नाम भी शामिल कर लिया है। उन लोगों ने बिरसा के प्रार्थना-गीतों को सँजोकर रखा है और वे सामूहिक प्रार्थनाएँ करते हैं। रविवारी उप-पंथ के लोग सामाजिक मामलों में अधिक उदार हैं। वे बकरे का मांस खाते हैं, अन्य जानवरों का नहीं और मद्यपान नहीं करते। वे अपने सामाजिक समारोह उस अवसर के लिए उपयुक्त धूमधाम से मनाते हैं। उनका दावा है कि बिरसा ने खुद कहा था कि वे सामाजिक दृष्टि से अपने लोगों को कुँवरों के बराबर समझें। उन लोगों के पास बिरसा की प्रार्थना-पुस्तिका भी है। कुछ वर्ष पूर्व कारो नदी के दक्षिण क्षेत्र में रविवारियों के बीच भी इस माँग ने जोर पकड़ा है कि बृहस्पतिवारियों की तरह वे भी पूरी तरह शुद्धता से रहें और मांस न खाएँ। तीसरे बिरसा उप-पंथ बुधवारी उप-पंथ की, जिसके बारे में ऊपर बतलाया ही जा चुका है, सदस्य संख्या सबसे कम है। वे किसी खास किस्म के विश्वास नहीं रखते। वे लोग उक्त दो बड़े उप-पंथों में से बृहस्पतिवारियों से ज्यादा प्रभावित हैं। यह स्वाभाविक भी है, क्योंकि उनके पूजा और अवकाश के दिन बृहस्पतिवार और बुधवार पास-पास पड़ते हैं।

धार्मिक संगठन

1895 के आंदोलन के सिलसिले में कैद से रिहाई के बाद बिरसा ने अपने धर्म के प्रचार-प्रसार के लिए एक संगठन खड़ा किया। उन्होंने जलमई (सिंहभूम) के सोमा मुंडा को अपना प्रमुख शिष्य नियुक्त किया। उसे अपनी धर्म-पुस्तक सौंपी और अपने शिष्यों से कहा कि सोमा मुंडा उनको धार्मिक आचरण के बारे में जो भी आज्ञा दें, वे लोग उसका पालन करें। जैसाकि बाइबिल में ईसा मसीह के बारह शिष्यों का प्रसंग आया है, उसी से प्रेरणा लेते हुए बिरसा ने भी अपने बारह शिष्य नियुक्त किए। कहा गया कि बिरसा ने अपने धर्म के बीज चारों दिशाओं में बिखेर दिए। उनमें से कुछ पहाड़ियों पर गिरे, कुछ घाटियों और कुछ वनों में। और यही नहीं, उनमें से कुछ बीज मनुष्यों के हृदयों के क्षेत्र पर भी गिरे। बारह शिष्य मुंडा प्रदेश के विभिन्न भागों का प्रतिनिधित्व करते थे। ये थे—सिंहभूम क्षेत्र के जलमई के सोमा मुंडा, रोगोतो के मालगो मुंडा, खांदाजुई के काली मुंडा, बांडो कुंबा के रामसाई मुंडा और चतमा के चमरा मुंडा। बेलसिया, बसिया और हंसदा क्षेत्र के थे—बालो के टोके मुंडा, सेरेंगडीह के मासिया मुंडा, बोरतोडीह के डोंका मुंडा, जमरी के बुद्धू मुंडा, कटिंगकेल के पराव मुंडा, बांदा(जयपुर) के चोड़ेया मुंडा और मर्चा के सुखनाथ मुंडा।

ईसाई मिशनों की तरह बिरसा-धर्म के भी प्रचारक थे, जिनके नाम थे—जोरोरा मुंडा (रोगोतो), गाजो मुंडा (बांदा, जयपुर), सालू मुंडा (सोनकोटर), उमल मुंडा

(चतमा), बीनू मुंडा (डूम्बरा), बमराय मुंडा (सोंगरा), बाँगो मुंडा (जोम्को पाई) और कोल्हा मुंडा (रायकेरा, तूरीनकोना)। बिरसा विभिन्न स्थानों के अपने परिभ्रमण में इस नए धर्म का प्रचार-कार्य भी करते थे। धर्म को अंगीकार करनेवालों की बैठकें रात के समय हुआ करती थीं, जिनकी स्वयं बिरसा या उनका कोई विश्वासपात्र शिष्य अध्यक्षता करता था। प्रचारकों के ऊपर पुरानक रखे गए थे, यानी वे पुराने बिरसा-धर्मावलंबी थे और जो बिरसा-विद्रोह के मूल प्रयोजन से कभी भी नहीं डगमगाए। धर्म में जो नए लोग दीक्षा लेते थे, उन्हें 'ननक' कहा जाता था।

हलचल से भरे अपने जीवन में बिरसा के पास न तो समय था और न साधन ही, जिनसे वे अपने बनाए संगठन को मजबूत करते। नतीजा यह हुआ कि इनकी मृत्यु के बाद उनका धार्मिक संगठन लुंज-पुंज होकर बिखराव की हालत में आ गया। तब उनके बचे हुए अनुयायियों के बीच इस बात के लिए जोरदार प्रयास शुरू हुए कि उनके छोटे भाई कानू के सर पर बिरसा-धर्म के नेता का सेहरा पहनाया जाए। पर कानू के पास कुछ नया कर दिखाने की न तो क्षमता ही थी और न ही उत्साह और उमंग जो कि उसके भाई बिरसा की अपनी खास विशेषता थी। भरमी मुंडा, खाँदजिऊ के काली मुंडा और रोगोतो के मंगलो मुंडा की अगुआई में रविवारी उप-पंथ ने प्राणपण से चेष्टा की कि अपने धर्म की नींव मजबूत करें। जब वे तीनों जेल में थे, तभी उन्होंने अपने धर्म की दुःस्थिति पर विचार किया और मुट्ठी बाँधकर प्रण लिया कि वे अपने देश और धर्म को नष्ट न होने देंगे। इन प्रसंग में जेल से रिहा होने पर भरमी मुंडा के प्रयास से ऐसे लोगों की एक बैठक हुई जिसमें विचार किया गया कि वे अपने धर्म का प्रचार किस तरह करें। बैठक में तय पाया गया कि वे लोग अपने धर्म के प्रमुख सिद्धांतों को सुरक्षित रखें। खासकर आपस में एक-दूसरे के यहाँ खान-पान और एक दूसरे के साथ विवाह संबंध करने के नियमों का कड़ाई के साथ पालन करने का निर्णय लिया। इन नियमों के अंतर्गत उन लोगों में एक काठ का पीढ़ा, एक थाली और एक कटोरा रखने की बात थी। चालीस से पचास मील की परिधि में वे अपने धर्मानुयायियों के बीच ही विवाह संबंध कर सकते थे। किसी भी अन्य के साथ नहीं। स्वयं बिरसा ने अपने जीवनकाल में यह नियम बनाया था। इसके अलावा, बैठक में यह भी तय पाया गया कि उन अन्य लोगों को भी अपनी बिरादरी में शामिल किया जा सकता था जो इस बैठक में लिए गए निर्णयों को स्वीकार करने को तैयार हों।

रविवारी उप-पंथ के एक गुट ने अपने को इस संगठन से अलग रखा। इन लोगों का अगुआ बिरसा का एक साला, पंगुआ-निवासी रसई मुंडा था। इन लोगों का प्रभाव मुरहू के गाँवों और सिंहभूम के आस-पास के कुछ गाँवों तक ही सीमित था। यद्यपि बिरसा ने अपने जीवन-काल में किसी को भी अपना उत्तराधिकारी

घोषित नहीं किया था, पर उनके अभी भी बचे हुए धर्मावलंबी उनके परिवार के सदस्यों को बिरसा-धर्म के बारे में अधिकारी मानते थे। अभी भी हर साल जनवरी व मार्च महीने में रविवारी उप-पंथ के इस गुट की एक बड़ी सभा (मरंग सभा) कटिंगकेल में होती है, जिसमें करीब सौ आदमी शामिल होते हैं। उन लोगों की छोटी-छोटी सभाएँ या बैठकें तो साल में कई बार होती हैं।

बिरसा-धर्म के बृहस्पतिवारी उप-पंथ के सदस्यों का नेता लाली भगत था (1962), जिसे बिरसा भगत के नाम से पुकारा जाता है। यह तोरपा पुलिस थाने के अंतर्गत पैरा गाँव के एक पुरवे किंसूटोली का रहनेवाला था। उसके साथ दो अन्य बूढ़ी मुंडा महिलाएँ भी थीं, जिन्होंने अपनी संपूर्ण सेवा बिरसा-धर्म के प्रचार-कार्य के लिए समर्पित कर दी थी। इनको माता जी कहकर भी पुकारा जाता है। कहा जाता है कि जब बिरसा नागफेनी से लौटते हुए तिरला पहुँचे थे तो उन्होंने उस गाँव में दो बिरवे (छोटे पौधे) लगाए थे। उसी दिन यह घटना भी घटी कि उस गाँव में तीन बच्चों ने जन्म लिया, जिन्हें उनके माँ-बाप ने बिरसा को समर्पित कर दिया।

कर्रा के माँगो मुंडा और गोला मुंडा ने उराँव आदिवासियों के बीच बिरसा के उपदेशों का प्रचार किया। इस समय बोरतोडीह, सेरेंगडीह, पोसेया, जैपुर, जलमई, खांदाजिऊ और रोगोतो आदि स्थानों में बिरसा-धर्म के प्रचारक काम कर रहे हैं। उनका काम बिरसा-धर्म का प्रचार करना और दूसरों को वह धर्म अपनाने के लिए कहना है। पर इधर गत 15 वर्षों में इस धर्म को अपनानेवाले लोगों की संख्या ज्यादा नहीं हुई है।

अगर सतही तौर पर देखा जाए तो इस समय अवशिष्ट बिरसा-धर्म में एक और तो पूरी तरह से अतिनैतिक बृहस्पतिवारी उप-पंथ है, तो दूसरी ओर कुछ अर्थों में उदार विचारोंवाला रविवारी उप-पंथ। पर सच पूछा जाए तो इन दोनों विचारधाराओं के समर्थकों के बीच मतभेद महज मामूली किस्म के हैं। बिरसा-धर्म की रूपरेखा स्पष्ट और किसी को भी समझ में आने लायक है। धर्म के तीनों उप-पंथों की मान्यताएँ भले ही कुछ अलग-सी प्रतीत हों, परंतु वे धर्म के मूल सिद्धांत के बारे में एक जैसे हैं।

ऊपर बतलाया जा चुका है कि बिरसा का पूजा-स्थल रोगोतो में था। बिरसा हिंदू और ईसाई धर्मों जैसे संगठित धर्मों से प्रभावित थे। उनकी योजना थी कि रोगोतो में एक मंदिर की स्थापना की जाए। उन्होंने एक मंदिर की नींव सोरोन (या जात्रा पहाड़?) में डाली भी थी। उन्होंने जमीन एक धागे से नापी और घोषणा की—

> ‘‘यदि कोई आदमी वहाँ पूजा करना या भगवान का नाम लेना चाहता हो तो उसे पहले अपना मन पवित्र करना होगा और अपने को बच्चों की तरह सरल और निर्दोष बनाना होगा। यदि उसका मन

पापों से मुक्त नहीं हो गया है तो उसका विनाश निश्चित है। झूठी बातों, पापों, क्रोध, रूखे व्यवहार और दूषित विचारों से दूर ही रहना है और हृदय में विश्वास और प्रेम का भाव भरकर निष्पाप बन जाना है। सिर्फ वैसी ही हालत में कोई यहाँ बैठकर भगवान का नाम स्मरण कर सकता है। अगर हृदय और मन को इस प्रकार पवित्र बनाए बिना ही कोई इस जगह (मंदिर में) बैठा या भगवान का नाम स्मरण किया और इस जगह नियमों को भंग करने का दुःसाहस किया तो देखनेवाला आदमी अंधा, सुननेवाला आदमी बहरा, बोलनेवाला आदमी गूँगा, काम करनेवाला आदमी लकवा-ग्रस्त और चलनेवाला आदमी अपने पैर गँवा बैठेगा। अगर दिल में पाप हुआ तो दिल काँच की तरह चनककर टूट-फूट जाएगा। यदि इन धर्म में निष्ठा रखनेवाला आदमी इस धर्म की आलोचना करेगा तो फिर वह आदमी किसी भी हाल में चैन में न रह सकेगा''[51] आदि-आदि।

बिरसा-धर्मावलंबियों का कहना है कि मुंडाओं के पूर्वजों द्वारा स्थापित विभिन्न मंदिरों से बिरसा का संबंध और परिचय रहा है। ये मंदिर चुटिया, जगन्नाथपुर, ठाकुर दुरा, नवरतन, डोम्बारी, रोगोतो, सिम्बुआ और चलकद में हैं। इसी कारण मुंडाओं के लिए ये तीर्थ स्थान बन गए हैं। पर आजकल कोई भी बिरसा-धर्मावलंबी इन जगहों में नहीं जाता। बिरसा की प्रार्थना-पुस्तक, जो उनके शिष्यों के उपयोग के लिए तैयार की गई थी, उन लोगों के बीच वितरित कर दी गई। उसमें संकलित प्रार्थनाओं के भाव रविवारियों के विचारों से बहुत हद तक मेल खाते हैं।

बिरसा-धर्म के सैद्धांतिक आधार : असुर पौराणिक कथा की पुनर्व्याख्या

असुर कहानी की व्याख्या बिरसा-धर्म की भूमिका है। मुंडाओं में इस पौराणिक कथा के अनुसार, जिसे बिरसा ने दुहराया, कलियुग में बड़ी तेजी से और व्यापक पैमाने पर पाप बढ़ रहे थे। 72 युगों पूर्व बच्चों, माताओं और बहनों के साथ व्यवहार में कोई भेद-भाव न बरता जाता था अर्थात् हर व्यक्ति के अनुकूल उसके साथ व्यवहार न किया जाता था। हिंसा बिना किसी हिचक के की जाती थी और उसके लिए बाद में कोई पश्चाताप तक न किया जाता था। उस समय असुरों (राक्षसों) का राज्य था। असुर लोगों से पृथ्वी परिपूर्ण थी। उन असुरों के शव, एवं उनको जमीन में गाड़ने के लिए उपयोग किए जाने के पत्थर और उस समय के अन्य पत्थर जगह-जगह पाए जाते हैं। असुर सब कामों के लिए लोहे का ही इस्तेमाल करते थे, यहाँ तक कि लोहा खाते भी थे और उनके शरीर से मल के रूप में लोहा ही निकलता था। (यह बात दसअसल असुरों पर एक व्यंग्य के रूप

में समझी जा सकती है।)। असुरों के पापों के बोझ और उनके द्वारा बनाए गए भट्ठों की तेज और भयानक आग की लपटों से पृथ्वी और स्वर्ग चरमरा उठे और उनके क्षत-विक्षत हो जाने की आशंका पैदा हो गई। भगवान अब और सहन न कर सके। पृथ्वी के लोगों के दुष्टतापूर्ण कार्यों को बर्दाशत करने का उनका धैर्य अब समाप्त हो चुका था। आखिर उन्होंने इसके प्रतिकार के लिए असुरों के पास पाँच पक्षी भेजे जो भगवान का संदेश लेकर आए थे। पर असुर ठीक सलाह माननेवाले जीव तो न थे। उन्होंने भगवान की इस सलाह के बावजूद रात-दिन भट्ठियाँ सुलगाए रखने और उनकी अत्यंत कष्टकर आग जलाए रखने का पाप कर्म जारी रखा। और तब अंत में भगवान को स्वयं पृथ्वी पर उतरना पड़ा। पर भगवान रूप बदलकर आए और वो भी अजीब-सा रूप। भगवान का यह रूप था पूरे शरीर में खुजली के घावोंवाले लड़के का। अपने इस घृणित और उपेक्षित रूप में भगवान असुर गाँव में भीख माँगते चलने लगे। इस गाँव में एक मुंडा दंपति यानी पति-पत्नी थे। पति वैद्य का काम करता था और पत्नी उस धंधे में उसे मदद करती थी। वे लोग निःसंतान थे। उस लड़के पर उन्हें तरस आ गया। उन्होंने उसे खाना दिया और अपने यहाँ बतौर नौकर रख लिया। उसे काम यह दिया गया कि वह वैद्य दंपति के मकान, धूप में सुखाने के लिए रखे गए उनके धान और मुर्गे-मुर्गियों की हिफाजत करे। पर यह पहरेदार कुछ लापरवाह भी था। उसकी इस लापरवाही के चलते बाहरी लोग सुखाने के लिए बिछाया गया धान चुरा लेते थे और मुर्गे इत्मीनान से उसे चुग जाते थे। पर यह एक अजीब-सी बात थी कि उसमें लापरवाही के साथ-साथ अचरज के काम कर डालने का अद्‌भुत गुण भी था। जो धान चोरी चला जाता या चुग लिया जाता था, उसकी क्षतिपूर्ति वह महज धान के कुछ दानों से कर देता था। और सिर्फ उन दानों से मालिक का भंडार भर जाया करता था। तब जब पास-पड़ोस के लोग इस नौकर की लापरवाही की स्पष्ट आदत के बारे में वैद्य दंपति से शिकायत करने आते तो पति-पत्नी उनका विरोध करते और अपने नौकर की ओर से सफाई देते। कारण स्पष्ट था। वैद्य दंपति जब उसकी उस लापरवाही के चलते अपना कोई नुकसान नहीं देखते थे (उनका भंडार तो वह अपने अद्‌भुत गुण से ही भर देता था) तो फिर भला वे इसके बारे में शिकायतों पर ध्यान क्यों देते और उसकी ओर से सफाई पेश क्यों न करते? शिकायत करनेवाले आखिर में एक पंडित के पास गए। उधर पंडित ने उन्हें इस सरदर्द से छुटकारा पाने के लिए यह सलाह दी कि जब तक किसी मनुष्य का बलिदान न किया जाएगा तब तक लोहा न पिघलेगा। असुरों ने वैद्य दंपति के उस नौकर को जबर्दस्ती पकड़ लिया। एक बड़ी भट्ठी बनाई गई। बलिदान के लिए लाए गए उस नौकर ने ही असुरों को यह सलाह दी कि असुर अपने कुँआरे लड़के और लड़कियों द्वारा काँसे का बर्तन और धागों का बंडल, जो

एक नए कपड़े से ढँका हो, मँगवाएँ। फिर वे लोग पीतल का एक टुकड़ा और तुलसी की पत्ती भी ले आवें और उस पर आम के पत्ते से पानी छिड़कें (बिरसा-धर्मावलंबियों का यह विशेष समारोह है, जिसका परंपरागत असुर कथा में कहीं भी जिक्र नहीं है)। उसके बाद उस लड़के को असुरों ने भट्ठी में डाल दिया और उसमें आग लगा दी। उन्होंने फिर उसे फूँकना शुरू किया। जब उन लोगों ने यह अनुमान लगा लिया कि वह जलकर खाक हो गया होगा तब उन लोगों ने भट्ठे को खोला, पर उन्होंने एक आश्चर्यजनक दैविक घटना देखी। लड़का सोने और हीरे की तरह चमचमाता हुआ निकला। यह चमक इतनी तेज पर मधुर थी, जैसी कि सुबह के सूरज की रोशनी होती है। उसके बाद उस लड़के ने असुरों को भट्ठियों में घुसने के लिए उत्साहित किया, जिससे कि वे वहाँ पड़े हुए सोने और जवाहरात को निकाल सकें। पूरे असुर प्रदेश में भट्ठियाँ बनाई गईं जिनमें बूढ़ों और नौजवानों ने प्रवेश किया। लेकिन जब वे भट्ठियों में घुसे तो चिल्लाने लगे। उनकी औरतों ने लड़के से पूछा कि वे क्यों चिल्ला रहे थे। लड़के ने जवाब दिया कि वे वहाँ खजाने लूट रहे थे। जब वे जलकर खाक हो गए तो एक आवाज हुई जिसके बारे में पूछने पर उस लड़के ने बतलाया कि वे कपड़े पहन रहे थे। उसने असुर औरतों को मिट्टी के घड़ों में पानी लाने को कहा। जब भट्ठियाँ खोली गईं तो असुरों को राख के रूप में परिवर्तित पाया गया। असुरों की औरतों ने विलाप करना शुरू किया और उस लड़के-रूपी भगवान से प्रार्थना की कि वह अब उनकी देख-भाल करे। इसी बीच भगवान हवा में उठे और स्वर्ग की ओर चलने लगे। असुर औरतों ने उन्हें पकड़ लिया, लेकिन उन्होंने उनको झटकार दिया। वे पहाड़ों पर, गहरे नदी-नालों और पूजा-स्थलों पर गिरीं। उन्होंने फिर भगवान से प्रार्थना की कि उनके भरण-पोषण की व्यवस्था की जाए। इस पर भगवान ने यह आदेश किया कि वे पृथ्वी पर रहनेवाले मनुष्यों को प्रभावित करेंगी और उनसे त्यौहारों के वक्त बलिदान और भेंट लेंगी।

मुंडा समाज की इस पौराणिक गाथा की व्याख्या के आधार पर बिरसा ने पुराने धर्म, उसकी पुरोहितगिरी और अन्य व्यापक बुराइयों पर प्रहार किया। अपने लोगों की तरह उन्होंने मुंडा समाज की दो बुराइयों—भूतप्रेतों की पूजा और हँड़िया के सेवन की प्रथा की शुरूआत को इस पौराणिक गाथा से जोड़ा और उसे खत्म करने की कोशिश की।

परम-पिता (आबा) की धारणा

असुर तत्त्वों पर प्रहार का एक पक्ष यह भी था कि बिरसा ने परंपरागत धर्म और सिंगबोंगा की पूजा का बहिष्कार किया। उन्होंने असुर प्रेतात्माओं की पूजा और पाहन की पुरोहितगिरी पर प्रहार किया। बिरसा-धर्म के अनुयायियों की प्रार्थनाओं

में सिंगबोंगा का उल्लेख नहीं है। बिरसा द्वारा फिर से कही गई असुर कहानी में सिर्फ गोमके (स्वामी), भगवान और तोड़ा कोड़ा का उल्लेख किया गया है। बिरसा ने भगवान को परमपिता के रूप में माना है। इस धारणा पर ईसाई मिशनरियों के एकेश्वरवाद के विचार का प्रभाव स्पष्ट है। यह स्मरणीय है कि वैष्णव धर्म ने भी भगवान की धारणा मुंडाओं में प्रचलित की थी और तोरपा के बिरसा-अनुयायी अभी भी अपनी प्रार्थनाओं में महाप्रभु विष्णु भगवान का उल्लेख करते हैं। मसीही प्रार्थनाओं में सगुण ईश्वर के विचार बड़े भावपूर्ण ढंग से बताए गए हैं। इस तरह बिरसा के धर्म में सिंगबोगा की जगह परमपिता, माता-पिता (एअंगआबाकिंग) या गोमके ने ली। ध्यान रहे कि यह परम पिता सगुण था। मुंडा निर्गुण ब्रह्म की कल्पना नहीं कर सकते थे। इनका धर्म दृश्य जगत और इन्द्रिय-जनित अनुभवों पर आधरित था।

प्रेतात्माएँ, जादू-टोना और जादूगिरी पर प्रहार

बिरसा की प्रार्थनाओं में धूर्त प्रेतात्माओं पर, जिनसे मुंडा-समाज पीड़ित था, तीखा प्रहार किया गया है। बिरसा-अनुयायियों को उनकी मनौती करने पर पूरा प्रतिबंध है। उनकी जगह पर बिरसा ने उस भगवान पर बच्चों जैसा सरल और निष्ठापूर्ण विश्वास रखने पर जोर दिया है। उनका कहना है कि ऐसे सगुण पिता ही आत्म-समर्पण और पूजा के अधिकारी हैं। दुष्टात्माओं ने पृथ्वी और स्वर्ग की सृष्टि नहीं की है। इसलिए बिरसा-धर्मावलंबी उन्हें किसी प्रकार का बलिदान देने को तैयार नहीं हैं। उनकी प्रार्थनाओं में दुष्टात्माओं के प्रति तीव्र विरोध और उनकी निंदा का स्वर मुखर है। यथा—

> ओ पहाड़ो, गहरे पानी की दुष्टात्माओ!
> तुम लोग हम लोगों से कोई बलिदान
> न पा सकोगी
> दरअसल तुमने पृथ्वी और स्वर्ग की
> सृष्टि नहीं की है
> इसलिए ओ दुष्टात्माओ!
> हमसे दूर रहो
> ओ पिता और माँ, केवल तुम्हारी ही
> अनुकंपा और सहायता से,
> और सिर्फ तुम्हारी ही दवाओं से
> हम अपने रोगों से छुटकारा पाएँगे।

बिरसा के बारे में एक धारणा यह है कि वे जादू-टोने और इस संबंध में

मंत्रों की उपयोगिता में विश्वास करते थे और इनका प्रयोग भी करते थे। बृहस्पतिवारी उप-पंथ के कुछ बिरसा-धर्मावलंबी उन्हें अभी भी डेंबड़ा (प्रेत-ओझा) के रूप में मानते हैं। इस संबंध में मंत्र यद्यपि डेंवड़ों की जैसी गैर-मुंडारी शब्दावली में हैं, पर ये वास्तव में अवमिश्रित प्रार्थनाएँ हैं। जैसे—

यह दुनिया उलट-पुलट गई है, शैतान को बाँधो
उसके पाँव, हाथ और पैर रस्सी से बाँध दो
और एक लकड़ी से उसे चारों दिशाओं,
आठों कोनों और नवों पृथ्वियों से (यानी समूची दुनिया से)
निकाल बाहर करो।

यह वास्तव में बिरसा धर्मावलंबियों की अधिकांश प्रार्थनाओं की तरह ही दुष्टात्माओं के विरुद्ध आह्वान है। बृहस्पतिवारी विचारधारा के बिरसा-धर्मावलंबी टाना भगतों से प्रभावित हैं और उन्होंने उन लोगों को प्रभावित किया है। ये मंत्र उसी तरह पढ़े जाते हैं तथा सुनने में उसी तरह मालूम पड़ते हैं, जिस तरह टाना भगतों द्वारा दुष्टात्माओं (बोंगाओं) की भर्त्सना।

रविवारी विचारधारा के लोग डेंबड़ा (ओझा) को मानने का विचार स्वीकार नहीं करते। उनमें से एक बिरसा-धर्मावलंबी ने अपना यह मत व्यक्त किया कि बिरसा के मंत्र धर्म-मंत्र हैं, देंबड़ा मंत्र नहीं। धर्म-मंत्र निम्नलिखित हैं—

"ओ पिता और माता, पृथ्वी और स्वर्ग के सृजनहार, कठिनाइयों से हमारी रक्षा करो।"

सच पूछा जाए तो बिरसा की प्रार्थनाओं की टेक यही है। बिरसा जादू-टोने में नहीं, बल्कि प्रार्थना की उपयोगिता में विश्वास करते थे। वे न केवल भूत-प्रेतों संबंधी धारणा पर आक्रमण करते थे, बल्कि डेंबड़ों, भगतों और सोखाओं की पुरोहिती पर कसकर प्रहार करते थे। भगवान में विश्वास और धर्मानुसार नैतिक आचरण पर जोर देनेवाले सीधे-सादे-सरल धर्म में मंत्रों और जादू-टोनों के लिए क्या स्थान हो सकता है? यह एक असंभव-सी बात है कि बिरसा का ओझागिरी से दूर का भी संबंध रहा हो। यों यह बात दूसरी है कि डेंबड़ों (ओझाओं) से संबद्ध कुछ मुंडाओं ने, जिनका जादू-टोनों, रोग हरने की शक्ति और इस तरह अन्य कार्यों पर विश्वास रहा हो, बिरसा के जीवनकाल और उनकी मृत्यु के बाद भी अपनी खास जमात बना ली हो। बृहस्पतिवारी विचारधारा के कुछ बिरसा- धर्मावलंबी अभी रूप या भक्ति में ध्यानमग्न हो जाने के बारे में तरीके और मंत्र बतलाते हैं और यह दावा करते हैं कि ये बातें उन्हें बिरसा से विरासत में मिली हैं।

देव-दूत के प्रति आस्था

नई प्रार्थनाओं को बिरसा के देव-दूत या मसीहा होने में विश्वास, दुष्टात्माओं से छुटकारा पाने का उपाय माना जाने लगा। बिरसा अपने को ईश्वर का संदेशवाहक घोषित करते थे और उनके शिष्य उन्हें उस रूप में स्वीकार भी करते थे। बाद में बिरसा धर्मावलंबियों की प्रार्थनाओं में बिरसा में देवत्व का आरोपण करके उन्हें स्वयं भगवान के रूप में माना जाने लगा। संक्रमण की यह प्रक्रिया बिरसा के जीवनकाल में ही शुरू हो गई थी। यदि हम बिरसा के जीवन के आरंभ काल की ओर चलें तो पाएँगे कि चलकद के उस मसीहा को धरती का पिता (धरती आबा) कहा जाता था। बाद में उन्हें भगवान का संदेशवाहक ही नहीं, बल्कि भगवान का अवतार माना जाने लगा। एक नया राजा (जो ईसाई धारणा है) स्वर्ग से पृथ्वी पर परंपरागत मुंडा-परिधान में अवतरित हुआ और आकर सिंहासन पर आसीन हो गया। वह मुंडाओं का सिर्फ शरणदाता नहीं था, बल्कि उन्हें एक वीर एवं उदात्त जाति के रूप में ढाल देने के लिए आया था—

> स्वर्ग के पवित्र पिता पृथ्वी पर के नए राजा
> तुम सर पर पगड़ी बाँधे, धोती पहने और
> पाँवों में काठ की खड़ाऊँ पहने हुए इस पृथ्वी पर आए
> तुम राजा के सिंहासन के समक्ष खड़े हुए
> और उस पर बैठ गए
> तुम पृथ्वी के पिता नियुक्त किए गए थे
> ओ पिता, बीमारियों और कष्टों से हमें त्राण दो
> ऐसा आशीर्वाद दो कि हमारे हाथ और पाँव
> हमारे अस्त्र बन जाएँ
> हमारे हृदय और वाणी में
> प्रकाश की आभा भर दो
> ओ पिता, हमें अपने धर्म का दान कर बचा लो
> साथ ही हमें वर दो कि हम जिधर भी दृष्टि फेरें,
> उधर ही कुहासा, धुआँ और तूफान फैल जाए।

इस प्रकार वह राजा मुंडाओं को वह सब-कुछ देनेवाला था जिसे वे सब उन्नीसवीं सदी के अंतिम दशक में प्राप्त करने के लिए लालायित थे। उनकी इच्छा थी कि उन्हें चारों ओर से घेर रखनेवाले दुश्मनों से बचाया जाए, उनके सभी कष्टों का अंत कर दिया जाए और साथ ही उनके लिए एक सुरक्षित और शक्तिशाली बचाव-व्यवस्था तैयार कर दी जाए।

विश्राम-दिन

बिरसा-धर्मावलंबी सप्ताह में एक दिन रविवार, बृहस्पतिवार या बुधवार को विश्राम और प्रार्थना के दिन के रूप में बिताते हैं। उनका यह निश्चय बहुत कुछ ईसाइयों द्वारा प्रभावित था, हालाँकि उन्होंने इसके लिए अपना एक अलग सिद्धांत प्रस्तुत किया। उनका कहना था कि उन लोगों के पूर्वज सोमवार को कोई काम नहीं करते थे, मंगलवार को पेड़ नहीं काट गिराते थे और बृहस्पतिवार को खेत नहीं जोतते थे। ऐसा ही उन लोगों ने फिर से करने का निर्णय किया। रविवारी विचारधारावाले किसी का जन्मोत्सव शनिवार को मनाते हैं। रविवार केवल प्रार्थना के लिए रख छोड़ा गया है और उस दिन कोई काम नहीं किया जाता है। प्रचारक सभी बिरसा-धर्मावलंबियों से जौ इकट्ठा कर लेता है और एक स्थान पर बैठकर वे प्रार्थना करते हैं। प्रचारक प्रार्थना की पंक्तियाँ पहले बोलता है और फिर उनको शेष लोग दुहराते हैं। उससे पूर्व के दिन यानी शनिवार को लोग अपने घरों की झाड़ू-बुहारी करके उनकी धूल साफ करते और घर को स्वच्छ बनाते हैं। वे घर को गोबर से लीपते हैं और अपने कपड़े धोते और अन्य सफाई के कार्य करते हैं। रविवार को धान कूटते हैं और बरसात के मौसम में बहुत जरूरी हो गया तो केवल पूर्वाह्न के समय खेत जोतते हैं। बृहस्पतिवार को ढोरों को काम से अवकाश दिया जाता है। यों आजकल विश्राम और प्रार्थना के दिन संबंधी नियम को पूरी तरह निबाहा नहीं जाता।

प्रार्थनाएँ

चूँकि भूत-प्रेतों के तोषण के लिए पशु-बलिदान और मंत्रोच्चार की पुरानी व्यवस्था समाप्त कर दी गई है, इसलिए भक्तगण परमात्मा के प्रति अपना निवेदन करने के लिए प्रार्थना के माध्यम का सहारा लेते हैं। प्रार्थना की दो रीतियाँ हैं—व्यक्तिगत और सामूहिक। स्मरण रहे कि स्वयं बिरसा ने अपने जीवन-काल में जलेसर, डोम्बारी और सिम्बुआ की पहाड़ियों पर सामूहिक प्रार्थनाएँ आयोजित कीं, भजन के राग में रचित उनके प्रार्थनागीत सामूहिक प्रार्थना के लिए उपयुक्त थे। सामान्यतः बिरसा-धर्मावलंबी, दोनों हाथ जोड़कर अपनी प्रार्थना उस परमात्मा को निवेदित करता है जिसने कि पृथ्वी और स्वर्ग बनाए और साथ ही हृदय और आत्मा का सृजन किया। उसके प्रति श्रद्धास्वरूप मिट्टी के एक बर्तन में पानी भरकर आम के पेड़ के पत्ते से जल-कण छींटे जाते हैं।

यद्यपि बिरसा ने भूत-प्रेतों के संबंध में अंधविश्वास पर करारा प्रहार किया तो भी उनके अनुयायी शैतान और दुष्टात्माओं से भयभीत रहते हैं। उनकी प्रार्थनाएँ ईश्वर को संबोधित होती हैं जो पृथ्वी और स्वर्ग का पिता और माता दोनों ही है।[52] पर उन प्रार्थनाओं में भी राजनीतिक रुझान स्पष्ट रूप से दृष्टिगत होता

है, क्योंकि प्रार्थना में इसके लिए भी निवेदन रहता हैं कि उनके सामाजिक शत्रुओं को मार भगाया जाए। इन शत्रुओं के विरुद्ध प्रार्थना दो-टूक और विरोध-स्वर से पूर्ण होती है–

स्वर्ग के राजा को परम गौरव
मिले। पृथ्वी के राजा उपाधिधारी
(बिरसा) महिगामंडित हों! हम मुंडा
लोग प्रार्थना करते हैं कि हमारे तीरों
की नोक पैनी से पैनी हो और
हमारी कुल्हाड़ियों की धार तेज और चमचमाती रहे
हमारे शत्रुओं की गोली-बारूद, बंदूकें और तलवारें
टूक-टूक होकर नष्ट हो जाएँ।

मुंडाओं की दैनन्दिन चिन्ताओं और उत्तेजनाओं, उनके जीवन-पथ के काँटों, उनके शत्रुओं द्वारा उनके प्रति ईर्ष्याओं, बुरे दिनों, दुःस्वप्नों और सबसे ऊपर ब्रिटिश सरकार की बराबर लटकती हुई आतंक की तलवार के लिए दवा या मरहम का काम ये प्रार्थनाएँ करती थीं। यथा–

ओ पिता, हमारे रास्ते के काँटों,
दुश्मनों की ईर्ष्या, जलन और
उसके कारण चिंताओं,
बुरे दिनों और दुःस्वप्नों,
बीमारियों, पापों तथा उनकी आत्मा,
मुँह और दाँतों से हमारी रक्षा करो
और ब्रिटिश सरकार को पराभूत करो।

किसी बिरसा-धर्मावलंबी मुंडा की दैनन्दिन जीवन-प्रक्रिया के साथ-साथ मानो प्रार्थनाओं का एक जुलूस-सा चलता है। सुबह सोकर उठने के बाद की प्रार्थना, दोनों शाम भोजन के समय की प्रार्थना और फिर रात में सोने के पूर्व की प्रार्थना। दरअसल प्रार्थना के लिए कोई समय निर्धारित न था और न ही किसी प्रकार की विशेष मुद्रा।[53] बृहस्पतिवारी विचारधारावाले बिरसा-अनुयायियों की बाद की प्रार्थनाओं में परमात्मा से कुछ इस प्रकार निवेदन किया जाता है, जिसमें विभिन्न धर्मों के तत्व समवेत कर दिए गए हैं–

स्वर्ग में महान राजा को प्रणाम
पृथ्वी पर नए राजा को प्रणाम

ब्रह्मा, माँ देवी, विष्णु, काली और
दुर्गा को प्रणाम (स्पष्टतः एक क्षेपक)
पृथ्वी पर माता और पिता, उत्तर और दक्षिण दिशाओं को प्रणाम
सीता के स्वामी भगवान को प्रणाम
गोविंद और तुलसीदास को प्रणाम
स्वर्ग में फिरूँन (फैरों) को प्रणाम
पृथ्वी पर राजा उपाधिधारी को प्रणाम
हरी, जोगनी, संकिरा, महापुर भगवान को प्रणाम
योद्धा, प्रभु और शिक्षक बिरसा को प्रणाम।

पर बिरसा-धर्मावलंबियों और खुद बिरसा को हिंदू धर्म का केवल प्रारंभिक ज्ञान था। यथा–

सीता की सुंदर मूर्ति देखो, पूर्व दिशा में
ब्रह्मा को देखो, पश्चिम में विष्णु को देखो,
उत्तर में महावीर और काली को देखो, और
दुर्गा को दक्षिण में देखो
पिता और माता के नाम लो
पश्चिम में विष्णु का नाम लो
उत्तर में काली का नाम लो
दक्षिण में दुर्गा का नाम लो
वाढ़ों में अपने माँ-बाप की सेवा करो
दुनिया को देखो, खुश आदमी को देखो
और भयभीत को भी देखो
निर्गुण को देखो सगुण को भी देखो।

ये छिटपुट विचार बिरसा पर हिंदू धर्म का गहरा प्रभाव सिद्ध नहीं करते, यद्यपि यह सही है कि उन्होंने गो-वध के निषेध के लिए कड़े नियम बनाए थे और प्रायश्चित एवं तपस्या के लिए, यदि उसे किया जाए, एक पद्धति निर्धारित की थी।

जीवन-सिद्धांत

बिरसा की प्रार्थना संबंधी धारणा में होरभो, रोआ, जी, आत्मा और मन आदि तत्त्व निहित हैं। यथा–

ओ पिता, ओ बिरसा, जैसा कि तुम्हारे

धर्म में कहा गया है,
मेरे जीवन, मेरे शरीर, मेरे मन और हृदय को
आसमान की सुदूरस्थ सीमाओं और दुनिया के व्यापक विस्तार तक
पहुँच जाने दो।

और भी–

ओ पिता, हमारे शरीरों, जीवनशक्ति, मन
आत्मा को स्वच्छ और पवित्र करो।
इस कार्य के लिए बिरसा-धर्म में
विनिहित नियमों के अनुसार हमारा आचरण सुधारो
हमारी रक्षा सिर्फ तुम्हीं कर सकते हो।

ऊपर दी गई प्रथम प्रार्थना में आत्मा की सर्वव्यापकता का चित्रण मिलता है और साथ ही उसमें यह भी बतलाया गया है कि मुंडाओं के जीवन की सीमाएँ आकाश की सीमाओं और पृथ्वी के संपूर्ण विस्तार तक फैली हुई हैं। जिन लोगों में से अधिकांश की दृष्टि दृश्य जगत के आगे नहीं जाती, उनके लिए पृथ्वी और स्वर्ग की उपमाएँ समझ में आने लायक हैं। आत्मा अमर है पर शरीर नाशवान है। शरीर के बाद भी आत्मा का अस्तित्व रहता है। जिन तत्वों से शरीर का निर्माण हुआ, वे पाँच हैं—होड़ोम (शरीर), रोआँ (देहमुक्त जीव), जी (जीवन), आत्मा और मन। इनमें से प्रथम तीन तो खास तौर पर मुंडाओं के सिद्धांत के अंतर्गत आते हैं, पर बाद के दो तत्त्व बाहरी धार्मिक सिद्धांतों (हिंदू और ईसाई) से लिए गए हैं। रोआँ अर्थात् देहमुक्त अमर आत्मा को मनुष्य के व्यक्तित्व का एक अंग मानना पुनर्जन्म का सिद्धांत माने जाने की दिशा में एक कदम है। जहाँ तक बिरसा का संबंध है, उन्होंने इस संबंध में कुछ भी नहीं कहा है। उन्होंने अंतिम निर्णय के दिन की चर्चा की है जैसा कि ईसाई धर्मगीतों में किया गया है। बिरसा-धर्मावलंबी स्वर्ग और नरक में विश्वास करते हैं और मृत्यु के बाद आत्मा के अस्तित्व में भी। पर, तो भी ये धारणाएँ सु-स्पष्ट नहीं हैं। धर्म के संबंध में एक महत्त्वपूर्ण सिद्धांत की रूप-रेखा तैयार करने के लिए बिरसा के पास समय न था। जो धार्मिक सिद्धांत उन्होंने दिए हैं वे या तो मुंडाओं के परंपरागत सिद्धांतों में से लिए गए हैं या हिंदू और ईसाई सिद्धांतों से। बिरसा ने अपने धार्मिक सिद्धांतों को पवित्र बाइबिल के मुंडारी अनुवाद और मुंडारी में ईसाई धर्म-गीत संग्रह 'दुरंगपोथी' से काफी मात्रा में लिया है। उनके द्वारा रचित गीतों और प्रार्थनाओं में 'सिरमा दिसुम' अर्थात् 'स्वर्ग का साम्राज्य', 'ओने दिसुम' यानी पृथ्वी का राज्य, 'मुरंग राजा' अर्थात् सर्वोच्च सम्राट, 'नवा राजा' अर्थात् नया राजा, 'धरम आबा' यानी पवित्र पिता आदि शब्दों और पदों की प्रचुर परिमाण में चर्चा है। स्वर्ग

में मरंग राजा अर्थात् सर्वोच्च सम्राट अपना दरबार करते हैं और उनके साथ न्याय-विचार के लिए पाँच पंच बैठते हैं और वहाँ चूक करनेवाले बिरसा अनुयायी को अपनी सफाई पेश करनी पड़ती है। पृथ्वी पर भी नए राजा चार पंचों के साथ अपना दरवार करते हैं, जहाँ कि बिरसा-अनुयायी को अपने तात्कालिक आचरण के लिये जवाब देना पड़ता है। सर्वोच्च सम्राट या नए राजा का क्षेत्राधिकार ठीक-ठीक बतलाया नहीं गया है।

मसीही उद्‌घोष : सृष्टि और युग-रचना

एक मसीहा के रूप में बिरसा कभी-कभी एकाएक जो बातें बोल दिया करते थे और जिनको एक प्रकार से प्रलाप की संज्ञा भी दी जा सकती है, उनको संक्षेप में सृष्टि और युगों के निर्माण, प्रलय और विनाश तथा आगमन और पुनरुत्थान के बारे में उनकी धारणाओं के रूप में रखा जा सकता है।[54]

सृष्टि और युगों के बारे में उनके जो विचार थे, वे बाइबिल और भागवत पुराण में इस संबंध के विचारों के मिश्रण थे तथा उनमें उनकी जाति की व्यथाओं और दुर्भाग्यों की प्रतिच्छाया भी दीख पड़ती थी। बिरसा के इस संबंध में विचारों के अनुसार, आरंभ में भगवान ने पृथ्वी, पेड़, जीव, पक्षी, मनुष्य और पौधों का निर्माण किया; आसमान में तारों, चंद्रमा और सूर्य को उनके स्थानों पर स्थिर किया और उनकी गति के मुताबिक कार्य-दिन निश्चित किए। एक युग का समय बारह साल निर्धारित किया गया और पृथ्वी पर चार युग होने की बात कही गई—सतयुग, त्रेता, द्वापर और कलियुग। सतयुग में निरंजन राज कर रहे थे। उस युग में आदमी 21 हाथ लंबे होते थे। कहीं किसी प्रकार का दुःख या कष्ट न था। लोग बीमारी से न मरते थे, सिर्फ उनके शरीर की हड्डियाँ अलग-अलग हो जाती थीं। वे लोग खेत में बीज बोते थे सिर्फ एक बार और फसलें काटते थे सात बार। वे सोने और चाँदी के बर्तनों में खाते थे। द्वापर में सतयुग की महिमा न रही। लोगों की लंबाई 14 हाथ रह गई। पर उस युग में भी कोई मरता न था, सिर्फ उसका माथा कड़क जाता था। सतयुग की तरह ही वे जमीन बोते, फसलें काटते और भोजन करते थे। पर अब लोगों की लंबाई घटकर सात हाथ रह गई थी। त्रेता में राम और लक्ष्मण का राज्य था। उस युग में कोई बीमारी न थी और न उस वजह से लोग मरते ही थे। वे अब पीतल के बर्तनों में खाने लगे थे। कलियुग में ब्रिटिश राज्य को रानी मंदोदरी (रानी विक्टोरिया) ने स्थापित किया। अब आदमियों की लंबाई सिर्फ साढ़े तीन हाथ रह गई थी। दुनिया में तरह-तरह के रोग फैले हुए हैं। अब उद्योग और व्यापार भी शुरू हो गए हैं। लोग भूखों मर रहे हैं। अब कोई काम बिना सिक्कों के नहीं हो सकता। लोग बड़े पैमाने पर लालची हो गए हैं। वे एक साल में ही दो बार बोआई करते हैं और एक ही बार फसल काटते हैं। लोग न सिर्फ बीमारी से मरते हैं, बल्कि उन्हें

अस्त्रों से भी मार दिया जाता है। बिरसा-धर्मावलंबियों की कलियुग-संबंधी धारणा में भूमि-समस्या का समावेश था। इस युग के वर्णन में कहा गया था कि दिकू लोगों का भीषण अत्याचार जारी है और मुंडा समाज में बाहरी तत्त्वों का प्रभाव जम गया है। कलियुग के नृत्य करमा और पैका हैं। इस युग में मुंडा जाति का पतन हो चुका है।

बिरसा की धर्म की धारणा के अनुसार मुंडा लोग अपने स्वर्णयुग(सतयुग) में न तो शराब पीते थे और न ही असुर देवी-देवताओं को पूजते थे। उसके बदले वे तुलसी के पौधे की पूजा करते थे और हर सुबह को उसमें पानी डालते थे। वे ईश्वर की पूजा करते थे। साथ ही माथे पर चन्दन का टीका लगाते थे और यज्ञोपवीत पहनते थे। वे जातीय पवित्रता के नियमों का भी कड़ाई के साथ पालन करते थे। स्नान किए बिना न अन्न ग्रहण करते थे और न ही जल। वे जगन्नाथपुर मन्दिर में मिठाइयों का भोग लगाते थे (?)। यह वह समय था जब उनके पूर्वज खूँखार जानवरों से भरे जंगलों को काटकर जोतते थे। यह काम वे उन कठिन स्थितियों में करते थे जब उन जंगलों में सिंह गरजते थे, साँप फुफकराते थे और हाथी चिंघाड़ते थे। उस समय मुंडाओं के पूर्वज गुफाओं में रहते थे, जंगली जानवरों से मित्रता रखते थे, और अपने को संगठित कर जंगलों को खेती की जमीन के लिए साफ करते थे। और उन लोगों ने गाँव बनाए, बाँध तैयार किए, प्राकृतिक जल-स्रोत खोजे, पेड़ बोए, बगीचे लगाए और कुएँ और तालाब खोदे। अपनी जीविका के लिए वे खेतिहर बने। इस तरह, अपने हाथों से कड़ी मेहनत का फल प्राप्त करते हुए वे वर्षों तक सुखी और खुश रहे। वे इस कदर निर्दोष और सरल थे कि अपने भाइयों और सम्बन्धियों की हत्या करना तो दूर, इस बारे में सोच तक न सकते थे। वे हँसी-मजाक करते वक्त व्यक्ति व्यक्ति में भेद बरतते थे, जैसे कि वे किसी की माँ-बहन से मजाक नहीं करते थे। वे ईमानदारी के साथ, हिल-मिलकर रहते थे। यदि उनमें से किसी को कोई छेड़ता था तो वे एकजुट होकर उसका मुकाबला करते थे। इस प्रकार सतयुग समाप्त हो गया।

बिरसा-धर्म के अनुसार त्रेतायुग के मध्य और कलियुग में (इस विवरण के अनुसार द्वापर त्रेता के पहले आता है) आदिवासी क्षेत्र में अन्य जातियों ने प्रवेश किया, उन लोगों के पूर्वजों के राज हड़प लिए, उनके अधिकारों और सम्पत्ति तथा धर्म और परम्पराएँ मानों उनसे छीन लीं। फिर मुंडाओं के पूर्वजों के बीच धीरे-धीरे तेल की नाईं चिकने द्रव की तरह उनके पूर्वजों के बीच गुरजते हुए उनको बर्बाद कर दिया। मुंडाओं को नीची नजर से देखा गया, मारा-पीटा गया और अकारण या बहुत ही साधारण से कारण पर गन्दी-गन्दी गालियाँ दी गईं। नतीजा यह हुआ कि उनके पास जो भी था, सब कुछ से वे हाथ धो बैठे। उन्होंने विवशता और

कातरता की भावना से और अकस्मात् सर्ववंचित हो गए व्यक्ति की भाँति देखा कि अब उनके जानवर अपने नहीं रहे और न ही उनकी अपनी जमीन या पहले से ही नाममात्र को बची सम्पदा तो उन्होंने पाया कि उन्हें बाजरे की तरह पीसा जा रहा है और गोन्दली की तरह भूँजा जा रहा है। पर कलियुग का यह समय जल्द ही बीत जाएगा और मुंडाओं की मुक्ति की घड़ी जल्दी ही आएगी—

> "और अब जमींदारों की खुशी का क्या कहना। वे हम पर हँसते हैं। पर उनके द्वारा हमारे शोषण का समय बीत चुका है। एक दिन वे अपने कुकर्मों के लिए रोएँगे और यह विलाप कभी खत्म न होगा। अभी वे लोग बकरे, दूध और मक्खन निगल रहे हैं। एक दिन अधिकारी उनकी गरदनें पकड़ेंगे। जो-जो चीजें वे निगल चुके हैं, उन्हें उनको उगल देना होगा। हाँ! वे उन चीजों का वमन कर देंगे और तब उन्हें पाँवों के तले कुचल डाला जाएगा। इस समय हम दुःख झेल रहे हैं और खतरों से घिरे हुए हैं। पर जिन्दगी में हमारे दिन पुनः फिरेंगे।"

कलियुग और स्वर्ग-युग के बीच के संक्रमण काल में दिकुओं के साथ मुण्डाओं की एक भीषण लड़ाई होगी। वह लड़ाई ऐसी होगी जिसके बारे में कहा जा सकता है—"न भूतो न भविष्यति।" और उसके परिणामस्वरूप मुंडा लोगों को उनका राज्य वापस मिल जाएगा और तब होगा मुंडाओं के स्वर्ग युग का नव विहान—

> "और फिर हमारे लिए सिर्फ एक खेत में फसल काफी होगी। मुंडा लोग जमीन न लेना चाहेंगे, भले ही उसे उनके गले क्यों न मढ़ देने की कोशिश की जाए। अब इसके लिए युद्ध न किया जाएगा पर सब धर्म के अनुसार किया जाएगा। जैसा कि हमारे पूर्वजों ने किया, हम लोग भी सब कुछ धर्म के रास्ते पर चलते हुए ही करेंगे। और ठीक उनकी जैसी ही हमारी राज-पद्धति भी होगी। हम डण्डों और हथियारों का प्रयोग न करेंगे।"

जल-प्रलय और विनाश

बिरसा-धर्म के अनुसार कलियुग के अन्त में सृष्टि का विनाश या तो जल-प्रलय या अग्नि या युद्ध और अन्त में भूमि-अव्यवस्था, अकाल और भुखमरी से होगा। असुरों का विनाश भट्ठियों में जल जाने के कारण हुआ था। महाभारत के समय कौरवों और पाण्डवों का विनाश आपस में युद्ध के कारण हुआ था। अब

भूमि-अव्यवस्था के कारण विनाश होगा। इस क्षेत्र में बाहर से आए जमींदारों से पूछा जाएगा कि उन्हें जमीन किस प्रकार मिली? वे सम्भवतः जवाब देंगे कि ज़मीन उन्हें राजा से मिली। तब उनसे कहा जाएगा कि वे राजा के पास जाएँ और उससे अपनी जमीन वापस माँगें। मुंडा लोग अपनी जमीन पर कब्जा कर लेंगे, क्योंकि जमीन पहले उनकी ही थी। वास्तव में मुंडा लोगों की ही जमीन थी और वे किसी को वापस न करेंगे। जिन दिकुओं ने इस क्षेत्र में काम किया है, उन्हें अपनी-अपनी जगहों में वापस चला जाना पड़ेगा। इस मौके पर खून-खराबी भी होगी। अगर दुर्भिक्ष या भुखमरी से विनाश का खतरा हुआ और खाद्यान्न मिल सकना ही असम्भव हो गया और ऐसी हालत पाँच वर्षों तक भी चलेगी। और यदि लोग काम करके अन्न हासिल करने की कोशिश भी नहीं करेंगे तो भी वैसी हालत में भी उन्हें खाने-पीने की कमी न होगी, क्योंकि उनके सिवा और कौन अन्न के भण्डार से अन्न पा सकेगा जो दुकानदारों और साहूकारों के यहाँ जमा करके रखा हुआ है? मुंडा जाति के दुश्मनों का विनाश और इस क्षेत्र से उनका निष्कासन पूरा हो जाएगा–

> "जमींदार (राजा) जमीनें हड़प रहे हैं और उन पर कब्जा करने की कोशिश कर रहे हैं। पर जमीन पर जिनका वास्तविक अधिकार है दे ही उस जमीन को पाएँगे। जिनके शरीर से खून दूध की तरह बहेगा, वे ही उस जमीन को पाएँगे, वे ही उस जमीन के हकदार होंगे। इस धर्म को न माननेवालों और पाप में ही जीवन बिताते हुए रहनेवालों का उदय खून की तरह होगा। और जो इस धर्म को मानते हुए मरेंगे वे दूध की तरह उदित होंगे। हम इस क्षेत्र से सभी दुश्मनों को निकाल बाहर करेंगे। हम इस क्षेत्र में रोमनों, जर्मनों, अंग्रेजों, राजाओं और जमींदारों, शैतानों और दुष्टात्माओं को नष्ट-भ्रष्ट कर देंगे। इस जमीन को एक बार फिर पवित्र बनाने के लिए हम सफेद बकरे (यूरोपियनों) का बलिदान करेंगे। और तभी जमीन पवित्र बन सकेगी। एक दिन उन लोगों को इंग्लैण्ड जाना ही पड़ेगा, क्योंकि उन्होंने सरकार का नमक खाया है। उनका जीवन और खून हमारी जाति में कदापि स्वीकार न किया जाएगा। सबसे पहले पादरियों को जाना पड़ेगा और फिर उनके शिष्यों को।"

और भी–

> "मुंडाओं को अपने दुश्मनों का सामना पूरी तरह, बिना कोई कसर किए हुए, करना है, नहीं तो वे अनेक वर्षों के पीछे चले जाएँगे। दुश्मनों का शासन कायम रहने का अन्त केवल हिंसक संघर्ष से ही

हो सकता है। इस समय केवल कुछ विशेष लोग ही, जिनकी संख्या थोड़ी-सी है, गेंद खेलते हैं और मुफ्त में मौज मारते हैं। अधिकांश मुंडाओं के हजारों बच्चे भूख-प्यास से रात-दिन रोते हैं और उन्हें दोनों जून का खाना नसीब नहीं होता। अगर वे एक दिन अपना राज वापस पा जाते हैं तो उनके उदास चेहरों पर फिर से खुशी लौट आएगी और फिर उनकी खुशी का अन्त कभी न होगा। विदेशी लोग अफसोस करेंगे और उनका यह दुख युगों-युगों तक रहेगा। मुण्डाओं की जमीन में गोरों ने पहाड़ और नदियाँ नेस्त-नाबूद कर दीं और जंगलों को जला डाला। इसलिए एक दिन उन्हें जब फिर अपना राज वापस मिल जाता है तो वे गोरों के खून से उसे पवित्र करेंगे।"

बिरसा दुश्मनों का अन्त करने के लिए एक साधन बनेंगे। वे उन लोगों का पीछा तूफान के वेग से करेंगे और उनके साथ जमकर लोहा लेंगे—

> "संसार के लोगो! इस संसार का अन्त ऐसे या वैसे न होगा। इसका अन्त बड़ी यन्त्रणा, बड़े दुःख में होगा। मैं गहरे समुद्रों को नालों और पोखरों में बदल दूँगा। मैं पर्वतों को चूर्ण-विचूर्ण कर दूँगा। मैं कुछ ही क्षणों में उनकी चोटियों को अपने तीव्र प्रहार से भोथरा कर दूँगा। अगर मैं दुश्मनों के सिपाहियों को एक ओर आकर लड़ने के लिए चुनौती दूँगा तो वे दूसरी ओर भाग खड़े होंगे, पर फिर भी मैं उन पर वहाँ से भी प्रहार करूँगा। मैं पृथ्वी को पानी से उसी तरह भर दूँगा जिस तरह कुआँ भरा होता है। फिर जब सब पानी ही पानी हो जाएगा तो फिर वे भागकर जाएँगे कहाँ? बरसात के समय शुरू से आखिर तक, एक छोर से दूसरे छोर तक खाई में पानी भरा होता और ऊपर तक भरा बहता रहता है। जब गर्मी का मौसम आता है, पानी सूख जाता है। उस समय सिर्फ छोटे पोखरों में पानी रहता है। ऐसी हालत में मुझसे मार खाए हुए दुश्मन भागकर कहाँ जाएँगे? मछलियाँ, मेंढ़क और साँप गहरे पानी में एक जगह इकट्ठे हो जाएँगे। आखिर वे दुश्मन जिन पर हमारी मार लगी है, भागकर जाएँगे कहाँ?"

विजय पूरी तरह निश्चित है। मुंडा लोग दिल्ली तक पहुँच जाएँगे और वहाँ से सिंहासन (?) पर भी कब्जा कर लेंगे—

> "जब मैं दिल्ली पहुँच जाऊँगा तो तुम (मुंडा) लोग अपना सीना तान लेना, बाँहें फैलाकर अपनी थकान मिटा लेना, अपनी मूँछों पर ताब

> देना, तालियाँ बजाना और अपनी जिन्दगी हँसी-खुशी में बिताना। हमारी विजय होकर ही रहेगी। किसी दूसरे को दिल्ली का सिंहासन न मिलेगा और कोई भी दूसरा वहाँ की गद्दी पर न बैठ पाएगा।''

अशान्ति, उपद्रव और अकाल से लोग उसी तरह मर-मरकर गिर पड़ेंगे जिस तरह फागुन या चैत में पेड़ों से पत्तियाँ गिरती हैं। लोगों के इस तरह बहुत ही बड़ी संख्या में गिरने से जमीन लाशों से इस कदर पट जाएगी कि कहीं किसी को पाँव तक रखने की जगह न मिलेगी। पीने के पानी की एक बूँद तक न मिलेगी, वह कड़वा बनकर जहर का-सा बन जाएगा, पर जिन लोगों को बिरसा पर विश्वास होगा, उन्हें पानी साफ करके पीने को दिया जाएगा।

जो लोग दुखों की भँवर में फँसे होंगे उन्हें सान्त्वना और शरण एक-मात्र बिरसा के धर्म में ही मिलेगी। इसके लिए उन्हें बिरसा में विश्वास रखना होगा। उनके मन्त्रों को जपना होगा और एक दिन, रविवार, अवकाश और विश्राम में बिताना होगा। वे रक्षक के रूप में प्रकट होंगे, और–

> ''और जो लोग मेरे उपदेशों का पालन न करेंगे वे गर्द हो जाएँगे और उनको कोई बचा न सकेगा। अगर पृथ्वी और स्वर्ग मिलकर एक हो जाएँ तो भी मेरे शब्द नष्ट न होंगे। जो लोग मुझे पिता के रूप में मानेंगे, उन्हें पुत्र के जैसा व्यवहार मिलेगा। जो दूसरों की सहायता करेंगे और दयालु बनेंगे उनको खुद भी, मदद मिलेगी और वे मुझसे दया पाएँगे। जिन लोगों को मुझमें निष्ठा होगी, वे बदले में मेरा विश्वास पाएँगे। जो लोग खान-पान के बारे में नियम पालन करेंगे, वे बराबर सुख से रहेंगे। यदि तुम मुझमें निष्ठा रखते हो और संयोग से पानी में डूब जाते हो तो अगर मैं तुम्हें उस विपत्ति में देख लूँगा, तो मैं तुम्हें तुम्हारे सर के बालों का झोंटा पकड़कर निकाल लूँगा। जो धर्म में विश्वास करते हैं, उनकी रक्षा धर्म ही करेगा। पापियों को खुद उन्हीं का पाप खा जाता है। जैसे कि कोई हरा-भरा पेड़ जलते हुए पेड़ के पास होने से जल जाता है, उसी तरह हम भी, जो कि दुश्मनों के निकट हैं, नष्ट हो जाएँगे। हमारे प्रदेश में अनेक तरह के लोग ओर रोग, कठिनाइयाँ, मुसीबतें हैं। ऐसी हालत में जिन्हें धर्म पर विश्वास है, वे बच जाएँगे और जिन्हें विश्वास नहीं है, वे फागुन के महीने में पेड़ों से गिरने वाली पत्तियों की तरह विनाश को प्राप्त होंगे। इस प्रदेश के बचाव का और कोई रास्ता नहीं है। यह प्रदेश पापों से भर उठा है। किसी दिन अचानक मूसलाधार वर्षा होगी। सभी जगहें बह-बिला जाएँगी और फिर एक दिन झूठे मसीहा और

भविष्यवक्ता प्रकट होंगे। उनके शब्द न तो आसमान तक पहुँचेंगे और न ही धरती पर। वे लोग त्रिशंकु बनकर बीच में ही लटके रहेंगे। याद रहे, उनकी बातें कभी न सुनना। और फिर तथाकथित बुद्धिमान लोग भी आएँगे जो तीन-चार दिनों से मरे पड़े लोगों को फिर से जिन्दा कर देने का वायदा करेंगे। उन लोगों के धोखे में भी न पड़ना। अगर भीषण अग्निकाण्ड हो और आदमी के शरीर की ऊँचाई से सात गुना ऊँची लपटें लपलपाती हुई, मानो आसमान को छू लेने के लिए ऊपर की ओर उठती हों तो वैसी महाविनाशकारी स्थिति में भी मेरे धर्म का मात्र एक ही शब्द तुम्हारी रक्षा के लिए पर्याप्त होगा। मेरे शब्द को पानी सड़ा न सकेगा, आग जला न सकेगी और पृथ्वी और आकाश के साथ मिल जाने की स्थिति में भी मेरे शब्द अविनश्वर रहेंगे। मेरे कर्म और शब्द मिटाए न जा सकेंगे। वे वर्षा में बढ़नेवाली घास की तरह बढ़ेंगे।''[55]

पुनरागमन और पुनर्जीवन

प्रलय और विनाश के बाद बिरसा के जीवन का उद्देश्य पूरा हो जाएगा और वे अपने पिता एवं माता के पास वापस लौट जाएँगे। वे सिर्फ अपने शब्द और बीज छोड़ जाएँगे। पर बाद में उनकी खोज करनी होगी, चूँकि जब वे फिर वापस आएँगे तो उन्हें वह बीज वापस लौटाया जाएगा। वापस तो उन्हें जरूर आना है, क्योंकि मृत्यु के बाद शरीर नष्ट हो जाता है और आत्मा रहती है। वह ऊपर की ओर उठती है और पुनः नए शरीर में वापस आती है। यदि उनके अनुयायी उनके धर्म का पालन करते रहते हैं तो नए शरीर में जब बिरसा आएँगे तो वे उन लोगों को पहचान लेंगे, भले ही वे लोग उनके नए और एक दूसरे शरीर में रहने के कारण उन्हें पहचान न सकें। हजारों हजार सैनिकों के बीच बिरसा अपने निष्ठावान पुत्र को जरूर पहचान लेंगे। उनका पुनरागमन या तो किसी नए शरीर में होगा अथवा केवल अपनी आत्मा के रूप में वे वापस आएँगे। या तो पुनः जन्म लेने पर अथवा अपनी कल्पना के साकार रूप धारण करने पर, यानी दोनों में से किसी भी स्थिति में, वे अपने लोगों का राज्य फिर वापस लाएँगे–

> ''मैं एक दिन फिर वापस जाऊँगा और अपना राज्य वापस लूँगा। पर अपना शब्द (उपदेश) दे जा रहा हूँ, उसे फेंक मत देना, अपने घर या अपने आँगन में उसे सँजोकर रखना। मैं तब तुमको खोज लूँगा। तब बहुत सारे लोग ऐसे होंगे जो मेरे प्रति निष्ठावान न होंगे। इसलिए अगर 40 या 50 मील की परिधि में एक भी आदमी मेरे प्रति निष्ठावान रहा तो मैं शासन करूँगा। मैं स्वर्ग या आसमान से

वानर देव हनुमान की तरह लम्बी छलाँग लगाऊँगा। तब पृथ्वी पत्ते की भाँति काँप उठेगी, पर तुम मन में किसी प्रकार का भय न लाना। मेरे इस प्रकार स्वर्ग से कूद जाने से सूर्य पूरे एक दिन उदित न होगा। और तब तुम लोग समझ लेना कि सतयुग आ गया है। उत्तर-पश्चिमी कोने से पानी झर-झर, झर-झर बरसने लगेगा। तब खेतों में धान की अच्छी फसल पककर तैयार हो जाएगी और तब कोई बीमारी न रह जाएगी और धान की अच्छी फसल के कारण चारों ओर सुख ही सुख होगा। हाँ, तब तुम समझ लेना कि मैंने अपना राज्य हासिल कर लिया है। फिर जब तुम आसमान में झण्डा देखोगे तो समझ लेना कि मेरा राज्य वापस आ गया है। जैसा कि मैंने कह रखा है, आकाश में चारों और स्वर्ण-वर्ण के तारे जगमगा उठेंगे। और इस तरह थोड़े ही समय में हम अपना राज्य वापस पा लेंगे।''

और भी–

''यदि मैं बिजली का रूप धरकर आऊँगा तो बिजली की कड़क-सी होगी। इस तरह यदि मैं वज्र घोष के रूप में आऊँगा तो शायद तुम डरोगे कि मैं तुम्हें निगल जाऊँगा। अगर मैं जानवर के रूप में लौटूँगा तो शायद तुम मुझे पहचान न सकोगे। इसीलिए मैं आदमी के रूप में लौटूँगा जिस रूप में कि भगवान हर युग में अवतरित हुए हैं। मैं एक नए संसार का सृजन करूँगा। यदि मेरा पुनर्जन्म एक ब्राह्मण या गोसाईं के रूप में हुआ तो भी मुझे पहचानने में तुम असफल रहोगे। दरअसल तुम मुझे मेरे शब्द से और मेरे कार्य से पहचान पाओगे।''[56]

बिरसा-धर्मावलम्बी अभी आस लगाए बैठे हैं कि बिरसा का पुनरागमन होगा। जब बिरसा अपने जीवन-काल में जेल में थे तो कोई भी मुंडा इस बात में यकीन न करता था कि वे वास्तव में जेल में बन्द थे। उन लोगों का कहना था कि वे तो दरअसल स्वर्ग चले गए हैं, जेल में बन्द जिस व्यक्ति को अधिकारी लोग बिरसा समझ रहे थे वह तो महज माटी की मूरत थी। जब उनका शव कुछ मुंडाओं को दिखलाया गया तो उन लोगों ने यह मानने से साफ इन्कार कर दिया कि वह बिरसा का ही शव है। पर धीरे-धीरे उन में से कुछ अब अपनी यह आस छोड़ते जा रहे हैं।

सामाजिक जीवन का नियमन

बिरसा-धर्म की मुख्य विशेषताएँ हैं : परम्परागत समाज में भूत-प्रेत की पूजा करने वाले पाहन का बहिष्कार, शुद्धिकरण, प्रार्थनाएँ और नैतिकता। पाहन के स्थान पर अब आ गए हैं पंच। वे ही बिरसा-समाज के व्यक्तिगत या सामाजिक समारोहों के अवसर पर अध्यक्षता करते हैं। इसका औचित्य मुंडाओं के बीच प्रचलित इस कथन से सिद्ध किया गया कि सिंहबोंगा स्वर्ग में हैं, पंच पृथ्वी पर हैं, सरकार बीच में है और इसलिए विश्व में सम्भवतः सब कुछ ठीक है। अपने जीवन की बाद की अवधि, जनवरी 1898 से दिसम्बर 1901 तक, बिरसा द्वारा अपने धर्मावलम्बियों के सामाजिक एवं व्यक्तिगत जीवन के विभिन्न पहलुओं पर नियम-कायदे बनाए गए थे। डोम्बारी और सिम्बुआ पहाड़ियों पर हुई बैठक की कार्यवाही में, जो अभी भी लिखित रूप में मिलती है, बिरसा ने उस युग के, जिसे कलियुग कहा जाता है, रीति-रिवाजों के विरुद्ध भाषण किए थे। ये रीति-रिवाज बाहरी लोगों के प्रभाव के कारण मुंडाओं के राजनीतिक-सामाजिक जीवन में प्रवेश कर गए थे। रोगोतो में हुई बैठक में अपने शिष्यों के बीच बिरसा ने पुनः इसी विषय पर जोर दिया था।

भोजन और मद्यपान

यह उल्लेखनीय है कि शुरू में बिरसा वैष्णव धर्म से इस कदर प्रभावित नहीं हुए थे कि बलिदान और मांस-भक्षण पर पूरी रोक लगाते। बिरसा ने जिस तरह का जीवन बिताने के बारे में नियम-कानून बनाए और अभी भी रविवारी विचारधारा के लोग जिस तरह का जीवन बिताते हैं, उससे इस बात की पुष्टि हो जाती है। बिरसा सामाजिक समारोहों के अवसर पर बकरे के बलिदान के विपक्ष में न थे।

चलकद में तमाड़ से आनेवाले एक पुलिस अफसर के स्वागत में बकरे को कटवाया गया था। रोगोतो में बिरसा ने कलियुग के अन्त के प्रतीक के रूप में एक बकरे का बलिदान कराया था और उस अवसर पर एक भोज का आयोजन किया था। उन्होंने बाद में घोषणा की कि उनके अनुयायी उसके बाद से मांस न खाएँगे। पर मुंडा परिवारों की महिलाएँ इस काम में असफल रहीं। वे इतनी पत्तलें बना न पाईं जिनमें उनके सभी पुरुषगण बिरसा के सम्मान में हुए अन्तिम भोज में हिस्सा ले पाते। इस पर बिरसा ने क्रोध से घोषणा की कि उनके अनुयायी उनके पुनरागमन तक के लिए अपने रीति-रिवाज, खासकर मांस-भक्षण चालू रख सकते हैं। बृहस्पतिवारी बिरसा-धर्मावलम्बियों का कहना है कि उनके नेता बिरसा ने डोम्बारी से ही मांस-भक्षण बन्द कर दिया था, क्योंकि उस अवसर पर भोजन कच्चा पका था। आज यद्यपि बिरसा-अनुयायियों के बृहस्पतिवारी अनुयायी मांस-भक्षण नहीं करते पर उनके रविवारी अनुयायियों ने बिरसा के पुनरागमन की

बहुत दिनों तक व्यर्थ प्रतीक्षा के बाद जैपुर के झूरा मुंडा के नेतृत्व में 3 जून 1961 को फिर से मांस-भक्षण नहीं करने का निर्णय लिया। जहाँ तक बुधवारी अनुयायियों का सम्बन्ध है, यदि वे बृहस्पतिवारियों के गाँवों के समीप रहते हैं तो इस बारे में उनके अनुसार चलते हैं। यदि वे रविवारी अनुयायियों के गाँवों के समीप के हुए तो उनका ही अनुसरण करते हैं। रविवारवालों में से काफी संख्या में लोग बकरे, मछली, कबूतर और अनेक जंगली जानवरों का मांस खाते हैं, पर जंगली सूअर, सूअरिन, मुर्गे-मुर्गियों, बैल और भैंस का मांस और लोवा फूल नहीं खाते। शायद पहाड़ी क्षेत्रों में रहने के लिए अनिवार्य-सी आवश्यकता को देखते हुए यह रियायत दी गई है। बिरसा-धर्मवालम्बियों के बीच मद्यपान और यहाँ तक कि मुंडाओं के परम्परागत पेय हँड़िया के सेवन पर भी प्रतिबन्ध है। बिरसा-धर्मावलम्बी एक सिमटे हुए समुदाय जैसे हैं। फलतः उनमें इस बात पर प्रतिबन्ध है कि अपने समुदाय से बाहर और कहीं खान-पान करें। कोई भी बिरसा धर्मावलम्बी किसी हिन्दू या मुस्लिम पूजा-स्थान में नहीं जाता, न ही उन लोगों के धार्मिक उपदेश सुनता है, यहाँ तक कि होटल में भी नहीं खाता। बिरसा धर्मावलम्बी प्राकृतिक सोते (दरी) अथवा नदी से पानी ले सकता है पर उसे साफ बनाने के प्रतीक स्वरूप पहले उसमें से चार या पाँच चुल्लू पानी फेंक देगा। जुए को अभिशाप-स्वरूप माना जा सकता है।

वस्त्राभूषण

बिरसा मुंडाओं के परम्परागत रूप में धोती पहनते थे। उनकी चौबीस हाथ की पगड़ी का स्मरण मुंडा लोक-गीतों में किया जाता है। रविवारी उप-पंथवाले बिरसा धर्मावलम्बी, खासकर वे जो सिंहभूम जिले और तोरपा में कारो नदी के दक्षिण के क्षेत्रों में पाए जाते हैं, छोटी पगड़ी खूबसूरती के साथ बाँधते हैं, यद्यपि ऐसी पगड़ी वृहस्पति और बुधवारी बिरसा-धर्मावलम्बी अक्सर नहीं बाँधते। बृहस्पतिवारियों और बुधवारियों का विचार है कि बिरसा ने लाल रंग के वस्त्रों और चमड़े के जूतों के उपयोग पर प्रतिबन्ध लगाया था और सलाह दी थी कि सादे कपड़े पहने जाएँ। बिरसा साज-बाज और व्यर्थ के अलंकरण का भी विरोध करते थे और उन्होंने मुंडा स्त्री समाज द्वारा फूलों और गहनों से सजना या गहने पहनना वर्जित कर दिया था। अतः महिलाएँ सादे किस्म के गहने पहनती हैं, अधिक से अधिक बाँहों पर चाँदी के गहने (बाजूबन्द), कंगन और झुमके अथवा कान में पहने जानेवाले अन्य गहने (तरकी आदि); और ऐसा भी वे विवाह-शादी के अवसर पर करती हैं। उन्होंने बढ़िया अँगूठियों, कंघियों और बाजूबन्द के प्रयोग पर रोक लगा दी थी। उसी तरह वे शरीर के किसी भाग के गोदाए जाने के भी विरुद्ध थे। रविवारी उप-पंथ के बिरसा-धर्मावलम्बी अलंकारों, गहनों आदि के उपयोग के मामले में कुछ छूट देते

हैं, परन्तु वृहस्पतिवारी बिरसा-अनुयायी उस पर पूरी तरह रोक लगाते हैं।

इसके अलावा यज्ञोपवीत, चन्दन-लेप और काठ की खड़ाऊएँ बिरसा धर्मावलम्बियों की बाहरी साज-सज्जा पूरी कर देती हैं। इसके पीछे कारण अक्सर यह दिया जाता है कि बिरसा पर वैष्णव धर्म का असर था, पर उन्होंने स्वयं इसे ऐतिहासिक महत्त्व की बात बतलाया। उनका कहना था कि सतयुग में मुंडाओं के पूर्वज ऐसे ही परिधान और अलंकरण का उपयोग करते थे। बिरसा ने जगन्नाथपुर या चुटिया के मन्दिरों में इस बात के प्रमाण पाए। कोई सामान्य बिरसा-अनुयायी पवित्र यज्ञोपवीत के तीन धागों को सत, रज और तम का प्रतीक मानता है। ये धागे उनके लिए शक्तिप्रदायी हैं।

यथा–

> ''ओ पिता बिरसा, तुम्हारे द्वारा दी गई शक्ति के प्रतीक-स्वरूप हम पवित्र यज्ञोपवीत धारण करते हैं। इसे हमारा अस्त्र और शक्ति बनने दो।''

रविवारी बिरसा-धर्मावलम्बियों ने, अपने उप-पंथ के पुरुषों-महिलाओं, बच्चों सभी के लिए निर्धारित किया है कि नौ रेशों को एक साथ बँटकर तीन धागों का यज्ञोपवीत बनाया जाए। बृहस्पतिवारी उप-पंथ ने भिन्न-भिन्न उम्र के लोगों के लिए भिन्न-भिन्न संख्या के धागोंवाले यज्ञोपवीत की व्यवस्था की है। यहाँ तक की बिरसा-मतावलम्बी महिलाएँ भी यज्ञोपवीत पहनती हैं। व्यक्तिगत अथवा सामाजिक जीवन के सभी समारोहों अथवा अवसरों पर नया यज्ञोपवीत धारण करना बिरसा-समारोह का एक विशेष नियम है। जोम नाबा, विवाह, मृत्यु जैसे अवसरों पर अथवा हर तीसरे या छठे महीने में, जब कि बर्तन-बासन बदल जाते हैं, यज्ञोपवीत भी बदल लिया जाता है।

बिरसा अपनी पैतृक यात्रा के सिलसिले में जगन्नाथपुर मन्दिर से चन्दन का लेप ले आए थे जो मुंडाओं के पूर्वज अपने माथे पर लगाया करते थे। उनके शिष्य नवरतनगढ़ से लाई गई पवित्र मिट्टी भी माथे पर लगाया करते थे। एक तरह का लेप पीसे हुए चावल या धान या मिट्टी से भी बनाया जाता है, जिसे कुछ बिरसा धर्मावलम्बी माथे, छाती, बाँहों, कानों और गरदन पर लगाते हैं। ऐसी धारणा प्रचलित है कि जब जल-प्रलय आएगी तो बिरसा-धर्मावलम्बी लेप के इन चिह्नों के जरिए पहचाना जाएगा–

> ''जैसाकि हम लोगों की निष्ठा और धर्म द्वारा विनिहित किया गया है, मैं उसी के अनुसार जीवन बिताता हूँ। स्वर्ग में महान राजा आसीन हैं। उन्होंने पृथ्वी पर नए राजा यानी बिरसा को नियुक्त किया। स्वर्ग-स्थित महान राजा ने पृथ्वी के नए राजा को राज्य और

भूमि प्रदान की। पृथ्वी के नए राजा ने मुझे राज्य और भूमि सौंपी है। तुम्हें वही कार्य करने को मिलेगा जिसे स्वर्ग-स्थित महान राजा ने तुम्हारे लिए निर्धारित किया है। बिरसा-धर्मावलम्बियों के शरीर पर लगाए गए या पहने गए पवित्र चिह्नों के कारण ही तुम मुझे बचाओगे।"

गान-नृत्य

मुंडाओं में नृत्य और गान में जो गहरी रुचि है, वह शुरू से बिरसा में भी थी। डोम्बारी और सिम्बुआ पहाड़ियों पर मुंडाओं ने युवकों के जैसे उत्साह से जो नृत्य किया था, उसमें बिरसा ने भी हिस्सा लिया था। इन दोनों ही मौकों पर उन्होंने करमा और पैका नृत्यों की भर्त्सना की। ये नृत्य बिरसा के अनुसार विदेशियों के प्रभाव के कारण मुंडाओं ने अपनाए थे। रोगोतो में बिरसा ने करमा नृत्य पर एक तरह से प्रतिबन्ध ही लगा दिया। बिरसा और उनके धर्मावलम्बियों द्वारा रचित भक्ति-गीत भजन के मधुर राग में होते हैं। ये गीत ईसाइयों के प्रार्थना-गीतों और भजनों की ही पद्धति में होते हैं। मुंडाओं के गाँवों का सामाजिक जीवन अखाड़ों या नृत्य-स्थलों के इर्द-गिर्द पनपता रहा था। इस प्रथा पर बिरसा ने जो प्रहार किया, उसकी जड़ें गहरी थीं। रविवारी और बृहस्पतिवारी तथा अन्या उप-पंथों के लोग सामूहिक नृत्य-स्थलों पर नृत्य में भाग नहीं लेते और उनसे दूर ही रहते। उन लोगों के अनुसार धार्मिक समारोहों के साथ नृत्य-स्थलों का सम्बन्ध निषिद्ध है। बृहस्पतिवारी बिरसा उप-पंथ के लोग बिरसा-रचित अथवा खुद अपने द्वारा बनाए गए प्रार्थना-गीत गाते हैं। रविवारी उप-पंथ के लोग प्रार्थना-गीत गाते नहीं, बल्कि केवल प्रार्थना करते हैं। ये प्रार्थनाएँ, कुछ छोटे-छोटे अन्तरों के साथ सभी बिरसा-धर्म उपपंथों के बीच एक समान हैं। उनके सामाजिक समारोहों में नृत्य नहीं होता, यद्यपि संगीत होता है। कुछ विवाह-गीतों (आरडियो) में बिरसा की प्रशंसा रहती है। बिरसा-धर्मावलम्बियों में से रविवारी उप-पंथ के लोगों के खासकर वे जो सिंहभूम के और तोरपा में कारो नदी के दक्षिण के हैं, विवाहोत्सवों में संगीत की भारी धूम-धाम रहती है। इस संगीत में झाँझ, ढोल, नरसिंहा, भेरी या शंख आदि वाद्य-यन्त्रों का प्रयोग किया जाता है। रविवारी उप-पंथ के लोग अपने विवाहों में घासी जाति के लोगों से काम नहीं लेते, जो मुंडा समाज में परम्परागत पेशेवर ढोलकिए हैं।

बिरसा और उनके अनुयायियों ने अप्रत्यक्ष रूप से मुंडाओं की परम्परागत संस्था शयनशाला (गीति ओड़ा) पर भी हमला किया। यह संस्था ऐसी मिलन-स्थल थी, जहाँ किसी बड़े-बूढ़े के निर्देश और पर्यवेक्षण में अविवाहित मुंडा युवक-युवतियों को नैतिक और बौद्धिक प्रशिक्षण दिया जाता है। यह संस्था हिन्दू

और ईसाई प्रभाव से पहले ही प्रभावहीन हो गई थी। बिरसा के नैतिकवादी धर्म में ऐसी संस्था के लिए कोई स्थान न था। इस प्रकार मुंडाओं की परम्परागत संस्थाओं पर बिरसा द्वारा विरोधों की सूची पूरी हो जाती है। उन्होंने सरना या बलिदान-स्थान, अखाड़ा या नृत्य-स्थल और सासन यानी कब्रगाह का बहिष्कार किया।

शुद्धिकरण-समारोह

मुंडाओं की शुद्धिकरण की परम्परागत धारणा पर बिरसा ने जोर दिया और उसे एक नए महत्त्व से मंडित किया। उन्होंने दावा किया कि स्वच्छता के जो नियम उन्होंने बनाए हैं, उन पर स्वर्गयुग में उन लोगों के पूर्वज भी चलते थे। उनके प्रार्थना-स्थल और रोगोतो में उनका छिपने का स्थान निष्कलुष एवं स्वच्छ था। बिरसा-धर्मावलम्बी प्रकृति के पंच-तत्वों में से दो तत्त्वों यानी अग्नि, जल या नदी में थूकते नहीं। साथ ही वे वायु, जल और अग्नि के विरुद्ध अपशब्दों या गालियों का प्रयोग नहीं करते, जिसके विरुद्ध अन्य मुंडाओं का आचरण होता है।

शुद्धिकरण-समारोह बहुत सादा होता है। साफ किए हुए बर्तन में भरा पानी आम के पेड़ की एक डंठल या दूब से सभी व्यक्तियों या पूरे घर पर छिड़क दिया जाता है। उसके पहले जल को दूब छुआकर और उसमें ताँबे का एक टुकड़ा डालकर शुद्ध किया जाता है।

जब बिरसा-मतावलम्बी घर वापस लौटता है तो उसकी गृह-स्वामिनी उसके गृहागमन के वक्त, उस पर मिट्टी के बर्तन से जल छिड़कती है, जिस में ताँबे का एक टुकड़ा और हल्दी डाली हुई होती है और इस प्रकार वह जल पवित्र किया हुआ होता है। रविवारी उप-पंथ के लोगों के लिए शनिवार रविवार की तैयारी का दिन होता है। उस दिन वे अपने कपड़े-लत्ते साफ करते एवं अपने घरों की सफाई करते हैं।

यही नहीं, मल-त्याग या मूत्र-त्याग के बाद वे नहाते और अपने हाथ मिट्टी से साफ करते हैं। उनका भोजन-स्थान खाने के पहले और बाद में गोबर से लीपा जाता है। साधारणतः स्नान के बाद ही भोजन ग्रहण किया जाता है। बिरसा धर्मावलम्बियों के सामाजिक या व्यक्तिगत जीवन के सभी अवसरों के पूर्व शुद्धिकरण-समारोह और प्रार्थनाएँ की जाती हैं। इन समारोहों ने नाऊ और धोबी की विशिष्ट भूमिकाएँ होती हैं। रविवारी बिरसा उप-पंथ के लोगों में कोई भी समारोह, चाहे वह मृत्यु से या जन्म से अथवा विवाह से सम्बन्धित हो, नाऊ और धोबी की अपनी-अपनी भूमिकाओं के बगैर पूरा नहीं होता।

व्यक्तिगत समारोह

बिरसा-धर्मावलम्बियों के जीवन के तीन प्रमुख व्यक्तिगत समारोहों–जन्म, विवाह और मृत्यु के स्वरूप करीब-करीब एक जैसे ही होते हैं : समारोहों के नए पदाधिकारियों–पंच या प्रचारकों की भूमिका, शुद्धिकरण-समारोह, प्रार्थनाएँ, पशु-बलिदान, मद्यपान और दुष्टात्मा-तोषण से परहेज, नए यज्ञोपवीत धारण करना तथा माथे पर नया लेप लगाना। इन बातों के अलावा बिरसा-धर्मावलम्बियों का परम्परागत धर्म पालन करनेवाले गैर-ईसाई मुंडाओं (सौंसारों) के बीच समारोह-प्रथाओं में कोई उल्लेखनीय अन्तर नहीं है।

जन्मौती

रविवारी उप-पंथवालों में से किसी के घर बच्चा होने पर सम्बन्धित परिवार को समाज से अलग-थलग रखा जाता है। इन नौ दिनों की अवधि में उस परिवार के किसी भी सदस्य का बना खाना-पानी स्वीकार नहीं किया जाता। उस अवधि के बाद परिवार के सदस्यों का शुद्धिकरण-समारोह होता है। इस अवसर पर रविवार के सम्बन्धी तथा नाऊ जरूर शामिल होता है। यही नहीं, जब तक समारोह में पंच या प्रचारक, नाऊ और धोबी आदि नहीं आ जाते तब तक उसकी शुरूआत हो ही नहीं सकती। छठी समारोह इसके बाद पड़नेवाले शनिवार के दिन मनाया जाता है, और अन्य किसी भी दिन नहीं। बृहस्पतिवारी बिरसा-धर्मावलम्बी शनिवार के दिन छठी मनाए जाने पर दृढ़ नहीं होते पर नवजात शिशु के परिवार के सदस्यों को खान-पान के सम्बन्ध में अपृश्य मानने की प्रथा पर चलते हैं। रविवारियों और बृहस्पतिवारियों के और सभी समारोह एक जैसे होते हैं। रविवारियों के मामले में तीन धागोंवाला और बृहस्पतिवारियों के मामले में पाँच धागोंवाला यज्ञोपवीत नवजात शिशु की नाभि के चारों ओर लपेट दिया जाता है। बृहस्पतिवारी उप-पंथवालों के बीच छठी के बाद नामकरण-समारोह होता है और रविवारियों के बीच यह समारोह शनिवार के ही दिन होता है। रविवारी उप-पंथवाले कनछेन समारोह माघ (जनवरी) महीने में करते हैं। बृहस्पतियों के यहाँ यह समारोह होता ही नहीं। मुंडन-समारोह किसी भी बिरसा-धर्मावलम्बी के यहाँ नहीं होता। साथ ही बिरसा-धर्मावलम्बी घर्सी बोंगा नामक प्रेतात्मा की पूजा भी नहीं करते। घर्सी बोंगा के बारे में ऐसा समझा जाता रहा है कि यह आत्मा गर्भवती अथवा सद्यः शिशुवती माँ के कमजोर स्वास्थ्य की देख-भाल करती है। इस प्रेतात्मा की पूजा के स्थान पर जच्चा-बच्चा दोनों के कल्याण के लिए प्रार्थना की जाती है–

> "ओ पिता, हमें, आशीर्वाद, अनुकम्पा और सहारा दो ताकि आनेवाले शिशु के जन्म में कोई गड़बड़ी और तकलीफ न हो।"

विवाह-संस्कार

बिरसा-धर्मावलम्बी साधारणतः अपने गोत्र से बाहर विवाह करते हैं। चूँकि उनकी संख्या बहुत अधिक नहीं है, अतः वे अक्सर बिरसा धार्मिक उप-पंथों और सौंसार (गैर-ईसाई) मुंडाओं के यहाँ विवाह-सम्बन्ध करते हैं। जहाँ तक रविवारी बिरसा धर्मावलम्बियों का सम्बन्ध है, वे तीनों उप-पंथों में सबसे बड़ी संख्या में होने के कारण इस तरह के विवाहों से यथासम्भव बचते हैं।

भावी वर-वधू विवाह के पूर्व एक दूसरे को देख भी सकते हैं और नहीं भी। रविवारी बिरसा-धर्मावलम्बी अक्सर कन्या-पक्ष को बीस रुपए नकद देते हैं और उसके साथ भेंट के रूप में कपड़े देते हैं। जो विवाह वर-कन्या के माता-पिता तय करते हैं, उनमें पहले सन्देशवाहक (दूतम्) भेजने की प्रथा है। शकुन पढ़ने का समारोह (चेनरेसरी) किया भी जा सकता है और नहीं भी। सगाई (बाला) की प्रथा बहुत कुछ उसी तरह निभाई जाती है जैसी कि पुराने मुंडाओं के बीच निभाई जाती रही है। कन्या का मूल्य (गोनोंग टका इदि तुकम) और विवाह तिथि-निर्धारण (लोगोनटोल) भी पुरानी मुंडा-पद्धति के अनुसार होता है।

विवाह के पूर्व वर और कन्या को तेल और हल्दी के लेप से मला जाता है। मिट्टी की एक चौकोर बेदी बनाई जाती है जिसमें चारों ओर लगाए गए छोटे-छोटे बाँसों से पवित्र धागा बाँध दिया जाता है। ढोलकों, शंखों और झाँझों के संगीत की धूम-धाम के साथ, धनुष-बाण से सजी बारात भावी दुल्हन के गाँव की ओर चल पड़ती है। वहाँ पहुँचने पर बारात-पार्टी का स्वागत किया जाता है और गैर बिरसा-धर्मावलम्बियों की भाँति चुमान-समारोह होता है। कन्या पक्ष की महिलाएँ तीन बार वर की सवारी की परिक्रमा करती हैं और वर पर आम के पत्ते से पानी छिड़कती हैं। फिर वर को कन्या के घर यानी अपनी भावी ससुराल के भीतर ले जाया जाता है। उसके पाँव पखारे जाते हैं। वर-कन्या दोनों के शरीर पर तेल और हल्दी का लेप किया जाता है, उन दोनों के हाथ-पैरों के नख काटे जाते हैं और वे स्नान करते हैं। बिरसा नहीं चाहते थे कि उनके लोग (मुंडा) अपने को नागवंशी कुँअरों से किसी प्रकार नीचा समझें। उनका कहना था कि राजाओं की सन्तानों की भाँति, मुंडा लोग भी ढाल, तलवार, धनुष और तीर, चँवर और भाले का प्रदर्शन किया करें। और तब छोटी-मोटी प्रथाएँ होती हैं, जैसे कि दाँत साफ करने को कूँची का आदान-प्रदान, आम के पत्ते से पानी छिड़का जाना, पीले वस्त्र धारण करना, आम्र वृक्ष की पूजा आदि। तब अपने माँ-बाप की गोद में बैठी भावी दुल्हन तीन बार उठकर कहती है—ओ, माता-पिता, आज तुम्हारा बोझ दूर हो गया। और तब कन्या के माता-पिता एवं भावी सास-ससुर के बीच प्रश्नोत्तर होते हैं। वे एक दूसरे मंडन के निर्माण के प्रयोजन और विवाह की अवधि के बारे में प्रश्न पूछते हैं। विवाह जीवन-भर के लिए होता है और वह असफल रहा तो दोनों

(वर-कन्या) पक्ष स्वर्ग-स्थित महान पिता, पृथ्वी के नए राजा और पाँच पंचों के प्रति जवाबदेह होंगे—

> "स्वर्ग में महान पिता हैं। उन्होंने पृथ्वी पर नए राजा की नियुक्ति की कि स्वर्ग में महान राजा और चार पंच हैं। पृथ्वी पर भी नए राजा और चार पंच हैं। इन पंचों ने समधियों-समधिनों को एक-दूसरे के साथ सम्बन्ध-सूत्र में बाँध दिया है। वे एक-दूसरे की विपत्ति के अवसर पर सहायता के लिए उपस्थित हो जाएँगे।"

दूल्हे और दुल्हन के बीच वार्तालाप और पारस्परिक आश्वासन-कार्य पंचों के समक्ष होता है। वे दोनों पूर्व दिशा की ओर मुँह करके खड़े होते हैं। यदि वे बिरसा-धर्म में विनिहित आचरण-संहिता का पालन नहीं करते तो विवाह-समारोह नहीं हो पाता। वर और कन्या एक-दूसरे से वही प्रश्न पूछते हैं। तब बिरसा-धर्म की मूल बातों का स्मरण किया जाता है—

> "मैं तुम्हारे प्रति निष्ठा में जीवन बिताता हूँ। तुम पृथ्वी पर पिता के रूप में नियुक्त हुए थे। मेरा अस्तित्व तुम में है और मुझे तुम्हारे प्रति पूर्ण निष्ठा है। दुःखों और कष्टों से हमारी रक्षा करो। स्वर्ग में एक महान राजा हैं। उन्होंने तुम को पृथ्वी का राजा नियुक्त किया। स्वर्ग में महान् राजा के चार पंच हैं। पृथ्वी पर नए राजा के चार पंच हैं। उन लोगों ने दो व्यक्तियों (वर-वधू) को मिलाया। अब वे दोनों विवाह रचा रहे हैं। दुःखों और कष्टों से हमारी रक्षा करो।
>
> ओ पिता, हम पंच इन दोनों को मिला रहे हैं, इस नवयुवक को और उस नवयौवना को। ओ पिता, इन दोनों को अपनी शक्ति दो, ताकि ये खुशी के साथ रह सकें।"

और इसके बाद पारस्परिक आश्वासन चलते रहते हैं। इन आश्वासनों के अन्तर्गत कहा जाता है कि वे एक-दूसरे के साथ विवाहित हो गए हैं और संसार के नियम-कायदों के अनुसार चलेंगे और किसी प्रकार प्रलोभन से विचलित न होंगे। वे इस दिशा में पूर्वजों के पद-चिह्नों पर चलेंगे। वे शनिवार और रविवार के दिनों की प्रथाओं का पालन करेंगे और हर दिन तुम्हारे (बिरसा के) प्रति निष्ठा के साथ रहेंगे। यदि वे स्वर्ग-स्थित पिता और पृथ्वी-स्थित नए राजा के शब्दों का पालन नहीं करते तो उन्हें दण्ड मिलेगा और उनके हृदय, मस्तिष्क और पीठ कड़क जाएगी तथा वे विनाश को प्राप्त होंगे—

> "इस ओर ध्यान दो। बाजारों में सुन्दर युवक और युवतियाँ हैं। दोनों (वर-वधू) को उनकी ओर न देखना चाहिए। इन दोनों को

कठिनाइयों में एक दूसरे का साथ देना चाहिए। यदि युवती कहीं और भाग जाती और किसी अन्य युवक के आकर्षण में पड़ जाती है तो उसका पति उसे पकड़े रखेगा। ध्यान रखो : पति के गाँव में यानी ससुराल से पिता के गाँव जाते समय तुम्हें (लड़कों को) सीधी दिशा में देखना चाहिए और अपनी नजरें इधर-उधर न जाने दी जानी चाहिए। यदि लड़की अकेले ही भाग जाती है तो उसके हाथ का दिया भोजन स्वीकार न किया जाना चाहिए और न ही उसे घर में प्रवेश करने देना चाहिए। यदि उसे अपने पति से कोई शिकायत है तो उसे स्वर्ग में स्थित पिता और उनके पंचों और पृथ्वी पर नए राजा (बिरसा) और उनके पंचों से इस बारे में शिकायत करनी चाहिए। वे ही इस बारे में उचित फैसला देंगे।''

दूल्हा और दुल्हन एक दूसरे के माथे पर तिलक लगाते हैं। वे एक दूसरे से यज्ञोपवीत भी बदलते हैं, एक अठन्नी भी देते हैं। फिर उन्हें जल, अग्नि, तलवार धनुष, तीर के समक्ष सात स्थानों पर पवित्र शपथ लेनी पड़ती है–

''ओ, स्वर्ग-स्थित पिता, तुम्हीं पृथ्वी के नए राजा भी हो। तुमने उन्हें पृथ्वी का पिता नियुक्त किया। मुझे तुममें पूरा विश्वास है, मेरा पूरा अस्तित्व तुममें है। आज हम पंच यह विवाह-समारोह सम्पन्न करा रहे हैं और इन दोनों (वर-वधू) के माथे पर चन्दन का टीका लगा रहे हैं और इनके शरीर पर यज्ञोपवीत पहना रहे हैं। ऐसा करते समय हमारा मस्तिष्क, जीवन और पूरा विश्वास तुम्हारे प्रति ही है। बीमारी और दुखों में इनकी रक्षा करना।''

जब समधी लोग और समधिनें पूर्व की ओर मुँह करके ईश्वर की प्रार्थना करते हैं तो विवाह-समारोह सम्पन्न हो जाता है।

समारोह के बाद एक भोज होता है। अंतर्जातीय भोजन पर जो प्रतिबन्ध लगाए गए हैं, उनका पालन यहाँ भी होता है। नव-विवाहिता की बिदाई के अवसर पर दुल्हन के पिता को वर-पक्ष की ओर से भेंट दी जाती है, जिसे समधी-भेंट कहा जाता है। उसके बाद दूल्हे को दुल्हन (जीमा) सौंपने का काम (बाबाहरतुकन), फिर एक विदाई-समारोह (गतिबेगे) और दुल्हन के परिवार से कुछ लोगों द्वारा दूल्हे के घर जाना (रौरा) आदि कार्य होते हैं।

बृहस्पतिवारी उप-पंथ के कुछ बिरसा-धर्मावलम्बियों द्वारा वैवाहिक रीति-रस्में और आसान बना दी गई हैं। वे लोग उलु साखी (आम्र-वृक्ष समारोह), संगीतपूर्ण नृत्य और चुमान नहीं करते। वैवाहिक समारोह तीन दिनों तक चलते रहते हैं।

जहाँ तक दम्पति (पति-पत्नी) के बीच तलाक का प्रश्न है, इसके लिए

दोनों पक्षों को पारस्परिक सहमति जरूरी होती है। सगाई या पुनर्विवाह में तिलक नहीं दिया जाता, केवल पंचों के सामने भावी पति-पत्नी के बीच यज्ञोपवीतों की अदला-बदली होती है। विवाह-सम्बन्धी कानून कड़े होते हैं–

> "पति-पत्नी एक-दूसरे से अलग न होंगे। एक दिन, जब समय आएगा, इसके विपरीत आचरण की सफाई दे सकना कठिन होगा। पति पत्नी को बिना गलती या बिना कारण अथवा बिना सोचे-विचारे न छोड़ेगा। किसी को भी दुबारा विवाह का अधिकार न होगा। यदि उसने ऐसा किया तो उसे अपने इस आचरण के लिए भगवान के समक्ष जवाब देना होगा जो कठिन काम होगा। दुबारा विवाह करने की स्थिति में उसे अपनी दूसरी पत्नी को अपने कन्धे पर लेकर चलना होगा। यह बिरसा-धर्मावलम्बियों के बीच एक विशेष प्रकार की अग्नि-परीक्षा है। इस प्रकार उसकी जाँच की जाएगी। अगर उसका उत्तर सही पाया गया तो उसे दण्ड न दिया जाएगा। यदि उसका उत्तर गलत हुआ तो वह नर्क में जाएगा। किसी कुँआरी लड़की का विवाह-समारोह सादगी के साथ मनाया जाता है। उस मौके पर जमीन पर पिसे हुए चावल से केवल तीन रेखाएँ पार दी जाती हैं। इस प्रकार विवाहित पत्नी को सम्पत्ति में कोई हिस्सा नहीं मिलता। यदि कोई दो बार विवाह करता है, तो उस काम को धर्म-विरुद्ध समझा जाएगा। किसी अन्य जाति के साथ अंतर्जातीय विवाह न होगा। यदि कोई जबरन ऐसा करता है तो वह जन्म-भर के लिए बिरसा-धर्म से बहिष्कृत कर दिया जाता है।

अन्तिम संस्कार

बिरसा-धर्मावलम्बियों में से किसी की मृत्यु हो जाने पर मृतक को नहलाया जाता है और नए कपड़े पहनाए जाते हैं। उसके शरीर पर नया यज्ञोपवीत और चन्दन का लेप चढ़ा दिया जाता है। फिर उसे गाड़ने का समारोह होता है। उसे जमीन में गाड़ देने के बाद कब्रगाह पर पानी छिड़का जाता है। और तब मृतक का आह्वान किया जाता है। उसे इस प्रकार सम्बोधित किया जाता है–ओ फलाँ-फलाँ, चले आओ, घर में चले आओ। और तब प्रार्थना की जाती है–

> "ओ भगवान, तुम इस आत्मा को ले गए, हम प्रार्थना करते हैं कि इस आत्मा की रक्षा करो। तुम इस आत्मा को दुःख के संसार से सुख और खुशी के संसार में ले गए, इस आत्मा की रक्षा करो। हे भगवान, तुम इसकी आत्मा और जीवन को पृथ्वी से स्वर्ग में ले गए, ओ

भगवान, इस आत्मा की रक्षा करो।''

फिर मृतक को और प्रार्थना करनेवाले स्वयं अपने को सम्बोधित करते हुए कहते है–

> ''जो तुम्हें यहाँ से ले गया, सिर्फ वही तुम्हें सब चीजें देगा और तुम्हारे यहाँ से चले जाने के बाद हमारे घरों और रहने की जगहों में किसी को पेट-दर्द, सर-दर्द और अन्य बीमारी न हो।''

मृतक का घर ठीक से साफ कर दिया जाता है। बृहस्पतिवारी बिरसा धर्मावलम्बी अपने यहाँ किसी की मृत्यु हो जाने पर नौ दिनों तक सबसे अलग-थलग रहते हैं और अपने से किसी को छुआने नहीं देते। दसवें दिन वे अपने हाथ-पाँव के नख काटते हैं और बाल मुँडाते हैं। रविवारी बिरसा-धर्मावलम्बी केवल शनिवार को मृतक की रस्म-रिवाजें पूरी करते हैं। सम्बद्ध परिवर में से केवल प्रमुख व्यक्ति ही अपने बाल मुँडवाता है और यह समारोह तब तक पूरा नहीं माना जाता जब तक उसमें नाऊ और धोबी सम्मिलित नहीं होते। समारोह के अन्त में एक भोज का आयोजन किया जाता है।

सासन अथवा मृत बिरसा-धर्मावलम्बी के मुर्दे गाड़ने के स्थान अन्य मुंडाओं के कब्रिस्तान से भिन्न होते हैं। बोंगा की पूजा न करनेवाला और बलिदानों से परहेज करनेवाला बिरसा-धर्मावलम्बी, मरने के बाद, पुराना धर्म माननेवाले किसी मुंडा की लाश के अगल-बगल में जमीन के भीतर किस तरह लेटाया जा सकता है? कुछ स्थानों पर मृत धर्मावलम्बियों को अन्य मृत मुंडाओं के साथ गाड़ा गया है, पर इसे सामान्य नियम का अपवाद ही समझना चाहिए। कुछ बिरसा धर्मावलम्बियों द्वारा अस्थि गाड़ने का समारोह (जंग टोपा) जाड़े के मौसम में होने वाली धान की फसल के समय (जनवरी-फरवरी) कुछ विशिष्टता या अन्तर के साथ मनाया जाता है। इस समारोह में महिलाएँ ही भाग लेती हैं। मृतक के परिवार की कुँवारी लड़कियाँ कब्र के पत्थर को पानी से साफ करती हैं, उस पर आम के पत्तों से पानी छिड़कती हैं और उन पर तेल और हल्दी का लेप करती हैं। उन पर यज्ञोपवीत, कुछ लेप और नए वस्त्र रख दिए जाते हैं। इस समारोह के अवसर पर ढोलकों को जोर-जोर से पीटा जाता है। बिरसा-धर्मावलम्बी हिन्दू धर्म अपनाने वाले तमाड़ के मुंडाओं की भाँति अपने मृत पूर्वजों को पिण्डदान नहीं करते और न ही वे पुराना धर्म माननेवाले मुंडाओं की भाँति अपने पूर्वजों की पूजा करते हैं। उन लोगों की धारणा है कि पति-पत्नी मृत्यु के बाद भी स्वर्ग में, अपने उसी रूप में यानी पति-पत्नी की भाँति रहते हैं। शुद्ध बिरसा-धर्मावलम्बियों को स्वर्ग मिलता है और उनमें से पापियों को नर्क।

बृहस्पतिवारी बिरसा-धर्मावलम्बी साल में दो बार, यानी धनरोपनी और धनकटनी के समय, अपने पूर्वजनों की पूजा करते हैं। इन अवसरों पर शुद्धिकरण समारोह होते हैं।

सामाजिक समारोह और त्यौहार

यद्यपि आजकल बिरसा-धर्म कम लोग ही अपनाते हैं, पर इस अवसर पर निम्नलिखित समारोह होते हैं। प्रचारक को पहनने के लिए नई धोती प्रदान की जाती है। वह पीतल के घड़े में पानी भरकर लाता है और बिरसा-धर्म अपनानेवाले के घर के सभी स्थानों पर घड़े से पानी छिड़कता है। पुराने बर्तन-बासनों के स्थान पर नए बर्तन-बासन लाए जाते हैं। बिरसा-धर्म अपनानेवाले को स्नान के बाद नया यज्ञोपवीत पहनने को दिया जाता है। समारोहों का अन्त एक सहभोज के साथ होता है जो इस अवसर के उपलक्ष्य में आयोजित किया जाता है। प्रचारक को एक निश्चित फीस दी जाती है, जिसमें गुरु का भी हिस्सा होता है।

जहाँ तक अन्य त्यौहारों का सम्बन्ध है, आरम्भ में स्वयं बिरसा ने बड़े उत्साह और स्वच्छन्दता के साथ, सिम्बुआ पहाड़ी पर, होली का उत्सव मनाया था। पर ज्यों-ज्यों समय बीतता गया, परम्परागत सामाजिक उत्सवों के बारे में बिरसा का रुख कड़ा और निवेधात्मक होता गया। बिरसा-धर्मावलम्बियों के लिए ये अवसर प्रार्थना और शुद्धिकरण-समारोहों के लिए है। होली में वे परम्परागत समारोहों और हँसी-खुशी, जैसे जापी गीत-नृत्य आदि से परहेज करते हैं। बृहस्पतिवारी बिरसा-धर्मावलम्बी उस दिन शिकार पर नहीं जाते जब कि रविवारी बिरसा धर्मावलम्बी जाते हैं। उन लोगों ने बाद में परम्परा के साथ यह समझौता किया। दीवाली के अवसर पर दूब घास मिलाए गए पानी से भरे पीतल के बर्तन से घर के सभी सदस्यों पर पानी छिड़का जाता है। बिरसा-धर्मावलम्बियों द्वारा गोवर्द्धन पूजा उत्सव और हिन्दुओं के बशई नहीं मनाए जाते। हाँ, उनमें से कुछ लोग हिन्दू धर्म अपनाए हुए मुंडाओं की भाँति इन उत्सवों पर सिरनी या मिठाई, पान और सुपारी के टुकड़े बाँटते हैं, पर इसे उनके बीच सामान्य नियम का अपवाद ही माना जाना चाहिए। वे लोग असुरों या हिन्दू देवी-देवताओं की पूजा नहीं करते। बृहस्पतिवारी उप-पंथ के कुछ बिरसा-धर्मावलम्बी, जो विशेषकर तोरपा में पाए जाते हैं, कुछ अर्थों में वैष्णव धर्म या अन्य परम्परागत हिन्दू विश्वासों के अधिक निकट हैं। उनकी प्रार्थनाओं में महाप्रभु या महादेव जैसे शब्द आते हैं। यद्यपि वे वैष्णव धर्म सम्बन्धित पूजा में भी सम्मिलित होते हैं। सोहराई उत्सव में बिरसा-धर्मावलम्बी अपनी गायों, बैलों और भैंसों को नहलाते और उन पर तेल और हल्दी का लेप करते हैं। रविवारी बिरसा-धर्मावलम्बी सोहराई पर्व एक दिन के लिए मनाते हैं जब कि अपने मवेशियों को पकवान या चावल (भात) खिलाते

हैं। इस अवसर कुछ दिनों के लिए वे अपनी गौशाला में मिट्टी के दिए भी जलाते हैं। वे लोग इस अवसर पर अपने घरों की सफाई करते और अपने गौ-धन की वृद्धि के लिए प्रार्थनाएँ करते हैं–

> "जो सृष्टिकर्त्ता पृथ्वी! और स्वर्ग के माता-पिता! हमारा धन बढ़ाओ ताकि हमारे द्वारा पाले गए मवेशी, बैल और भेड़ें और बकरे और खसी, साथ जीवन बिता सकें। हम सोहराई के उपलक्ष्य में यह उत्सव बना रहे हैं। ओ, सृष्टिकर्ता! हमें यह आशीर्वाद दो कि हमें पेट-दर्द, सरदर्द या अन्य कोई बीमारी न हो। हमारे घरों में कोई दुष्टात्मा और दुश्मन जबरन हमें नुकसान न पहुँचा सकें। हमारे यहाँ चोरी-चपाटी न हो, डाकू और चोर हमारे यहाँ उपद्रव न करें। विपत्तियों से हमारी रक्षा वैसी ही करो, जैसी हमारी रक्षा पर्वत-श्रेणियाँ, बाँध और चारों ओर से घिरे हुए बाड़े करते हैं।"

जमनावा का उत्सव बिरसा-धर्मावलम्बियों की शुद्धिकरण-धारणा से मेल खाता है। इस अवसर पर नई उगी फसल के लिए खुशियाँ मनाई जाती हैं। घर साफ किया जाता है। नए वस्त्र और नए यज्ञोपवीत पहने जाते हैं। पुराने बर्तन बदले और पुराने चूल्हों की जगह नए चूल्हे बनाए जाते हैं। सिर्फ थोड़े-से ही बिरसा-धर्मावलम्बी ईद का त्यौहार मनाते हैं जो मुद्रा मुंडा और फणि मुकुटराय के राज्य की स्थापना के उपलक्ष्य में मनाया जाता है। वे लोग इस पर एक दिन का उपवास और ईश्वर की प्रार्थना करते हैं।

यद्यपि बिरसा ने स्वयं इस तरह के कोई विस्तृत नियम नहीं बनाए कि कौन-से समारोह या उत्सव मनाए जाएँ, पर बाद में उनके शिष्य-समुदाय ने उनकी धारणाओं के अनुकूल इस सम्बन्ध में अपना रुख निश्चित किया। उन्होंने इन उत्सवों पर नैतिकता बरतने पर जोर दिया।

पौष मास (जनवरी) में रंग-बिरंगा मागे उत्सव मनाया जाता है। घरों के देवों-देवियों और मृत पूर्वजनों की आत्माओं को धन्यवाद देने के लिए धन्यवाद-ज्ञापन उत्सव बिरसा-धर्मवाले नहीं मनाते। मुंडाओं का बा-परब (फूलों का उत्सव) सर्वाधिक महत्त्वपूर्ण पैतृक उत्सव है, जिस मौके पर साल-फूल खिलते हैं। इस अवसर पर मुंडा देवकुल के देव-देवियों और चंडी बोंगा की पूजा की जाती है। इस उत्सव में खुलकर हँड़िया पी जाती है एवं नृत्य-गान और पशु-बलिदान होते हैं। बिरसा-धर्मावलम्बी इस उत्सव से भी जान-बूझकर परहेज करते हैं, उसी प्रकार मुंडाओं के दो और उत्सव भी बिरसा-धर्मावलम्बी नहीं मनाते। इनमें से एक उत्सव है हौन-बा उत्सव (अप्रैल-मई), जिसमें खेतों में बोआई की खुशी मनाई जाती है और दूसरा है बतौली उत्सव (आषाढ़-या जून मास), जिसमें भी फसल बोए जाने

का त्यौहार मनाया जाता है। इस दोनों उत्सवों में पशु-बलिदान और हँड़िया-सेवन की धूम रहती है।

बिरसा के धर्म के दो मुख्य पहलू हैं, नैतिक सुधारवाद और पुराने मूल्यों की पुनर्स्थापना। मुंडा जातीय प्रथा के द्रुत विघटन से बिरसा व्यथित थे। नए राजा की धारणा, प्रार्थनाओं के पीछे राजनीति का स्वर तथा अपने धर्म का मसीहा आदि बातें इस बात की परिचायक थीं कि हिन्दुओं और ईसाइयों के विचार और मुहावरों के माध्यम से वे उस समय की अत्यधिक निराशोत्पादक सामाजिक एवं भूमि सम्बन्धी स्थितिं को आक्रोशपूर्ण स्वर देना चाहते थे, जिससे कि मुंडाओं का त्राण हो सके। बिरसा ने सामाजिक और व्यक्तिगत जीवन के सम्बन्ध में जो अत्यन्त कठोर नियम बनाए, उनके जरिए यह कोशिश की गई कि उस समय जो कुछ भी जातीय शुद्धता बची हुई थी, उसे सुरक्षित रखा जाए, भले ही उसके चलते लोगों के जीवन में स्वाभाविक उत्साह, नृत्य-गान, खुशी और अपनी प्रसन्नता का कुछ हद तक बलिदान ही क्यों नहीं करना पड़े। बिरसा ने अपने बाद के जीवन में जो नीरस संयम बरतना शुरू किया, उसके कारण उनके अनुयायियों की संख्या में वृद्धि नहीं हुई और न तो इससे और लोग आकर्षित हुए। फिर न तो बिरसा और न उनके अनुयायी इस बात का अनुमान लगा सके कि मुंडा समाज को बाहरी प्रभाव किस तरह भीतर ही भीतर खोखला बना रहे थे। इस जनजातीय समाज के विघटन की प्रक्रिया आज भी चल रही है। शहरीकरण एवं उद्योगीकरण की नई शक्तियों ने मुंडा समाज में बिरसा-धर्म के फैलने की सम्भावनाएँ पूरी तरह समाप्त कर दी हैं।

अध्याय 9

आन्दोलन के परिणाम

सर्वेक्षण एवं बन्दोबस्त कार्य

यद्यपि 1900-1901 में मुंडाओं का आन्दोलन पूरी तरह समाप्त हो गया था, पर उससे जो भावनाएँ उत्पन्न हुई वे मुंडा क्षेत्र में दूर-दूर तक सुलग रही थीं। जमींदारों और रैयतों के बीच के सम्बन्ध हद से ज्यादा असन्तोषजनक थे। जब कि जमींदार सोचते थे कि रैयत केवल उनके ही फायदे और सुविधा के लिए थे तो दूसरी ओर आदिवासी रैयतों की धारणा थी कि वे ही लोग जमीन के सच्चे मालिक थे। बिरसा के विद्रोह का तात्कालिक परिणाम यह हुआ कि सरकारी अधिकारियों ने महसूस किया कि असन्तुष्ट मुंडाओं की भूमि के लिए एक अधिकार-अभिलेख (खतियान) तैयार करने की अत्यंत आवश्यकता है। उन्नीसवीं सदी के अन्य किसी भी आन्दोलन के मुकाबले इस आन्दोलन ने अधिकारियों को अपनी नींद तोड़ने के लिए सबसे अधिक विवश किया और वे आदिवासियों की समस्याओं को साफ तौर पर समझ पाए। मुंडा मुख्य रूप से यह चाहते थे कि उन्हें उनकी जमीन की सुरक्षा प्रदान की जाए, भूमि पर उनके अधिकार को मान्यता मिले और मुंडारी खूँटकट्टी व्यवस्था सुरक्षित रखी जाए। इसके साथ-साथ उनकी अन्य गौण माँगें भी थीं। सिर्फ बन्दोबस्त-कार्यक्रम कार्यान्वित करने से ही भूमि-सम्बन्धी सुरक्षा को एक आधार मिल सकता था। इसी से भिन्न-भिन्न प्रकार के स्थानीय रस्म-रिवाजों और काश्तों के बारे में समझा जा सकता था तथा उनका निर्धारण ठीक-ठीक किया जा सकता था और उनके सम्बन्ध में सुरक्षा प्रदान की जा सकती थी। पहले ऐसे बन्दोबस्त कार्यक्रम को बहुत खर्चीला माना जाता था। यह स्मरणीय है कि भूमि-बन्दोबस्त के अभाव में 1897 का कम्यूटेशन अधिनियम, जिसके अधीन जिन्स के बदले नकद लगान-भुगतान का नियम बना दिया था, निष्फल ही साबित हुआ। इस तथ्य के बावजूद बंगाल के लेफ्निन्ट गवर्नर सर जॉन वुडबर्न को सन्देह था कि एक सामान्य बन्दोबस्त कर सकना सम्भव है। उन्हें भय था कि रैयतों और जमींदारों के बीच, एक सामान्य भूमि सर्वेक्षण और बन्दोबस्ती से उत्तेजना और पारस्परिक विरोध उत्पन्न होगा तथा एक नया विद्रोह शुरू हो सकता था। हौफमैन ने अधिकारियों को आश्वासन दिया कि ऐसे विद्रोह का अब कोई

खतरा न था। रैयत खुद ऐसा भूमि-बन्दोबस्त चाहते थे, क्योंकि इसी तरह उन्हें जमींदारों द्वारा लूट तथा शोषण से बचाया जा सकता था और केवल बन्दोबस्त कार्यक्रम द्वारा ही रैयतों को भूमि-सम्बन्धी सुरक्षा भावना दी जा सकती थी। यह भावना उनके लिए बहुत आकर्षक थी और उसके लिए वे वर्षों तक आकुलतापूर्वक प्रतीक्षा करते रहे थे। अब तक के प्रशासकों के बारे में सच्चाई यही रही थी कि वे भले ही रैयतों की समस्याओं के प्रति उदासीन न रहें हों, पर निश्चय ही उन समस्याओं को वे ठीक-ठीक समझ न सके थे। ऐसी स्थिति में यह एक शुभ लक्षण था कि तत्कालीन कमिश्नर ए. फौरबेस ने यह बात गहराई के साथ महसूस की कि जब तक समूचे मुंडा-प्रदेश में अधिकार-अभिलेख को तैयार नहीं किया जाता और बैठ-बेगारी समाप्त नहीं की जाती, तक तक उपद्रव चलते ही रहेंगे।

1869 का भुईंहरी बन्दोबस्त खूँटी, तमाड़, बुंडू और सोनाहातु थानों के मुंडारी खूँटकट्टी क्षेत्रों तक लागू नहीं किया गया था और यही बिरसा-आन्दोलन का क्षेत्र बना। अतः इन थानों के अन्तर्गत क्षेत्र में नया बन्दोबस्त-कार्यक्रम शुरू किया गया। मुंडाओं में इस कदम की प्रगति पर प्रत्यक्ष रूप से सन्तोष का भाव दिखलाई पड़ा। जब लेफ्टिनेन्ट गवर्नर फरवरी 1904 में राँची आए तो जनता के विभिन्न वर्गों ने उन्हें एक आवेदन में निवेदन किया कि भूमि बन्दोबस्त कार्य का विस्तार और क्षेत्रों में भी किया जाए। उनका यह अनुरोध स्वीकार किया गया।

भूमि-बन्दोबस्त कार्यक्रम के परिणामों को देखते हुए कहा जा सकता था कि एक लम्बे और विनाशकारी तूफान के बाद एक शान्त और सूरज की किरणों से जगमगाते प्रभात का आगमन हुआ। अपने जीवन में आए इस तूफान के कारण गरीबी और बर्बादी के चलते हजारों-हजार मुंडा, अपना घर-द्वार छोड़कर रोटी-रोजी कमाने के लिए, हजारों-हजार मील दूर चले जाने को विवश किए गए थे। भूमि-बन्दोबस्त कार्यक्रम के फलस्वरूप उनके बीच बहुप्रतीक्षित शान्ति और सुरक्षा का वातावरण उत्पन्न हुआ। और फिर मुंडा क्षेत्र में उस प्रकार के भीषण भूमि-समस्या सम्बन्धी उपद्रव बड़े पैमाने पर न हुए। इस प्रकार सरदार-आन्दोलन भी अपनी मौत मर गया, हालाँकि किसी-न-किसी माँग को लेकर सरकार के यहाँ अर्जी देने की उनकी आदत, बदस्तूर, कायम रही और आज भी कायम है। इससे आदिवासियों के बीच नए सिरे से विश्वास की भावना आई और अधिकारीगण भी नई भूमि-प्रणाली के परिणामों के बारे में सजग हुए और उन्होंने यह महसूस किया कि आदिवासियों के भूमि-अधिकारों को सुरक्षा प्रदान करने की वास्तव में आवश्यकता थी।[57]

भूमि-बन्दोबस्ती कार्यवाही का दूसरा महत्त्वपूर्ण परिणाम यह हुआ कि भूमि सम्बन्धी सारे अवाबों और जिन्स में देय सारे बकायों का अनिवार्य रूप से लगान के रूप में रूपान्तरण हुआ। यही नहीं, इस प्रकार बैठ-बेगारी व्यवस्था खत्म हो गई

और भूमि-सम्बन्धी झगड़ों के एक दूसरे कारण का भी अन्त हो गया। याद रहे कि 1897 का भूमि-लगान रूपान्तरण अधिनियम (कम्प्यूटेशन ऐक्ट) पूरी तरह विफल हो गया था और उससे भूमि-अशान्ति की समस्या का समाधान न हो सका था। पर अब इस तरह पुरानी व्यवस्था का उन्मूलन ही हो गया। सूद पर लिए गए सभी ऋणों को सरकारी ऋणों सम्बन्धी कागज़ात का, अनिवार्य रूप से भोगाधिकार-युक्त ऋणों के रूप में, आसान किस्तों में दिए जाने का जो परिवर्तन कर दिया गया और उन ऋणों को सरकारी ऋण में दिए जाने की जो नई व्यवस्था की गई उससे मुंडा किसान अब, कुछ हद तक, सूदखोरों के कठिन चुंगल से बच गए। इस परिवर्तित और अपेक्षाकृत शान्तिपूर्ण समय का एक लक्षण यह दीख पड़ा कि दीवानी और फौजदारीवाले मुकदमों की संख्या में कमी आ गई। ये मुकदमे अधिकांशतः फसल की चोरी और दूसरों की जमीन में अनधिकार प्रवेश के होते थे और इन मुकदमों की, उन्नीसवीं सदी के 1880-90 दशक में, बाढ़-सी आ गई थी। गुमला और खूँटी की अदालतों में भू-स्वामित्व के मुकदमों की संख्या जहाँ 130 (दीवानी) और 244 (फौजदारी) थी, वहीं 1910 में घटकर क्रमशः 62 और 70 रह गई। पिछले चार वर्षों में सामान्यतः गुमला में बकाए के प्रतिवर्ष 72 और खूँटी में प्रतिवर्ष 74 मुकदमे दायर किए गए। लगानों के मुकदमे अब प्रायः एक ही सुनवाई में आसानी से निबटाए जाने लगे। इनमें केवल लगान की रसीद पेश करने की जरूरत होती थी जो पहले जमींदारों द्वारा रैयतों को न दी जाती थी, लेकिन अब दी जाने लगी थी। इसी तरह अब मुकदमेबाजी जुआ खेलने जैसी चीज न रह गई।

बंगाल के लेफ्टिनेन्ट गवर्नर के अनुरोध पर इस क्षेत्र के सर्वाधिक प्रसिद्ध मिशनरी हौफमैन ने मुंडाओं की भूमि-व्यवस्था का पूरा विवरण तैयार किया, जो इस सम्बन्ध में जारी किए जानेवाले अधिनियम (ऐक्ट) के साथ संलग्न किया जानेवाला था। इसका उद्देश्य था कि अधिकारीगण मुंडा-भूमि व्यवस्था की बारीकियाँ समझ सकते। हौफमैन और बन्दोबस्त-पदाधिकारी ई. लिस्टर ने मुंडारी खूँटकट्टी व्यवस्था पर जो स्मरण-पत्र तैयार किया वह एक मूल्यवान दस्तावेज था, जिसमें प्रथम बार मुंडारी-भूमि व्यवस्था के निहित सिद्धान्तों को स्पष्ट किया गया और उसकी ठीक-ठीक पहचान की गई थी।[58]

बन्दोबस्त-कार्यवाही के सिलसिले में अनेक तथ्य सामने आए जिनसे एक आपातिक कानून बनाया जाना सम्भव हो सका। 1899 में मुंडाओं के बीच अशान्ति का वातावरण देखते हुए जमींदारों और रैयतों सम्बन्धी कानून को समेकित रूप में पेश करने का प्रस्तावित विधेयक बनाया जाना स्थगित कर दिया गया था। बाद में 1903 में काश्तकारी संशोधन अधिनियम (ऐक्ट) के द्वारा प्रथम बार मुंडा खूँटकट्टी व्यवस्था को कानूनी मान्यता दी गई थी। वही अधिनियम बाद

वाले 1908 के अधिनियम का प्रारम्भिक रूप जैसा था। उसके जरिए भुगतबन्ध नाम की बन्धक-व्यवस्था छोड़कर सभी प्रकार के बन्धक रोक दिए गए थे। साथ ही उसमें मुंडाओं को अन्य मुंडाओं के हाथ कुछ प्रकार के भू-स्वामित्व-अन्तरण की अनुमति दी गई। उसके जरिए डिप्टी कमिश्नर को यह अधिकार भी दिया गया कि वे जमीन की बिक्री और भूमि-हस्तान्तरण के कुछ रूपों पर रोक लगा दें। पर बकाए ऋण की अदायगी के लिए जमीन-बिक्री अथवा भू-स्वामित्व अन्तरण की व्यवस्था रखी गई थी। इस प्रकार अन्तिम रूप से भूमि-अधिकार अभिलेख तैयार कर दिया गया। पहले यह अन्यायपूर्ण व्यवस्था थी कि अगर सरदारों द्वारा उकसाए जाने पर जमीन के संयुक्त स्वामित्वधारी भाइयों में से कोई भाई लगान अदा करने से इनकार करता था तो उन सभी भाइयों को पूरी जमीन बेच दी जा सकती थी। अब किसी सम्पूर्ण खूँटकट्टी गाँव में मुंडारी खूँटकट्टी के अन्तर्गत, मुंडा भाइयों के संयुक्त स्वामित्व की जमीन सुरक्षित हो गई थी और उससे अब लाभ उठाया जा सकता था और उसे किसी क्षेत्र द्वारा क्षति नहीं पहुँचाई जा सकती थी। बन्दोबस्त-कार्यवाही और उसके परिणामों से स्पष्ट हो गया कि छोटा नागपुर के भूमि कानून में पूरा संशोधन करना आवश्यक था और उस बारे में एक अधिक व्यापक कानून जारी किए जाने की आवश्यकता थी। तत्कालीन कानून में, कई महत्त्वपूर्ण मामलों में आदिवासी खेतिहरों द्वारा उपभोग किए जानेवाले अधिकारों का ध्यान रखा गया था। इसलिए प्रस्तावित कानून का एक बड़ा प्रारूप तैयार किया गया। उसे बनाने की तैयारी के सिलसिले में गवर्नर सर ऐंड्रू अगस्त 1907 में राँची आए और उन्होंने इस बारे में जो सम्मेलन बुलाया, उसमें छोटा नागपुर के अफसरों, जमींदारों और रैयतों ने भाग लिया। उनके विचार-विमर्श में प्रस्तावित कानून सम्बन्धी अधिकांश मामलों में उन लोगों के बीच एक व्यावहारिक, सर्वसहमति का आधार प्राप्त कर लिया गया। विधेयक बाद में कौन्सिल में पेश किया गया और वहाँ पारित होने के बाद वह छोटा नागपुर काश्तकारी अधिनियम (ऐक्ट) 6, 1908 के नाम से जाना जाने लगा।

1908 का छोटा नागपुर काश्तकारी अधिनियम

इस अधिनियम द्वारा एक शताब्दी से चली आ रही भूमि-उपद्रवों की काली रात खत्म हो गई। इस प्रकार यह घटना बहुत महत्त्वपूर्ण हैं। भूमि-असन्तोष को समाप्त करने के लिए समय-समय पर जो कानूनी और प्रशासनिक उपाय किए गए थे, उनकी परिणति इस अधिनियम के रूप में हुई। 1879 का छोटा नागपुर जमींदार तथा रैयत कार्यवाही अधिनियम (लैण्डलौर्ड एण्ड टेनेन्ट्स ऐक्ट) तथा अन्त में 1891 का लगान-रूपान्तरण अधिनियम इस सदी के प्रारम्भिक चरण जैसे थे। इस नए अधिनियम का प्रयोजन यह बतलाया गया कि स्थानीय एवं

परम्परागत अधिकारों और प्रथाओं के अनुरूप एक ऐसा कानून बनाया जाए जिसमें बंगाल काश्तकारी अधिनियम, जो एक आदर्श स्वरूप था और कुछ अतिरिक्त अधिनियमों के प्रावधान भी शामिल किए जाएँ।

खूँटकट्टीदार और मुंडा काश्तों की कानूनी परिभाषा दी गई। इस कानून द्वारा कुछ ऐसे बिन्दुओं को सुरक्षा प्रदान की गई जिनको मुंडा अपनी सामाजिक प्रणाली का मूल अंग घोषित करते रहे थे। इस कानून के अंतर्गत प्रावधान में कहा गया कि गाँवों की सीमाओं के अन्तर्गत भूमि चूँकि ग्राम-परिवार समुदाय की सामान्य सम्पत्ति है और चूँकि ये परिवार उन गाँवों के मूल संस्थापकों के प्रत्यक्ष उत्तराधिकारी हैं, इसलिए उनमें से किसी परिवार से उसका भूमि-अधिकार छीना नहीं जा सकता। डिप्टी कमिश्नर को इसके लिए शक्ति प्रदान की गई कि खूँटकट्टी गाँव में यदि किसी बाहरी आदमी ने जबरन या अपने किसी अन्य प्रभाव के चलते कोई जमीन हड़प रखी है तो उसे पहले निकाल बाहर किया जाए। इस कानून के अन्तर्गत मुंडाओं की जमीन की बिक्री एवं उसके स्वामित्व के अन्तरण पर रोक लगा दी गई थी और लगान के लिए रसीद देने और लगान को किसी अन्य रूप में भी देने की व्यवस्था आदि प्रावधान रखे गए थे। अब तक भूमि के सम्बन्ध में मुंडाओं के हित में जो भी कदम उठाए गए थे, उनके मुकाबले उपर्युक्त प्रावधान सबसे महत्त्वपूर्ण और नए कानून के सर्वाधिक प्रभावकर अंश थे।

फिर भी मुंडाओं से भूमि-स्वत्वान्तरण का क्रम पहले की ही भाँति चल रहा था। पर इस कानून से बाद के कुछ वर्षों के लिए भूमि-समस्या उग्र नहीं रह गई और गाँवों का वातावरण अपेक्षाकृत शान्त हो गया। यह तो मानना ही पड़ेगा कि इस कानून के अधीन मुंडाओं को भूमि-समस्या के सम्बन्ध में जो विशेषाधिकार मिले, उतने भारतीय खेतिहरों के किसी भी वर्ग को कभी न मिले थे। अलावा, जिन मुंडाओं की बराबर निन्दा की जा रही थी और जिन्हें जंगली या अर्द्ध-जंगली कहा जाता था और जिनकी माँगों को बहुत ही बढ़ी-चढ़ी और न सुनने लायक तथा फिजूल बतलाया जाता था और जिन्हें बोझा ढोने तथा जरखरीद गुलामों के अलावा किसी और काम के लायक नहीं माना जाता रहा था, उनकी ही माँगें, उनकी एक शताब्दी से अधिक की क्रूर शहादत के बाद सरकारी तौर पर मानी गई और उनके लिए एक ऐसी भूमि-प्रणाली प्रस्तुत की गई जो प्राग् ऐतिहासिक काल से अब तक के सबसे ज्यादा बुद्धिमत्तापूर्ण सरकारी कृतित्व के रूप में मानी गई। इसलिए हौफमैन के अनुसार इस कानून द्वारा सर्वोच्च मूल्यों की पुनर्स्थापना की गई।[59]

लेकिन इस अधिनियम का महत्त्व ज्यादा बढ़ा-चढ़ाकर प्रस्तुत नहीं किया जा सकता है। यह ठीक है कि इससे मुंडाओं के मुंडारी खूँटकट्टी और भुईंहरी अधिकारों की सुरक्षा हुई, लेकिन यह कानून नब्बे प्रतिशत मुंडाओं के लिए काफी

विलम्ब से आया। पूरे मुंडा प्रदेश के सिर्फ 156 गाँव ही सम्पूर्ण खूँटकट्टी गाँव के रूप में बचे हुए थे। अधिकांश मुंडा रैयत बन चुके थे और छोटा नागपुर काश्तकारी अधिनियम में रैयतों के अधिकारों को मान्यता धीरे-धीरे ही मिली। फिर हर अधिनियम को सामाजिक परिवेश में कार्यान्वित किया जाता है। कड़े से कड़े नियम के बावजूद छोटा नागपुर में भूमि-अन्तरण होता रहा। 1925 के आस-पास बड़े पैमाने पर भूमि-अन्तरण के मामले सामने आए। साहूकार और महाजन पहले की तरह सक्रिय रहे और मुंडाओं के बीच ही एक ऐसा वर्ग उभरकर आया, जिसने अपने ही लोगों से जमीन की खरीद-बिक्री शुरू की।

प्रशासनिक उपाय

बिरसा-आन्दोलन के बाद अनेक प्रशासनिक कदम भी उठाए गए जिनका उद्देश्य आदिवासियों और प्रशासन को एक-दूसरे के निकट लाना था। 1908 में गुमला अनुमण्डल बना, ताकि जनता को न्याय पाने में अधिक सुविधा मिले। न्याय पाने के उद्देश्य से राँची का दरवाजा खटखटाने के लिए एक लम्बी यात्रा के कष्ट से जनता को छुटकारा मिला। साथ ही इससे अधिकारियों को यह सुविधा प्राप्त हुई कि वे जमींदार और रैयतों के सम्बन्धों पर निकट से नजर रख सकें। इसका एक परिणाम यह भी हुआ कि गुमला, जहाँ पहले अशान्ति का साम्राज्य-सा था, प्रान्त के सर्वाधिक शान्तिपूर्ण और कानून के तहत रहनेवाले लोगों के क्षेत्रों में से एक क्षेत्र बन सका। सितम्बर 1905 में राँची में अपनी यात्रा के दौरान गवर्नर सर ऐंड्रू फ्रेजर ने अपनी जाँच के बाद पाया कि स्थिति में सुधार के लिए और भी कदम उठाने जरूरी हैं। इसके फलस्वरूप दिसम्बर 1905 में खूँटी अनुमण्डल बना। इस कार्य का श्रेय बिरसा-विद्रोह को ही दिया जाना चाहिए, क्योंकि उसी के कारण अधिकारियों को इस बात की जरूरत महसूस हुई कि मुंडाओं के बीच, उनके क्षेत्र में ठीक केन्द्र में प्रशासन-केन्द्र सृजित हो। वस्तुतः खूँटी पहले मुंडा अनुमण्डल कहा जाता था और उसका प्रतीक एक आदिवासी चिह्न था।

सामाजिक-धार्मिक संगठन

बिरसा-आन्दोलन ने अप्रत्यक्ष रूप से छोटा नागपुर की जनजातियों में जागरूकता लाने में योगदान किया। बिरसा को जन-महत्त्वकांक्षा को स्वर देनेवाले प्रतिनिधि के रूप में माना जाने लगा। बाद में वर्षा ऋतु में कुकुरमुत्ते के नन्हें पौधों की बाढ़ की भाँति जो अनेकानेक सामाजिक-धार्मिक आन्दोलन पनपे, उनके पीछे बिरसा के प्रभाव को ठीक-ठीक आँक पाना मुश्किल है। पर इन आन्दोलनों से बिरसा-आन्दोलन का जो सादृश्य था और दोनों के बीच अन्य बातों के बारे में जो समानताएँ थीं, उनके कारण यह मानना पड़ता है कि उन बाद के आन्दोलनों

पर मुंडा-आन्दोलन का प्रभाव जरूर था। उदाहरण के लिए इन सामाजिक-धार्मिक आन्दोलनों ने भी बृहस्पतिवार को विश्राम और प्रार्थना के दिन के रूप में माना। इसके अलावा बिरसा-आन्दोलन की भाँति इनमें भी शुद्धिकरण समारोह, प्रार्थना में विश्वास तथा जादू-टोनों, दुष्टात्माओं और बलिदान-प्रथा पर प्रहार किया गया। इन बाद के आन्दोलनों में भी भूमि-समस्या की भावना भीतर ही भीतर व्याप्त थी और अंग्रेजों तथा दिकुओं का विरोध किया जाता था। साथ ही इन आन्दोलनों में आदिवासियों के पुराने अधिकारों और राज्य को वापस लाने की बात कही जाती थी।

छोटा नागपुर की उराँव जनजाति के बीच टाना भगतों का जो आन्दोलन शुरू हुआ, उस पर भी सम्भवतः बिरसा का प्रभाव था। बिरसा को न केवल मुण्डाओं ने छोटा नागपुर के भगवान रूप में माना, बल्कि उनसे उराँव भी प्रभावित हुए। उनमें अनेक, जो कि पलामू में बरबारी और चेचरी तक फैले हुए थे, दृढ़ बिरसा-अनुयायी बन गए। बिरसा ने स्वयं एक बार लोहरदगा की यात्रा की थी। उन्होंने चारों दिशाओं में अपने धर्म के बीज फैलाए थे। कर्रा के मुंडा टाना भगत, खासकर मागों का मंगरा भगवान और तिमरा का गोला, बृहस्पतिवारी बिरसा अनुयायी थे जो जुरदाग के देवों और मंगरा मुंडा के शिष्य थे। इनमें से कुछ अपने को टाना भगवान बतलाते थे। अन्य टाना भगतों के विश्वास भी इनके विश्वासों के समान ही थे। इससे प्रतीत होता है कि इन लोगों ने एक दूसरों को प्रभावित किया। ये लोग मांस-भक्षण नहीं करते हैं, यज्ञोपवीत पहनते हैं और बिरसा के जन्म-दिन, बृहस्पतिवार, को विश्राम दिवस के रूप में मनाते हैं। इनकी प्रार्थनाएँ और उनके कहने के तरीके भी एक जैसे हैं। दोनों हाथ जोड़े हुए ये लोग प्रार्थना करते हैं। उस समय वे एकरसतापूर्ण स्वर में मन्त्र पढ़ते हैं और उन मन्त्रों में उच्चतर शक्तियों (सूर्य, चन्द्र आदि) के स्थान पर उन हितैषी शक्तियों के नाम लेते हैं जिनकी वे कल्पना कर पाते हैं जैसे कि बिरसा (बिरसा भगवान)। उनका विश्वास है कि बिरसा ने ही टाना धर्म को पहले प्रकट किया—

ओ बिरसा भगवान, तुमने टाना धर्म प्रकट किया
ओ छोटा नागपुर के पिता, तुम्हीं ने
इस धर्म को प्रकट किया
ओ पिता, तुमने जीवन का धर्म स्थापित किया।

बृहस्पतिवारी-अनुयायियों और टाना भगतों ने 1920-30 के राष्ट्रीय आन्दोलन में महत्त्वपूर्ण भूमिका निबाही तथा उन्होंने स्वतन्त्रता के लिए संघर्ष किया। साथ ही उन्होंने निष्ठापूर्ण स्वर में ब्रिटिश-विरोधी भावनाओं को उग्र रूप से प्रकट किया—

ओ पिता टाना, हमारी सीमाओं से दुश्मन हटाओ
जादूगरनियों और दुष्टात्माओं
तथा ब्रिटिश सरकार को हटाओ।

धीरे-धीरे इस आन्दोलन ने भूमि-सम्बन्धी आन्दोलन का रूप धारण किया। इनका भूत प्रेत-विरोधी अभियान जमींदारों को लगान अदा न करने का अभियान बन गया। टाना भगतों ने खेत जोतना बन्द कर दिया। तेज स्वरों में गाए जाने वाले उनके गानों और मन्त्रों से जमींदार और साहूकार डर गए और आशंका करने लगे कि उराँव लोग कहीं उनके विरुद्ध आन्दोलन न छेड़ दें।

गुमला अनुमण्डल में विशुनपुर थाने के चपरी नवाटोली के जतरा उराँव, जो टाना भगत आन्दोलन के अग्रणी नेताओं में से थे, बहुत कुछ बिरसा के जैसे लगते थे। जब उन्होंने अपना टाना भगत-आन्दोलन शुरू किया तो उनकी उम्र केवल 25 वर्ष थी। उन्होंने ओझागिरी और जादू-मन्त्र पर आक्रमण किया तथा भीख, पशु-बलिदान, मांस-भक्षण, मद्यपान और गायों के विरुद्ध क्रूरता पर प्रतिबन्ध लगाने सम्बन्धी नियम निर्धारित किए। बिरसा ने जिस तरह मुंडाओं के बीच घोषणा की थी, उसी तरह जतरा उराँव ने भी उराँवों के बीच घोषणा की कि उन पर दशमेश या सर्वोच्च भगवान ने यह काम सौंपा था कि वे उराँवों को मन्त्र सिखाएँ। साथ ही उन्होंने बिरसा की भाँति यह भी घोषणा कि कि उन्हें अपने लोगों (उराँवों) को, लौकिक और आध्यात्मिक मामलों में, अपने इच्छित लक्ष्य तक पहुँचाने के उद्देश्य से, नेतृत्व के लिए भेजा गया था। जो उनकी बात न सुनेंगे वे नष्ट कर दिए जाएँगे। टाना भगत एवं अन्य सामाजिक-धार्मिक आन्दोलनों ने 1921-22 के दरम्यान भूत-प्रेतों पर हमला किया, खान-पान में शुद्धता बरतने पर जोर दिया और भूमि-समस्या के महत्त्व पर प्रकाश डाला। इन सब पर बिरसा और सरदारों का, जिनमें मुंडा और उराँव दोनों ही थे, प्रभाव स्पष्ट था। जब टाना भगतों का ब्रिटिश सरकार ने दमन शुरू किया तो उनका आन्दोलन कमजोर पड़ गया, लेकिन यह बाद में फिर तेजी से उभरकर सामने आया। टाना भगत पूरी निष्ठा के साथ स्वतन्त्रता-संग्राम में जुटे रहे।

हरिबाबा-आन्दोलन

1930-31 में सिंहभूम के उत्तरी भागों और पूरे राँची जिले में मानो एक तूफान-सा आ गया। किसी दूका हो ने, जिसे हरिबाबा के नाम से पुकारा जाता था, बोंगाओं (भूत-प्रेतों) की पूजा पर आक्रमण किया। उसके अनुयायी पेड़ों को, जिन पर देसौली प्रेत का निवास माना जाता था, काट-काटकर गिराने लगे। जिस किसी चीज पर बोंगा (भूत-प्रेत) होने का उन्हें शक होता, उसका पूर्ण बहिष्कार किया जाता। हरिबाबा के अनुयायी बृहस्पतिवार को विश्राम का दिन मानते थे, हनुमान

की पूजा करते थे और एक पेड़ से दूसरे पेड़ पर उछलते चलते थे, जिसका भयंकर परिणाम भी उन्हें भुगतना पड़ता था। वे ऐसा करते हुए जोर से चिल्लाते थे—'ओ भाई, हनुमान लाख लखाई' (हनुमान लाखों लाख के बराबर है)। वे मांस-भक्षण न करते थे और मद्य-निषेध बरतते थे। इस आन्दोलन के अनुयायी यज्ञोपवीत पहनते थे, दिन में दो बार स्नान करते थे और अपने घर के आँगन में रोपे गए तुलसी के पौधे की पूजा करते थे। साथ ही उनमें पूर्ण स्वच्छता बरतने का कड़ा नियम था। उनका कहना था कि अपने प्रभु के समक्ष उपवास करने, मन्त्र पढ़ने, शरीर हिलाने तथा तूफान में पत्ते की भाँति जोरों से सर हिलाने और दौड़ने से आदमी ध्यान-मग्न हो सकता है। यह आन्दोलन स्पष्टतः भूत-प्रेतों के विरुद्ध था, पर उसके सिद्धान्तों की निचली सतह पर राजनीतिक स्वर भी स्पष्ट था। हरिबाबा का घोषित उद्देश्य जन-जातियों को एक आन्दोलन में एकजुट करना था तथा प्राचीन काल की भाँति ही अपनी-अपनी भूमि और जंगलों पर उनका शासन वापस कराना था। हरिबाबा के नाम को गाँधी जी ने नाम के साथ मिलाया जाता था और उनके बारे में कहा जाता था कि वे महात्मा गाँधी के सबसे घनिष्ट अनुयायी हैं। बिरसा की भाँति हरिबाबा के गिरफ्तार किए जाने के बाद यह आन्दोलन दब गया।[60]

इन सामाजिक-धार्मिक आन्दोलनों के अलावा बिरसा का क्षेत्रीय आन्दोलनों पर भी प्रभाव पड़ा। छोटा नागपुर में इस क्षेत्रीय आन्दोलन की शुरूआत 1916 में 'छोटा नागपुर उन्नति समाज' की स्थापना से मानी जा सकती है। इसकी माँगें थीं—शिक्षित आदिवासियों को नौकरियाँ दिलवाना, चुनाव में उनके लिए सीटें सुरक्षित कराना और छोटा नागपुर को एक उपराज्य के रूप में मान्यता दिया जाना।

1938 में आदिवासी महासभा बनी और इन क्षेत्रीय आन्दोलन ने एक उग्र और हिंसक रूप धारण किया। आदिवासी महासभा ने बिरसा को आदिवासी-जागरण के प्रतीक के रूप में स्वीकार किया। बिरसा भगवान की जय के नारे लगाए गए। एक आदिवासी लड़के ने बिरसा की अर्द्ध-प्रतिमा बनाई। बिरसा की उस अर्द्ध-प्रतिमा को भी झण्डों पर प्रदर्शित किया गया और उनका नाम धोतियों और साड़ियों पर छपवाया गया। मिशनरियों, विशेषकर रोमन कैथोलियों, ने इसका तीव्र विरोध किया। एक ने बिरसा को एक सिद्धान्तहीन धर्मान्ध व्यक्ति बताया, जिसे सन्त घोषित किया जा रहा था, लेकिन जो वस्तुतः मिशन-विरोधी और ईसाई-विरोधी था। उन्होंने बिरसा को भगवान कहने पर भी आपत्ति की। बिरसा की मूर्त्ति बनानेवाले को गालियाँ दी गईं। उन्होंने यह भी कहा कि साड़ियों पर बिरसा का चिह्न रहने से कुछ आदिवासी औरतें अपने को अपमानित अनुभव करती हैं, चूँकि बिरसा का नैतिक चरित्र संदिग्ध था। राजद्रोही बिरसा की लोकप्रियता और

बिरसावाद के पुनरुद्धार से सरकार चिन्तित हुई और उसके अफसरों ने कहा कि इस एक गाँव के विद्रोही की वीर पूजा, इसके पहले कि कोई गम्भीर घटना घटे, पूर्णतः बन्द कर दी जाए। आदिवासी महासभा के नेताओं को इस तरह की चेतावनी नहीं दी।[61] लेकिन आदिवासी महासभा के अध्यक्ष, जयपाल सिंह ने बिरसा को आदिवासी जागरण के प्रतीक के रूप में स्वीकार करने की बात को उचित बतलाया और बिरसा की पूजा को सफलतापूर्वक सम्पन्न करने पर जोर दिया—

> "बिरसा मुंडा के मामले पर मेरा खुला दिमाग था। मुझे शर्म आती है कि मैंने एक नौजवान के रूप में उनके बारे में ज्यादा नहीं सुन रखा था...बिरसा मुंडा ने प्रभावकारी ढंग से सरकार को अपनी माँगें, आधी ही सही, मानने को बाध्य किया और वह एक और अकेले एक व्यक्ति थे जिनकी आदिवासियों की नजर में यह उपलब्धि थी। छोटा नागपुर काश्तकारी अधिनियम बिरसा द्वारा बन्द की गई जमीन की लूट-पाट का जीवन्त उदाहरण है। खूँटकट्टी अधिकार मान लिए गए। क्या यह आश्चर्य की बात नहीं है कि हर एक आदिवासी के हृदय में बिरसा की स्मृति मौजूद है? ...मुंडा लोग बिरसा के बारे में अजीबो-गरीब किस्सों में यकीन करते थे। चालीस वर्ष से वे लोग उनको भगवान, धरती-आबा और अवतार के रूप में मानते थे। जैसे गाँधी जी अभी प्रायः अपने सभी दिग्भ्रमित अनुयायीगण द्वारा पूजे जाते हैं, उसी तरह आदिवासी क्षेत्रों में बिरसा के प्रति कृतज्ञ हजारों-हजार आदिवासियों ने उनके जीवन के बारे में अद्भुत कहानियाँ गढ़ रखी हैं...बिरसावाद आदिवासी आन्दोलन के लिए एक मिथ बन गया है।"[62]

छोटा नागपुर में चल रहे राष्ट्रीय स्वतन्त्रता-संग्राम ने भी बिरसा को ब्रिटिश-विरोधी संघर्ष का प्रतीक माना और उन्हें राष्ट्रीय मान्यता दी। जैसा कि ऊपर कहा गया है कि इस संघर्ष में टाना भगत पहले ही सक्रिय थे। अब इस संघर्ष में गैर-ईसाई आदिवासियों ने भाग लेना शुरू किया। बिरसा-दिन मनाया जाने लगा। 1940 से छोटा नागपुर के अनेक भागों में बिरसा की स्मृति में वार्षिकोत्सव मनाया जाने लगा और इसमें कांग्रेस और फारवार्ड ब्लॉक के राजनीतिक नेताओं ने भाग लिया। रामगढ़ कांग्रेस के मुख्य द्वार का नाम बिरसा पर रखा गया और मुंडा भगतों ने गाँधी जी को बिरसा का अवतार मान लिया। बिरसा की कथा भी लिखी गई।

इस प्रकार छोटा नागपुर में बिरसा-आन्दोलन ने जो अनुगूँज उत्पन्न की, वह

इस क्षेत्र के स्वतन्त्रता-पूर्व इतिहास की सारी अवधि तक प्रतिध्वनित रही। बिरसा विद्रोह के एक प्रतीक एवं संघर्ष के प्रेरणा-स्रोत के रूप में कायम रहे। छोटा नागपुर के सभी आन्दोलनों ने बिरसा की दुहाई की। भूमि-अन्तरण, उद्योगीकरण और भारी परिवर्तनों के सन्दर्भ में एक विशिष्ट किस्म के मुंडा राज्य और धर्म-स्थापना की सम्भावना तथा परिवर्तन लाने के लिए उग्र साधनों की धारणा भले ही क्षीण मानी जाए, लेकिन क्षेत्रीय और राष्ट्रीय स्तर पर सामाजिक परिवर्तन के प्रतीक के रूप में बिरसा और उनके आन्दोलन को मान्यता मिल चुकी है।

अध्याय 10

आन्दोलन का स्वरूप और महत्त्व

जनजातीय क्षेत्रों में उपनिवेशवादी व्यवस्था की स्थापना के विरुद्ध आदिवासियों के आन्दोलन अनेक चरणों में हुए। पहले चरण (1795-1860) में आदिवासियों ने अपने क्षेत्रों में ब्रिटिश राज्य और शासन-पद्धति थोपने के प्रयासों का डटकर मुकाबला किया। आन्दोलन के इस चरण ने एक प्रकार से क्षेत्रीय आन्दोलन का रूप ले लिया, जिसमें आदिवासियों ने एक प्रमुख भूमिका निबाही और उनके राजघराने के लोगों ने नेतृत्व किया। लेकिन इसमें गैर-आदिवासी जातियाँ भी शामिल हुईं थीं। ये आन्दोलन स्वतःस्फूर्त, दूरव्यापी एवं हिंसात्मक थे। इनमें मुख्य चुआड़ विद्रोह, चेरी विद्रोह, कोल और भूमिज विद्रोह और गोंडों और खोंडों द्वारा प्रतिरोधात्मक संघर्ष थे। इन आन्दोलनों की परिणति 1857 के सिपाही विद्रोह में हुई जिसमें चेरों और गोंड जमींदारों ने भाग लिया। संथाल विद्रोह इस चरण का अन्तिम और दूसरे चरण का प्रथम विद्रोह था, जिसमें दोनों के तत्त्व मौजूद थे। दूसरा चरण (1860-1930) आदिवासी व्यवस्था पर उपनिवेशवाद के सघन प्रभाव से शुरू हुआ, जिसके दौरान देशीय भूमि-व्यवस्था छिन्न-भिन्न हो गई। इस अवधि में ईसाई धर्म का भी आदिवासी समाज पर प्रभाव पड़ा। इन दोनों के सम्मिश्रण से एक तरफ भूमि-सम्बन्धी आन्दोलन हुए तो दूसरी तरफ सांस्कृतिक पुनरुत्थान के भी आन्दोलन चलाए गए, और कहीं-कहीं दोनों साथ-साथ चले। इस तरह के आन्दोलन छोटा नागपुर और संथाल परगना के आदिवासियों के अलावा उड़ीसा और मध्य प्रदेश के कुछ आदिवासियों और पश्चिम भारत के भीलों के बीच भी हुए। इन आन्दोलनों का नेतृत्व आदिवासियों के अभिजात वर्गों ने नहीं, बल्कि उनके कृषक, शिक्षित और बाहरी तत्वों से प्रभावित वर्ग के लोगों ने किया। इन आन्दोलनों का प्रयास था कि जनजातियाँ आनी पुरानी व्यवस्था को एक नए ढाँचे में ढालकर उसे सुरक्षित रखें। उपमहाद्वीप के एक छोर से दूसरे छोर तक छेड़े गए इन दोनों प्रकार के आन्दोलनों में एक अजीब-सी समानता थी। बदलते हुए सामाजिक परिवेश और इस कारण उभरती हुई नई शक्तियों के विरुद्ध उनकी प्रतिक्रिया में, चाहे कहीं वह उलगुलान के रूप में प्रकट हुई हो या कहीं हूल और फितूरी के रूप में, प्रयोजन के मामले में एक उल्लेखनीय एकता थी।

आदिवासी क्षेत्रों में ब्रिटिश शासन की स्थापना और दृढ़ीकरण के फलस्वरूप जनजातीय व्यवस्था को एक क्रूर धक्का लगा। यद्यपि ब्रिटिश प्रशासकों में से कुछ आदिवासियों के हित में सोचते एवं उनके प्रति सहानुभूति का रुख अपनाते थे, पर वे शुरू में जनजातीय अधिकारों और प्रथाओं के बारे में अबोध थे। इसका जाने-अनजाने अथवा बिना ऐसे किसी प्रयोजन के, परिणाम यह हुआ कि जनजातीय गाँवों पर सामुदायिक स्वामित्व के व्यक्तिगत स्वामित्व में रूपान्तरित होने की प्रक्रिया शुरू हुई। अब, नई परिस्थिति में, छोटा नागपुर में जनजातीय जमीन के मालिक बन बैठे बाहर से आए लोग। यही कारण है कि उलगुलान के पहले तक प्रशासकों ने इस बात की अनिवार्यता न देखी कि खूँटकट्टी भूमि-व्यवस्था की बारीकियाँ समझीं जाएँ और मुंडाओं को भूमि-व्यवस्था सम्बन्धी सुरक्षा प्रदान की जाए। मोटे तौर पर ब्रिटिश नीति यह रही कि जनजातियों को अलग-थलग रखा जाए और यथासम्भव यथास्थिति बरकरार रखी जाए। देश से सात समुद्र पार इंग्लैण्ड में बैठे इन पितृसत्तात्मक शासकों के स्थानीय प्रतिनिधि थे छोटे-छोटे पुलिस-अधिकारी एवं वन-अधिकारी। उनके व्यवहार से मुंडाओं को ऐसा लगा कि ये लोग कौओं और मोरों की भाँति मिथ्यादम्भी और नीचता के प्रतीक थे। इन लोगों और दिकुओं, ठेकेदारों, जागीरदारों और साहूकारों की [जो मुंडाओं की धारणा के अनुसार साँप (बिंग), जादूगरनी (नजोम) और आदमखोर (कुल) जैसे थे] मिलीभगत के कारण जनजातीय भूमि-व्यवस्था छिन्न-भिन्न हो गई। मुंडाओं में स्वभावतः यह धारणा भी बनी कि इन लोगों को ब्रिटिश सरकार ने सुरक्षा प्रदान की और गड़बड़ी की स्थिति में ब्रिटिश सैनिक आकर शान्ति स्थापित कर देते थे। इसलिए ब्रिटिश शासन का सुनिश्चित रूप से इन पर वरदहस्त रहता था। मुंडाओं और मानकियों के बीच भी कुछ लोग ऐसे थे, जो जनजाति भूमि-व्यवस्था के विघटन में इन लुटेरे, हिंस्र तत्वों का साथ देते थे। सीधे-सादे मुंडा किसानों के विरुद्ध इन बाहरी और भीतरी शक्तियों की दुरभिसंधि के परिणामस्वरूप अब एक ऐसी लड़ाई छिड़ी जिसमें एक ओर थे कमजोर, सीधे-सादे, अबोध तथा सरल मुंडा किसान और उनके मुकाबले में पंक्तिबद्ध खड़े थे मजबूत, सुसंगठित एवं राज-संस्था के समग्र साधनों से सज्जित ये आक्रामक तत्त्व। अतः मुंडाओं के लिए यह पहले से ही हारी हुई लड़ाई थी। इसके फलस्वरूप मुंडाओं के हाथ से धड़ाधड़ जमीनें छीनी जाने लगीं। उससे उन चीजों और उन मूल्यों को सांघातिक आघात पहुँचा, जिन्हें मुंडा लोग युगों से बहुत सँजोकर रखे हुए थे। दरअसल उन लोगों के लिए जमीन कुछ एकड़ों का अंकगणित मात्र न थी, बल्कि उन्हें पूर्वजों से मिली सांस्कृतिक-सामाजिक थाती का अभिन्न अंग थी। यह वही जमीन थी जहाँ उनके पूर्वजों और पुरखों के, जिनसे वे मृत्यु के बाद मिलनेवाले थे, शव गाड़ने के स्थान थे और यहीं पर थे वे बलिदान-स्थल भी जहाँ

उन्होंने भूत-प्रेतों के तोषण के लिए पशुओं का बलिदान किया था। अपनी इस प्यारी जमीन के साथ मुंडाओं का गहरा भावनात्मक सम्बन्ध था। जब यह जमीन उनसे निर्ममतापूर्वक छीन ली गई तो, जैसा कि एक मुंडा लोक-गीत में किसी अज्ञातनामा कवि ने कहा है कि मुंडा वायु के झोंकों में दिशाहीन उड़ते हुए तिनकों जैसे हो गए। उनकी हालत ऐसी हुई जैसी पानी की सतह पर विवश बहते हुए कछुओं की होती है, वे हवा में पीपल की पत्तियों की तरह असहाय-से फड़फड़ाने लगे। अब उनकी जमीन ऐसी निरन्तर फैलती, हा-हाकार करती आग की कोख में पेड़ से गिरी सूखी पत्तियों की तरह समा चुकी थी, जिस आग की लपटें बढ़ते हुए पेड़ की पत्तियों जैसी थीं। मुंडाओं के भूमि-स्वामित्व-अपहरण सम्बन्धी आक्रोश ने दो और कारणों से उग्र रूप धारण किया। वनों के संरक्षण सम्बन्धी सरकार के आदेश से जनजातियों के उस परम्परागत अधिकार को आघात पहुँचा जिसके चलते वे वनों से लकड़ी काटकर निःशुल्क ईंधन ले आते थे, वहाँ अपने ढोरों को चराते थे और जब चाहे तब जंगल से खेती के लिए जमीन ले लिया करते थे। बिरसा स्वयं भी एक बार मुंडाओं की इन माँगों को लेकर हुए उनके एक ऐसे आन्दोलन में शामिल हुए थे। दूसरी बात यह कि 1896-1897 और 1899-1900 के अकालों से उनके बीच सुलगती असन्तोष की आग विस्फोटक स्थिति में पहुँच गई।[63]

इस प्रकार सच पूछा जाए तो मुंडाओं का आन्दोलन भूमि के प्रश्न पर तो हुआ ही, साथ ही उसके पीछे आत्म-रक्षा की प्रबल इच्छा भी काम कर रही थी। आत्म-रक्षा की इस भावना से प्रेरित होकर पहले तो मुंडा ईसाई धर्म की ओर अपने बचाव के लिए मुड़े। जब वहाँ उन्हें निराशा ही हाथ लगी तो वे कलकत्ता के वकीलों की और मुड़े। और जब अदालतों में अपने विरुद्ध चल रहे भूमि-सम्बन्धी मुकदमों में न्याय पाने में मुंडाओं को विफलता मिली तो वे, अन्त में, और कोई उपाय न देखकर बिरसा के नेतृत्व में अधिकारियों से भिड़ गए। उनकी इस समस्या की तह में न जाने और उसका एक ही पक्ष देखने के कारण इस प्रश्न पर विवाद खड़ा हुआ कि यह आन्दोलन वस्तुतः राजनीतिक था या भूमि-सम्बन्धी। मिशनरियों तथा तत्कालीन ब्रिटिश समाचारपत्रों[64] का ख्याल था कि यह आन्दोलन भूमि के प्रश्न पर ही छिड़ा जिसने बाद में धार्मिक रूप ग्रहण कर लिया। दूसरी ओर तत्कालीन भारतीय समाचारपत्रों[65] का विचार था कि यह आन्दोलन राजनीतिक था। उनका कहना था कि यह आन्दोलन जमींदारों के नहीं, बल्कि मिशनरियों और ब्रिटिश सरकार के खिलाफ था। अपनी इस दलील के पक्ष में उनका कहना था कि बिरसा विद्रोह के दौरान न कोई जमींदार मारा गया और न कोई दिकू ही। यहाँ तक कि इन लोगों के खिलाफ कोई बुरा व्यवहार भी न किया गया। दोनाली के एक जमींदार के, योजना बनाकर मारे जाने की जो बात

कही जाती थी, वह केवल बात ही रह गई। बंदगाँव का जमींदार गैर-मुंडा आदिवासी था। राँची और पोराहट में विद्रोहियों के शिकार मुख्यतः ईसाई थे, गाँव में दिकू नहीं। इसमें शक नहीं कि विद्रोह में दिकुओं के विरुद्ध मुंडाओं का आक्रोश उस विद्रोह की एक अन्तर्धारा-सा था। बिरसा द्वारा अपने मसीही उद्घोषों और बिरसा धर्म के अन्य पहलुओं, उनकी प्रार्थनाओं और मन्त्रों के पीछे भी भूमि-समस्या पर जोर दिए जाने का तथ्य था। विद्रोह की तैयारियों के सिलसिले में हुए विचार-विमर्श के दरम्यान भी आन्दोलन का भूमि-सम्बन्धी पक्ष काम कर रहा था। पर इस बात से इन्कार नहीं किया जा सकता कि बिरसा और 1890-92 के बाद के नए सरदारों, दोनों का ही, ब्रिटिश सरकार के प्रति इस कारण रोष था, क्योंकि उसी की शह से दिकू लोग मुंडाओं पर इतना अत्याचार करने की हिमाकत कर सके थे। बिरसा कभी-कभी दिकुओं के पास जाकर उनसे मुंडाओं पर अत्याचार न करने के लिए कहनेवाले थे और उनका विचार था कि अगर दिकू न मानेंगे तो उन्हें भी उनकी जमीनों से निकाल बाहर किया जाएगा। इस प्रकार इस आन्दोलन के मूल में भूमि-समस्या थी, उसका तरीका हिंसापूर्ण था और उसका लक्ष्य राजनीतिक। बिरसा ने अपने भाषणों में मुंडाओं की भूमि-समस्या पर जोर दिया और अपने लोगों की समस्याओं के लिए राजनीतिक निदान पेश किया, यानी एक नए राजा के अधीन बिरसा राज्य की स्थापना पर जोर दिया।

यह बात भी कही गई कि बिरसा का आन्दोलन एक नए रूप में सरदार-आन्दोलन का प्रसार था। उनकी भूमिका सरदारों के अधीन काम करनेवाली जैसी बतलाई गई। यह भी कहा गया कि सरदारों ने ही बिरसा को भगवान के रूप में प्रतिष्ठित किया और उन लोगों ने ही कोलों को प्रेरित किया कि वे बिरसा की सलाह आँख मूँदकर मानें, और सरदार ही, दरअसल, पृष्ठभूमि में खड़े आन्दोलन का नेतृत्व कर रहे थे; और अगर उन्होंने बिरसा-आन्दोलन का साथ न दिया होता तो बिरसा केवल एक धर्मोपदेशक मात्र ही रहते। इसमें सन्देह नहीं कि बिरसा सरदारों से प्रभावित थे। यह भी सही है कि वन-आन्दोलन में बिरसा ने एक सरदार आन्दोलनकारी के रूप में भाग भी लिया था। बिरसा-आन्दोलन और सरदार-आन्दोलन, दोनों ही भूमि-सम्बन्धी कारणों से हुए और दोनों को ही मिशनरियों और सरकारी अधिकारियों के प्रति घृणा थी। बिरसा जो बीच-बीच में दिकू-विरोधी और ब्रिटिश-विरोधी प्रलाप कर दिया करते थे और जो यह कहते थे कि इन तत्त्वों से युद्ध में खून की नदियाँ बहेंगी, उससे स्पष्ट है कि आन्दोलन के अधः स्तर पर दरअसल समस्या भूमि की ही थी। पर 1890-92 में सरदार-आन्दोलन एक भूमि-सम्बन्धी आन्दोलन न रहकर राजनीतिक आन्दोलन हो गया था। अब सभी सरदार ब्रिटिश सरकार के प्रति वफादार न रहे, यद्यपि उनमें से कुछ अभी भी चन्दा उगाहते और सरकार के यहाँ अर्जियाँ पेश करते थे। सम्भवतः

बिरसा नव-सरदारों के उस छोटे, पर शक्तिशाली गुट के थे जो लोग पुराने सरदारों की प्रार्थना, विरोध और अर्जी देने की नीति से ऊब चुके थे और जिन्होंने सितम्बर 1892 में एक हिंसापूर्ण विद्रोह करने की योजना बनाई थी। पर बिरसा-आन्दोलन सरदारों के भूमि-आन्दोलन का प्रसार जैसा न था और न ही इसके पुनर्जागरणवाद का दूसरा रूप था। बिरसा-आन्दोलन सरदार-आन्दोलन से आगे का कदम था। सरदारों ने पहले स्वतन्त्र देशी क्रिश्चियन चर्च की स्थापना की, पर बाद में उन्होंने ईसाई धर्म छोड़ दिया। इस अर्थ में बिरसा उनसे कहीं आग बढ़ गए। उन्होंने एक ऐसा धार्मिक आन्दोलन खड़ा कर दिया जिसकी अपनी एक संस्था थी, सिद्धान्त थे और साथ ही जिसके नियामक पहलू भी थे। अपना राज्य फिर वापस कराने के लिए पुराने सरदारों ने कानूनी और संवैधानिक तरीका अपनाया, जिसमें जमींदारों आदि से असहयोग करने जैसी बातें थीं। पर बिरसा ने ऐसा रास्ता अपनाया जिसने अपने प्रारम्भिक चरण में धार्मिक रूप और बाद के चरणों में क्रान्तिकारी रूप ग्रहण किया। सरदार मुख्य रूप से बिचौलियों और दिकुओं के खिलाफ थे, जबकि बिरसा सरकार के विरुद्ध विद्रोह का झण्डा उठाकर खड़े हो गए थे। सरदार लोग अनैतिक थे, जबकि बिरसा ने एक कठोर नैतिक संहिता का ढाँचा खड़ा कर दिया था। सरदार-आन्दोलन में ऐसी भी एक स्थिति आई जब वे लोग ब्रिटिश शासन के स्वायत्त शासन स्वीकार करने को भी तैयार हो गए, दूसरी ओर बिरसा सम्पूर्ण स्वतन्त्रता के पक्षधर थे, ऐसी स्वतन्त्रता जो राजनीतिक भी हो और धार्मिक भी। वे एक बिरसा-राज्य और बिरसा-धर्म स्थापित करना चाहते थे। सच पूछा जाए तो बिरसा ने 1892-95 में लड़खड़ाते सरदार-आन्दोलन को सहारा दिया जो उस समय तक महज एक, फलहीन किस्म का, अर्जी पर अर्जी पेश करनेवाला आन्दोलन बन चुका था। बिरसा ने उस आन्दोलन को एक सुस्पष्ट एवं राजनीतिक-धार्मिक दिशा तथा कार्यक्रम दिया। जहाँ तक सरदारों का सवाल था, उन्हें चालाक आदमियों की भाँति यह समझते देर न लगी कि बिरसा के प्रति लोगों में अपार आकर्षण है जिसका इस्तेमाल किया जा सकता है। यही कारण है कि सरदार-आन्दोलन और संगठन बिरसा-आन्दोलन और संगठन के साथ घुलमिल गया और बिरसा-आन्दोलन के साथ ही सरदार-आन्दोलन भी खत्म हो गया। परन्तु संघर्ष का तरीका हिंसापूर्ण हो या धार्मिक, इस पर भी दोनों के बीच कुछ मतभेद अवश्य ही बने रहे। जब बिरसा दूसरी बार गिरफ्तार कर जेल में बन्द किए गए तो उन्होंने अपने प्रलाप में यह बात कही थी। यही नहीं, मुकदमे की सुनवाई के दरम्यान भी बिरसा-अनुयायियों और सरदारों के बीच गम्भीर मतभेद पैदा हो गए थे। इन दोनों में अभी भी कुछ मतभेद दिखलाई पड़ते हैं। पर इसमें कोई सन्देह नहीं कि विद्रोह की तैयारियों के दरम्यान बिरसा के सरदार अनुयायियों ने संघर्ष का जो तरीका और रणनीतिक योजना बनाई, उसका बिरसा

ने समर्थन किया।

ऐसी धारणा थी कि एक आदर्श राज यानी बिरसा-राज और धर्म की स्थापना के बाद सभी जातीय शत्रु जैसे कि दिकू, यूरोपियन, मिशनरियाँ, अफसर और देसी ईसाई स्वतः समाप्त हो जाएँगे। तब मुंडा अपने खोए राज्य को फिर से प्राप्त कर लेंगे और वे कुँवरों के साथ, समाज के सम्पन्न वर्गों के साथ समता-स्थापित करेंगे। उन्हें उनकी खोई हुई प्रतिष्ठा और अधिकार प्राप्त हो जाएँगे। उनके उस राज में पर्याप्त अन्न होगा, अकाल न होंगे और सभी लोग आपस में प्रेम के साथ, एक साथ, अपनी जिन्दगी बिताएँगे। ऐसे आदर्श राज्य में धार्मिक व्यवस्था की रूपरेखा सुस्पष्ट और विवादहीन थी। पर प्रश्न था कि जब मुंडा अपनी जमीन फिर वापस पा जाएँगे और दिकू निकाल बाहर किए जाएँगे तो फिर उनकी भूमि-व्यवस्था कैसी होगी? क्या उस स्थिति में खूँटकट्टी या मुंडा-मानकी भूमि-व्यवस्था फिर से पूरी तरह, व्यापक पैमाने पर वापस लाई जानेवाली थी? इसका कोई उत्तर नहीं मिलता, क्योंकि वैसी स्थिति हो जाने के बाद बिरसा उस आदर्श राज के प्रधान होनेवाले थे। पर इस अस्पष्टता के बावजूद आन्दोलन में प्रमुख विचार यह था कि उस स्थिति में मुंडा लोग फिर अपने पुराने अच्छे दिनों की ओर लौट जानेवाले थे, जब जंगलों में हाथी चिंघाड़ते थे, साँप फुँफकराते थे और सिंह दहाड़ते थे और उनके पूर्वज उन खूँखार पशुओं के साथ दोस्ती का सम्बन्ध बनाए रखते थे।

बिरसा-आन्दोलन बहुत व्यापक पैमाने पर हुआ और अनेक घटनाएँ एक साथ ही हुईं, जिनसे साबित होता था कि आन्दोलन की योजना बिल्कुल गुप्त रूप और बहुत दक्ष ढंग से तैयार की गई थी। इसका श्रेय बिरसा के सरदार अनुयायियों को दिया जाना चाहिए था, जिन्होंने आन्दोलन की योजना बनाई और उसके लिए संगठन खड़ा किया था। आन्दोलन स्वतः स्फूर्त था। उसका धमाका अचानक हुआ और जिस तरह ज्वालामुखी एकाएक फूटता है, उसी तरह वह अकस्मात फूट पड़ा। अपनी क्षिप्रता और वेग के साथ-ही-साथ आन्दोलन हिंसापूर्ण और उग्र भी था। साथ ही, उसमें दुश्मनों से बदला लेने में किसी तरह का पाप-संकोच या झिझक न थी। जमींदारों को नदी के पानी के साथ बहा देना था, उनको जंगल की आग में भून डालना था और उनको गले से पकड़कर और उनका भुर्ता बनाकर नेस्तानाबूद कर डालना था। सफेद बकरों (यूरोपियनों) के गर्म खून से भूमि को फिर से पवित्र बनाना था। बिरसा की प्रार्थनाओं और मन्त्रों तथा आन्दोलन के बारे में रचित बाद के लोक-गीतों में खुलेआम मुंडाओं की उग्र भावनाओं को मुखर किया गया है। आन्दोलन में पाशविकता और क्रूरता दिखलाई गई थी और तीरों की महामारी बरपा कर देनेवालों ने भिन्न-भिन्न जगहों में, जिन भी छोटी-छोटी लड़कियों और लड़कों को स्पष्ट रूप से देखा, वे उनको अपने तीरों का शिकार बनाने से कतई न चूके। गया मुंडा के परिवार के लोग और अन्य

बिरसा-अनुयायियों की पत्नियाँ हठी और प्रतिशोध-भावना से ओत-प्रोत थीं और इस बार सलट लेने के लिए उतारू थीं। ऐटकेडीह या खूँटी में पुलिस कान्स्टेबुलों को कुट्टी-कुट्टी करके मारा गया।

जैसा कि ऊपर बतलाया जा चुका है, विद्रोही पहाड़ी क्षेत्र के 400 वर्ग मील में सक्रिय थे। उनके द्वारा की गई कार्रवाइयों के क्षेत्र एक-दूसरे से 40-40 मील तक की दूरी पर स्थित थे। इसमें आठ व्यक्तियों को मौत के घाट उतार दिया गया, भयानक आघात की बत्तीस घटनाएँ हुईं और आगजनी की नवासी घटनाएँ। विद्रोहियों में से सम्भवतः बीस मारे गए पर फिर भी, कुल मिलाकर देखने पर, यह आन्दोलन एक स्थानीय घटना ही माना जाएगा। सुदूरस्थ समाचारपत्र 'पायोनियर'[66] की निगाह में यह कोई गम्भीर किस्म की घटना न थी। उसके अनुसार मुंडा लोग पूर्णतः स्वभावनाचालित थे और अपने पुराने किस्म के हथियारों के साथ वे एक छोटे-से फौजी दल का भी सामना न कर सकते थे। कलकत्ते के समाचारपत्रों[67] ने अपनी राय दी कि एक भूमि-विद्रोह ने खतरनाक मोड़ ले लिया है। जर्मन मिशनरी डॉ. नौट्राट[68] ने कहा कि यह मुंडाओं का विद्रोह न था, क्योंकि पूरी मुंडा आबादी ने इसमें हिस्सा न लिया था। इसमें हिस्सा लेनेवाले मुंडाओं की संख्या सिर्फ दस से पन्द्रह हजार तक थी। डॉ. नौट्राट ने आगे कहा है कि जर्मन, ऐंग्लिकन और कैथोलिक मिशन ईसाई और शेष मुंडा आबादी आन्दोलन से अलग-थलग ही रही। पर इस सम्बन्ध में कहा जा सकता है कि किसी आन्दोलन का नेतृत्व उस क्षेत्र के जागरूक लोग ही करते हैं, जिनकी संख्या सदैव थोड़ी ही होती है। विद्रोह के द्वितीय चरण में सभी मुंडाओं—ईसाई और गैर-ईसाई सभी का स्पष्ट रूप से आह्वान किया गया कि विद्रोहियों के साथ मिलकर शत्रु ब्रिटिश सरकार से निबटें। यदि सरकार ने विद्रोह पर तुरन्त वार न किया होता तो मुंडाओं के बीच ईसाई-गैर-ईसाई का भेद मिट जाता और अन्ततः सभी विद्रोह में भाग लेते। अलावा, मुंडा विद्रोही ब्रिटिश फौज के मुकाबले किसी भी अर्थ में उनकी बराबरी के न थे। उनके विरुद्ध सरकार का हमला मक्खन को चाकू से काटने जैसा था। पर फिर भी सईल रकब पहाड़ी पर गया मुंडा के परिवार और अन्य बिरसा-अनुयायियों ने ब्रिटिश सरकार का जिस दृढ़ता और अजीब-से हठ के साथ प्रतिरोध किया, उससे प्रकट होता है कि अधिकारियों के विरुद्ध उनमें कैसी तीव्र घृणा और विरोध का भाव था, और साथ ही वे अपने नेता (बिरसा) के प्रति कितने ज्यादा निष्ठावान थे।

विद्रोह की तैयारी के दरम्यान और उनके अनुयायियों ने मुंडाओं में से जनसाधारण के साथ सम्पर्क और संसूचन की एक नई विधि अपनाई। वे गुप्त और चुने हुए स्थानों में अपनी बैठकें करते थे, वहाँ प्राथनाएँ होतीं और मन्त्र पढ़े जाते थे और अपने दुश्मनों को खत्म करने और ब्रिटिश यानी रानी मन्दोदरी

(ब्रिटिश साम्राज्ञी विक्टोरिया) का राज समाप्त कर देने के लिए विहित धार्मिक क्रियाएँ की जाती थीं। उन्होंने इसके लिए नए प्रतीकों और मुहावरों, जैसे कि विर दा (जंगल का पानी), कलियुग आदि का भी प्रयोग कर अपनी भावनाएँ जनसाधारण तक पहुँचाने की तरकीब अपनाई। उनके लोक-गीतों एवं अन्य रचनाओं में प्रतीक-कथाओं के रूप में आसन्न तूफान और जलप्रलय आदि का जिक्र आया है। बिरसा-अनुयायी इस प्रकार आन्दोलन की तैयारियों की बात 'फसल पक गई और खूब बढ़ती जा रही है' तथा 'वर्षा की बौछार और अग्नि' आदि द्वारा लक्षण के रूप में कहते थे।

आन्दोलन की एक बड़ी विशेषता यह थी कि उसमें अनेक गैर-जनजातीय तत्वों पर न तो किसी तरह के प्रहार और न ही कटुता का स्वर था। इस क्षेत्र में जो लोग आर्थिक या सामाजिक स्तर पर उपयोगी कार्य करते थे, उन्हें न मुंडा लोग नीची निगाह से देखते थे और न उन्हें दिकुओं की पंक्ति में रखते थे। ये लोग थे घासी (ढोलकिए), स्वामी (जुलाहे), हजाम, लोहार और कुम्हार आदि। बिरसा वैष्णव धर्म से प्रभावित थे और उनके शिष्य-समुदाय और सहयोगी-वर्ग में स्वांसी भी थे। बिरसा धर्म में कोई भी समारोह नाउओं ओर धोबियों के शामिल हुए बिना पूरा न होता था। इससे स्पष्ट होता है कि जनजातियों और गैर-जनजातियों के कुछ तत्त्वों में परस्पर आदान-प्रदान का तथ्य जनजातीय नेता स्वीकार करते थे।

विभिन्न जनजातियों के सशस्त्र विद्रोह और भूमि-सम्बन्धी आन्दोलनों के तुरन्त बाद धार्मिक-सामाजिक पुनरुत्थान आन्दोलन हुए। संथाल-विद्रोह के तुरन्त बाद खेरबार-आन्दोलन (1871-1880) हुआ। सरदार-भूमि-आन्दोलन (1859-1880) के बाद उराँव-मुंडा समाज में पुनरुत्थान (1880-90) के लक्षण प्रकट हुए और अन्त में बिरसा का राजनीतिक-धार्मिक आन्दोलन हुआ। भूमि-व्यवस्था के छिन्न-भिन्न हो जाने के सामाजिक परिणाम हुए। नई आबकारी नीति के कारण मुंडाओं के बीच मद्य-पान का रिवाज शुरू हुआ और मुंडा-मजदूरों के चाय-बागानों तथा अन्यत्र बाहर जाने से उनके परम्परागत नैतिक मूल्यों और आधिकारिता पर चोट पहुँची। और इस क्षेत्र में एक नई सामाजिक-आर्थिक शक्ति के रूप में ईसाई धर्म के उदय के कारण तो उनकी पुरानी जीवन-पद्धति ही बदल गई। अतीत में हिन्दू धर्म ने तो, अपने पीछे एक अच्छे संगठन के अभाव में, मुंडा समाज के केवल एक छोर-भर को प्रभावित किया था। देश के कुछ भागों में जनजातीय समाज ने हिन्दू धर्म में से केवल कुछ सामाजिक और भोजन-सम्बन्धी वर्जनाएँ और प्रतिबन्ध अपनाए और हिन्दू देव-कुल के नामों के अनुरूप, अपने पुराने देवताओं के नामों को बदलकर, उनके नए नाम रखे और सर्वोच्च प्रभु के बारे में एक नई, अधिक ऊँची धारणा बनाई। पर सांस्कृतिक परिवर्तन का यह नया उत्प्रेरक तत्त्व—ईसाई

धर्म अधिक शक्तिशाली और बेहतर ढंग से संगठित था। यह एक ऐसा धर्म था जिसमें एक स्वर्णिम युग की परिकल्पना थी। हिन्दू और ईसाई तत्वों के विविध प्रतिद्वन्द्वी तत्वों के बीच से भिन्न-भिन्न बातों को लेकर जनजातियों ने अपनी भूमि-व्यवस्था के विघटन से उत्पन्न समस्याओं के लिए एक नया ही राजनीतिक-धार्मिक निदान ढूँढ़ लिया। इस प्रकार जनजातियों के उपर्युक्त पुनर्जीवन आन्दोलनों के मिश्रित ढंग के राजनीतिक और धार्मिक रूप थे। बिरसा राज और धर्म एक ही उद्देश्य के दो पहलू थे। भीलों के इस तरह के आन्दोलन (1907-12) का उद्देश्य भी यही था। एक गोविन्दगिरि ने अपने को भगवान घोषित कर भील समाज का सुधार करने का बीड़ा उठाया और एक भील राज्य स्थापित कर दिया। उस आन्दोलन को मेवाड़ भील पुलिस और ब्रिटिश गोलन्दाज फौज से मिलकर पराजित किया (नवम्बर 1912)। पर गोविन्दगिरि का प्रभाव बहुत व्यापक था और उनका पंथ उसके बाद भी कायम रहा।[69]

बिरसा-धर्म के तत्कालीन समीक्षकों के बीच इस विषय पर प्रमुख धारणा यह रही है कि बिरसा धर्म सिर्फ हिन्दू और ईसाई धर्मों के विभिन्न तत्त्वों का मिश्रण है, और कुछ नहीं। एक बिरसा धर्मावलम्बी को यज्ञोपवीत अवश्य पहनना चाहिए। मांस-भक्षण न करना चाहिए, गैर बिरसा-अनुयायियों के साथ खाने की पंगत में न बैठना चाहिए, बृहस्पतिवार को कोई भी काम न करना चाहिए और मंगलवार को साल वृक्ष न काटना चाहिए। मुंडा जाति के सुदक्ष समीक्षक हौफमैन तक ने कहा है–"बिरसा-अनुयायी को यज्ञोपवीत अवश्य पहनना चाहिए और ईसाइयों के धर्म-सम्बन्धी दस समादेश (टेन कमान्डमेन्ट्स) मानने चाहिए।"[70] सरकारी अभिलेखों में बिरसा के इस दावे को स्वीकार किया गया है कि स्वर्ग और पृथ्वी के वे स्वामी थे, और उनमें उनके धर्म को विभिन्न ईसाई, हिन्दू और अन्य धार्मिक मतों की खिचड़ी माना गया है। सरकारी अभिलेख के अनुसार बिरसा के धर्म पर न केवल हिन्दू और ईसाई धर्मों, बल्कि इस्लाम धर्म का भी असर था। पर सच्चाई यह है कि मुंडा क्षेत्र में कहीं भी ऐसा पर्याप्त आबादीवाला कोना नहीं पाया जा सकता, जहाँ आदिवासियों पर इस्लाम धर्म का प्रभाव हो। अलावा उक्त समीक्षकों ने बिरसा पर वैष्णव धर्म, आनन्द पानरे और वैष्णव साधुओं के प्रभाव को बढ़ा-चढ़ाकर आँका है। दरअसल बिरसा ने राम और कृष्ण का, जिन्होंने अपने समय में अत्याचारी राक्षसों या दुष्टों के विरुद्ध संघर्ष किया था, अनुसरण नहीं किया। उनकी प्रार्थनाओं में हिन्दू देवताओं में से केवल राम, ब्रह्मा, काली और हनुमान की चर्चा आती है। हनुमान की चर्चा केवल एक बार आई है। वास्तव में, जैसाकि बिरसा धर्म के प्रसंग में ऊपर कहा जा चुका है, बिरसा को हिन्दू धर्म के बारे में स्वल्प, प्रारम्भिक जानकारी ही थी।

फिर भी सतही तौर पर तो ऐसा लगता ही है कि बिरसा ने अपने पड़ोस

के दो प्रमुख धर्मों—हिन्दू एवं ईसाई—के सिद्धान्त अपने धर्म के लिए अपनाए। बिरसा-धर्म में हिन्दू धर्म तत्त्व है—मद्यपान-निषेध, कुछ जानवरों को छोड़कर अन्य जानवरों का मांस-भक्षण, स्वच्छता पर बल, काठ की खड़ाउएँ पहनना, चन्दन का लेप करना और यज्ञोपवीत धारण करना। इनके अलावा हिन्दू धर्म से लिए अन्य तत्वों में ये हैं—जी (जीवन), आत्मा, पौराणिक गाथाओं में चर्चित चार युगों की धारणा, गोवध, चमड़े के प्रयोग और गायों पर जुआ रखने का निषेध। बृहस्पतिवारी बिरसा-अनुयायी अपने पड़ोसी हिन्दू धर्मावलम्बियों के सबसे निकट हैं। जहाँ तक बिरसा का सम्बन्ध है, वे ईसाई धर्म से अपेक्षाकृत अधिक प्रभावित थे जो उस क्षेत्र में उस समय का सबसे प्रमुख धर्म था। चूँकि उनकी प्रारम्भिक शिक्षा ईसाइयों के अधीन हुई थी, इसलिए उनके आन्दोलन के शब्द और पदावली ईसाई मुहावरों से भरी हुई थी। उनके धर्म में ईसाई तत्त्व ये हैं—ईश्वर की पिता के रूप में धारणा, ईश्वर के सन्देशवाहक (पैगम्बर) सम्बन्धी पेहलू, नया राजा, महान राजा आदि शब्द, धार्मिक संगठन, बिरसा धर्म के भजनों का ईसाई भजनों के राग में गाया जाना, रविवार को विश्राम-दिन घोषित किया जाना, असुर तत्वों पर हमला, प्रार्थनाओं पर जोर, संयमन (टेम्परेन्स) आन्दोलन द्वारा मद्यपान का निषेध और एक बड़ी नैतिक आचार-संहिता। मुंडा ईसाइयों ने ईसाई धार्मिक साहित्य को जितना समझा उसके अनुरूप बिरसा की जीवन कहानी कहनी शुरू कर दी। बिरसा का जन्म और प्रारम्भिक दिनों की घटनाएँ, मार्टिन लूथर की तरह रूपान्तरण की बात, एक रोगहर के रूप में उनके द्वारा किए गए चमत्कार, चावल के दानों का कई गुना बढ़ जाना आदि, कुछ ऐसा लगता है, मानो मसीही साहित्य से उठाकर लिए गए हों। एक यह भी अफवाह थी कि उनके और ईसा मसीह के चेहरों में असाधारण सादृश्य था। यह बात चाईबासा मिशन स्कूल में पढ़ते हुए, अपने प्रारम्भिक दिनों में, बिरसा ने देखी होगी और अपने प्रयोजन के लिए इस अफवाह को फलने-पनपने का उचित अवसर भी दिया गया होगा।[71]

यद्यपि बिरसा का धर्म हिन्दू धर्म और ईसाई धर्म से अप्रत्यक्ष रूप से प्रभावित था, पर प्रत्यक्ष रूप से उसमें इन दोनों ही धर्मों पर हमला किया गया था। चुटिया मन्दिर में मूर्तियों को अपवित्र किए जाने की घटना से उसका गैर-हिन्दू रूप प्रकट होता है। उसी तरह उसका गैर-ईसाई रूप बिरसा द्वारा सभी यूरोपियनों के खिलाफ, जिनमें मिशनरी और ईसाई धर्म माननेवाले देशी ईसाई भी शामिल थे, प्रलापों से प्रकट होता है। बिरसा-अनुयायियों ने अपने ईसाई नाते-रिश्तेदारों के खिलाफ कड़ी सामाजिक निषेधाज्ञाएँ निर्धारित की थीं। सरदारों के बीच कुछ ऐसी धारणा बन गई थी कि ईसाई पादरी उनकी सामाजिक प्रथाओं में अड़ंगेबाजी करते हैं। बिरसा ने एक नया धर्म स्थापित कर विदेशी धर्म के बढ़ते सैलाब को रोकने की कोशिश की। उन्होंने मिशनों में पढ़ाई जानेवाली शिक्षा, भेटों-रुपयों-पैसों और

मिशनरियों द्वारा सरदारों की आलोचना पर तीव्र प्रतिक्रिया व्यक्त की थी।

यह स्मरणीय है कि एक स्थापित धर्म के रूप में ईसाई मिशनों द्वारा एक स्वायत्ततापूर्ण एवं देशीय ईसाई सम्प्रदाय कायम करने का विरोध किया गया। उन्हें कुछ मुंडाओं द्वारा अपने को काले मसीहा होने का दावा करना नागवार लगा। इसी तरह कुछ लोगों द्वारा बिरसा को मुंडा-ईसा के रूप में मानना उन्हें अखरा। उन्होंने बिरसा पर व्यक्तिगत और बिरसा-आन्दोलन पर सामूहिक प्रहार, ब्रिटिश सरकार से साँठ-गाँठ कर किया। बिरसा के मरने के चालीस साल बाद जब आदिवासी महासभा ने उन्हें आदिवासी जागरण के प्रतीक के रूप में स्वीकार किया तो इसका भी उन्होंने विरोध किया। इसी प्रकार सभी सांस्कृतिक आन्दोलनों, जैसे टाना भगतों आदि का भी मिशनरियों ने विरोध किया। इसी तरह की बात अफ्रीका और अमेरिका की जनजातियों द्वारा चलाए गए आन्दोलनों के बारे में कही जा सकती है। सम्भवतः इसका कारण यह था कि वे उस वक्त न तो आदिवासी समाज का ईसाईकरण और न ईसाई मत के आदिवासीकरण में विश्वास करते थे, और औपनिवेशक युग में ईसाई धर्म से प्रभावित सरकार-विरोधी आन्दोलन को सन्देह भरी नजर से देखते थे।

बिरसा-धर्म को समन्वयकारी या विभिन्न दर्शनग्राही या केवल हिन्दू और ईसाई तत्वों की खिचड़ी कहना गलत होगा। यह पुनरुत्थानात्मक था। उस समय जो विदेशी प्रभाव मुंडा समाज में धीरे-धीरे प्रवेश कर रहे और जड़ें जमा रहे थे, उनके प्रति विरोध प्रकट करने के लिए बिरसा ने अपने धर्म के जरिए पुराने नैतिक मूल्यों को पुनर्स्थापित करने की कोशिश करते हुए जातीय जीवन की धारा को उसके मूल स्रोत से जोड़ने की चेष्टा की, ताकि मुंडा जाति की धमनियों में नया जीवन-रक्त प्रवाहित हो सके। यद्यपि बिरसा ने अपने धर्म में हिन्दू धर्म और ईसाई धर्म से कुछ तत्व लिए पर उन्होंने इस तथ्य को स्वीकार नहीं किया, बल्कि उन तत्वों को उनके विधि-संगत एवं इतिहास-सम्मत प्रतीत होने के लिए, ऐसे आवरण से सज्जित किया, भले ही ऐसा करना सही न हो, कि मुंडाओं को वे सम्माननीय लगने लगे। माथे और शरीर के अन्य सुगोचर भागों पर पवित्र चन्दन का लेप करने, यज्ञोपवीत पहनने, सफाई और सादगी से रहने तथा तुलसी के पौधे की पूजा करने आदि का सम्बन्ध अतीत यानी मुंडाओं के स्वर्ण युग से जोड़ा गया। चुटिया और जगन्नाथपुर के मन्दिर और नौरतन तथा नागफेनी के ऐतिहासिक स्थल मुंडाओं के पूर्वजों के, और अब उनके ही थे। युगों के बारे में हिन्दू धारणा को, अपने लोगों के तात्कालिक दुखों ओर दुर्भाग्यों पर प्रकाश डालने के लिए तदनुरूप बनाया गया। उसी तरह बिरसा धर्म में अंगीकृत ईसाई तत्त्व, जिनकी पहचान हिन्दू तत्त्वों के मुकाबले ज्यादा आसानी से की जा सकती है, बिरसा के क्रान्तिकारी विचारों की अभिव्यक्ति के लिए सुविधाजनक माध्यम प्रतीत हुए।

इस प्रकार बिरसा धर्म मुख्यतः पुरातन मूल्यों की पुनर्स्थापना के उद्देश्य से प्रेरित था। इस धर्म का जन्म मुंडा भूमि की मिट्टी-धूल से हुआ था और उसमें उस मिट्टी की सोंधी गंध थी। इसमें सन्देह नहीं कि बिरसा धर्म एक सुधारवादी आन्दोलन के रूप में शुरू हुआ जिसमें प्रार्थना, ईश्वर और पृथ्वी पर उनके सन्देशवाहक (पैगम्बर) के रूप में बिरसा के प्रति निष्ठा, एक आचरण-संहिता का पालन, मद्य-पान और बलिदानों का निषेध आदि बातों पर जोर दिया गया था। सच पूछा जाए तो बिरसा-धर्म में पुराने मूल्यों की पुनर्स्थापना की बात 1895 से ही, जब कि बिरसा एक पैगम्बर के रूप में प्रकट हुए, वर्तमान थी। ज्यों-ज्यों बिरसा-आन्दोलन विद्रोह की तैयारियों के दरम्यान आगे बढ़ता गया, पुराने मूल्यों की पुनर्स्थापना की बात सतह पर आती गई। बिरसा धर्म ने सभी विदेशी तत्त्वों को अस्वीकार नहीं किया, बल्कि उनके प्रभाव से जातीय समाज को मुक्त करके उसे शुद्ध करने और जाति को पुनः उसका प्राचीन स्वरूप वापस देने के प्रयास किए। यही कारण है कि बिरसा धर्म ने असुर तत्त्वों, जादू-टोने और ओझागिरी, पुराने पुरोहित वर्ग, करमा गीतों और पैका नृत्यों पर हमला किया। यह आन्दोलन अनुकरणात्मक से अधिक प्रतिरोधक था। बिरसा ने कभी भी यह स्वीकार नहीं किया कि बाहरी धर्मों के तत्त्व बिरसा धर्म में लिए गए हैं। उस समय की प्रमुख संस्कृतियों या धर्मों का अनुकरण, यदि बिरसा धर्म में कुछ हद तक किया गया, तो ऐसा जान-बूझकर या योजना बनाकर किया गया था। इसके जरिए नए नेता (बिरसा) द्वारा प्रतिपादित कुछ चुने हुए तत्वों या सिद्धान्तों को पुनर्स्थापित करने भी चेष्टा की गई। मुंडा जाति की कुछ पुरानी प्रथाएँ, जैसे यज्ञोपवीत पहनना, पवित्र चन्दन लगाना, भूत-प्रेतों को बलिदान देने के बजाय प्रार्थना आदि पुनर्स्थापित की गई। पाहन के स्थान पर पंच संस्था चुनी गई। दरअसल पंच-व्यवस्था अपेक्षाकृत बाद में शुरू की गई व्यवस्था थी। साथ ही मुंडाओं का एक पैतृक समारोह—शुद्धिकरण समारोह—फिर से शुरू किया गया। इस धर्म के सिद्धान्त प्राचीन मूल्यों की पुनर्स्थापना के विचारों के जरिए प्रकट किए गए। बिरसा के जीवन के अन्त में धर्म के भौतिकवादी सिद्धान्त और कड़े कर दिए गए। मद्यपान और यहाँ तक कि पुराने जोआर समारोहों के अवसर पर एक चुक्कड़ हँड़िया पीने पर भी रोक लगा दी गई। भजनों को छोड़कर सभी प्रकार के नृत्य-गान को निषिद्ध करार कर दिया। उत्सवों और समारोहों में भाग लेना भी वर्जित कर दिया गया। भगतों के जीवन में फूलों, गहनों और तड़क-भड़कदार वस्त्र को भी निषिद्ध माना जाता था। आकर्षक सरनाई समारोह और उसकी विधर्मियों की जैसी विधियों के स्थान पर सादी प्रार्थनाओं और कम खर्चवाली विधियों का एक मितव्ययितापूर्ण धर्म शुरू किया गया। पर इस धर्म के अनुसार मुंडओं को नागवंशी कुँअरों से अपने को नीचा न समझना चाहिए। उनको भी अपने विवाह

आदि शान-शौकत और बाजे-गाजे के साथ करने चाहिए, जैसाकि रविवारी बिरसा-धर्मालम्बी करते हैं।

बिरसा-धर्म मसीहावाद पर आधारित था। वे न केवल भगवान के सन्देशवाहक थे, बल्कि एक नए राजा और धरती के पिता (आबा) के रूप में अपने लोगों द्वारा माने जाते थे। उनके पूर्व सरदारों ने अपने नकली धार्मिक दावे पेश किए थे। उनमें से एक ने अपने को बैपटिस्ट जौन और दूसरे ने स्वयं ईसा मसीह होने का दावा किया था। पर बिरसा उन लोगों से कई कदम आगे बढ़ गए। एक मसीहा की भाँति उन्हें दिव्यदर्शन और उनका रूपान्तरण हुआ था। वे चमत्कार, प्रवचन, रोगहरण और भविष्यवाणियाँ भी करते थे। ये पैगम्बरी पक्ष ईसाई धर्म के प्रभाव से और भी गहरे हो गए थे। उनके अग्निमय एवं ज्वलन्त आह्वान, तूफानों और जलप्रलय के बारे में चेतावनी, अपने पुनरागमन और पुनर्जीवन का आश्वासन तथा जेल में उनका अन्तिम प्रलाप आदि विश्वासपूर्ण उद्घोषणाएँ थीं। वे मानों आग्नेयाक्षरों में ढली हुई थीं।

इस तरह के अन्य आन्दोलनों की भाँति मुंडा-आन्दोलन की जड़ें भी जन-जातीय अर्थव्यवस्था के विघटन तथा उनके सामाजिक-सांस्कृतिक जीवन के बिखराव में थीं। वह मुंडाओं द्वारा एक संगठित एवं जागरूक प्रयत्न था, जिसके जरिए और सन्तोषप्रद संस्कृति की रचना का प्रयास किया जा रहा था। वह सामूहिक एकता और सामाजिक सुसम्बद्धता की अभिव्यक्ति-सी थी। साथ ही उसने सामाजिक विघटन की स्थितियों में मुंडा-समूहों को ऐक्यबद्ध करने की शक्ति के रूप में काम किया। यद्यपि उस आन्दोलन में कुछ स्वांशी (बुनकर) भी शामिल थे, पर मोटे तौर पर वह एक विशुद्ध मुंडा आन्दोलन था, जिसमें ईसाई और गैर-ईसाई, दोनों ही धार्मिक विश्वासों के मुंडा शामिल थे। वह एक समान खतरे के मुकाबले के लिए एक आकर्षण बिन्दु जैसा लगता था, जिसके जरिए एक मुंडा राज्य और मुंडाओं की स्वतन्त्रता हासिल करने का प्रयास किया गया। और फिर अन्तिम बात यह कि इस आन्दोलन ने भारत की महान एवं छोटी परम्पराओं, पढ़े-लिखे, परिष्कृत भारतीयों एवं सीधे-सादे ग्रामीणों के बीच मध्यवर्ती तथा सांस्कृतिक संक्रमण के उत्प्रेरक की-सी भूमिका निबाही। वैष्णव धर्म के जिन तत्वों को बिरसा ने अपने धर्म में शामिल किया उनके द्वारा, अनजाने ही, बिरसा भगतों और उनके हिन्दू पड़ोसियों के बीच सम्बन्ध-सूत्र का काम किया गया। एक भगवान के रूप में बिरसा अनेक हिन्दुओं द्वारा भी स्वीकार किए गए।

बृहत्तर परिप्रेक्ष्य में मुंडा-आन्दोलन भारतीय सांस्कृतिक पुनर्जागरण के समानान्तर चल रहा था। मुंडा-आन्दोलन ने उस अपेक्षाकृत बड़े, देशव्यापी आन्दोलन से कुछ तत्त्व लिए जैसे कि अतीत के पुनरुद्धार पर बल, सामाजिक सुधार और आन्तरिक शुद्धिकरण। पर इस आन्दोलन ने नए सामाजिक ढाँचे को,

जिसके अन्तर्गत हिन्दू और जनजातीय समाज दोनों ही आते हैं, खड़ा करने के काम में कोई योगदान नहीं किया। बिरसा-धर्मावलम्बियों का, यद्यपि वे लोग गैर-ईसाई सगोत्रियों के साथ निकट सम्बन्ध रखते हैं, एक अपना बन्द संकीर्ण-सा समाज है। सईल रकब पहाड़ी पर सरकारी शक्तियों से मुकाबले में अपनी पराजय के बाद मुंडाओं के नए समाज के बारे में सभी स्वप्न चकनाचूर हो गए। हालाँकि बिरसा-धर्मावलम्बियों की पूर्णतः समाप्ति न हुई तो भी इस बात की कोई सम्भावना नहीं है कि उनके नेता (बिरसा) के अति नैतिकतावादी सिद्धान्त, जो जनजातियों के जीवन के प्रति सहज उत्साह के साथ मेल नहीं खा पाते, सभी मुंडा तथा अन्य जनजातियों द्वारा स्वीकार किए जा सकते। बिरसा भगतों की वही नियति हुई जो अन्य आन्दोलनों में भगतों की हुई थी। अब बिरसा-धर्मावलम्बियों का अपना एक छोटा-सा समुदाय है, यद्यपि इतना छोटा नहीं जितना पहले अनुमान लगाया गया था। ऐसे अन्य नेताओं की भाँति बिरसा भी अपने समाज में विभिन्न संस्कृतियों एवं शक्तियों के पारस्परिक आदान-प्रदान का महत्त्व समझ न सके। आदान-प्रदान के तथ्य को यों ही ठुकराया नहीं जा सकता। जनजातियों और गैर-जनजातियों के बीच पारस्परिक आदान-प्रदान ने उनकी सामाजिक-आर्थिक व्यवस्था को एक नए किस्म की पूर्णता प्रदान की। सांस्कृतिक स्तर पर पृथकत्व का प्रश्न नहीं उठता था। घड़ी की सुई पीछे की ओर धकेली नहीं जा सकती थी। एक बन्द, सिमटी हुई समाज की कल्पना यथार्थ पर आधारित नहीं थी।

ऐसे आन्दोलनों के जनजातीय नेता जैसे कि संथाल-आन्दोलन के भ्रातृ-नेता सिदू और कान्हू, खेरवार-आन्दोलन के भगीरथ और दुबु गोसाई, भील आन्दोलन के गोविन्दगिरि और गौड़ विद्रोह के कुरमा भीमू[72]—बुद्धिमान, समझदार, धर्मान्ध, शक्तिसम्पन्न, देव-प्रेरित तथा अपनी जनता को उनका खोया साम्राज्य वापस दिलाने की शक्ति रखने का दावा करनेवाले लोग थे। उन्होंने अपने लोगों की निराशोन्मत्त मनःस्थिति में अपनी जातीय व्यवस्था को पुनर्जीवित करने और सुधारने की कोशिश की। साथ ही उन लोगों ने अनिवार्य होने पर अपनी भूमि-व्यवस्था के विघटन और सांस्कृतिक परिवर्तन की समस्याओं का हिंसक और राजनीतिक हल भी ढूँढ़ा। बिरसा खुद एक समझदार, चालाक एवं मिशन स्कूल में शिक्षित नेता थे। वे एक सरदार विद्रोही की अपनी स्थिति से ऊपर उठते-उठते अपने रूपान्तरण के जरिए एक पैगम्बर तक हो गए। इस दरम्यान उन्हें इस पवित्र लक्ष्य को पूरा करने की जिम्मेदारी दी गई। उनकी रोगहर शक्ति और अन्य चमत्कारों की अद्भुत क्षमता आदि ऐसे गुण थे, जो ऐसे दैव प्रेरित नेताओं की अपनी खासियत हुआ करती है। संथाल नेताओं के बारे में भी ऐसे ही अनुभव थे। राय और हौफमैन दोनों ने ही बिरसा के जनाकर्षणयुक्त व्यक्तित्व और दूसरों को अपनी ओर खींचने की उनकी व्यक्तिगत क्षमता का जिक्र किया है। लोगों

पर उनका असाधारण प्रभाव था और वे अपनी धर्मान्धता को उनमें भी कुछ मात्रा में भर अवश्य दिया करते थे। उन पर झूठा मसीहा होने का आरोप लगाया गया था, जिनकी सृष्टि के अन्त और गोलियों के पानी में बदल जाने की भविष्यवाणियाँ गलत सिद्ध हुईं। पर ऐसे नेताओं में धर्मान्धता होती ही थी, जिसे जनसाधारण के अज्ञान, आशुविश्वास और अन्धविश्वास से बल मिलता था। ऐसे दृष्टान्तों में से केवल दो ही, दुबु गोसाईं और कुरमा भीमू की बात लें तो हम पाएँगे कि वे भी जनजातियों के ऐसे ही अनुभवों के प्रतीक थे। कुरमा 1901 में अदीलाबाद में हुए गोंड विद्रोह के नेता थे। वे सामान्य से अधिक समझदारी रखते थे। पढ़ और लिख सकते थे। उनके बारे में गोंड भक्तालों की भाँति अधि-प्राकृतिक शक्तियाँ रखने का विश्वास किया जाता था, यानी वे भक्ताल के नाम से परिचित इन लोगों की तरह जन-सामान्य को ध्यान की स्थिति में ले जाने क्षमता रखते थे। उनका यह दावा भी था कि वे देवताओं की आवाजें सुन सकते हैं, पर उनके अधीन नहीं हैं। उन्होंने झोरेघाट पर अपने शिष्यों को जुटाया और वे लोग अधिकारियों की अवज्ञा करते हुए तलवारें एवं समारोह के समय प्रयोग में लाए जानेवाले भाले भाँजते हुए, पागलपन की जैसी स्थिति में दृढ़तापूर्वक खड़े रहे। भूमू का भी विश्वास था कि उन पर गोलियाँ कोई असर नहीं कर सकतीं। इस पर वे अपने शिष्यों के साथ अत्यधिक उत्तेजना की स्थिति में खड़े होना और कुछ तर्क सुनना ही न चाहते थे। फलस्वरूप सईल रकब जैसी ही घटना हुई जिसमें भूमू सहित दस आदमी मारे गए।

बिरसा पर यह भी आरोप लगाया गया है (परिशिष्ट 'ज') कि वे अपने लोगों को धोखा देते थे। वे अपने घर में बन्द रहते थे और अपने शरीर पर हल्दी का लेप मलकर अँधेरे में खिड़की से अपना दर्शन देते थे। उसके बाद यह प्रचार किया जाता था कि उनके शरीर का रंग अक्सर सोने के रंग में, जो देवत्व का द्योतक है, बदल जाता है। ऐसे नेतृत्व का स्वरूप अक्सर गुप्त रखा जाता था। हरिबाबा का मामला भी ऐसा ही था। ऐसे नेताओं से लोग बराबर न मिल सकते थे। उनके बारे में प्रचारकगण तरह-तरह की अफवाहें उड़ा दिया करते थे, जैसे कि सरदारों ने चलकद में बिरसा के पैगम्बर होने के बारे में उड़ाई थीं।

एक तत्कालीन अवधारणा के अनुसार बिरसा केवल हल्दी के रंग में रँगे कपड़े पहनते थे और इस कारण वे इतने बीमार हो गए कि उनकी आँखें भी हल्दी के रंग की हो गईं। इसके फलस्वरूप यह अफवाह फैली कि उनका शरीर स्वर्णिम हो गया था। इसी तरह उनके आन्दोलन के आर्थिक परिणाम भी जनता के लिए काफी गम्भीर, यद्यपि पूर्णतः विनाशकारी न हुए। निर्दोष सूअरों और मुर्गे-मुर्गियों की सामूहिक हत्या और मवेशियों को खुला छोड़े रखने से फसलों को बहुत नुकसान पहुँचा। पर इस तरह इन सभी आन्दोलनों में उत्तेजना उत्पन्न करने का

स्वरूप एक जैसा ही था।

बिरसा में धार्मिक और लौकिक, दोनों ही तरह के नेतृत्व-तत्त्व सम्मिश्रित थे। 1895 में गिरफ्तार किए जाने के बाद उन्होंने अपने को निर्दोष घोषित किया और स्वयं को एक धर्मोपदेश मात्र बतलाया जो कि अंशतः सही बात थी। वे आन्दोलन को धार्मिक रीति से चलाने के पक्ष में थे और पहली बार जेल से छूटने पर उन्होंने अपने लोगों को ज्यादतियाँ करने से रोकने का प्रयत्न किया, पर उनके अनुयायियों ने उनकी एक न सुनी और बाद में अनुयायियों की ही रण-नीति के अनुसार वे काम करने लग गए। उन्होंने शायद सईल रकब को छोड़कर अन्य स्थानों पर विद्रोह-कार्य से अपने को अलग रखा और अपने अनुयायियों को अनुमति दे दी कि जिस तरह भी चाहें, विद्रोह-कार्यों की योजना बनाएँ और उनको कार्य-रूप दें। पर वे चालाक थे और अच्छे संगठनकर्त्ता थे जो कि विद्रोह की तैयारियों के दरम्यान उनके तूफानी दौरों तथा ऐसी अन्य कार्रवाइयों से सिद्ध होता है। साथ ही वे अपनी जनता की दुःस्थिति पर अशान्त और क्रुद्ध थे। अपनी भाषण-पटुता का पूरा उपयोग करते हुए उन्होंने लोगों का आह्वान किया कि वे दुश्मनों से भिड़ जाएँ। मुंडा लोकगीतों में उनके अलावा किसी अन्य नेता की ऐसे हृदय-द्रावक ढंग से चर्चा नहीं पाई जाती। उन्नीसवीं सदी में देश के भिन्न-भिन्न क्षेत्रों में आकर्षक, क्षमतापूर्ण नेताओं की एक श्रृंखला थी, पर उनकी जैसी भाषण-पटुता कम ही थी और उनमें से बहुत कम ही अपने सम्बद्ध क्षेत्र के बाद के घटनाक्रम को उन जैसा प्रभावित कर पाए।

ऐसे आन्दोलनों के परिणामों के बारे में ऐसा माना जाता रहा है कि उनसे जनजातियों को अपने बीच एक नए उभरते समाज की शक्तियों का मूल्यांकन करने में सहायता मिलती है और वे उनके बाद अपना संघर्ष जारी रखने के लिए वैसा उग्र तरीका नहीं अपनाते हैं। इस प्रकार ऐसा समझा जाता है कि अन्ततः, इन आन्दोलनों के फलस्वरूप नई सामाजिक शक्तियों और जनजातियों के बीच एक सन्तुलन उत्पन्न होता है, जिससे इन दोनों के सहयोग से सामाजिक सुसम्बद्धता स्थापित होती है। पर यह बात बिरसा-आन्दोलन के बाद की घटनाओं पर पूर्णतः लागू नहीं होती है। यह सही है कि बाद में मुंडाओं ने उलगुलान के जैसा फिर कोई सशस्त्र आन्दोलन न किया, पर एक आदर्श सुसम्बद्ध समन्वित समाज की रचना न हो सकी। बिरसा-आन्दोलन ने अपने क्षेत्र की भूमि-प्रणाली के द्रुत विश्रृंखलन को रोका, कुछ खूँटकट्टी गाँवों को बचाने में सफलता भी पाई और आन्दोलन के फलस्वरूप प्रशासन के लिए अधिक सुविधाजनक इकाइयों के सृजन में भी योगदान किया। पर मुंडाओं की हालत में तात्कालिक सुधार के ये उपाय केवल यहाँ के जनजातीय समाज की बुराइयों के लिए प्रशमनकारी ही सिद्ध हुए जिनका स्थाई प्रभाव न हो पाया। बिरसा धर्म का प्रभाव, व्यवहारतः उनके

अनुयायियों में एक छोटे-से समुदाय तक ही सीमित रहा। आदिवासी समाज के विघटन की प्रक्रिया रुकी नहीं। उनके बाद आनेवाली श्रद्धायुक्त पीढ़ियों ने बिरसा को अपने जागरण के एक प्रतीक के रूप में माना। हालाँकि उनका आन्दोलन सिर्फ मुंडाओं तक सीमित था, लेकिन बिरसा के बढ़ते हुए प्रभाव से छोटा नागपुर के आदिवासियों को एक मंच पर ला खड़ा किया, और इस क्षेत्र के प्रतिरोधात्मक एवं स्वातन्त्र्य-आन्दोलन को उनसे बल मिला। इस तरह उनका आन्दोलन क्षेत्रीय और राष्ट्रीय आन्दोलन का प्रथम मद्धिम-सा स्पन्दन था।

अध्याय 11

उपसंहार

पिछले अध्यायों में, उन्नीसवीं सदी के उत्तरार्द्ध में, जनजातीय सामाजिक-आर्थिक व्यवस्था के विघटन की पृष्ठभूमि में मुंडाओं के बीच उभरते राजनीतिक-धार्मिक आन्दोलन और इसके नेतृत्व के उदय और कार्य-कलाप का विवेचन है। उनकी भूमि, जिसे उनके पूर्वजों ने अति प्राचीन काल में साँपों और बाघों के जबड़ों से खींचकर, खेती के लायक बनाया था, उनसे छिन गई थी। सरदारों ने मुंडाओं के भूमि-अधिकार और उनका खोया राज्य वापस लाने के लिए व्यग्र प्रयास किए थे। इसी उद्देश्य से बिरसा भी सामने आए। उन्होंने एक वृहत्तर राजनीतिक-धार्मिक सन्दर्भ में, एक नई व्यवस्था की परिकल्पना की जो मुंडा जाति के सभी शत्रुओं को उग्र तरीकों से बाहर निकालकर स्थापित की जाती। ऐसी जाति-व्यवस्था चारों ओर से बन्द कर रखे गए एक आश्रम-जैसी होती जिसमें बाहरी प्रभाव बिल्कुल प्रवेश न करने दिए जाते, जो अति नैतिकतावादी होती और जिसकी निगाहें अपनी जाति के स्वर्णिम अतीत की ओर ही व्याकुलता से लगी रहतीं। पुरानी बन्द समाज-व्यवस्था के स्थान पर, जिसकी दीवारें विजातीय प्रभावों के कारण चरमरा गई थीं, एक नई, अपने में सिमटी हुई समाज-व्यवस्था का निर्माण करना था।

उलगुलान मुख्य रूप से भूमि-सम्बन्धी या राजनीतिक-धार्मिक आन्दोलन की तरह चलाया जाता रहा। उनका भूमि-सम्बन्धी स्वरूप दिकुओं के विरुद्ध और राजनीतिक-धार्मिक स्वरूप अधिकारियों, यूरोपियन अफसरों और मिशनरियों के विरुद्ध कहा जाता रहा है। उसकी ये दोनों ही व्याख्याएँ आंशिक हैं और किसी की सफाई में दी गई प्रतीत होती हैं। ऐसा लगता है कि इन दो दृष्टिकोणों के प्रतिपादक अपने को मुंडाओं की दृष्टि में अच्छे बनाए रखना चाह रहे हों। बाद में जाकर एस.सी. राय ने यह विलम्बित सफाई दी कि बिरसा ने (केवल) दिकुओं को, साहबों को नहीं, छोटा नागपुर क्षेत्र से निकालकर वहाँ अपने लोगों के लिए स्वर्ग का राज्य स्थापित करने का आश्वासन दिया था।[73] दरअसल बिरसा-आन्दोलन के यूरोपियन-विरोधी स्वरूप पर सफेदी चढ़ाने की नीयत से दिया गया यह मूल्यांकन दयनीय-सा है। इसमें तथ्यों को तोड़-मरोड़कर पेश करने की कोशिश की गई है। इस तरह की सफाइयाँ इस बात को नजरअन्दाज़ कर जाती हैं कि

आत्म-रक्षा की अदम्य भावना से प्रेरित होकर मुंडाओं ने उन सामाजिक-आर्थिक शक्तियों पर, जो उनकी जातीय व्यवस्था को भीतर-ही-भीतर कुरेदती और खोखली बनाती जा रही थीं, जवाबी हमला करने की कोशिश की थी। अपनी समाज-व्यवस्था का जो भी अवशिष्ट बच रहा था, मुंडा अपने आन्दोलन के जरिए, उसका पुनरुद्धार करना और सभी सम्भव उपायों से अपने पुराने समाज की नवरचना करना चाह रहे थे। उस बारे में कुछ लोगों के लिए कड़वे लगनेवाले तथ्यों को स्वीकार न करने से इस आन्दोलन को उसकी सम्पूर्णता और अखण्डित इकाई के रूप में नहीं देखा जा सकता।

जैसाकि ऊपर बतलाया जा चुका है, बिरसा और सरदार-आन्दोलनों की जड़ें एक ही भूमि-समस्या में थीं और 1895-1900 में उनका विलयन हो गया था। 1890-95 का सरदारों का भूमि-सम्बन्धी आन्दोलन निष्फल हो गया था और वह एक प्रकार से पुरातन मूल्यों की पुनर्स्थापना का उनका अधूरा प्रयत्न था। उसके विपरीत बिरसा के आन्दोलन का उद्देश्य जनजातीय जीवन का सम्पूर्ण पुनर्गठन था। यह काम हिन्दू और ईसाई धर्मों के तत्त्वों की खिचड़ी जैसा नया धर्म प्रवर्तित कर न किया जा सकता था। बिरसा-आन्दोलन का लक्ष्य एक विशुद्ध, प्राचीन जनजातीय संस्कृति को पुनर्स्थापित करना था। भावी समाज राजनीतिक एवं धार्मिक ताने-बाने से बुना जानेवाला था। बिरसा धर्म और बिरसा राज दोनों की ही स्थापना की जानेवाली थी। इस प्रकार राजनीतिक-धार्मिक आन्दोलन के साधन और साध्य एक-दूसरे से पृथक् न किए जा सकते थे। आन्दोलन के स्वरूप का यह निरूपण उनके विरुद्ध लगाए जानेवाले इस आरोप को गलत साबित कर देता है कि बिरसा ने अपने राजनीतिक उद्देश्यों की पूर्ति के लिए धर्म का सहारा लिया। आन्दोलन के द्वितीय चरण में बिरसा-विद्रोह ने मुंडाओं के बीच धार्मिक भेदभाव को, जिसके कारण वे मुंडाओं, ईसाइयों और गैर-ईसाइयों में बँटे हुए थे, खत्म-सा कर दिया था। उसका उद्देश्य ब्रिटिश सरकार को हटाना हो गया था। पर फिर भी धार्मिक आन्दोलन में इस बात पर जोर दिया जाता रहा था कि जो मुंडा अपने समाज से बाहर चले गए थे, उनका सम्पूर्ण बहिष्कार किया जाता रहे।

चालीस वर्ष पुराने सरदार-आन्दोलन की विफलता के कारण मुंडाओं में जो घोर निराशा, उलझनें और उद्देश्यहीनता के भाव आ गए थे, उस सन्दर्भ में एक नेता के रूप में बिरसा का उदय और आन्दोलन ऐसे जनजातीय आन्दोलनों और उनके नेतृत्व के विकास के एक चरण का प्रतीक है। ऐसे आन्दोलनों के अपने विशेष प्रतिमान और मूल्य थे। बिरसा न तो पवित्र वैष्णव थे, न पाखण्डी और न ही चालबाज। वे अपने लोगों की भाँति एक विद्रोही थे जो एक उत्तेजक स्थिति के विरुद्ध तीव्र प्रतिक्रिया व्यक्त कर रहे थे। वे एक सम्वेदनशील, गर्वीले और दृढ़ इच्छा शक्तिवाले व्यक्ति थे।

बिरसा का आन्दोलन और नेतृत्व उन्नीसवीं सदी या उसके कुछ बाद के जनजातीय समाज की अपनी एक विशेषता थी। उसे राष्ट्रीयता और अहिंसा की तराजू पर तोलना बेकार होगा। मुंडा प्रायः एक शताब्दी से भूमि-उपद्रव के शिकार रहे थे और उन्होंने सम्भवतः न तो वैष्णव और न ईसाई स्रोतों से ही, जो कि उन्हें उपलब्ध थे, अहिंसा के बारे में कुछ सुन रखा था। कम-से-कम इस बात का कोई प्रमाण नहीं है। वैसे लोगों के लिए अहिंसा का कोई अर्थ न हो सकता था। बिरसा ने प्रारम्भ में धार्मिक उपायों की वकालत की, पर इन्हें शान्तिपूर्ण उपायों के साथ मिलाकर न देखना चाहिए। यदि इस बारे में उनकी प्रार्थनाओं और रचनाओं को संकेत के रूप में लिया जाए तो उनमें यह कहा गया पाया जाता है कि उनके शत्रुओं का सफाया उतनी उग्रता से किया जानेवाला था, जितना कि सम्भव था। पहले उन्होंने हिंसक तरीकों के उपयोग के समर्थन में कुछ सावधानी जरूर बरती पर बाद में, संघर्ष के दौरान, उनका उपयोग निर्बन्ध रूप से किया गया।

जहाँ तक राष्ट्रीयता का सम्बन्ध है, राष्ट्रीय स्वाधीनता-संग्राम की भाँति ही बिरसा-आन्दोलन भी ब्रिटिश-विरोधी था। पर मुंडा-आन्दोलन प्रमुख या आधारभूत रूप से ब्रिटिश-विरोधी न था। पूर्ववर्ती सरदार-आन्दोलन सरकार के विरुद्ध तब हुआ जब भुईंहरी सर्वेक्षण के दौरान या उसके बाद, कानूनी या संवैधानिक उपायों से वे लोग अपनी खोई हुई जमीन वापस पाने में असमर्थ रहे। मुंडा राष्ट्र के लिए न लड़ रहे थे। दरअसल अपने ऐतिहासिक विकास के क्रम में, उस समय, वे राष्ट्र का तात्पर्य भी न समझते थे। वे उस समय अपने दिसुम या अपने प्रदेश के लिए ही लड़ रहे थे। बिरसा-आन्दोलन का ब्रिटिश-विरोधी तत्व बाद में टाना भगत आन्दोलन में, जिसमें बृहस्पतिवारी बिरसा-धर्मावलम्बी भी शामिल थे, प्रतिध्वनित हुआ। यह कोई आश्चर्य की बात नहीं है कि दो पृथक् आन्दोलनों, छोटा नागपुर में राष्ट्रीय कांग्रेस आन्दोलन और क्षेत्रीय झारखण्ड आन्दोलन, ने बिरसा-आन्दोलन से सकारण ही प्रेरणा ली। प्रथम यानी राष्ट्रीय कांग्रेस आन्दोलन ने बिरसा-आन्दोलन के ब्रिटिश-विरोधी स्वरूप पर जोर दिया तो झारखण्ड-आन्दोलन ने उसकी जातीय एवं पृथक् विशिष्टता पर।

राष्ट्रीय आन्दोलन की मुख्य धारा से दूर, अलग-अलग छोटे-छोटे क्षेत्रों में, ब्रिटिश सरकार के विरुद्ध होनेवाले जनजातीय आन्दोलनों का अध्ययन, व्यापक राष्ट्रीय परिप्रेक्ष्य में, किया जाना चाहिए। इस दिशा में शुरूआत की जा चुकी है। पर इस बारे में यह ख्याल रखा जाना चाहिए कि इन आन्दोलनों का अध्ययन जनजातियों की सामाजिक-आर्थिक स्थितियों की पृष्ठभूमि में ही किया जाना चाहिए। जाहिर है कि उन लोगों का, वैज्ञानिक ढंग से तैयार किया गया, अपना कोई इतिहास नहीं है। उनके विचार और भावनाएँ उनके लोकगीतों और परम्पराओं में प्रतिबिम्बित होती हैं। ये लोकगीत और परम्पराएँ आधुनिकता की शक्तियों के

प्रभाव से विलुप्त होती जा रही हैं। पर फिर भी उनमें से ऐसा बहुत कुछ चुना जा सकता है जिसका ऐतिहासिक महत्त्व है। पुनर्जीवन व आन्दोलन के कई सम्प्रदायों के अनुयायी, भक्तिपूर्वक अपने आन्दोलनों के बारे में कागजात, कागज के टुकड़े और पाण्डुलिपियाँ रखे हुए हैं। इनसे प्राप्त सामग्री को समुचित रूप से तैयार करने के लिए ऐतिहासिक शोध और मानवशास्त्रीय क्षेत्रीय कार्य की मिली-जुली कार्य-विधि अपनानी चाहिए। सांस्कृतिक सम्पर्कों के व्यापक और गहराई से किए गए अध्ययन से आदिवासी सांस्कृतिक आन्दोलनों पर रहस्योद्‌घाटक प्रकाश पड़ सकता है। इससे इन क्षेत्रों में काल की दृष्टि से, जनजातियों एवं गैर-जनजातियों के पारस्परिक आदान-प्रदान की प्रक्रियाओं पर भी प्रकाश पड़ेगा। यह भी पता चलेगा कि भारतीय जन-समुद्र में धीरे-धीरे घुलती-मिलती जा रही जनजातियों ने सम्पूर्ण भारतीय व्यक्तित्व और देश के इतिहास पर क्या प्रभाव डाला तथा उन लोगों ने उसके विकास में क्या योगदान किया। जब तक अतीत के गर्भ में समाहित जनजातियों के जीवन और आन्दोलनों पर शोध-कार्य नहीं किया जाता है, तब तक भारतीय जनता और उनके स्वातंत्र्य-आन्दोलनों का इतिहास सम्पूर्ण न माना जाएगा।

कहा जाता है कि इतिहास से सिर्फ यही सबक मिलता है कि उससे कोई सबक नहीं मिलता। फिर भी यह लोभ संवरण नहीं किया जा सकता कि उन आन्दोलनों की प्रासंगिकता का पता लगाया जाए जिनको भारतीय जनजातियों के जीवन और व्यक्तित्व के विकास-क्रम में एक महत्त्वपूर्ण चरण बतलाया गया है। इसका आदिवासी समाज के समाज-शास्त्रियों द्वारा अध्ययन और जनजातियों की समस्याओं और उनके निराकरण के लिए उठाए गए प्रशासनिक उपायों के लिए महत्त्व है, ताकि स्वातन्त्र्योत्तर भारत में जनजातियों की स्थिति और सुधारने में सहायता मिल सके। इन आन्दोलनों का मुख्य कारण जनजातियों की भूमि-समस्याओं के, जिनसे वे एक अरसे से परेशान थे, स्वरूप और उनकी भूमि छिन जाने के दूरव्यापी परिणामों को नहीं समझ सकना और उनके निराकरण के लिए तत्काल कदम नहीं उठाया जाना था। जनजातियों की भूमि-समस्याएँ इस कारण और भी कठिन हो गईं कि उनके अधिकारों और प्रथाओं के बारे में जानकारी हासिल करने के सवाल पर ब्रिटिश सरकार और उसके सुदूरस्थ भ्रष्ट अफसरों में एक हठीलापन और अज्ञानता का भाव था। फल यह हुआ कि जनजातियों ने, अपनी अज्ञानता या उपयुक्त शिक्षा के अभाव में, उन परिवर्तनों को ठीक-ठीक न समझा, जिनके कारण उनका परम्परागत जीवन अस्त-व्यस्त हो गया था। अतः जनजातियों ने उन परिवर्तनों को बरबादी और विनाश लानेवाला समझा। वे उन परिवर्तनों को देख दिग्मूढ़ और भौंचक-से रह गए थे। उन्होंने अपनी आशाओं और भयों को हिन्दू और ईसाई विचारों के माध्यम से, जिन पर पुरातन मूल्यों की पुनर्स्थापना की

शब्दावली का आवरण चढ़ाया हुआ था, प्रकट किया। वे अपनी पुरानी व्यवस्था के दायरे में और सिमट गए और बाहरी तथा उनके प्रति निष्ठुर दुनिया के प्रभाव से, जो उनके निकट से निकटतर चली आ रही थी, बचने के लिए अपने को चारों ओर से एक दृढ़ प्राचीर में बन्द-सा कर लिया। पर वे अपने भोंथरे और प्राचीन हथियारों की सहायता से, अपने शत्रुओं का मुकाबला नहीं कर पाए और अपने जीवन को अपनी आकांक्षा के अनुरूप ढालने की निर्बन्ध स्वतन्त्रता पाने में सफल रहे। उन बाहरी शक्तियों ने उनकी छोटी-सी और निरन्तर सिमटी जा रही दुनिया पर प्रहार किया और उनके प्रतिरोध को पूर्णतः समाप्त कर दिया। ये शक्तियाँ अभी भी अनम्य रूप से अपने इस काम में लगी हुई हैं। जनजातियों की पीछे की ओर ही देखने की आदत, पुरातन मूल्यों की पुनर्स्थापना के उनके प्रयत्न और उनको अलग-थलग तथा यथास्थिति में रखने की ब्रिटिश सरकार की पुरानी नीति से आज की तेजी के साथ बदलती, गतिशील दुनिया में उनका विकास सम्भव न हो सकेगा। इस पुरानी जिन्दगी से उनके संक्रमण की समस्याओं पर समझदारी से विचार किया जाए और उनका निबटाव कुशलतापूर्वक किया जाए। जनजातियों को मुख्य राष्ट्रीय जीवन-धारा में स्वेच्छा से आना है, पर साथ ही इस बात का भी ख्याल रखना है कि उनके व्यक्तित्व की विशिष्टता और बहुविधिता, उनका सौन्दर्य और उनकी कला को बचाया जाए तथा उन्हें अपनी प्रकृति के अनुसार फलने-फूलने दिया जाए। उनके आन्दोलनों की यह मूलभूत भावना कि उनके व्यक्तित्व एवं विशिष्टता की रक्षा की जाए आदि बातें राष्ट्रीय नीति के घोषणापत्रों में स्पष्ट रूप से सम्मिलित की गई हैं जो हमारे स्वातन्त्र्य-आन्दोलन की मानवीय भावना से प्रेरित हैं–

> ''जनजातियाँ अपनी संस्कृति विकसित करें और इस प्रकार देश की सांस्कृतिक समृद्धि में योगदान करें। ऐसे प्रयत्न अनावश्यक हैं कि उन्हें अपनी प्रथाओं, आदतों या मनोरंजन के तरीकों में परिवर्तन के लिए कहा जाए और इस प्रकार उन्हें देश के अन्य वर्गों से पृथक अपना स्वरूप विकसित करने में बाधा दी जाए। ऐसा करने का अर्थ होगा कि ग्राम्य जीवन को उसके रंग और उद्दीपक विविधता से वंचित किया जा रहा है।''[74]

और भी–

> ''हमारी आबादी का हर वर्ग राष्ट्र-निर्माण में उसी प्रकार योगदान करता है जिस प्रकार बागीचे का हर फूल, उसकी शोभा और सौन्दर्य बढ़ाने में करता है। हर फूल को यह अधिकार है कि अपनी प्रकृति के अनुरूप विकसित हो और उसे यह भी अधिकार है कि वह अपने

रंग और स्वरूप को समृद्ध बनाए तथा विकास करे और इस प्रकार समूचे बागीचे के समेकित सौन्दर्य और चमकदार आभा में अपना योगदान दे। मैं नहीं चाहूँगा कि मेरे गुलाब लिली में बदल जाएँ और लिली गुलाब में, और न ही मैं पहाड़ों की सुन्दर शतावरी और सदाबहार झाड़ियों को छोड़ना चाहता हूँ।"[75]

यदि जनजातीय विद्रोहों और आन्दोलनों के नायकगण अपनी कब्रों में पड़े इन उद्‌घोषणाओं को सुन पाते तो उनकी प्रतिक्रिया आह्लादित होने के सिवा और कुछ न होती।

निर्देश-सामग्री एवं टिप्पणियाँ

1. द कोल्स, इन्सरेक्शन ऑफ 1832 एण्ड द लैण्ड टेन्योर एक्ट ऑफ 1869, कलकत्ता रिव्यू-49, 1869, पृ. 109-158.
2. रेवरेन्ड जे. हौफमैन, एनसाइक्लोपीडिया मुंडारिका (एन. मु.), असुर कहानी, पृ. 3919.
3. दिलबर हंस, नौट विदाउट विटनेस, पृ. 3.
4. हौफमैन, देवंड़ा, एन. मु., पृ. 1024-5.
5. सी.एफ. पैसको, द हन्ड्रेड ईयर्स ऑफ द एस.पी.जी. 1701-1900, पृ. 500.
6. हौफमैन, एन.मु. पृ. 137.
7. ए. कैम्पबेल, द एडीटर टू द स्टेट्मैन, 24 नवम्बर, 1880, प्रौग्स नं. 545-50 वी. अगस्त, 1881, जूडिशियल ब्रान्च, जूडिशियल डिपार्टमेन्ट, गवर्नमैन्ट ऑफ बंगाल, बिहार अभिलेखागार, पटना।
8. हौफमैन टू फौरबेस, 14 जनवरी, 1900 प्रौग्स नं. 336, अगस्त, 1900, होम डिपार्टमेन्ट, राष्ट्रीय अभिलेखागार, दिल्ली।
9. देखें, वंश वृक्ष। (परिशिष्ट 'क')
10. एन्ट्री नं. 178, कन्फरमैन्डन रजिस्टर, जी.ई.एल. मिशन, चाईबासा (1868 से सुरक्षित)।
11. एस.सी. राय, द मुंडाज् एण्ड देयर कन्ट्री, पृ. 325.
12. आदिवासी समाज में गुरुओं द्वारा एक से अधिक औरतें रखना बुरा नहीं समझा जाता है। वस्तुतः ऐसे बहुत-से दृष्टान्त हैं। फिर भी यह याद रहे कि बिरसा के विरोधियों ने, विशेषकर मिशनरियों ने, जो एक पत्नीव्रत के हामी थे, इस आधार पर बिरसा के चरित्र-हनन का प्रयास किया था।
13. हौफमैन, बिरसा भगवान, एन.मु., पृ. 567-68.

13क. इस प्रसंग में यह उल्लेख कर देना भी दिलचस्प होगा कि बिरसा तीन बार नहाता और नहाने के बाद तीन रंग की धोती पहनता था। सुबह को हल्दी रंग की, दोपहर को सफेद और शाम को नीले रंग की। इसी कारण उस

पर रंग बदलने का भी आरोप लगाया जाता था।

14. जुलियस तिग्गा के विवरण पर आधारित।
15. न्यूज फ्रौम मुरहू, ए. लोकल प्रोफेट, द क्वार्टरली पेपर्स, एस.पी.जी. मिशन, जुलाई, अक्तूबर, 1895, पृ. 3.
16. वही।
17. वही।
18. वही।
19. हौफमैन टू फोरबेस, 14 जनवरी, 1900, प्रौग्रस नं. 336, अगस्त 1900 होम डिपार्टमैन्ट।
20. डिपोजीशन ऑफ लछमन लाल, 28 ईयर्स, बिफोर सी. इवान्सगौर्डन, 11 सितम्बर 1895, अपील नं. 184 ऑफ 1901, हाईकोर्ट रेकर्ड, पटना।
21. हौफमैन, बिरसा भगवान, एन. मु.।
22. वही।
23. वही।
24. भरमी मुंडा का विवरण।
25. डिपोजीशन ऑफ पी. डब्लू. 1, रतन मुंडा ऑफ कुदा इम्परर वर्सेज दुखु पाहन एण्ड थर्टीवन अदर्स 'द बेंगाली', जुलाई 21, 1900.
26. हौफमैन टू फौरवेस 14 जनवरी 1900.
27. वही।
28. वही।
29. राँची शहर में दो और खूँटी क्षेत्र में 23 घटनाओं का जिक्र मिलता है। इनमें अधिकांश में ईसाइयों और मिशनरियों पर आक्रमण का जिक्र है। गैर-आदिवासियों में सिर्फ एक मिस्त्री छेदी, दूसरा सुकूलाल का नाम है।
30. पोराहट क्षेत्र राँची से कुछ ज्यादा प्रभावित था। वहाँ से 38 घटनाओं का विवरण मिलता है। इनमें ज्यादा आगजनी की घटनाएँ थीं, और कुछ हत्याओं की थीं। सभी प्रभावित व्यक्ति मुंडा ईसाई थे, सिर्फ दो गैर-आदिवासियों (ग्वालों) के नाम मिलते हैं।
31. हौफमैन टू फौरबेस 14 जनवरी 1900.
32. स्ट्रीटफील्ड टू कमिश्नर वनगाँव, 7 जनवरी 1900, प्रोग्रस नं. 335, अगस्त 1900, होम डिपार्टमेन्ट, राष्ट्रीय अभिलेखागार, दिल्ली।
33. सईल रकब पर जो मुंडा मारे गए उनके नाम थे, हाथी राम, हरि (गुटुहातू), सिंगराय (बारटोली), बन्कन मुंडा की पत्नी (जिउरी), मझिया मुंडा की पत्नी (जिउरी), और डुंडंग मुंडा की पत्नी (जिउरी)। जख्मी होनेवालों में थे लेकुआ मुंडा (गुटुहातु), कुँअर मुंडा (जिउरी), नरसिंह मुंडा (जान मसीही), बन्कन

मुंडा का बच्चा, (जिउरी), साडे मुंडा और कुँवर सिंह मुंडा (जानुम पीड़ी), गुरा मुंडा (सोपारोम), खैरा मुंडा (बुढ़ाडीह) और करमसिंह मुंडा।

34. हौफमैन टू फौरबेस, 14 जनवरी, 1900.

35. कमिश्नर टू चीफ सेक्रेटरी, 54-वी. कैम्प हैसाडीह 17 जनवरी, 1900, प्रोग्रस नं. 336 होम कॉन्फ पब्लिक गवर्नमेन्ट ऑफ इण्डिया, राष्ट्रीय अभिलेखागार।

36. पोराहट क्षेत्र के कुल मिलाकर 12 मुंडा बर्खास्त किए गए और उनकी जगह पर सरकार ने दूसरे मुंडाओं को नियुक्त किया।

37. डायरी ऑफ कमिश्नर, जनवरी, प्रौग्रस नं. 341, अगस्त, 1900, राष्ट्रीय अभिलेखागार।

38. विद्रोहियों द्वारा मारे जानेवाले लोगों के आँकड़ों में कुछ भिन्नता मिलती है। सरकारी रिपोर्ट के अनुसार पुलिस सिपाही और व्यक्तियों के मारे जाने का भी जिक्र है, लेकिन किसी भी अंग्रेज या दिकू के मारे जाने की खबर नहीं थी। सम्भवतः इन दोनों श्रेणियों में कोई नहीं मारा गया था।

39. कमिश्नर टू चीफ सेक्रेटरी, लेटर नं. 167 आर., 30 मार्च, 1900, प्रोग्रस नं. 307 अगस्त, 1900 होम, राष्ट्रीय अभिलेखागार।

40. भरमी मुंडा का विवरण।

41. घरबन्धु (15 जून, 1900) के अनुसार सिर्फ दो ही व्यक्तियों को हैजा हुआ, जिसमें बिरसा एक थे, औरों को नहीं। बिरसा की ही मृत्यु पहले हुई। सभी एक-सा खाना खाते थे, एक-सा पानी पीते थे। इसके पीछे संकेत था कि बिरसा की मृत्यु के पीछे लोगों (सरदारों?) का हाथ हो सकता था, जिन्होंने उन्हें क्रान्ति करने के लिए भड़काया था। हो सकता है कि कोर्ट में किसी ने उन्हें तम्बाकू या जहरवाली चीज दे दी हो।

42. द बेंगाली, द मुंडा ट्रायल, 17 मई, 1900 पृ. 5.

43. वही, 23 मई, 1900.

44. वही, 17 मई, 1900.

45. द स्टेट्समैन, टू एडीटर बाई ए. नौटरॉट, राँची 22 अप्रैल, 1900 पृ. 9.

46. विभिन्न न्यायालयों में पूरे अभिलेख प्राप्त नहीं हैं। उनमें से कुछ नष्ट कर दिए गए हैं। तब भी जो कागजात उपलब्ध हैं उनसे पता लगता है कि कुल मिलाकर 17 केस दायर किए गए, 581 लोग गिरफ्तार किए गए और उनमें 476 पर मुकदमा चलाया गया। 296 लोग छोड़ दिए गए, 14 जेल में मरे, 68 को शान्ति कायम रखने के लिए मजबूर किया गया और 98 लोगों को सज़ाएँ हुईं। इन सभी श्रेणियों के लोगों में ज्यादा लोग राँची में थे। 3 व्यक्तियों को मृत्युदण्ड, 40 को आजीवन कारावास, 6 को सात साल

और 24 को 5 साल की सश्रम सज़ाएँ मिलीं। 6 व्यक्तियों को तीन साल और 5 को, जिनमें माकी और उसकी बेटी और बहू भी थी, 3 साल से भी कम सज़ा मिली ।

47. 10 मिशनरियों ने भविष्यवाणी की कि बिरसा की गिरफ्तारी के बाद बिरसा समाप्त हो जाएगा (जौसोज़, पृ. 240-6)। एस.सी. राय की भी यही धारणा थी। एम.जी. हैलेट ने राँची गजेटियर में लिखा कि बिरसा रक्तहीनता से मरा (पृ. 90-91)।
48. एल.एस.एस.ओ. मैली, सेन्सस ऑफ इण्डिया, 1911, पार्ट-1 पृ. 214.
49. पी.सी. टैलैन्ट्स, सैन्सस ऑफ इण्डिया, 1921, पार्ट-1 पृ. 130.
50. बिरसा भगत करीब 110 गाँवों में, 1962 में सैन्सस के अनुसार, वे लोग फैले हुए हैं। इनमें करीब 67 गाँव रविवारवालों के, 19 गाँव बृहस्पतिवालों के (पुस्तकालय-संस्करण में) और 11 गाँव बुधवालों के हैं। पोराहट में सिर्फ रविवारवाले हैं।
51. भरमी मुंडा का विवरण।
52. देखें क्रान्ति गीत, मन्त्र और प्रार्थनाएँ।
53. भरमी मुंडा का विवरण।
54. वही।
55. वही।
56. हौफमैन, खूँटकट्टी, एन. मु. 2388-240.
57. वही, और देखें मेरा लेख, द मुंडा लेण्ड सिस्टम, पोनेट, पी. (सम्पदित) द मुंडा वर्ल्ड।
58. वही।
59. डॉ. सुरेश सिंह, द हरिबाबा मूवमेन्ट इन छोटा नागपुर, जर्नल ऑफ बिहार रिसर्च सोसायटी, जनवरी-दिसम्बर, 1963.
60. नेस्टर, सम आदिवासी हीरोज़, बिहार हैरल्ड, 11 जून, 1940.
61. छोटा नागपुर आदिवासी मूवमेन्ट, फाइल नं. 28/40 बिहार स्पेशल सैक्सन, बिहार अभिलेखागार।
62. जयपाल सिंह, बिरसा मुंडा की जय और क्षय, बिहार हेरेल्ड, 23 अप्रैल, 1940.
63. डॉ. के.एस. सिंह, कोलोनियल ट्रान्सफौरमेशन ऑफ ट्राइबल सोसायटी, मिडल इण्डियन हिस्ट्री कांग्रेस, भुवनेश्वर, दिसम्बर, 1977.
64. द स्टेट्समैन, 17 जनवरी, 1900, दी इंग्लिश मैन, 17 जनवरी, 1900.
65. द बंगाली, 7 फरवरी, 1900.
66. द पायोनियर, 17 जनवरी , 1900.

67. दी इंग्लिशमैन, 15 जनवरी, 1900, पृ. 6.
68. द स्टेट्समैन, डॉ. नौटऐट्स लेटर, 2 अप्रैल।
69. बी.के. खुराना, भगत मूवमेन्ट, चैंजिग ट्राइबल्स ऑफ मध्यप्रदेश, पृ. 44-48.
70. हौफमैन, एन. मु. पृ. 567-8.
71. एफ. वी. ब्रैडलैबर्ट, छोटा नागपुर, ए लिट्लनोन प्रोविन्स ऑफ द एम्पायर, पृ. 78-9.
72. पयूरेर फौन हैमैनडॉर्फ, एबौरिजनल, रेबेलियन्स इन द डेकन, मैन इन इण्डिया, नवम्बर-दिसम्बर, 1954.
73. एस.सी. राय, दी इफैकट्स ऑन दी एबॉरजिनिल्स ऑफ छोटा नागपुर : ऑफ देयर कन्टैक्ट विथ वैस्टर्न सिविलिजेशन, जर्नल ऑफ बिहार एण्ड ओड़िसा रिसर्च सोसायटी, 17 पार्ट, 1-4, पृ. 376-7.
74. वेरियर एलविन, ए फिलास्फी फॉर नेफा। यह तत्कालीन गृहमन्त्री पण्डित गोविन्दवल्लभ पन्त के भाषण पर आधारित है।
75. वही, असम के तत्कालीन गवर्नर जयराम दास दौलत राय के भाषण पर आधारित।

ग्रन्थ-सूची

देशी स्रोत-सामग्री पर एक टिप्पणी

1. **भरमी मुंडा का विवरण**

बिरसा मुंडा के जीवन पर भरमी मुंडा की यह कथा उनके जीवन पर सबसे महत्त्वपूर्ण देशी विवरण है, जो मुंडा-विद्रोह की अन्दरूनी कहानी पर भी प्रकाश डालता है। मुझे यह पाण्डुलिपि जयपुर में 22 मई, 1962 को प्राप्त हुई।

2. **रोगोतो पाण्डुलिपि**

यह बिरसा की प्रार्थना-पुस्तिका की मूल प्रति की प्रति है। यह भरमी मुंडा की कथा की भाँति विस्तृत नहीं है।

3. बानापीड़ी के रोकन मुंडा द्वारा, जो कि बिरसा के शिष्य और समकालीन थे, 1950 में दी गई सामग्री पर आधारित जुलियस तिग्गा की टिप्पणियाँ और अप्रकाशित लेख "महात्मा बिरसा" की पाण्डुलिपि मुझे देखने को मिली।

4. मतुरा कहानी (पाण्डुलिपि) स्वर्गीय मेन्नास ओड़ेया आ.सी. मिशन, बन्दगाँव। यह पुस्तक मुंडारी में है। लेखक उन कुछ मुंडाओं में थे जिन्होंने मुंडा इतिहास और जीवन पर एक पुस्तक लिखी। वे बिरसा के नवयुवक समकालीन थे। उन्होंने बिरसा को देखा और उनका भाषण सुना था; पर उनका सरदारों और बिरसा पर लिखित यह विवरण कुछ माने में अफवाहों पर आधारित है।

5. **मिशन-अभिलेख**

इन आन्दोलनों के बारे में मिशनरियों की जो भूमिका और रुख रहा है, उसे निम्नलिखित पुस्तकों, पत्रिकाओं तथा अन्य कागज-पत्रों में पाया जा सकता है–

(क) **घरबन्धु (पाक्षिक पत्रिका) : जी. ई. एल. मिशन (जर्मन लूथरन गोस्सनर एवेजेलिक मिशन)** : स्टेट्समैन, कलकत्ता के सम्पादक को डॉ. ए. नौट्राट का 26 अप्रैल 1900 का पत्र। जी.ई.एल. मिशन, चाईबासा, ताऊफ रजिस्टर

1966-1961 (धरम खोजक); बच्चों के लिए ताऊफ रजिस्टर (1866-1875) और सम्पुष्टि-पंजी। मैंने बुरजू और अमलेशा मिशनों के रजिस्टरों को भी देखा।

(ख) एस.पी.जी. (दी सोसायटी और प्रोपेगैन्डा ऑफ दी गौस्पेल) मिशन– त्रैमासिक कागज-पत्र और रिपोर्टें : एस.पी.जी. मिशन की वार्षिक रिपोर्टें; डब्लिन यूनिवर्सिटी मिशन कागजात; छोटा नागपुर डोओसिअन पेपर नं. 40 (नई सीरीज़) अक्टूबर 1931; खण्ड 10.

(ग) आर. सी. (रोमन कैथलिक मिशन) : इनसाइक्लोपीडिया मुंडारिका के प्रासंगिक पत्र, विशेषकर बिरसा भगवान, भुईंहरी सर्वे, सरदार लड़ाई आदि, जौन हौफमैन के पत्र, कमिश्नर को सम्बोधित हौफमैन की 14 जनवरी 1900 का पत्र; 'आवर फील्ड' सं. 3 मई-जून 1932, पृ. 1935, छोटा नागपुर मिशन के पत्र 1930 से 1935 तक।

6. मेरा क्षेत्रीय अध्ययन

इसके अन्तर्गत निम्न सामग्री आती है :

(1) बिरसा और उलगुलान पर लोक-गीतों का संकलन।
(2) सिंहभूम जिले में पोराहाट और राँची जिले में खूँटी अनुमण्डल के गाँवों के अधिकांश बिरसा-अनुयायियों के वक्तव्य।
(3) बिरसा के समसामयिकों और सम्बन्धियों के वक्तव्य जो विश्वस्त सूत्रों से सुने गए थे।
(4) तीनों उपपन्थों के बिरसा-अनुयायियों के बारे में अध्ययन।
(5) मुंडाओं पर वैष्णव धर्म और ईसाई धर्म के प्रभाव और जनजातियों आदि के पारस्परिक आदान-प्रदान और सरदार, हरिबाबा, टाना भगत आन्दोलनों के बारे में क्षेत्रीय अध्ययन।

प्राथमिक स्रोत

(क) पाण्डुलिपियाँ : ओड़ेया, मेन्नास, बोंगा, मतुरा कहानी, बन्दगाँव आर.सी. मिशन। मुंडा भरमी-बिरसा का विवरण (मेरे द्वारा दिया गया शीर्षक), प्रचारक-सुजरी का अभिराम, वक्तव्यों की मूल प्रतियाँ (जो बाद में 'जगर सारा' के फरवरी-मार्च 1960 के अंक में प्रकाशित हुई)।

तिग्गा, जूलियन–महात्मा बिरसा।

(ख) सरकारी अभिलेख–प्रकाशित और अप्रकाशित : (क) जिला अभिलेखागार तथा पुस्तकालय, राँची। बंगाल में 1896-1897 में हुए अकाल के सम्बन्ध में कागज-पत्र, खण्ड 12, बंगाल सेक्रेटेरियट प्रेस, कलकत्ता 1898; (ख) उच्च न्यायालय अभिलेखागार, पटना (राँची में मजिस्ट्रेट की अदालत, सत्र

न्यायालय में बिरसा और उनके अनुयायियों के मुकदमें की सुनवाई और उस बारे में उच्च न्यायालय में उनकी अपीलों की सुनवाई के कागजात)।

(ग) **राष्ट्रीय अभिलेखागार, नई दिल्ली** : गृह विभाग (होम डिपार्टमेन्ट) की कार्यवाही सं. 326-353, अगस्त 1900 आउटब्रेक ऑफ द मुंडाज़ इन द राँची डिस्ट्रिक्ट।

कार्यवाही सं. 10 अक्तूबर 1900, पब्लिक-ए, होम डिपार्टमेन्ट गवर्नमैन्ट ऑफ इण्डिया, शिमला रेकार्ड्स 2, 1900, मुंडा डिस्टरबेन्सेज इन द छोटा नागपुर।

कार्यवाही सं. 528-29, मार्च 1901, पब्लिक-ए, होम डिपार्टमैन्ट ऑफ इण्डिया, शिमला रेकार्ड्स 4, 1901 मुंडा 'डिस्टरवेन्सेज इन द छोटा नागपुर डिवीजन एण्ड क्रिमिनल प्रोसीक्यूशन्स एराइन्जिंग देअर फ्रॉम'।

कार्यवाही सं. 5 जुलाई 1901, पब्लिक ए-होम डिपार्टमैन्ट 'डाइवर्जेन्ट ऑफ ओपियन बिटवीन द जुडीशियल कमिश्नर ऑफ छोटा नागपुर एण्ड लीगल रिमेम्ब्रेन्सर ऑफ बंगाल ऑन द लॉ ऑफ कान्सपिरेसी इन कनेक्शन विथ द टायल ऑफ मुंडा प्रिजनर्स'।

(घ) राष्ट्रीय अभिलेखागार में अवस्थित 'ऑफिस ऑफ़ दी बोर्ड ऑफ एडिटर्स, हिस्ट्री ऑफ फ्रीडम मूवमैन्ट इन इण्डिया' राँची और सिंहभूम जिलों में 1899-1901 के मुंडा विद्रोह के बारे में बिहार से 22-4-54 को भेजे गए कुछ गोपनीय सरकारी पत्राचार, निचली अदालतों और फोर्ट विलियम के उच्च न्यायालय के निर्णयों की प्रतियाँ तथा अन्य अभिलेख देखने को मिले। ये प्रतियाँ राँची जिलालेखागार और छोटा नागपुर कमिश्नर की गोपनीय शाखा के कागजात के उद्धरणों की प्रतियाँ हैं जो उन जगहों से यदि खो नहीं गई हैं, तो गलती से, अवश्य ही किसी अन्य स्थान में रख दी गई हैं।

(ङ) द वेस्ट बंगाल स्टेट आरकाइव्स, गवर्नमेन्ट ऑफ बंगाल, कलकत्ता, कार्यवाही सं. 38-46, नवम्बर, 1895, न्याय विभाग, बंगाल सरकार बिरसा मुंडा की गिरफ्तारी, जिसकी कार्रवाइयों से सिंहभूम की सीमा पर स्थित लोहरदगा जिले के दक्षिणी भागों में कुछ उत्तेजना फैल गई थी।

(च) राज्य केन्द्रीय अभिलेखागार, पटना। कमिश्नर्स ऑफिस डिस्पैच बुक (12-8-1798 से 7-4-1832) छोटा नागपुर कमिश्नर्स कांफिडैन्सियल रेकार्ड 23 और 24 अक्तूबर 1895 को कमिश्नर की टिप्पणियाँ।

कार्यवाही 20-22, नवम्बर, 1896, जनरल डिपार्टमेन्ट, मिसलेनियस ब्रांच, गवर्नमेन्ट ऑफ बंगाल, जेनरल ऐडमिनिस्ट्रेटिव रिपोर्ट ऑफ छोटा नागपुर डिवीजन।

कार्यवाही सं. 7-9, अक्तूबर, 1897, जनरल डिपार्टमैन्ट, मिसलेनियस ब्रान्च, जेनरल ऐडमिनिस्ट्रेटिव रिपोर्ट ऑफ छोटा नागपुर डिवीजन 1896-97.

कार्यवाही सं. 16-19 दिसम्बर, 1898, जनरल डिपार्टमेन्ट, मिसलेनियस ब्रान्च, जेनरल ऐडमिनिस्ट्रेटिव रिपोर्ट, छोटा नागपुर डिवीजन ऑफ 1897-98.

कार्यवाही सं. 6-8, नवम्बर 1898, जनरल डिपार्टमेन्ट, मिसलेनियस ब्रान्च, गवर्नमेन्ट ऑफ बंगाल, जेनरल ऐडमिनिस्ट्रेटिव रिपोर्ट ऑफ छोटा नागपुर डिवीजन फौर 1898-99.

कार्यवाही सं. (बी) 352-54, जुलाई 1900, छोटा नागपुर डिवीज़नल कमिश्नर के आदेश पर बिरसा मुंडा के कुछ अनुयायियों को पकड़वाने के लिए इनाम।

कार्यवाही सं. 7-9 जून 1901, जनरल डिपार्टमेन्ट, मिसलेनियस ब्रान्च, गवर्नमेन्ट ऑफ बंगाल 1890-1900 की छोटा नागपुर प्रमण्डल की सामान्य प्रशासनिक रिपोर्ट (छोटा नागपुर प्रमण्डल के कमिश्नर का पत्र सं. 664, जे. दिनांक 16 दिसम्बर, 1900)।

कार्यवाही सं. 1-6, नवम्बर 1901, जनरल डिपार्टमेन्ट मिसलेनियस ब्रान्च, मिसलेनियस रिपोर्ट ऑफ दी छोटा नागपुर डिवीजन फॉर 1900-1901.

बंगाल पुलिस एबस्ट्रेक्ट्स इन्टेलिजेन्स (साप्ताहिक)

खण्ड 7, कलकत्ता बुधवार, अक्तूबर 17, 1894 पैराग्राफ 2089, सिंहभूम, दिनाँक 1-10-94.

खण्ड 8, कलकत्ता, शनिवार अगस्त 24, 1895, सं. 34 पैराग्राफ 1515, सिंहभूम 12-8-95.

वही, कलकत्ता, अगस्त 31, 1995, सं. 35 पैराग्राफ 1589, सिंहभूम 20-9-95.

वही, कलकत्ता, शनिवार अगस्त 17, 1895, सं. 33, पैराग्राफ 1484, लौहरदगा, दिनांक 10-8-95.

वही, कलकत्ता, शनिवार, सितम्बर 14, 1895, सं. 37.

कार्यवाही सं. 52 से 56 (राजस्व विभाग, भू राजस्व, बंगाल सरकार) दिसम्बर 1903 में जमींदारों के अत्याचारों के विरुद्ध पोराहाट, सिंहभूम के मुंडाओं द्वारा दिया गया स्मरणपत्र।

छोटा नागपुर आदिवासी मूवमेन्ट, सं. 28/40 बिहार स्पेशल सेक्सन।

(क) सरकारी रिपोर्ट (प्रकाशित)

रिकेट्स एच., सदस्य, राजस्व पार्षद दक्षिणी-पश्चिमी क्षेत्र के, जिसके अन्तर्गत पुरुलिया या मानभूम, छोटा नागपुर, करन्दा अनुमण्डल, हजारीबाग, संथालपुर और दक्षिण पश्चिम ट्रेन्शन एजेन्सी पड़ते हैं, के बारे में कागज़ात।

बंगाल सरकार के अभिलेखों सं. xx से चुने गए अंश, कलकत्ता 1855.

द रिपोर्ट ऑन ऐडमिनिस्ट्रेशन ऑफ बंगाल 1871-72 टू 1904-5 बंगाल सेक्रेटारियट प्रेस, कलकत्ता।

1896-97 में अकाल-साहाय्य कार्य पर अन्तिम रिपोर्ट।

लोहरदगा जिले में 1896-97 में अकाल साहाय्य कार्य पर अंतिम रिपोर्ट।

रीड, जे.–फाइनल रिपोर्ट ऑफ द सर्वे एण्ड सेटलमेन्ट आपरेशन्स इन द डिस्ट्रिक्स ऑफ राँची–1902-10, गर्वमेन्ट प्रिंटिंग, बिहार, पटना 1926.

टेलर, एफ.ई.ए.–फाइनल रिपोर्ट ऑन द डिविज़नल सर्वे एण्ड सेट्लमेन्ट आपरेशन्स इन द डिस्ट्रिक्ट ऑफ राँची 1927-35, गवर्नमेन्ट प्रिंटिंग, बिहार, पटना 1940।

ओ. मैली, एल.एस-एस., सेन्सस ऑफ इण्डिया 1911, भाग (1) बंगाल, बिहार एण्ड उड़ीसा एण्ड (सिक्किम) कलकत्ता, बंगाल सेक्रेटेरियट बुकडिपो 1913.

टैलेन्ट्स, पी.सी. सेन्सस ऑफ इण्डिया 1921, भाग 1, बिहार एण्ड उड़ीसा, सुपरिन्टेन्डेन्ट, गवर्नमेन्ट प्रिंटिंग, बिहार एण्ड उड़ीसा, पटना 1923.

लैसी, डब्ल्यू. जी., सेन्सस ऑफ इण्डिया 1931 भाग 1, सुपिरिंटेंडेंट गवर्नमेन्ट प्रिंटिंग, बिहार एण्ड उड़ीसा, पटना 1933.

(ख) मिशन रिपोर्ट

डब्लिन यूनिवर्सिटी मिशन टू छोटा नागपुर, अप्रैल 1892, मार्च, जुलाई, दिसम्बर 1893, मार्च-जून 1894, मार्च-जून 1895, 1895-1900.

न्यूज फ्रॉम दि मिशन्स, विदेशी क्षेत्रों में एस.जी. का त्रैमासिक प्रकाशन, 19 डेल्से स्ट्रीट, एस. डब्ल्यू., सं. 3, अगस्त 1896.

(ग) पत्र-पत्रिका

एन्थ्रोपोलाजी टुमौरो, शिकागो यूनिवर्सिटी, खण्ड 5, सं. 1, 1956, खण्ड 6, सं. 1 जुबिली अंक, दिसम्बर, 1957.

बिहार हेरल्ड, पटना, अप्रैल 23 तथा जुलाई 21, 1942.

कलकत्ता रिव्यू 1869, 1900 और नवम्बर 1961.

घरबन्धु (हिन्दी में) इवेन्जेलिक मिशन ऑफ छोटा नागपुर (पाक्षिक)।

जगरसड़ा-फरवरी-मार्च 1960, जी.ई.एल. प्रेस, राँची।

जर्नल ऑफ बिहार एण्ड उड़ीसा रिसर्च सोसायटी, पटना।

जर्नल ऑफ बिहार रिसर्च सोसायटी, पटना।

मैन इन इण्डिया।

(घ) समाचार-पत्र

अमृत बाजार पत्रिका, कलकत्ता। बिहार टाइम्स, बाँकीपुर (साप्ताहिक)। बंगाली, कलकत्ता। इंगलिश, कलकत्ता। हिन्दू पैट्रियट, कलकत्ता। इण्डियन नेशन, पटना। पायोनियर, इलाहाबाद। स्टेट्समैन फ्रेन्ड एण्ड ऑफ इण्डिया।

(ङ) ग्रन्थ

ऐडिमिनिस्ट्रेशन ऑफ बंगाल अण्डर ऐण्ड्रू फेजर, के.सी.एस.आई. 1903-1908, बंगाल सेक्रेटेरियल बुकडिपो, कलकत्ता 1908.

ब्रैडले बर्ट, एफ.बी., छोटा नागपुर, ए लिटिल नॉन प्रोविन्स ऑफ इम्पायर, लन्दन 1906.

ब्राउन, देव.जे. 'छोटा नागपुर-मिशन, इट्स हिस्ट्री एण्ड प्रेजेन्ट पोजिशन, कलकत्ता 1870.

चौधरी एस.बी., सिविल डिस्टरवैन्सेज अण्डर ब्रिटिश रूल 1757-1857, कलकत्ता 1955.

डाल्टन, ए. ट्यूटे, डिसक्रिप्टिव एथनोलोजी ऑफ बंगाल इण्डियन स्टडीज़, फर्मा के.एल. मुखोपाध्याय, कलकत्ता, 30 जून 1960.

दत्त, कालीकिंकर, संथाल इन्सरेक्शन ऑफ 1855-57, यूनिवर्सिटी ऑफ कलकत्ता, 1940.

—अनरेस्ट एगेन्स्ट ब्रिटिश रूल इन इण्डिया 1831-1859 सेक्रेटेरियट प्रेस, बिहार, पटना 1957.

—हिस्ट्री ऑफ दि फ्रीडम मूवमेन्ट इन बिहार, खण्ड-1 1857.

दे सा, फाइडलिस इन छोटा नागपुर, रिडेम्प्रोरिस्ट पब्लिकेशन, बंगलौर, 1975.

देवी, महाश्वेता, जंगल के दावेदार, राधाकृष्ण, दिल्ली, 1979। यह लेखिका के मूल बंगला ग्रन्थ 'अरेण्येरे अधिकार', करुणा प्रकाशनी, 475 कलकत्ता का हिन्दी अनुवाद है।

दिलवर, हंस, एस.ए.बी., नौट विदाउट विटनैस, सी.एल.एस. प्रेस, बंगलौर में मुद्रित। चैटांटन, रेव आयर द स्टोरी ऑफ फिफ्टी इयर्स मिशन वर्क्स इन छोटानागपुर लन्दन 1901

एलविन, वेरियर, ए फिलासफी फार नेफा। नवीन प्रिंटिंस वर्क्स (प्राइवेट) लि. कलकत्ता, 1960 (पुनमृद्रित)।

हैलेट, एस.जी., बिहार एण्ड उड़ीसा डिस्ट्रिक्ट गजेटियर्स, राँची 1917.

हाब्सवॉन, ई.जे.-प्रिमिटिव रिबेल्स, मैनेचेस्टर यूनिवर्सिटी प्रेस 1959.

झा, जगदीशचन्द्र, द कोल इन्सरेक्शन ऑफ छोटा नागपुर, थैकर स्पिन्क एण्ड कं. 1964.

जोसोव, एच.एस.जे. ला मिशन डू बंगाली औक्सिडेन्टल, टोम ii (अध्याय-11-12) 1921.

मजूमदार, डॉ. आर.सी. हिस्ट्री ऑफ फ्रीडम मूवमेन्ट इन इण्डिया, खण्ड 1, फर्मा, के.एल. मुखोपाध्याय, कलकत्ता-1962.

नायक, टी.बी., चेंजिंग ट्राइब्स ऑफ मध्यप्रदेश, ट्राइवल रिसर्च इन्स्टीच्यूट, छिन्दवाड़ा, 1961.

पैस्को, एफ.सी., टू हंड्रेड इयर्स ऑफ दि एस.पी.जी. 1701-1900, सोसायटी आफ़िस 19, लन्दन, 1901.

पोनेट, पी., (एस.जी.) (सम्पादित) मुंडा वर्ल्ड हौफमैन कमोमरेशन वाल्यूम, कैथौलिक, प्रेस, राँची, 1978.

पूर्ति, प्रियनाथ जेम्स, शहीद बिरसा मुंडा (हिन्दी में), किशोर प्रेस लि. जुगसलाई, टाटानगर, 1951.

प्राट, प्रो.डी. कार्ल हाइनराइस क्रिश्चन, गोंस्नर्स बिलसफुल ट्रेल इन नार्दन इंडिया, ए हिस्टॉरिकल ट्रेवेलॉग एण्ड डिसकोर्स ऑन मिशन थ्योरी, फ्रायड नॉव, वर्लिन 1896 गोस्नर मिशन बुक स्टोर,

वैन डायले, एच, ट्रब्ल इन द लैंड ऑफ मुण्डाज़, स्टोरी एण्ड नोंट्स ऑफ मिस्नरिज़, मिसियों बेलजेस द लॉ कैम्पेने द जीसस ब्रुसेल्स, 1900.

रीड जे., छोटा नागपुर टैनैन्सी ऐक्ट ऑफ 1908, कैथोलिक आरफन प्रेस, कलकत्ता, 1910.

राय, एस.सी., मुंडाज़ एण्ड देयर कन्ट्री, दि कुंटालाइन प्रेस, 61 एण्ड 62, बहु बाजार स्ट्रीट, कलकत्ता 1912.

सच्चिदानन्द, कल्चरल चेन्ज इन ट्राइबल बिहार, ककलेण्ड, कलकत्ता 1964.

स्कूयूरेन, टी.-फौनडेर एस.जे. बेल्जियन मिशन ऑफ बंगाल एमंग दि ऐबऔरिजनल ट्राइब्स ऑफ छोटा नागपुर (भाग 1,2,3) थैकरस्पिन्क्स एण्ड कं., कलकत्ता 1912.

सिंह, डॉ. सुरेश, 'डस्ट स्टौर्म एण्ड हैंगिग मिस्ट, स्टोरी ऑफ बिरसा मुंडा एण्ड हिज़ मूवमेन्ट', फर्मा, कलकत्ता, 1966.

—कोलोनियल ट्रान्सफौरमेशन ऑफ ट्राइवल सोसायटी इन मिडल इण्डिया, प्रेसिडेन्शियल एड्रस, माडर्न सेक्सन, इण्डियन हिस्ट्री कांग्रेस, भुवनेश्वर, दिसम्बर 1977.

सिन्हा, एस.पी., लाईफ एण्ड टाइम्स ऑफ बिरसा भगवान, सुपरिन्टेन्डेन्ट, सेक्रेटेरियल प्रेस (1964 के मध्य में प्रकाशित)।

विद्यार्थी, एल.पी. (सम्पादित), ऑस्पेक्ट्स ऑफ रिलिजन इन इण्डियन सोसायटी।

क्रान्तिगीत, मन्त्र, प्रार्थनाएँ और तीर्थ-पुराण

जैसा कि पहले कहा जा चुका है, मुंडा लोक-साहिय में, रिसा मुंडा, जो लोकश्रुतियों के अनुसार मुंडा जाति को छोटा नागपुर लाए थे, के बाद किसी भी व्यक्ति को उतनी लोकप्रियता नहीं मिली है, जितनी कि बिरसा मुंडा को। तमाड़ विद्रोह के मुंडा नेता अब लोक-गीतों में याद नहीं किए जाते। कोल-विद्रोह के थोड़े-से गीत अभी भी गाए जाते हैं। बिरसा-आन्दोलन पर जो गीत संग्रहित किए गए हैं, उनमें कई तो पुराने गीत हैं और कई नए भी हैं। बिरसा के जन्म के गीतों पर मसीही प्रभाव स्पष्ट है। गया मुंडा और उसकी पत्नी मक्की की याद अभी भी ताजी है। आज के बिरसा भगतों ने महात्मा गाँधी, स्वराज और बिरसा को एक साथ जोड़ दिया है। इन सारे लोकगीतों से बिरसा का अपने लोगों पर जबर्दस्त प्रभाव स्पष्ट है। उन लोगों को इस बात का गर्व है कि बिरसा ने उनके शत्रुओं से बारह सौ बार लड़ाई की, उनके रास्ते को एक सुई की तरह सीधा किया, उन्हें एक माला की तरह गूँथा और एक बनाया। उन्हें एक पूर्ण विकसित एवं अबन्ध्याकृत बैल की तरह अपने पैरों पर खड़ा करके उनका नाम दुनिया में रोशन किया।

(क) क्रान्ति गीत

1

ओ बिरसा, तुम चलकद में सूर्य की नाईं उगे।
तुम बढ़े और पूरे नागपुर को आलोकित कर दिया।
सुगना मुंडा के मामूली-से घर में तुम जनमे।
तुम बालू और धूल में अपने हमजोलियों में खेले-कूदे।
तुम बलिष्ठ और सुन्दर युवक हुए, कई जगह पढ़े।
तुम्हें ज्ञान की जिज्ञासा थी, तुम कई जगह छाँव बने।
तुम्हें शत्रुओं का डर न था, तुम्हारे पास था धनुष,
तीर और कुल्हाड़ी।

2

ओ बिरसा, तुम्हारी बंशी और बेला का स्वर वन में
थिरकन पैदा कर देता है।
उसका रस लेने सभी अपने-अपने घेरे से बाहर निकल आते हैं,
जंगल में काम करते, पेड़ काटते,
धूल-गर्द साफ करते और यहाँ तक कि
भोजन पर बैठे लोग भी तुम्हारी वंशी का स्वर
सुन ठगे-से रह जाते हैं और अकस्मात् उनके हाथ रुक जाते हैं,
यहाँ तक कि जंगल के खूँखार पशु भी अपने-अपने घरों से
निकल आते हैं।
रतन सिंह कहता है कि यह सच बात है,
हमारा बिरसा पृथ्वी पर सभी प्राणियों को अपनी ओर खींच लाता है।

3

तुमने बचपन में बकरियाँ और भेड़ें चराईं।
तुम धूल-गर्द में खेले।
ओ बिरसा,
जब तुम बड़े हुए तो मामा के गाँव में स्कूल गए।
तुमने प्रारम्भिक शिक्षा सलगा में पाई।
तुम्हारी मीठी बोली से हमें खुशी और बल मिला।
लोग रात-दिन तुमसे मिलने आते थे।
तुमने नया धर्म शुरू किया, पुराना धर्म त्याग दिया गया
तुमने मछली-मांस त्यागा।
घने जंगल के बीच, घास-फूस जले, स्वच्छ ऊँचे मंच पर,
सिंगबोंगा (?) ने शनैः शनैः तुम्हारे हृदय में प्रवेश किया।

4

गहन जंगल के बीच चलकद गाँव में,
धरती के पिता ने जन्म लिया।

तुम चुने गए,
तुम कसौटी पर चढ़ाए गए
तुम सच्चे और खरे उतरे।
तुम लड़ाई के लिए तैयार हो गए।
सुगना मुंडा के प्यारे पुत्र
बचपन में तुम बकरियों के चरवाहे थे।
25 साल की उम्र आते-आते तक
तुम मुंडाओं के चरवाहे बने।
तुमने धर्म-शिक्षा दी
कि सबका प्रभु एक सिंगबोंगा (?) है।
तुम एम पंच की नाई यहाँ आए।
तुमने अपने को धरती का पिता बतलाया।
हम अन्त तक तुम्हारी शिक्षा पर चलेंगे।
हम तुम्हारे समादेश पर चलेंगे।
सृष्टि के आरम्भ में सिंगबोंगा ने हमें जमीन दी थी।
दुश्मनों ने उसे छीन लिया।
हम सब एक साथ मिलकर इकट्ठे होंगे।
हाथों में तेज हथियार लिए।
धर्म का नया सूरज उगा है।
पहाड़ियाँ और घाटियाँ रोशनी से जगमगा उठी हैं।
उफ़, जमींदारों ने हमें परेशान-परेशान किया,
हजारों-हजार दुख दिए।

5

किस भूमि में नए राजा ने जन्म लिया है?
देखो! देखो! आकाश में धूमकेतु उगा है।
चलकद में नए राजा ने अवतार लिया है।
पच्छिम में धूमकेतु को देखो
मुंडाओं को उनका खोया राज दिलाने के लिए
धरती को मलेच्छों से स्वच्छ और पवित्र बनाने के लिए
वह उगा है।
नया राजा आया है।

अब धरती रक्त-स्नान करेगी।
निर्णय की घड़ी आ गई, तुम सब बोल उठे।
निश्चय की घड़ी आ गई, तुम सब बोल उठे।
निश्चित क्षण पहुँच गया, तुम (बिरसा) कह उठे।
और जब तुम बोले तो धरती डोल उठी।
तुम बोले तो धरती थर-थर काँपने लगी।

6

बिरसा उलिहातु में आए और चलकद में रैयत बनकर रहे
और जब अपने सच्चे राजा के रूप को प्रकट किया
तो धरती काँप उठी।
शैतान से ग्रस्त होने के पहले
अपने होश-हवास के क्षणों में वे बोले
वे धरती को कँपा देंगे।
उनकी मृत्यु से धरती थरथरा उठेगी।
लोग कहते कि वे अभी जिन्दा हैं
कभी वे काले रंग में प्रकट होते हैं कभी सफेद में
तो कभी-कभी लाल रंग में।
चलो, हम उन्हें देखें,
हाँ, लोग कहते हैं कि वे अभी जिन्दा हैं,
कभी वे देखे जाते हैं, कभी छिप जाते हैं
और कभी-कभी दिखते हैं और बोलते भी हैं।
हाँ, हम उन्हें चलकर देखें, चलकद में पृथ्वी के पिता को
जो स्वर्ग से हमें बचाने आए हैं।

7

बिरसा का आदेश है कि हँड़िया और शराब न पियो,
इससे हमारी जमीन हमसे छिन जाती है।
अधिक मद्यपान और नींद ठीक नहीं।
दुश्मन इस कारण हम पर हँसते हैं,

भात से बनी हँड़िया महकती है।
शरीर और जीवन क्षीण करती है।
अधिक मद्यप-सा नशे में सुध खो,
गलियों और नुक्कड़ों पर
होश-हवास और विवेक खो
तुम लकड़ी के बेजान कुन्दे-सा पड़े रहते हो।
तुम्हारा परिवार भूख से तड़पता है।
तुम्हारे बच्चे रो-रोकर जान देते हैं।

8

पहाड़ियों और जंगलों में बसे
चलकद गाँव में धरती के राजा
हर्ष से रात-दिन नृत्य-गान करते हैं
चलो, हम जल्द चलें और उनका दर्शन करें।
अपना भोजन साथ ले चलें और
चलकर (उनके निकट) रहें।
हम वहाँ ठहरेंगे।
हम वहाँ गए थे, हमने वाणी सुनी।
हमने ध्यान से उनके उपदेश सुने।
वे सही बोलते हैं,
उन्हें सुन हमारे हृदय गदगद हो उठते हैं,
हाँ, हमने उन्हें सुना,
हम खुशी से ओत-प्रोत हैं,
वे हमारे प्रदेश के लिए चुनकर भेजे गए हैं
गाँव के एक चरवाहे वे,
हमारे दिलों में उनके कारण कोई दुख न बच रहा।
हमारा उद्धार जल्द होगा।

9

धरती के पिता कहते हैं,

ओ, तुम सब लोग ध्यान से सुनो।
समूची धरती में आग और पानी की बाढ़ आएगी।
ओ, तुम सब लोग ध्यान से सुनो,
नए-नए कपड़े पहन
हम सब चलकद चलें।
धरती के पिता हमें सब कष्टों से त्राण देंगे।
ओ, तुम सभी सुनो,
लोग जल्दी-जल्दी पहाड़ी गली-कूचों से
(चलकद) डग बढ़ाते चले आ रहे हैं।
ग्रामवासी डर और आतंक से डँसे हुए हैं।
ओ, तुम सब लोग ध्यान से उनके शब्द सुनो।
आग की वर्षा नहीं हुई।
बिरसा के शब्द गलत हो गए।
लोग खुश हो हँसने लगे।
वे अपने-अपने गाँव वापस आए।
ओ, तुम सभी ध्यान से सुनो।

10

हम चलकद के घने जंगल में चलें
और देखें, पुराने फूँस-बाँस से बने
जैसे-तैसे बने मकान में धरती के राजा जनमे हैं।
तुम मिट्टी के दीये की नाईं अहर्निश
जलते हो
पूरी धरती आलोक से भर उष्ठती है।
जो वहाँ उनको देखने गए थे,
वे कहते हैं कि यह सही है।
हमने धरती के पिता को
एक या दो पवित्र धागे अर्पित किए।
लोग वहाँ आते हैं और चले जाते हैं
वे वहाँ पहुँचे, पवित्र सम्वाद सुना,
उसे मन में जतन से रख लिया।
सोने और हीरों का हृदय है उसका

वह धरती पर उतरा है।
उसका संदेशा है
साथ-साथ प्रेम से रहो।
भगवान सिर्फ एक है।

11

जमींदारों के दमन से पीड़ित,
लोगों की दुःख-बिपदाएँ असह्य हो उठीं,
देश असहाय और बेसहारा हो गया,
आओ, हम झट से धनुष, तीर और कुल्हाड़ी उठा लें
आज जिन्दगी से मौत कहीं अच्छी है।
बिरसा भगवान हमारे नेता हैं,
वे हमारी रक्षा के लिए धरती पर आए हैं।
आज---------
हमलोग तरकस,. तीर और तलवार लेकर तैयार रहें,
हम डोम्बारी पहाड़ी पर इकट्ठे हों,
धरती के पिता हमें वहाँ हमारा उद्‌बोधन करेंगे।
हम बन्दरों से न डरेंगे
हम जमींदारों, साहूकारों और दूकानदारों (विदेशी)
को छोड़ेंगे नहीं।
वे हमारी जमीन हड़पे बैठे हैं।
हम अपने खूँटकट्टी अधिकार न छोड़ेंगे
हमने चीतों और साँपों (के जबड़ों) से अपनी
जमीन छीनकर उसे जोता-बोया।
और वह खुशनुमा जमीन उन लोगों ने हमसे छीन ली।

12

ओ बिरसा, हमारी जमीन तिर रही है,
हमारा देश बेसहारा बहा जा रहा है।
ओ बिरसा, हमें समझदारी दो,

हम तुम्हारा उपदेश ध्यान से सुनेंगे।
हमारे बड़े शत्रु, हैट-पहने अंग्रेज ने
हमारी जमीन हड़प ली है।
हम तुम्हारे उपदेश सुनेंगे
तुम्हारा धर्म हमारे साथ रहेगा।
हम तुम्हारे पद-चिन्हों पर चलेंगे
तुम धरती के पिता हो, सिर्फ तुम्हीं।
हम तुम्हें आखिर तक न छोड़ेंगे।
(हम सभी) भाई-बहन एक साथ रहेंगे।

13

बिरसा भगवान ने कहा है कि भाइयो,
हम चुटिया मंदिर चलें,
चुटिया मंदिर से बाहर निकलने के बाद उन्होंने कहा
कि हम जगन्नाथपुर मंदिर चलें,
मंदिर में पहुँचकर हम वहाँ तीन दिन और तीन रात रहे,
देवता की पूजा की।
हम वह सब करके बाहर आए।
और तब चुटिया काँप उठी।
राँची और डोरंडा थरथरा उठे।

14

सिम्बुआ पहाड़ी पर,
लोग ढोलों की थाप पर नाचे।
ओ, वे नाचे और नाचते रहे।
बिरसा ने उन्हें नई जिन्दगी दी।
उन्होंने उन्हें हिम्मत दी।
सिम्बुआ बुरु पर वे नाचे
वे नाचे।

15

हे धरती के पिता, हमें आज मदद दो।
हम भविष्य में तुम पर ही निर्भर करेंगे,
तुम्हारी शक्ति से गोलियाँ पानी में बदल जाएँगी
दुश्मनों को लड़ाई के मैदान में गिरने दो।
ओ धरती पिता, यह जमीन, यह देश हमारा है
तुमने हम लोगों को दूसरे के अधीन जिन्दगी बिताने दी,
तुम हमें अपने मूल देश से ले आए,
नागपुर में, हम लोगों द्वारा बसाए गए देश में हमारे
पुरखों के पदचिन्ह हैं,
तुमने हम लोगों को अपनी सम्पत्ति पर अधिकार दिया,
पुरानी व्यवस्था मिटा दी गई।
हमारे दुश्मनों की ताकत क्षीण करो, वे नेस्तनाबूद हों,
तुम उन लोगों का खून सुखा दो,
उनकी जिन्दगी खत्म कर दो।
जमीन पर कुहासा छा जाए कि दुश्मन कुछ भी देख न सकें।
मूसलाधार वर्षा कर दो कि दुश्मनों के हथियार पानी हो जाएँ।
हे धरती के सर्जनहार, हमारी प्रार्थना न ठुकराओ,
हमें तुम पर पूरा विश्वास है
तुम दुश्मनों पर पत्थर बरसाओ और असंख्य तीर चलाओ।

16

हथियार हमारे हाथों में चमचमाते हैं।
हम एक पंक्ति में खड़े हैं।
हमारे बाएँ हाथ में धनुष है, और दाएँ में तीर
हमारे हाथों में हथियार चमचमाते हैं।
ओ बिरसा, हम एक पंक्ति में खड़े हैं,
हमने कमर को पट्टे से बाँध लिया है,
और हमारे सर पर पगड़ी है,
हमारे हाथों में हथियार चमचमाते हैं।
ओ बिरसा, हम एक पंक्ति में खड़े हैं

(चुनौती देती हुई-सी) हमारी बाँहें आगे बढ़ गई हैं
(प्रतिरोध में) हमारे सीने तन गए हैं।
हमारे हाथों में हथियार चमचमा रहे हैं
ओ बिरसा, हम एक पंक्ति में खड़े हैं।

17

सईल पहाड़ी पर
बिरसा ने डेरा डाल दिया।
ओ, बिरसा तो अपने हाथ से धनुष और तीर चला रहे हैं।
उन्होंने जोजोहातु में भी डेरा डाला,
वे सली हातु में भी थे
और डोम्बारी पहाड़ी पर भी।
इस कारण ये जगहें काँप उठी हैं।
ओ भाई देखो, ओ भाई देखो,
ओ भाई देखो,
सामने सैकड़ों-सैकड़ों धनुषधारी हैं।
वे डोम्बारी पहाड़ी पर अपने भोजन-पानी के साथ पहुँचे।
डोम्बारी पहाड़ी पर वे दिन-रात,
नाचते-गाते रहे।

18

औरत-मर्द और अन्य परिवार अपने बच्चों के साथ पहुँचे
उन्होंने अपनी जायदाद, बैल और बकरे
अपने घरों पर छोड़ दिए
(इनकी उन्होंने कतई परवा न की)
वे लोग अपनी गाड़ियों की बिजली की-सी कड़क लिए पहुँचे।
फिर वे अपने पीछे गर्द--ओ-गुबार छोड़ लौट गए।
एक ने सरवदा चर्च पर मिशनरी पर पहला तीर मारा
लड़ाई की घड़ी पहुँच गई थी, उनको
पहाड़ी पर चारों ओर से घेर लिया गया।

नरसिंह मुण्डा को डोम्बारी पहाड़ पर पहली गोली लगी।
वे लोग भीड़ में भाग गए, वे केलों के कटे हुए पेड़ों की नाईं गिरे।
उन लोगों ने (लाचारी में) मरते हुओं को छोड़ दिया, और
पहाड़ी पर, ढलुआँ रास्ते होते भागे।
जो नहीं भाग सके, पकड़े गए, जो
भाग गए, वे बच गए।

19

ओ स्वर्ग के पिता, धरती की आवाज सुनो,
हम सब मिलकर दुश्मनों को घेर लेंगे
हम अपनी जमीन से गोरों को भगा देंगे
हम लोगों के बीच बड़े 53 मुण्डा राजा हैं।
ओ गोरे आदमियो, भागो, तुरत भागो,
तुम्हारा घर पच्छिम में है, तुम चले ही जाओ
ओ गोरे आदमियो---
ओ, अपनी जहरीली हवा को लिए
अपने देश भाग जाओ,
तुम जरूर-जरूर चले जाओ।

20

डोम्बारी पहाड़ी पर बिरसा के अनुयायी इकट्ठे हुए
नीचे घाटी में गोरे सिपाही बड़ी तादाद में जमा थे।
बिरसा के अनुयायी उनकी खिल्ली उड़ा रहे थे, उन्हें चुनौती दे रहे थे,
गोरे सिपाहियों ने हड़बड़ी में गोली चलाई,
बिरसा भगवान के अनुयायी क्या कर रहे हैं?
गोरे सिपाही कुछ कर रहे हैं।
और बिरसा भगवान के अनुयायी लड़ रहे हैं,
गोरे सिपाही गोलियाँ दाग रहे हैं।
(बिरसा के अनुयायी) अपने देश के लिए लड़ रहे हैं
वे अपनी जीविका के लिए लड़ रहे हैं,

उन लोगों ने गोलियों को पानी बना दिया।
गोरे सिपाही हार गए (?)

21

देखो! अंग्रेज सिपाही आ गए।
देखो! बिरसा के अनुयायी भी मुकाबले के लिए पहुँच गए।
देखो! अंग्रेज सिपाही रोंगों दिगरी में डेरा डाले बैठे हैं।
देखो! उन्होंने सोइको और गुंटूहातु में खेमे गाड़ दिए।
देखो! उन्होंने गोलियाँ चलाई और गोलियाँ चलाने की आवाज
बार-बार कानों में गूँजी
उन्होंने (बिरसा के अनुयायियों ने) अपनी गुलेलों से
ढेले-रोड़े फेंकना शुरू किया
उन्होंने ढेले-पत्थर फेंके और फेंके।
अंग्रेज सिपाहियों में से आधे पूरबी रास्ते से भाग गए।
आधे डोम्बारी पहाड़ी पर गिरे।

22

ओ बिरसा, तुमने पहाड़ी पर झंडा गाड़ दिया।
तुमने मैदान में तरकसों को कतारों में
(लड़ाई में प्रहार के लिए) तैयार कर दिया।
ओ बिरसा, डोम्बारी पहाड़ी पर (बंदूकों से निकली गोलियों से)
धुआँ ही धुआँ छा गया।
इचा हुड़ंग डोम्बा घाटी घने कुहासे से घिर गई।
ओ बिरसा, (तुम्हारे) अनुयायी दूध जैसी कोमल भूमि पर गिरे।
उनको मक्खन जैसी मुलायम जमीन पर रौंद डाला गया।
ओ बिरसा, (यहाँ तक कि) छोटे-छोटे बच्चे भी (गोरे सिपाहियों के
बूटों तले) रौंद दिए गए।
उनको (क्रूरता से) बूटों की नोकों से ठोकरें दी गईं।
ओ बरसा, तुम्हारे लोग (शोक से) हाय-हाय कर रहे हैं,
तुम्हारे सम्बन्धी (मर्म-वेधी) क्रन्दन कर रहे हैं।

23

सैकड़ों धनुषधारी
हजारों-हजार घुड़सवार गोरे सैनिक
सैकड़ों धनुषधारी, वे कहाँ लड़ रहे हैं?
हजारों घुड़सवार गोरे सिपाही, वे कहाँ गोलियाँ चला रहे हैं?
सैकड़ों सिपाही, बिरसा विद्रोही का पहला तीर
सरवदा चर्च में एक विदेशी ने नरसिंह मुण्डा
(की चुनौती पर) गोलियाँ बरसाईं
वह दूध जैसी कोमल भूमि पर गिरा
वह मक्खन जैसी मुलायम जमीन पर रौंदा गया
वह दूध जैसी भूमि खून से तर-बतर हो गई
मक्खन जैसी मुलायम जमीन रक्त से नहा गई
मुझे गहरा दुख है कि खून की होली खेली गई।

24

सरवदा चर्च पर पहला तीर चलाया गया
खूँटी गाँव काँप उठा।
डिप्टी कमिश्नर आए।
वह बिरसा का पीछा कर रहे थे।
बुद्धिमान लोग (बिरसा के अनुयायी) डोम्बारी पहाड़ी पर चले गए।
उन लोगों ने (ब्रिटिश सैनिकों का) मुँह बनाया
और चुनौती दी।
फौजों (ब्रिटिश) ने उन पर गोलियाँ चलाईं।
एक मुंडा बच्चा जमीन पर गिरी अपनी मृत माँ का दूध पीने की
कोशिश कर रहा था।
(अंग्रेज) महिला (डिप्टी कमिश्नर की पत्नी) बहुत द्रवित हुई।
बच्चे का क्या हुआ?
यह कोई खुशी की बात न थी।

25

घने जंगलों के बीच;
ओ बिरसा, उन्होंने तुम्हें गिरफ्तार किया।
तुम्हारे मित्र और सखा-सम्बन्धी शोक में डूबे हैं।
और बिरसा, तुम्हारे हाथ लोहे की जंजीर से बाँध दिए गए हैं।
तुम्हारे आगे और पीछे घुड़सवार सिपाही हैं,
ओ बिरसा, वे तुम्हें राँची से ले गए।
ओ बिरसा, (मुंडाओं की) जमीन के
सवाल पर तुम्हें यातनाएँ दी गईं।
ओ बिरसा, तुम अगले जनम में फिर आओगे।
ओ बिरसा, मुझे गहरी पीड़ा है कि तुम गिरफ्तार किए गए।
मुझे बड़ा ही दुख है कि वे तुमको ले गए।

26.

जो बिरसा, तुम डोम्बारी पहाड़ी पर प्रकट हुए।
तुमने गोलियों को पानी में बदल दिया।
ओ बिरसा, तुम रूई की झाड़ियों के पीछे छिपे थे।
वे तुम्हें डोरंडा के रास्ते से ले गए।
ओ बिरसा, वे तुम्हें पालकी में बिठा
राँची जेल ले गए।
उन्होंने तुम्हें लोहे के पिंजड़े में बन्द कर दिया।
तुमने अफसरों के सामने अपनी शक्ति दिखला दी।
तुमने अपनी जाति का नाम रौशन किया।
ओ बिरसा, तुमने अपने लोगों के लिए यातनाएँ सहीं।

27.

ओ बिरसा, तुम दुश्मनों द्वारा गिरफ्तार किए गए,
तुम्हारे हाथों में लोहे की जंजीरें थीं,
तुम्हें अपने स्वार्थ का कोई ख्याल नहीं,

तुमने देश के लिए अपनी आहुति दी।
तुम्हारा नाम अजर-अमर हो गया,
हम अन्नत काल तक तुम्हारी याद न भूलेंगे।
हम आज भी तुम्हारे गीत गाते हैं,
तुम्हारे प्रति श्रद्धा से हर दिन शीश नवाते हैं,
हम तुम्हारे बारे में स्वप्नों की चर्चा की भाँति चर्चा करते हैं,
हम तुम्हारे प्रिय शब्द सुनते हैं,
जब तक यह धरती है,
तुम्हारा नाम लिया जाता रहेगा।

28

डोम्बारी पहाड़ी पर ढोल पर थाप कौन दे रहा है?
वे (बिरसा अनुयायी) मस्त हो नाच रहे हैं।
डोम्बारी पहाड़ी के नीचे बिगुल कौन बजा रहा है?
वे (ब्रिटिश सिपाही) पहाड़ी की ओर देखते हैं,
बिरसा ढोल पर थाप दे रहे हैं,
बिरसा-अनुयायी मगन हो नाचते हैं,
गोरा सैनिक पहाड़ी के नीचे बिगुल बजा रहा है,
गोरे सैनिक पहाड़ी की ओर देखते हैं।
मातृभूमि की स्वतन्त्रता के बिरसा ढोल बजा रहे हैं,
बिरसा-अनुयायी नाच रहे हैं।
गोरा सैनिक (अपनी फौज द्वारा) गोली चलाने के लिए बिगुल बजाता है।
गोरे सैनिक पहाड़ी की ओर देखते हैं।
उनके कारतूस खत्म हो जाते हैं,
बिरसा ढोल पर थाप दिए जा रहे हैं।
अनुयायी नाचते चल जाते हैं।
वे लोग डोम्बारी पहाड़ी पर गरज-गरज कह रहे हैं।
यह हमारी मातृभूमि है।

29

गाँव-गाँव में, झोंपड़ी-झोंपड़ी में,
बिरसा के शब्दों ने वीरता दी और पराक्रम दिया।
बिरसा की वाणी बड़ी मीठी है,
उसका असर दवा का-सा होता है,
ओ भाई, इस देश में
ज्ञान प्राप्त करो और तैयार हो जाओ,
अपने को बिरसा के उपदेशों से आभूषित करो।
बिरसा के उपदेश अमृत हैं।
बलदेव सिंह कहते हैं,
मुंडा अज्ञानता से भरे हुए हैं,
मुंडाओं के आगे बढ़ने की दौड़ में,
बिरसा के शब्द अनमोल हैं।

(ख) बिरसा और बिरसा-अनुयायियों की भक्ति-रचनाएँ : गीत

(1)

यह धरती किसने बनाई?
बतलाओ, बतलाओ, ओ लोगो,
यह धरती भगवान ने बनाई, पिता ने बनाई।
समझ लो, ओ लोगो!
ओ बहन और भाई, यह बात ठीक से समझ लो।

(2)

सच्ची वाणी, धरती में निहित है।
धरती की वाणी धरती में ही है।
सच्ची वाणी मन्दिर में है।
धरती की वाणी हमारे साथ है
इसे महसूस करो, ओ लोगो, धरती की वाणी हमारे साथ है।

(3)

चलो, हम सब चलें,
हमारे स्वर्ग के राज्य की ओर,
कदम पीछे न हटाओ,
आगे बढ़ने में मत सकुचाओ।
आगे पहाड़ी पर आग धधक रही है।
पीछे नदी पानी से लबालब है।
हम सब एक साथ बढ़ें
अपने स्वर्ग-राज्य की ओर।
हमारे पिता और माता दोनों वहीं बैठे हैं।
हम भी वहीं चलें, हम भी वहीं जाएँगे।
वहीं खुशी और सुख की भूमि है।

(4)

हमारे टेढ़े-मेढ़े रास्ते
सूई की तरह सीधे हो गए हैं,
मुंडाओं के युद्ध के लिए, तलवार
और ढाल बिल्कुल तैयार थे।
छत को सहारा देनेवाला बल्ला
गिर गया और हमें सहारा देनेवाले
बल्ले की नाईं खड़ा हो गया।
और बाँस के बल्ले से लगा झंडा गिर गया।
मुंडाओं की लड़ाई के खातिर...
बाँस का झंडा टुकड़ा-टुकड़ा हो गया।

(5)

पूरब और पच्छिम में हमारे देश पर अँधेरा छाया हुआ है
ओ चरवाहो, तुम परगनों के
आठों कोनों खोजो।

अगर तुम आठ को नहीं पा सकते तो चार पंक्तियों को खोजो।
यदि तुम चार को नहीं पा सकते तो दो को खोजो,
अगर तुम दो को नहीं पा सकते तो कम-से-कम एक को खोजो।
एक ही आदमी से यह देश जगमगा उठेगा।
हमारे देश पर अँधेरा छाया हुआ है
उसे किसने आलोकित किया?
बिरसा ने किया।

(6)

देश बर्बाद हो रहा है,
हमारा क्षेत्र पानी की सतह पर बहता हुआ असहाय कछुए-सा है।
देश आग की लपेट में है
जैसे कि आग में जलते हुए पेड़ की पत्तियाँ जली-झुलसी जाती हों।
धूल-गर्द भरी सड़क पर चलता हुआ-सा
देश नेस्तनाबूद हो रहा है
धूल-भरी सड़क के धूलि-कणों सा
हमारा देश निरुद्देश्य उड़ रहा है।
ओ बिरसा, तुम जवान, हठीले भैंसे की तरह उठ खड़े हुए
तुमने महज एक धागे से (देश) मुंडाओं को वापस करा दिया।
और बिरसा, तुमने उसे मुंडाओं को वापस करा दिया।

(7)

देश आग की लपटों में है।
ओ बहन, आग की नाईं वह
जला जा रहा है,
सर्वग्रासी, लपटों की जीभ लपलपाती
भीषण आग में, सूखी घास की तरह देश जल रहा है
पेड़ में नई निकलती हुई पत्तियों की तरह
आग की लपटें बढ़ती जा रही हैं, बढ़ती जा रही हैं,
देश पीपल की पत्तियों की भाँति

असहाय फड़फड़ा रहा है।
ओ बिरसा, तुमने उसे अपने पाँवों पर खड़ा कर दिया।
वह पूर्ण विकसित अवन्ध्याकृत भैंसे की तरह तनकर खड़ा हो गया।
ओ बिरसा, तुमने यातनाएँ सहीं, तुम्हें सताया गया।
तुमने कठिनाइयाँ सहीं, क्योंकि तुम्हारा कोई भाई
या बहन न थी (जो उन यातनाओं में तुम्हारे सहभागी बनते)
तुमने मुंडाओं को (माला के फूलों की तरह)
एक साथ गूँथ दिया।
तुमने मुंडाओं का नाम ऊँचा किया।
ओ बिरसा, मुंडा तुम्हें याद करते हैं,
वे (तुम्हारे लिए) रोते हैं,
मुंडा युग-युगान्त तक तुम्हारा अभिवादन करते रहेंगे।

(8)

देश का सफाई-अभियान जारी है।
जैसाकि धान की दवनी के मैदान में होता है,
भूमि स्वच्छ की जा रही है
जैसेकि चावल साफ किए जाते हैं।
ओ लोगो, डरो मत।
हमारी जमीन (म्लेच्छों से) साफ की जा रही है।
ओ, भाइयो और बहनो, यह ठीक से समझो।
हमारी जमीन बिल्कुल साफ की जा रही है।
बिरसा भगवान ने उसे साफ किया।
यह हमारी जमीन।

(9)

ओ भक्त मुंडाओ! तुम यह सब सीख लो।
तुम सब विश्व-धर्म सीखो।
मिट्टी के दीपक की लौ की तरह हमारे शब्द
ज्योति फैलाते हैं।

ओ, तुम सब लोग, इसे समझ लो।
बिरसा भगवान यही सन्देशा दे गए हैं।

(10)

ओ माँ, उगते हुए सूरज की नाईं गाँधी जनमे,
और उगते हुए चाँद की तरह बिरसा।
ओ माँ, गाँधी स्वराज को पृथ्वी पर आए।
और बिरसा मुंडाओं को अपने पाँवों पर खड़ा करने के लिए।

(ग) बिरसा और उनके अनुयायियों की रचनाएँ : प्रार्थनाएँ और मन्त्र

मुंडाओं के दैनन्दिन जीवन में भूख, बीमारी, रोग, रास्ते में दुर्घटनाएँ इत्यादि अक्सर होती हैं, अतः उनके निराकरण के लिए मन्त्र–

ओ पिता और माँ, हमें भूख, यातनाओं, बीमारी और कष्टों से बचाओ,
हमने तुम्हें अपना जीवन, हृदय, आत्मा और शरीर
सौंप दिया है
ताकि हम अपने काम, यात्रा, ज़मीन जोतने और गढ़ा खनने के समय तन्दुरुस्त और ठीक रहें।

सवेरे के वक्त वे यह सीधी-सादी प्रार्थना करते हैं–

ओ पिता, हम सोकर उठे हैं,
हमें अपना जीवन, हृदय, शरीर और आत्मा वापस करो।

स्नान के समय का मन्त्र–

ओ पिता, हमारे शरीर, जीवनी-शक्ति,
मन और आत्मा को स्वच्छ और शुद्ध करो।
इस प्रयोजन से हमारा आचरण बिरसा-धर्म में विनिहित नियमों के अनुसार करो।
हमारी रक्षा सिर्फ तुम कर सकते हो।

भोजन में मिताहार और संयम के बारे में नियामक मन्त्र–

ओ बिरसा भगवान, (हम प्रार्थना करते हैं कि)
सिर्फ एक अन्न-कण हमारी भूख-प्यास तृप्त करे।

और भी–

ओ पृथ्वी (धरती के राज) के नए राजा, सिर्फ
तुम्हीं हमें प्रतिदिन का भोजन देते हो,
जैसेकि तुम हमें आज भोजन दे रहे हो, हमें
प्रतिदिन भोजन दो और साथ ही दो अपनी शक्ति
बल, दया, सहायता और आशीर्वाद।

बिरसा-अनुयायी ईश्वर का स्मरण कर अपनी यात्रा शुरू करता है–

ओ पिता और माँ, हमारी यात्रा
की रुकावटों से हमारी रक्षा करना।

सभी अवसरों के लिए प्रार्थनाएँ : प्रथम धन-रोपनी के समय की खास प्रार्थना–

ओ पिता, तुम्हारी शक्ति, बल और सहायता से
हम धरती के गर्भ में बीज रखते हैं।
इसके लिए शरण-छाया सुनिश्चित करना।

दिनान्त की प्रार्थना–

ओ, पृथ्वी और स्वर्ग के सर्जनहार, ओ, पिता-माता
तुमने पूरे दिन हम पर (खतरों से) चौकसी रखी है,
और अब हम (बिछावन पर) सोने जाते हैं,
हम अपना पूरा जीवन, हृदय और शरीर, यानी सब कुछ
तुम्हें समर्पित करते हैं,
शैतान से हमारी रक्षा करना।

बिरसा-अनुयायी इन चीजों से बचने की कोशिश करते हैं–चोरी, लालच, ईर्ष्या, धूर्त्तता, परनिन्दा, कामुकता और परस्त्रीगमन। बिरसा ने अपने अनुयायियों की, व्यथा और पीड़ा से रक्षा के लिए स्वयं निम्नलिखित प्रार्थना रची थी–

ओ पृथ्वी और स्वर्ग के सर्जनहार, पिता और माता,
हमें बीमारी और कष्ट से बचाओ।
हम अबोध लोग, दोनों हाथ जोड़,
प्रार्थना करते हैं कि हमें बीमारी और कष्ट से बचाओ।
हम अपनी जीविका के बारे में छः दिनों तक सोचेंगे,
प्रयास करेंगे और जीवन में हफ्ते में एक दिन
विश्राम करेंगे।
हम अबोध लोगों के सभी पाप और अपराध क्षमा कर दे।

हम इसके लिए दोनों हाथ जोड़ और तुम्हारा चरण-स्पर्श कर
प्रार्थना करते हैं। हम अपनी आत्मा और जीवन तुम्हें
सौंपते हैं। तुम चतुर्दिक् मौजूद रहते हो, सभी स्थानों में
तुम्हारा वास है,
तुम हमारी प्रार्थनाएँ सुनो।
हम तुम्हारी प्रार्थना कर दुष्टात्माओं
और शैतान को मार भगाएँगे।
जो तुम पर निर्भर करता है, उसके
हृदय और आत्मा की, प्रार्थनाएँ करने से, रक्षा होगी।

दुष्टात्माओं के विरुद्ध आह्वान—

पिता और माँ ने स्वर्ग और पृथ्वी बनाए हैं।
पिता और माँ ही सुरक्षा और शरण के एकमात्र
स्थान हैं। दुष्टात्माओं का तोषण कदापि न किया जाएगा।

और भी—

ओ सर्जनहार, स्वर्गं और पृथ्वी के माता-पिता,
हम (प्रार्थना में) दोनों हाथ जोड़
अपने हृदय और आत्मा से तुम्हारे समक्ष विनत हैं।
हम अपना जीवन, शरीर और आत्मा सभी कुछ तुम्हें
सौंपते हैं।
ओ, पिता और माँ, सिर्फ तुम तुम्हारी रक्षा कर सकते हो।
हम सभी दुष्टों और दुश्मनों को भी
तुम्हें सौंपते हैं। अब वे हमारे
घरों और निवास-स्थानों से
(बलिदान-स्वरूप) कुछ भी प्राप्त न कर सकेंगे,
भले ही वे आसमान से गिरकर
हमसे (बलिदान की) माँग करें।

जिन पिता के प्रति बिरसा-अनुयायी की पूर्ण निष्ठा है, वहां उनकी रक्षा दुश्मनों से करेगा। दुष्टात्माओं की आज्ञा अब बिल्कुल ही न मानी जाएगी। बिरसा-धर्मावलम्बी को उनसे कुछ लेना-देना नहीं—

अपने सम्पूर्ण अस्तित्व से हम तुम्हारी (स्वर्ग और
पृथ्वी पर स्थित पिता और माँ की)
आज्ञा का पालन करेंगे।
ओ भगवान, तुम हमारी रक्षा बीमारी

और कष्टों से करोगे।
ओ स्वर्ग और पृथ्वी के सर्जनहार,
ओ दया और शक्ति के परम स्रोत,
ओ पिता, सिर्फ तुम्हीं हमारे पिता-माता हो।
मैं तुम्हारी प्रार्थना में विनत हूँ, मैं
तुम्हारा अभिवादन करता हूँ।
भूख, प्यास, बीमारी और कष्टों में
हमारी रक्षा करो।
तुम हमारे दुश्मनों को मार भगाओगे।

अतीत यानी प्रेतात्माओं की पूजावाले अतीत से जोरों के साथ सम्बन्ध विच्छेद किया गया है और रक्षक के रूप में परमात्मा के प्रति पूर्ण रक्षा की अभिव्यंजना है–

तुमने स्वर्ग और पृथ्वी की रचना की।
सिर्फ तुम्हीं हमारे माता और पिता हो
हम अपने पूरे हृदय से तुम्हारी प्रार्थना कर रहे हैं,
हमारे हाथ में आम की डंठल
और मिट्टी के छोटे-से बर्त्तन में
पानी है
केवल तुम्हीं हमारे कष्टों को दूर कर
हमें उबार सकते हो।

दुष्टात्माओं के बाद शैतान और जातीय दुश्मन मुंडाओं की खुशी पर अशुभ छाया डालते हैं। अब (बिरसा-धर्मावलम्बी की कल्पना के अनुसार) शैतान नर्क की अग्नि में जल-झुलस रहा है और यातनाएँ झेल रहा है। उस सम्बन्ध में मरमी मुंडा के विवरण और रोगोतो पांडुलिपि से कुछ छिटपुट नमूने–

दुश्मन हमें कष्ट पहुँचाते हैं
तुम (बिरसा धर्मावलम्बी) अपने मन में चिन्तित हो।
हम उनसे कब छुटकारा पाएँगे।
शैतान और दुष्ट, रात-दिन, हमारे साथ हैं।
हम अपने दुश्मनों पर कब विजय पाएँगे?
ओ पापी दुश्मनो, अपने पापों के बारे में सोचो,
आखिर तुम हमसे क्यों लड़ते हो
हमारे पिता और माँ स्वर्ग में हैं
दुश्मनों के पिता-माता नर्क में हैं।

और भी—

शैतान, तुम कब नर्क में जाओगे?
तुम्हें वहाँ क्या खुशी मिली?
ओ शैतान, तुम्हें क्या सुख मिला और
क्या यातनाएँ मिलीं?
(नर्क से) क्या तुम्हें डर लगता है?
ओ शैतान, तुम नरकाग्नि में हो।
तुम नरकाग्नि में (अकारण ही) लड़ रहे हो।

स्वर्ग में स्थित पिता ने नए राजा की नियुक्ति की थी। नए राजा मुंडाओं के तात्कालीन शत्रुओं को दंड देंगे और उनका विनाश करेंगे—

तुम धरती के पिता नियुक्त किए गए,
मैं तुम पर हृदय और आत्मा से विश्वास
करता हूँ। हमें दुखों और कठिनाइयों
से बचाओ। स्वर्ग में सबसे बड़े
राजा हैं। उन्होंने तुम्हें धरती
का नया राजा नियुक्त किया। हमें दया,
शरण, अनुकम्पा और सहायता दो।
पृथ्वी पर के नए राजा हमें दया और
सुरक्षा, कष्ट में सम्बल और शक्ति
सुनिश्चित रूप से देंगे और राजाओं,
अफसरों, जमींदारों को नदी के सैलाब
और भीषण दावाग्नि में जला-बहा देंगे।

स्वर्ग में महान राजा ने नए राजा को राज्य दिया, ताकि वह अपने लोगों को उनका खोया राज्य वापस करा दें (भरमी मुंडा-टेकम वचन)—

मैं विश्वास में जीवित हूँ। तुम पृथ्वी पर
राजा नियुक्त किए गए। मुझे तुममें
पूरा विश्वास है। मेरा पूरा अस्तित्व तुममें
समाहित है।
मुझे बीमारी और कष्टों से बचाओ। तुम स्वर्ग
में महान राजा हो। तुमने पृथ्वी पर
राजा नियुक्त किया। उन्हें तुमने
राज्य और भूमि प्रदान की।
पृथ्वी पर राजा ने हमारे हाथों में राज्य

और भूमि सौंपी। तुम (पृथ्वी पर) चुने हुए
आदमियों को अपना महान उद्देश्य पूरा
करने का काम सौंपो।
तुम हमारे शरीर पर पवित्र चिह्न
(चन्दन के लेप का चिह्न) अंकित कर हमें बचाओगे।
तुमने नदी के पानी, वन की अग्नि,
गंगा और सागर की सृष्टि कर आदमियों का बोझ उतार लिया।
तुमने राजाओं और जमींदारों का राज्य नष्ट कर दिया।
ठेकेदारों, शैतानों और दुश्मनों के राज्य
का अन्त हो गया। आज हमारे पूरे देश में
हमारा राज्य फैला हुआ है। आज
हम पूरब की ओर मुँह किए (गर्व से)
खड़े हैं। आज हम अपने देश में उगी
फसल काट रहे हैं।
अब हमें अपना राज्य हमेशा के लिए मिल गया।
अब किसी की हिम्मत नहीं कि उसे हमारे
पास से फिर हड़प ले।

(घ) बिरसा अनुयायियों के तीर्थ-स्थल एवं तीर्थ-पुराण

1. चलकद जम्बूवन (एक प्रार्थना)

ओ भगवान, तुम चलकद गाँव (?) तमाड़ परगना (उली हातु, खूँटी अनुमंडल, छोटा नागपुर) में जनमे। तुम इस धरती पर आश्चर्यजनक रूप से आए। अपने शैशव काल में तुम बहुत मजबूत और स्वस्थ थे। तुम खुश रहा करते थे और सबके प्रिय थे। तुम बूढ़ों और जवानों, दोनों, से कर्णप्रिय शब्द कहा करते थे। तुम अपने साथ भगवान की शक्ति लिए, पढ़ने गए और अनेक जगहों में शिक्षा पाई। तुम बहुत चतुर, बुद्धिमान और पढ़ने में तेज थे। जब तुम्हारी पढ़ाई खत्म हो गई तो तुमने बड़े जमींदारों, राजाओं और अफसरों से महत्त्वपूर्ण सवालों पर विवाद शुरू किया। जब तुमने देखा कि तुम्हारी जाति और धर्म के लोग पीड़ित हैं, दमन के शिकार हैं और उनके नष्ट होने का खतरा है तो तुमने चलकद में एक बैठक बुलाई, जिसमें सभी जमींदारों और राजाओं को आमन्त्रित किया। तुम पूरब की ओर मुँह किए खड़े हुए और (अपने शिष्यों को) एक-दूसरे के पास चले आने का आदेश दिया। सभी राजा और जमींदार भी आए। तुम उनसे अच्छी तरह बोले और उसके बाद उनसे अच्छा सलूक भी किया। तब तुमने आदेश दिया कि अब देश के बारे

में अगला कदम उठाया जाएगा। जब बैठक खत्म हो गई तो तुमने उस अवसर पर एक रस्सी कटवाकर जश्न मनाया। दावत अच्छी तरह चली। उसके बाद सबको विदा करते समय तुमने अपने साथियों से इधर-उधर फेंके हुए बाँस के टुकड़े और लकड़ी की डालियाँ और टिन के टुकड़े मँगवाए और सबकी विदाई के समय की सूचना के रूप में उनको पीट-पीटकर आवाज की। उसे देखकर और उसके बारे में सुनकर वे लोग आश्चर्यचकित हुए और वहाँ से कुछ डरे हुए-से अपने-अपने गाँव चले गए। फिर कुछ दिनों बाद अनेक अचरज-भरे काम हुए। एक छोटी डलिया के महज कुछ थोड़े-से बीजों से एक बहुत ऊँची भूमि में अच्छी तरह बोआई हो सकी। तुम्हारे और गाँव के पुरोहित के बीच उस समय झगड़ा हो गया जब तुम नहाने जा रहे थे। तुमने उसके सामने दावा किया कि तुम्हारी खड़ाऊँ सोने की हो जाएगी। प्रेतत्माओं का बलिदान दिलानेवाले उस पुरोहित ने जवाब दिया—'बिरसा, तुम पागल हो गए हो क्या? एक जोड़ी खड़ाऊँओं को सोने में बदल सकना असम्भव है।' बिरसा ने बलिदान दिलानेवाले उस पुरोहित से कहा कि वह उन्हें पागल बतला रहा है, इस कारण एक दिन ऐसा आएगा जब पूरा देश पागल हो जाएगा। उस समय पुरोहित स्थिति की वास्तविकता समझ सकेगा और सच्चाई जानेगा।

(उपर्युक्त घटना चलकद से पुलिस को निकाल बाहर किए जाने के सम्बन्ध में है। पृष्ठ 7[illegible] ९-१२)

2. चुटियागढ़

ओ भगवान, चुटियागढ़ हमारा पैतृक स्थान है जहाँ 'चुटु मुंडा' द्वारा निर्मित मन्दिर है। भगवान (बिरसा) ने जगन्नाथपुर से लौटने के बाद अपने भाइयों और बहनों को चुटिया मन्दिर की यात्रा कराई। वे वहाँ हमारे (मुंडाओं के) लिए अधिकार-अभिलेखों, पुराने रीति-रिवाजों और प्रथाओं के विवरण लेने गए थे, जिससे कि हमारे पैतृक अधिकारों को, जो दुश्मन ने हम से छीन लिए थे, वापस कराने में हमारे लिए सहायक हों। अब से हम हर भाई अपने-अपने आँगन में तुलसी का बिरवा रोपेंगे और उसकी पूजा करेंगे। और हम लोग अपने पूर्वजों की प्रथाओं के अनुसार इस नियम का पालन करेंगे। हम प्रति देश के वर्ष के अनुसार रहेंगे और धर्म को सम्पूर्ण क्षेत्र में फैला देंगे। हम लोग पूरे विश्वास और ईमानदारी के साथ तुलसी के पौधे की पूजा करेंगे। (पृष्ठ 95-97)

3. जगन्नाथपुर

ओ पिता, जगन्नाथपुर हमारा पैतृक मन्दिर है। हमारे पूर्वज यहाँ दर्शन के लिए आते थे और मिठाइयाँ और बलि किए हुए, पशुओं की भेंट चढ़ाते तथा पूजा करते

थे। बाद में इस मन्दिर पर, यहाँ के दिकुओं—हमारे दुश्मनों ने 'जबर्दस्ती' कब्जा कर लिया। उन लोगों ने मन्दिर में पूजा करने के लिए ब्राह्मण बहाल किए और वहाँ बैलों का बलिदान किया जाने लगा। उनके खून से वे अपने माथे पर तिलक लगाते थे। उसके बाद मुंडाओं ने (मन्दिर) हमेशा के लिए छोड़ दिया और (उन्होंने) राजा की ड्योढ़ी के पास एक ऊँचा मंच बनाया। वहाँ पूजा करने लगे, मिठाइयाँ तथा भेंट अर्पित करने लगे। ओ पिता, तुमने अपने भाइयों और बहनों को इकट्ठा कर बीज की खोज में वहाँ की यात्रा की थी। जैसा हमारे पूर्वजों की प्रथाओं में नियम था, तुमने मिठाइयाँ और भेंट अर्पित की। तुमने मन्दिर के लिए कुछ नियम भी निर्धारित किए। साथ ही तुमने मन्दिर में नए धान का चूर्ण, जौ और पका हुआ भोजन अर्पित किया। तुमने भगवान को भोजन भी अर्पित किया और मन्दिर के भीतर सभी प्रकार के बीजों की खोज की। प्राचीन प्रथाओं के अनुसार तुमने हमारे शरीर पर पवित्र लेप का टीका लगाया। (पृष्ठ 98-100)

4. ठाकुरद्वारा

ओ पिता, अपने लोगों के कष्टों, कठिनाइयों, संतापों और (बाहरी लोगों और अफसरों द्वारा) परेशान किए जाने की स्थिति से तुम द्रवित हो गए और भगवान के पास जाकर उनसे इस बारे में सवाल पूछा। तुम इसके लिए निष्ठा की खोज में ठाकुरद्वारा गए। तुम अपने लोगों को बन्धनमुक्त करने के लिए व्यग्र थे। वहाँ तुमने तपस्या की। तुमने करीब एक पखवारे तक अन्न-जल ग्रहण न किया। फिर ठाकुरद्वारा में तुमने सूखा कुआँ देखा तो तुम एकाएक चिल्लाकर कह उठे कि—'सतयुग आ गया है।' कलियुग धीरे-धीरे समाप्ति पर था। चार युगों और दस अवतारों का समय भी खत्म होने को था। (पृष्ठ 99)

5. नव-रतन

ओ पिता, तुमने हमारे लिए यातनाएँ सहीं। अपनी बुद्धिमत्ता और शक्ति से तुमने हमको अपने पैतृक अधिकार और धरोहरें, जातीय रीति-रिवाज और धैर्य हमारे जीवन और घरों में वापस ला दिया जो सब अनेक दशकों से छिपे, गड़े पड़े थे। नवरत्न जाकर तुम वहाँ से बीज ले आए और तुमने हमें पृथ्वी के सिंहासन पर आसीन कराया। तुमने उस जगह की पवित्र मिट्टी का तिलक हमारे माथे पर लगाया और घोषणा की कि दूसरे लोग हमसे उसके बाद से हमारा राज्य न छीनेंगे, क्योंकि हम लोगों ने पूरे जीवन के लिए अपना खोया राज्य (हमेशा के लिए) पा लिया है। (पृष्ठ 98-100)

6. डोम्बारी बुरु

ओ पिता, कलियुग में हमारे जातीय रीति-रिवाज, परम्पराएँ और हमारी प्रतिष्ठा हमसे छीन ली गई, इसलिए उनका अन्तिम संस्कार करने के लिए (पुतले जलाने के लिए) डोम्बारी पहाड़ी पर कृत्रिम श्मशान या अहाते, कामचलाऊ ढंग के, बनाए गए और उन लोगों ने साम्राज्ञी (विक्टोरिया) के नाम पर बरगद का एक पेड़ काटा और उसे जलाकर होलिकोत्सव मनाया। उन लोगों ने पेड़ के चारों ओर मिट्टी के जलते हुए दीए रखे और उसके निकट एक लाल और सफेद झंडा गाड़ दिया। तब उन लोगों ने कलियुग का करमा नृत्य किया। उसके बाद उन्होंने कटे हुए पेड़ को एक ओर से जला दिया। एक ओर एक लाल झंडा गाड़ा गया और दूसरी ओर सफेद झंडा। बिरसा के प्रति निष्ठावान लोगों के लिए कृत्रिम अहाता बनाया गया और उसके निकट सफेद झंडा गाड़ दिया। कलियुग की सभी प्रथाओं, तौर-तरीकों, नृत्य, माला, कंगन, फूलों से बनी अँगूठी और फूलों की कंघी पर रोक लगा दी गई और इन चीजों को हमेशा के लिए छोड़ दिया गया, और दुश्मनों की समाप्ति के लिए एक तिथि निर्धारित कर दी गई और बिरसा ने लोगों को (प्रतीक के रूप में) मार दिया। ढोलकों की थापों पर उन्होंने नृत्य-स्थल पर नृत्य किया और घोषणा की कि ब्रिटिश साम्राज्ञी का राज समाप्त हो गया। उन्होंने घोषणा की कि ब्रिटिश साम्राज्ञी के नाम पर वे उसके पुतले को लक्ष्य कर तीर चलाएँ। उन्होंने केले के एक पेड़ को जला डाला, उसे काट दिया और उसका (साम्राज्ञी) नाम सदा के लिए खत्म कर दिया। (पृष्ठ 101-105)

7. सिम्बुआ बुरु

ओ लोगो, हमारे दुश्मन पूरे पैमाने पर युद्ध छेड़े हुए हैं। जब तक हम उनका विनाश नहीं कर लेते तब तक हम खुश न होंगे। तब तक हमें अपना खोया राज्य वापस न मिलेगा। वे लोग हमें सताने और यातनाएँ देने को तैयार हैं। (इस तरह बोलकर) बिरसा ने हम लोगों को तलवार थमा दी और चारों दिशाओं—पूरब, पश्चिम, उत्तर, दक्षिण की ओर बारी-बारी से मुँह करके ध्यान किया और प्रार्थना की। उन्होंने अनुयायियों को आदेश दिया कि वे अपने हथियारों से दुश्मनों का सफाया करें और यह कार्य पूरा करने के बाद ही वापस आएँ। उन्होंने यह भी कहा कि उनके दुश्मनों की शक्ति उसी दिन खत्म हो गई। अंग्रेजों की गोलियाँ पानी में बदल गई। दुश्मन लोग अपने राज्य पर फिर कब्जा न कर सकेंगे और समाप्त हो जाएँगे। (पृष्ठ 93-101)

8. रोगोतो दुनुब (रोगोतो बैठक)

उन्होंने (बिरसा ने) अपने शिष्यों की एक बैठक रोगोतो में बुलाई और कलियुग

का अन्तिम क्रिया-कर्म किया। उन्होंने सलाह दी कि उसके बाद से उस समय से, वे लोग हँड़िया और शराब पीना, फूलों से शृंगार करना, फूल की कंघी रखना, ढोल पीटना और सड़ा मांस खाना बन्द कर देंगे। उसके बाद उन्होंने इन प्रथाओं की, हमेशा के लिए, समाप्ति कर दी। इसके बाद उन्होंने अपने शिष्यों को आदेश दिया कि बकरे का मांस निर्धारित समय के भीतर पकाएँ। मांस समय पर न पकाया जा सका और (क्योंकि) पत्तलें और पानी पीने के चुक्कड़ तैयार न थे, तो बिरसा नाखुश हुए और गुस्से में अपनी काठ की खड़ाउएँ फेंक दीं। उन्होंने उनको चेतावनी दी और शाप दिया कि वे बर्बाद हो जाएँगे। उन्होंने आगे कहा कि वे सब बेकार के आदमी हैं और साथ ही बुद्धिहीन और निर्लज्ज भी। शिष्यों ने उनकी बात पर ध्यान न दिया। उन्होंने (बिरसा ने) कहा कि यह आखिरी धार्मिक समारोह होगा और सो भी इसे अपूर्ण की समझा जाएगा। इसलिए जब तक उनका धर्म समूचे संसार में फैल नहीं जाता, वे लोग मांसाहार बन्द कर देंगे। जब उनका धर्म देश में सभी जगह-जगह माना जाना शुरू हो जाएगा तो हम लोग (बिरसा अनुयायी) मांस खाना शुरू कर देंगे। हम कुत्ता नहीं पालेंगे, क्योंकि वह हमारी खाने की पत्तल चाट लेता है। यहाँ तक कि हम अपने घर चिड़िया भी न पालेंगे, क्योंकि उनको भी हमारे साथ ही मांस न खाने का परहेज करना पड़ेगा। पति-पत्नी एक-दूसरे को छोड़ न सकेंगे। ऐसा न करने पर भगवान के समक्ष एक दिन उन्हें अपनी इस कार्यवाही के लिए सफाई देनी पड़ेगी। पति पत्नी को बिना किसी गलती, कारण या भलीभाँति विचार किए, न छोड़ेगा। यदि वह यह नियम न मानेगा तो उसे ईश्वर के समक्ष अपने इस आचरण का कारण बतला सकना मुश्किल हो जाएगा। किसी को भी दुबारा शादी न करनी पड़ेगी, अन्यथा उसे भगवान के समक्ष सफाई देनी पड़ेगी। जो भी कुछ कठिन काम होगा। इस चूक के लिए उसे अपनी एक पत्नी की बाँह पकड़नी होगी और दूसरी को अपने कन्धे पर लेकर चलना होगा। उसकी जाँच इसी तरह की जाएगी। यदि उसकी सफाई सही न पाई गई तो उसे नर्क मिलेगा। किसी कुँआरी लड़की के विवाह के अवसर पर उसके शरीर पर हल्दी का लेप चढ़ाया जाएगा। यदि कोई आदमी एक पत्नी की मृत्यु के बाद विवाह करता है तो समारोह के रूप में जमीन पर चावल के चूर्ण की तीन रेखाएँ खींच दी जाएँगी। यदि कोई दो बार ब्याह करता है तो वैसा करना धर्म-विरुद्ध माना जाएगा। ईसाई आदिवासी लड़की को अपनी जाति (मुंडा़) में पुनः प्रवेश करने की अनुमति न मिलेगी। अन्य जातियों के साथ मुंडाओं का अन्तर्जातीय विवाह न हो सकेगा। यदि कोई ऐसा फिर भी ऐसा करता है तो उसे जीवन-भर के लिए जातिच्युत कर दिया जाएगा। फिर भी उसे माफ कर दिया जा सकता है, पर यदि वह चौथी बार (?) ऐसा करता है तो उसे परिवार से धर्म-बहिष्कृत किया जाएगा। रोगोतो में धर्म की एक बड़ी बैठक आयोजित की

गई (जिसे कभी-कभी बीच में बराबर आयोजित करने की मंशा थी)। उसमें सभी वरिष्ठ लोग शामिल होनेवाले थे और उस बैठक में अनेक मामले तय किए जानेवाले थे। यह नियमित था। बिरसा के शिष्यगण वहाँ हर तीसरे या छठे महीने इकट्ठा होनेवाले थे। वहाँ एक मन्दिर भी स्थापित किया जानेवाला था। इसलिए देश के सभी भाई-बन्धुओं को उस बैठक में अवश्य शामिल होना चाहिए और जो लोग धर्म के विरुद्ध आचरण करते हैं और अपने भाई-बन्धुओं का आचरण बर्बाद करते हैं और पाप करते तथा धर्म के विरुद्ध जाते हैं, उनके नाम पंजी (रजिस्टर) में लाल स्याही में दंड-योग्य लोगों के रूप में लिखे जाएँगे। (अध्याय-8)

परिशिष्ट–क

वंशवृक्ष

लकड़ी मुंडा (चलकद में विवाहित)

- कानू पाहन
  - जगई
    - बरनवास
    - जोसेफ
  - हानुक
  - उदई
    - पौलुस
    - पसना (युवावस्था में मृत)
  - नथनैल
- सुगना
- पासना (बम्बा में विवाहित)
  - एक पुत्र जिसे तेंदुए ने मार डाला।
  - तीन पुत्रियाँ जिनका तुबिल, कारूडीह (केवोरा के निकट) और बारेडीह (तमाड़) में विवाह हुआ।
- पुत्रियाँ (?)

बिरसा का परिवार

सुगना मुंडा

(अयुबहातु, खूँटी में विवाहित)

- कोमता (कुंडी में विवाहित)
  - सुगना (युवावस्था में मृत्यु)
  - चार पुत्रियाँ जो बारटोली, गरिगाँव, बारीनिजकेल और तुबिल में ब्याही गईं। पाँचवीं अविवाहित ही मर गई।
- दसकीर (कनदेर में विवाहित)
- चम्पा (पंगुरा में विवाहित)
- बिरसा
  - परीवा (दत्तकपुत्र)
    - नारायण सिंह (1989 में मृत)
- कानू (अपनी ससुराल में बस गया)
  - मोगला

अयुबहातु में बिरसा की माँ का परिवार

डोबर मुंडा

- करमी (बिरसा के पिता से विवाहित)
- सोहराई
- जोनी (खटंगा में विवाहित)

परिशिष्ट-ख

राँची जिले में घटित वारदातों की सूची

गृह विभाग की कार्यवाहियाँ, अगस्त, 1900, का. सं. 330, राँची जिले में मुंडा विद्रोह

थाना का नाम	गाँव का नाम	आदमी का नाम	वारदात का वर्णन	टिप्पणी
राँची, 24 अक्तूबर 1899,	राँची	छेदी मिस्त्री (बढ़ई)	दुकान के सामने तीर से मारा गया	मृत उस समय से
9 से 10 बजे रात	राँची	एक यूरोपीय नौकर	जिला अधीक्षक के निवास के नजदीक रोड पर बाँई आँख के ऊपर तीर से मारा गया	हल्का मामूली जख्म
खूँटी	गुलु 12 मील पूर्व	लुता ईसाई	जर्मन चर्च में तीर से मारा गया	मामूली जख्म
”	विंदा, 13 मील दक्षिण	एक लड़की (मंगरा ईसाई की लड़की)	जर्मन चर्च के बाहर एक तीर से मारी गई	जख्मी
”	चींदु, 12 मील पूर्व	बलोवा ईसाई	जर्मन चर्च में तीर से मारा गया	जख्मी

”	सेनकी, 8 मील पूर्व	सेम्युल और उसका भाई अनुंदो मुशी	अंग्रेजी चर्च में तीर लगा	एक मामूली जख्मी एक जख्मी
”	पुरता, 6 मील दक्षिण-पूर्व	—	एक घर जला	—
”	गोआ, 19 मील पूर्व	—	”	—
”	मुरु, 8 मील दक्षिण	—	विद्यालय के मकान पर तीरों की वर्षा	—
”	अन्य दस गाँव	—	जले हुए घर	—
”	रोमन कैथोलिक मिशनरियाँ, 12 मील दक्षिण	फादर करवेरी	हमला हुआ, एक तीर से जख्मी हुए, एक छप्पर जला	मामूली जख्मी —
”	चेंदा गुटु 12 मील दक्षिण	सीलदा का गेला	कोइल पर गले में तीर लगा	गम्भीर रूप से जख़्मी
”	इंदीपिरी, 16 मील दक्षिण	सुकु लाल	जाँघ के ऊपर तीर से मारा गया, दो घर जले	जख्मी
”	इंदीपीरी, 16 मील दक्षिण	सुकु लाल	डुमरी में एक-14 मील दक्षिण पूर्व; एक बरोमा में-12 मील दक्षिण	
वसिया	रामतोलिया	एक ईसाई लड़का	24 के शाम को चर्च से बाहर आते वक्त जाँघ पर एक तीर लगा	जख्मी
”	कजरा	—	24 की शाम को चर्च पर तीन अग्नि तीरों को फेंका गया	

”	कऊराटोली	एक आदमी	24 की शाम को एक तीर लगा	
”	कोतवो	—	24 की शाम को जर्मन मिशन चर्च पर तीरों (अग्नि) की वर्षा, परन्तु किसी को नहीं लगा	
खूँटी	दीगड़ी	एक लड़की	24 की शाम 9 बजे, कैथोलिक के घर पर बाँह में तीर लगा	गम्भीर रूप से जख्मी
”	जमरी	—	24 की रात में जयपाल सिंह का घर जला	
तामार	वीरबंकी	जकारिया ईसाई	24 की रात मिशन चर्च में तीर से मारा गया	
”	मरिमवुरु	मुसम्मात मानो ईसाई, मनई ईसाई और डुंगा ईसाई	24 की रात में मिशन चर्च में सभी को तीर लगा	
तारपा	कोटम की सीमा-चौकी	—	24 की शाम को घर से चर्च आते ईसाइयों को तीन तीर लगो	
वुंदु	वुंदु	एक चौकीदार	24 की रात में तीर मारा गया	जाँघ में जख्मी
राँची	कोचफोंडा स्टेशन	तीसंजों का करम सिंह चौकीदार	24 की रात को कुल्हाड़ी से काटा	मृत पाया गया

परिशिष्ट-ग

सिंहभूम के चक्रधरपुर थाने में वारदातों की सूची

क्र.	दिनांक	पीर	गाँव	पीड़ित व्यक्ति का नाम	असन्तोष का स्वरूप
1.	24 दिसम्बर	वंदगाँव	हरमदा	लुंबा मुंडरी	एक तीर से घर में आग लगी
2.	25 दिसम्बर	,,	खरुआ	डुकरा	
3.	,,	,,	मुरुमगुतु	सागर	
4.	,,	,,	वंदगाँव	कंदरन सिंह	
5.	,,	,,	मातागारु	गंगा मुंडरी	घर जला
6.	,,	,,	कतना	चंदा मुंडरी	
7.	,,	,,	करनकेल	साहा मुंडरी	
8.	,,	,,	जमरा	गाला मुंडरी	
9.	,,	,,	तिरला	जीवू पाहन	
10.	24 दिसम्बर	,,	करकता	रथन मुंडरी	
11.	,,	,,	करकता	मीखू मुंडरी	अपने बरामदे में सोते हुए मारा गया

क्र.	दिनांक	पीर	गाँव	पीड़ित व्यक्ति का नाम	असन्तोष का स्वरूप
12.	,,	,,	जलमई	उदय मुंडरी	
13.	,,	,,	जगदा	गीरी मुंडरी	
14.	,,	लगरा	दुदकुरी	जगन्नाथ मुंडरी	घर जले
15.	,,	,,	लोहहाटु	सलनीडू	
16.	,,	,,	पींगू	वीजी मुंडरी	
17.	,,	कोंदरा	कोंदार गुटु	अजब पराचर	जर्मन मिशन, चर्च जला, आक्रामक ज्ञात है, पर भागा हुआ
18.	,,	संगरा	हरसाडीह	कामता मुंडरी	
19.	,,	,,	,,	दौराज तमारिया	तत्काल ही तीन घर जल गए
20.	,,	,,	,,	चसिया मुंडरी	
21.	25 दिसम्बर	वरिंग	जिकिलता	संजा मुंडरी	
22.	,,	,,	वरगलकेल	मेदनी मुंडरी	
23.	,,	,,	किलनाग	गोंडा मुंडरी	
24.	,,	,,	किलनाग	राली मुंडरी	
25.	,,	,,	कमदेला	वैद्यनाथ मुंडा	
26.	24 दिसम्बर	,,	राड़ा	संदीर मुंडरी	
27.	,,	,,	तकुब	बसु मुंडरी	
28.	25 दिसम्बर	कीरा	सुरबुरा	गुरुचरन गौड़	
29.	,,	,,	सुरबुरा	पनु गौड़	

क्र.	दिनांक	पीर	गाँव	पीड़ित व्यक्ति का नाम	असन्तोष का स्वरूप
30.	24 दिसम्बर	दरका	जंते	तीकन मुंडरी	
31.	,,	,,	राउली	बिरसा मुंडरी	
32.	,,	,,	दिंदापाई	वाता मुंडरी	
33.	,,	,,	तालांग जीरा	गोगा मुंडरी	
34.	,,	,,	,,	विष्णु मुंडरी	
35.	,,	,,	दीआनी	गंगा मुंडा	
36.	,,	,,	,,	विशुम पहान	घर जले
37.	,,	,,	केवरा	मतु पाहन	
38.	28 दिसम्बर	लगड़ा	दुंगवरु	किशन चरण कोल	रसद देर से लाने के कारण इसने लाठी से उसे मारा जिससे क्रोधित होकर उस व्यक्ति ने इसे मार डाला

18 जनवरी, 1900

डब्ल्यू.वी. थामसन, डिप्टी कमिश्नर

परिशिष्ट-घ

मुंडा कैदियों के मुकदमे का एक दिन

(मुंडा के वकील और वादी मजिस्ट्रेट के बीच की निम्नलिखित बहस मुंडा कैदियों के मुकदमे के एक महत्त्वपूर्ण दिन (16 मई) का वर्णन प्रस्तुत करती है। इसे 'द बंगाली' ने 23 मई, 1900 को पृ. 6 पर दर्ज किया था।)

मिस्टर जैकब ने कहा :

महामहिम, आवेदनपत्र के मुद्देनजर, जिसे मैं कल ही पेश करना चाहता था, परन्तु जिसे तब तक स्वीकार करने से मना कर दिया था जब तक कि मैं अपने मुवक्किलों के गाँवों और थानों का नाम न दे दूँ। आज मैं पीटीशन को अपने मुवक्किलों के परगनों के नाम के साथ प्रस्तुत करने हेतु तैयार हूँ, परन्तु इससे पहले मैं अपने मुवक्किलों पर लगाए गए आरोपों को जानना चाहूँगा। इससे मैं अब तक अनभिज्ञ हूँ और मेरे मुवक्किल भी उन आरोपों के सम्बन्ध में अँधेरे में हैं, जो उन पर लगाए गए हैं। इनकी संख्या 93 है और इनमें से किसी को भी यह पता नहीं है कि इन्हें जेल में क्यों रोककर रखा गया है। मेरे प्रस्तुतीकरण हेतु यह आवश्यक है कि मैं जानूँ कि इन लोगों ने क्या किया है : यदि इनका जुर्म जमानत योग्य हो तो जमानती अर्जी देने का मुझे अधिकार है और यदि इन पर लगाए गए आरोप गैर-जमानती हैं, तो मुझे जानने का हक है कि इनके विरुद्ध क्या साक्ष्य दर्ज किया गया है।

मजिस्ट्रेट, नाजिर : कोर्ट इंस्पेक्टर को बुलाओ—हाजूल के आरोपी 93 की जमानत का एक आवेदन-पत्र स्वीकार किया गया है; आपको क्या कहना है?

इंस्पेक्टर : मैं आदमियों को पहचान सकने में असमर्थ हूँ जब तक कि उनसे सम्बद्ध गाँवों का उद्धरण नहीं दिया जाए।

मि. जैकब : मैं मात्र परगना ही दे सकता हूँ।

मजिस्ट्रेट : नहीं, इससे नहीं हो पाएगा।

मि. जैकब : मैं, बस परगना ही दे सकता हूँ। यदि महामहिम मात्र उस व्यक्ति को ही भेज दें जिसने याचना के साथ सम्बद्ध सूची

पर हस्ताक्षर किए हैं तो मामला सुलझ जाएगा।

मजिस्ट्रेट : मैं 217 के खिलाफ साक्ष्य का वादा करता हूँ और उन्हें सैक्शंस 107, 108, 109 एवं 110 में चार्ज कर रहा हूँ।

मि. जैकब : इन सैक्शनों के अन्तर्गत बिना कारण बताओ नोटिस दिए कि वे बांड क्यों न भरें या उन्हें जेल क्यों नहीं भेजा जाए, इन लोगों को जेल भेजना बहुत असाधारण होगा।

मजिस्ट्रेट : अभी हाल के एक आदेश के अनुसार कुछेक को जमानत पर छोड़ा जा सकता है।

काउंसेल : मेरी यह दलील नहीं थी। कोर्ट द्वारा कारण बताओ नोटिस जारी किए हुए इन्हें जेल किसी भी सूरत में नहीं भेजा जाना चाहिए था। क्या ऐसा हुआ। (सैक्शन पढ़ता है और अपनी दलील पेश करता है) अपने खिलाफ बिना किसी कार्यवाही के ही ये लोग जेल में चार महीनों से अधिक से रह रहे हैं।

मजिस्ट्रेट : ऐसा ही है।

मि. जैकब : मैं जानना चाहूँगा कि क्या इन लोगों ने कभी कोर्ट आने या कारण बताओ का कोई नोटिस सैक्शन 112 सी.पी.सी. के अन्तर्गत पाया है। मैं अपनी वस्तुस्थिति नहीं समझ पाता हूँ। मेरे लिए यह एक अति गम्भीर तथ्य है कि इन्हें, जिनमें से कई मर चुके हैं, इनके दोस्तों और न्यायिक सलाहकारों को इनके द्वारा किए गए अपराधों की जानकारी के बगैर ही पाँच महीनों तक कैद में रखा गया है। इनके प्रतिनिधि के रूप में मुझे इन पर लगाए गए आरोपों को जानने का हक है। मैं महामहिम से आग्रह करता हूँ कि इस विषय पर मुझे जानकारी दें।

मजिस्ट्रेट : मैं यहाँ आपको जानकारी देने नहीं बैठा हूँ।

काउंसेल : क्या! मुझे इतना भी जानने का हक नहीं कि मेरे मुवक्किलों ने क्या अपराध किए हैं, जिससे मैं उन्हें बचाने में मदद कर सकूँ।

मजिस्ट्रेट : यह जानकारी आप अपने मुवक्किलों से ले सकते हैं।

काउंसेल : वे लोग अपने ऊपर लगे आरोपों से पूर्णतः अनभिज्ञ हैं। यदि आप मुझे इन आरोपों को बताने से इन्कार करेंगे, जिनके आधार पर इन लोगों को रोककर रखा गया है, और मैं मानता हूँ कि आप ऐसा कर रहे हैं, तो मुझे न्याय की रक्षा हेतु कहीं और अपील करनी होगी।

मजिस्ट्रेट : ऐसा करने के लिए आप स्वतंत्र हैं।

काउंसेल : मुझे यइ जानने का अधिकार है कि क्या कैदियों को लम्बे कारावास में रखने से पहले उनकी जाँच की गई थी।

मजिस्ट्रेट : यह प्रश्न नहीं है।

काउंसेल : मैं इसे प्रस्तुत करता हूँ। मैं मानता हूँ कि सैक्शन 107 के अन्तर्गत आरोपित होने के कारण इन लोगों को कारण बताओ नोटिस का अधिकार था कि क्यों न इन्हें जेल में भेज दिया जाए या बांड भरवा लिया जाए और मैं यह भी मानता हूँ कि कोर्ट मुझे इनके विरुद्ध लगाए गए आरोपों को बताने के लिए प्रतिबद्ध है। मैं तब तक जमानत की अर्जी पेश नहीं कर सकता जब तक कि मुझे यह पता न हो कि इन पर लगाए गए आरोप जमानती हैं या गैर-जमानती।

मजिस्ट्रेट : ठीक है, आपके मुवक्किल कौन-कौन हैं?

काउंसेल : मेरे पास इनकी पूरी सूची है।

मजिस्ट्रेट : अच्छा ठीक है। पहले आरोपी चन्द मुंडा के ऊपर कोई खास आरोप नहीं है।

काउंसेल : तब मुझे इसकी जमानत का अधिकार है।

मजिस्ट्रेट : दस्तावेज़ देखने से मुझे पता चला है कि 7 अप्रैल को मेरे पूर्ववर्ती ने 100 रु. की अदायगी पर इसकी जमानत स्वीकार करने हेतु आदेश जारी किए थे। वस्तुतः उन्होंने सभी को इस रकम की अदायगी पर जमानत देना स्वीकार किया था।

काउंसेल : क्या! सभी को एक ही जमानत, उनके अपराधों की व्यापकता का बिना देखे ही।

मजिस्ट्रेट : ऐसा ही है।

काउंसेल : क्या मैं जान सकता हूँ कि उन्हें इस आर्डर की जानकारी दी गई थी या नहीं?

मजिस्ट्रेट : मुझे इसका पता नहीं है।

काउंसेल : निश्चिततः दस्तावेज़ इसकी जानकारी देंगे।

मजिस्ट्रेट : नहीं।

काउंसेल : यह अनोखी बात है।

मजिस्ट्रेट : यह एक अनोखा केस है।

काउंसेल : जी हाँ! बहुत अनोखा; क्या महामहिम जमानत के आर्डर को कन्फर्म करते हैं!

पुलिस इंस्पेक्टर : महामहिम, मैं एक याचिका दायर करना चाहता हूँ। यहाँ मैं

67 कैदियों पर हत्या, abetment of murder और अन्य आरोप लगाता हूँ।

काउंसेल : क्या, इस समय! यह भयानक है। यदि मैंने मुवक्किलों को 7 अप्रैल को यह पता होता कि वे जमानत पर रिहा हो सकते थे तो वे आज यहाँ जेल में नहीं होते। इसके अलावा भी यह भयानक है कि पुलिस इनके विरुद्ध आरोप दायर करने में पाँच महीने लगा दे।

इंस्पैक्टर : यदि महामहिम मुझे कल तक का समय दें तो इसी तरह के आरोप कुछ और पर भी लगाए जा सकते हैं?

मजिस्ट्रेट : (काउंसेल से) इस पर आपका क्या कहना है?

काउंसेल : यदि आप इसकी पुष्टि करते हैं तो मैं बस इतना कहना चाहूँगा कि यह मुझे हैरान करनेवाला है। पाँच महीने ऐसे आदमियों पर आरोप दायर करने में लगे जो शायद पूर्णतः निर्दोष हैं परंतु इसके बावजूद जिन्हें कैद में रखा गया। इससे भी अधिक हैरानी की बात यह है कि इस स्तर पर भी पुलिस को एक और दिन चाहिए मेरे मुवक्किलों पर आरोप दायर करने हेतु या मैं कहता हूँ कि आरोप गढ़ने में। क्या मैं मान लूँ कि आप मि. प्लेटल के आर्डर का पुनः मूल्यांकन रहे हैं। मैं मानता हूँ कि आप ऐसा नहीं कर सकते हैं।

मजिस्ट्रेट : क्यों नहीं? आपने खुद ही पुनर्मूल्यांकन के लिए कहा है।

काउंसेल : निश्चिततः मैंने ऐसा नहीं किया है। मैं इस बात से अनभिज्ञ था कि मेरे मुवक्किल 7 अप्रैल को ही जमानत पर छूट सकते हैं। मैं अब उनकी जमानत चाहता हूँ। ऐसी स्थिति में मैं जमानत की अर्जी को पहले के आर्डर का पुनर्मूल्यांकन नहीं मानता।

मजिस्ट्रेट : जहाँ तक 67 का सवाल है, उन्हें जमानत नहीं मिल सकती है। जहाँ तक दूसरों का सवाल है, आपने इंस्पेक्टर का वक्तव्य सुना है।

काउंसेल : अभी दूसरों पर कोई आरोप नहीं लगे हैं, उन्हें कैसे रोका जा सकता है? यह सामान्य रूप से चलनेवाला अवैधानिक क्षेत्र बन जाएगा। फिर भी मेरा कहना है कि यह बहुत ही अन्यायपूर्ण होगा। एक बहुत भीषण अन्याय। यहाँ 217 आदमी पाँच महीने से हैं, जिन्हें यह बताया गया है कि उनका कसूर क्या है। इनमें से 67 पर आज ही पुलिस गैर-जमानती

अर्जी दायर कर रही है। मैं इनके विरुद्ध साक्ष्य का दावा करता हूँ जिससे कि इनकी रिहाई के लिए आवेदन कर सकूँ।

मजिस्ट्रेट : मैंने पुलिस याचिका पर अपने निर्णय दे दिए हैं। 67 आरोपितों को जमानत नहीं मिल सकती है। यदि आप शेष की सूची और उनके गाँवों के नाम देंगे तो मात्र उनकी जमानत के प्रश्न पर विचार किया जा सकता है।

काउंसेल : पर महामहिम, 67 की रिहाई के सम्बन्ध में मुझे जरूर सुना जाना चाहिए। यद्यपि उन्हें अब गैर-जमानती अपराधों का आरोपी मान लिया गया है।

मजिस्ट्रेट : वस्तुतः मैंने अपना आदेश दे दिया है। इसलिए, कृपया, मुझे अन्य व्यक्तियों की सूची दें एवं उनके गाँवों का नाम भी संलग्न होना चाहिए, क्योंकि एक समान नामोंवाले बहुत सारे व्यक्ति हैं।

काउंसेल : गाँवों का नाम पता करने में कुछ समय लगेगा। जब तक पता लगाया जा रहा है, मैं पुनः कहता हूँ, जमानत सम्बन्धी मुद्दे पर मुझे सुना जाए जोकि ऐसे 67 व्यक्तियों से सम्बन्धित है, जिन पर पहली बार पुलिस ने आरोप लगाया है।

मजिस्ट्रेट : मैंने इस मुद्दे पर पहले ही निर्णय ले लिया है।

काउंसेल : लेकिन C.P.C. के अनुच्छेद 497 के तहत मैं चाहता हूँ कि मुझे सुना जाए। मैं पढ़कर आपको बताता हूँ, ''जब कोई व्यक्ति जो किसी गैर-जमानती जुर्म का दोषी है, उसे किसी थाने के ऑफिसर इंचार्ज द्वारा बिना वारंट के गिरफ्तार या रोककर रखा जाता है, या उसे कोर्ट के समक्ष प्रस्तुत किया जाता है, तो उसे जमानत पर रिहा किया जा सकता है, लेकिन उसे तब जमानत पर रिहा नहीं किया जाएगा, यदि यह विश्वास करने के उचित आधार हैं कि वह उस जुर्म का दोषी है जिसके लिए वह अभियुक्त है।'' अगला पैरा कहता है, ''यदि न्यायालय के किसी अधिकारी को जाँच-पड़ताल, तहकीकात के किसी भी चरण में, जैसाकि केस हो, ऐसा लगता है कि अभियुक्त ने ही यह जुर्म किया है इस विश्वास का कोई उपयुक्त आधार नहीं है, लेकिन आरोप के सम्बन्ध में आगे तहकीकात के लिए पर्याप्त आधार है, तो अभियुक्त को जाँच लम्बित रहने तक जमानत पर छोड़ दिया जाएगा।'' इसके बाद, महाशय, मुझे 67 ऐसे अभियुक्तों की जमानत के

मुद्दे पर सुना जाए जिन्हें पुलिस ने अभी आरोपित किया है। हालाँकि इनके विरुद्ध जो जुर्म निर्धारित किए गए हैं, वे गैर-जमानती अपराध हैं।

(इसी समय उपायुक्त, पास के कमरे से, न्यायालय में आए तथा मजिस्ट्रेट के साथ लम्बी बातचीत की। व्यवधान खत्म होने पर, जैकोब ने कोर्ट को सम्बोधित करते हुए कहा–"क्या महाशय, मुझे उस अनुच्छेद के तहत सुनेंगे, जिसको मैंने कुछ समय पहले पढ़ा था।"

मजिस्ट्रेट : मैंने उस मुद्दे पर पहले ही निश्चय कर लिया है।

काउंसेल : लेकिन ऐसे कौन-से तर्कसंगत आधार हैं, जिन पर आप मुझे सुनने से इन्कार कर रहे हैं।

मजिस्ट्रेट : उन्हें आरोपित नहीं किया जाता, यदि कोई उपयुक्त आधार नहीं होगा।

काउंसेल : इसीलिए, इस आधार पर आप मुझे सुनने से मना कर रहे हैं? आपका यह एकमात्र कारण है!

मजिस्ट्रेट : पुलिस का आरोपपत्र कहाँ हैं, आप इसे पढ़ सकते हैं। (याचिका पर हाथ रखते हुए।)

काउंसेल : धन्यवाद, लेकिन इस याचिका में ऐसा कुछ नहीं है जो आपको मुझे सुनने से इन्कार करने के लिए उपयुक्त आधार प्रदान करता हो। इसमें केवल यह कहा गया है कि 67 कैदियों को गैर-जमानती जुर्म से आरोपित किया जाए। मैं यह भी कहना चाहता हूँ कि अनु. 107, 108, 109, 110 के तहत इनके विरुद्ध आरोपों को रद्द किया जाए। मुझे नहीं पता ये कब लगाए गए और यह भी कि इन्हें नए आरोपों के तहत बन्द किया जाए। पुलिस ने बहुत चालाकी दिखाई, लेकिन सब धुल गया। इस देश में कहीं कानून एवं न्याय है।

काउंसेल : क्या महामान्य मुझे बताएँगे कि आपके पास कौन से उपयुक्त आधार हैं जो इन 67 व्यक्तियों के जुर्म का विश्वास दिलाते हैं।

मजिस्ट्रेट : मैंने पहले ही आपको कहा है कि पुलिस उन्हें आरोपित नहीं करती, यदि तर्कसंगत आधार नहीं होते।

काउंसेल : क्या यह आपका एकमात्र कारण है? पुलिस की इस याचिका में एक भी शब्द ऐसा नहीं है जो सम्भवतः इन 67 व्यक्तियों के जुर्म के प्रति विश्वास दिलाता है। कुछ जुर्मों का उन पर

आरोपण किया गया है एवं उन्हें बन्द करने के लिए कहा गया है। लेकिन वे तर्कसंगत आधार कहाँ हैं, जिन्होंने आपको मुझे न सुनने के लिए प्रेरित किया है। क्या रिकार्ड में उनके विरुद्ध कोई सबूत है?

मजिस्ट्रेट : हाँ।

काउंसेल : किसका साक्ष्य है?

मजिस्ट्रेट : मैं इस समय आपको यह बताने के लिए बाध्य नहीं हूँ।

काउंसेल : लेकिन मैं निवेदन करता हूँ, आप हैं। मैं उनकी रिहाई से सम्बन्धित मामले के लिए दलील कैसे प्रस्तुत कर सकता हूँ जब तक कि मैं यह नहीं जान लेता कि कौन-से तर्कसंगत आधार उनके भीषण अपराधों के सम्बन्ध में रिकार्ड किए गए हैं।

मजिस्ट्रेट : अन्य लोगों के सम्बन्ध में आपको कुछ कहना है?

काउंसेल : तो, आप मुझे अपने तर्कसंगत आधार नहीं बताएँगे, जो 67 व्यक्तियों को दोषी करार देने के पीछे कारण हैं।

मजिस्ट्रेट : रिकार्ड में इनके साक्ष्य हैं।

काउंसेल : यह मेरे लिए एक नई सूचना है। क्या एक भी अभियुक्त इसे जानता है? साक्ष्य क्या हैं? मुझे जानने का हक है।

मजिस्ट्रेट : इसके लिए निर्धारित तरीके के अनुसार आवेदन करो। साक्ष्य हैं।

काउंसेल : मेरा निवेदन है कि मुझे साक्ष्य जानने का हक है। मैं तुरन्त ही एक अभिप्रमाणित प्रति के लिए याचिका दायर करूँगा।

मजिस्ट्रेट : याचिका दायर करें। एक मिनट रुकें (कुछ मिनटों के बाद कोर्ट का चपरासी साहब को एक चिट देता है) हाँ मि. जैकब, आगे बढ़ें।

काउंसेल : श्रीमान्! क्या मुझे 67 आरोपियों के सम्बन्ध में साक्ष्य से अवगत कराया जाएगा? (यहाँ एक और व्यवधान होता है। चपरासी एक चिट लेकर वापस आता है, जिसे मजिस्ट्रेट पढ़ता है)?

मजिस्ट्रेट : आपने, जो अभी कहा है वह मैं समझ नहीं पाया।

काउंसेल : मैंने कहा है कि मुझे वे साक्ष्य दिए जा सकते हैं, जिनके आधार पर आपने 67 व्यक्तियों को दोषी पाया है।

मजिस्ट्रेट : डिप्टी कमिश्नर मि. स्ट्रीटफील्ड का एक शपथपूर्वक वक्तव्य है।

काउंसेल : कब का है।

मजिस्ट्रेट : जब आपको इसकी एक प्रति मिलेगी तो खुद ही पता चल जाएगा।

काउंसेल : यहाँ, आवेदक, याचिका तैयार करें।

मजिस्ट्रेट : मैं 67 व्यक्तियों के सम्बन्ध में कुछ भी सुनने को तैयार नहीं। क्या आपकी सूची तैयार है?

काउंसेल : तो, क्या मैं यह मान लूँ कि 217 निरीह व्यक्ति डिप्टी कमिश्नर के शपथ-पत्र के कारण ही पिछले पाँच महीनों से जेल में बन्द हैं। आपने मुझसे 93 व्यक्तियों के गाँवों का नाम माँगा है। ये गाँव बहुत अधिक एवं दूर के हैं। क्या डिप्टी कमिश्नर ने इन सभी 217 व्यक्तियों को अपराध करते हुए देखा है जिसके लिए वे हाजत में पाँच महीने से हैं? क्या उन्होंने अपने वक्तव्य के प्रति शपथ ली है?

मजिस्ट्रेट : मैंने पुलिस याचिका पर निर्णय दे दिया है, 67 व्यक्तियों की जमानत की अर्जी स्वीकार नहीं की जाएगी।

(यहाँ मजिस्ट्रेट का ध्यान इस बात की ओर दिलाया जाता है कि मुकदमे की उनकी फाइल को स्थानांतरित नहीं किया गया है। इस गलती को तुरन्त सुधार लिया गया। डिप्टी कमिश्नर पास के कमरे में मौजूद था)।

काउंसेल : तो, इसका मतलब मैं यह मान लूँ कि (67 के अलावा मेरे अन्य मुवक्किलों) इनमें से कुछ मेरे मुवक्किल नहीं हैं। जिन पर पुलिस ने आज आरोप लगाया है, उन्हें जमानत मिल सकती है।

मजिस्ट्रेट : मुझे पुलिस से यह पूछ लेने दें कि उन पर कौन-कौन से और क्या आरोप लगे हैं। (मजिस्ट्रेट एवं इंस्पेक्टर अब नए आरोपितों की सूची की जाँच करते हैं और फिर मि. जैकब की सूची देखते हैं और काउंसिल की ओर उन्मुख होकर कहते हैं, "यहाँ उन व्यक्तियों की सूची है जिनकी जमानत की अर्जी दी जा सकती है। उनमें से प्रत्येक को 100 रु. की सिक्यूरिटी देनी होगी।")

काउंसेल : अलग-अलग व्यक्तियों की याचिकाओं के स्वरूप को नजरंदाज करते हुए?

मजिस्ट्रेट : ऐसा ही है।

काउंसेल : क्या आप जमानत की कमी के प्रश्न की सुनवाई नहीं करेंगे।

मजिस्ट्रेट : जमानत को पूर्वगामियों ने निर्धारित किया है।

काउंसेल : तब, महाशय मैं यह घोषणा करता हूँ कि मेरे मुवक्किलों के खिलाफ पूरी कार्यवाही अवैध है। C.P.C. का अनु. 112 यह कहता है कि "जब कोई मजिस्ट्रेट अनु. 107, 108, 109 एवं 110 के अन्तर्गत कार्य करते हुए यह जरूरी समझता है कि इन अनुच्छेदों के अन्तर्गत किसी व्यक्ति से 'कारण बताओ' माँगा जाए तो उसे लिखित में यह आदेश देना होगा (यहाँ उसे 'देना होगा' शब्दों पर ध्यान दें), जिसमें प्राप्त सूचनाओं, कार्यान्वित की जानेवाली मात्रा, कार्यावधि और सुरक्षा राशि की संख्या, चरित्र एवम् वर्ग का उल्लेख करना आवश्यक है।" क्या मेरे मुवक्किलों में से किसी के प्रति इन पाँच महीनों के लम्बे अन्तराल में यह किया गया?

मजिस्ट्रेट : रिकार्ड में ऐसा कुछ नहीं है, जिसके आधार पर यह दिखाया जाए कि ऐसा किया गया है।

काउंसेल : तो क्या इसे मैं यह समझूँ कि सरकारी प्रक्रिया का इस केस में अनुपालन नहीं किया गया?

मजिस्ट्रेट : मुझे ज्ञात नहीं है कि मुझसे पूर्व अधिकारियों ने क्या किया या क्या नहीं किया। रिकार्ड में ऐसा कुछ नहीं है, जिसके आधार पर यह बताया जाए कि आप जिन परिस्थितियों का जिक्र कर रहे हैं, उनका पालन किया गया था। मैं समझता हूँ कि किया गया था।

काउंसेल : लेकिन, यदि नियमित प्रक्रिया को अपनाया गया था तो कुछ रिकार्ड में निश्चय ही होगा।

मजिस्ट्रेट : रिकार्ड में कुछ नहीं है।

काउंसेल : मि. प्लेटल बहुत ही असाधारण मजिस्ट्रेट थे। उनका हस्तान्तरण इस केस के लिए दुर्भाग्यपूर्ण है। तो मैं यह समझता हूँ कि ऐसा नहीं किया गया था?

मजिस्ट्रेट : मैं नहीं जानता?

काउंसेल : तो मेरी स्थिति क्या है?

मजिस्ट्रेट : मैं नहीं जानता। हो सकता है गलती हुई होगी, लेकिन मैं नहीं कहता कि हुई थी।

काउंसेल : गलती! और मेरे मुवक्किलों को हवालात में रखा गया, ताकि पुलिस उनके विरुद्ध जाली मुकदमा बना सके, यह एक विचित्र संयोग है कि पाँच महीनों के उत्पीड़न के बाद, क्योंकि मैं इन निरीह व्यक्तियों की रक्षार्थ आ गया हूँ, पुलिस आज

ही यह पता लगाने में सक्षम हो पाई कि किस बात के लिए इन्हें बन्द करके रखा गया था; मैंने यह ध्यान दिया कि डिप्टी कमिश्नर भी अभी ही शहर से लौटे हैं।

मजिस्ट्रेट : कृपया आप अपने केस से सम्बद्ध रहें।

काउंसेल : मैं पुनः दोहराता हूँ कि C.P.C. के अनु. 117 के अनुसार उन 67 व्यक्तियों को कोर्ट के सामने लाया जाना चाहिए तथा उनके जुर्म से उनको अवगत कराया जाना चाहिए।

मजिस्ट्रेट : ओह!

काउंसेल : तो, आप उनको कोर्ट में हाजिर करने का आदेश भी नहीं देंगे, जिससे उनके विरुद्ध लगाए गए आरोपों की सत्यता की जाँच हो सके।

मजिस्ट्रेट : हाँ, ऐसा ही है।

काउंसेल : किस अनु. के तहत।

मजिस्ट्रेट : आपके बचे हुए मुवक्किलों के विषय में क्या है। मुझे और भी मुकदमें देखने हैं।

काउंसेल : मैं आपको जमानत में कमी के विषय में बताना चाहूँगा।

मजिस्ट्रेट : मैं उस सम्बन्ध में पहले ही आदेश दे चुका हूँ।

काउंसेल : आप कहते हैं मि. प्लेटल ने जमानत निर्धारित की?

मजिस्ट्रेट : हाँ!

काउंसेल : लेकिन किस अनु. के तहत एवं बन्दियों का जुर्म क्या था?

मजिस्ट्रेट : मैं केवल इतना जानता हूँ कि रिकार्ड के अनुसार जमानत की राशि कोर्ट के द्वारा निर्धारित की गई थी।

काउंसेल : क्या 112 एवं 115 अनु. के अनुसार उन्हें कोई नोटिस जारी की गई थी?

मजिस्ट्रेट : मैं नहीं जानता।

काउंसेल : क्या आप मुझे रिकार्ड देखने देंगे? साक्ष्य क्या है?

मजिस्ट्रेट : कोई साक्ष्य नहीं है।

काउंसेल : इन व्यक्तियों को पूरे पाँच महीने बिना किसी सबूत के बन्दी रखा गया। क्या ऐसा है?

मजिस्ट्रेट : इनके खिलाफ दायर मुकदमे को अभी नहीं खोला गया है।

काउंसेल : नहीं खोला गया है? क्या ये कभी किसी मजिस्ट्रेट के समक्ष प्रस्तुत किए गए हैं?

मजिस्ट्रेट : मैं नहीं कह सकता।

काउंसेल : निश्चय ही, रिकार्ड यह दिखलाएगा।

मजिस्ट्रेट : नहीं! लेकिन मैं यह मानता हूँ कि उन्हें प्रस्तुत किया गया होगा, क्योंकि जमानत के लिए आदेश है।

काउंसेल : जमानत किसने निर्धारित की? कोर्ट ने या पुलिस ने?

मजिस्ट्रेट : यह आदेश मि. प्लेटल का है।

काउंसेल : क्या यह सब कुछ रिकार्ड में है?

मजिस्ट्रेट : मैंने तुम्हें बताया है कि कोई सबूत दर्ज नहीं है।

काउंसेल : तो क्या कोर्ट उन 67 व्यक्तियों की जमानत की मंजूरी के विषय के मेरे अनुरोध को स्वीकार नहीं करेगी, जिन्हें पुलिस ने दोषी करार दिया है?

मजिस्ट्रेट : मैंने उस सम्बन्ध में पहले ही आदेश दे दिया है।

काउंसेल : लेकिन मैं निवेदन करता हूँ कि अनु. 117 के तहत आप उन सूचनाओं की सत्यता की जाँच के लिए बाध्य हैं, जिनके आधार पर कार्यवाही की गई थी। यह भयानक है कि व्यक्तियों को पाँच महीने तक जेल में बन्द रखा गया तथा उनके विरुद्ध लगाए गए आरोपों की सत्यता की कोई जाँच नहीं की गई। क्यों पाँच महीने हाजत में रखने के बाद, कल केवल 45 व्यक्तियों को ही रिहा किया गया। हो सकता है, ये सभी निर्दोष हों और तब भी पाँच महीने तक उन्हें हवालात में रखा गया।

मजिस्ट्रेट : मैं समझ नहीं पा रहा हूँ कि आप किस तरफ इशारा कर रहे हैं।

काउंसेल : मेरा यह अनुरोध है कि आप मुझे उन 67 व्यक्तियों की जमानत की मंजूरी के सम्बन्ध में सुनें।

मजिस्ट्रेट : ओह !

काउंसेल : विगत महीनों में जिस दौरान ये सभी व्यक्ति जेल में रहे हैं, क्या कोई नोटिस इन्हें अनु. 107, 112, 115, 117 के तहत जारी की गई?

मजिस्ट्रेट : मैं तुम्हें यह बताने में असमर्थ हूँ।

काउंसेल : क्या इस तरह का कुछ भी दर्ज है जिससे यह पता चले कि अनु. 107 के तहत कोई महत्त्वपूर्ण साक्ष्य रिकार्ड किया गया? अगर ऐसा नहीं किया गया तो इनका बन्द किया जाना पूर्णतः अवैध है।

मजिस्ट्रेट : ओह!

काउंसेल : यह एक अद्‌भुत मुदकमा है।

मजिस्ट्रेट : ओह!

काउंसेल : आपने मुझे अभी प्रथम बार आरोपित 67 व्यक्तियों के सम्बन्ध में सुनने से इन्कार कर दिया। तो क्या आप जमानत की राशि कम करने के सम्बन्ध में सुनेंगे, जोकि उन व्यक्तियों के लिए निर्धारित की गई है जिन्हें आप जमानत पर रिहा करने के लिए तैयार हैं। प्रति व्यक्ति 100 रु. का मतलब है 3,300 रु., और इतनी रकम जुटाना असम्भव है। इस आदेश का असल में यह मतलब है कि किसी को भी छोड़ा नहीं जा सके। यह अवरोधी जमानत है। क्या कोर्ट जमानत की राशि कम करने के सम्बन्ध में मुझे सुनने की कृपा करेगी? जमानत कोर्ट का विवेकाधिकार है तथा इसकी राशि अत्यधिक नहीं होनी चाहिए।

मजिस्ट्रेट : मैं रिकार्ड से सम्बन्धित आदेश में कोई हस्तक्षेप नहीं कर सकता।

काउंसेल : अद्‌भुत बात है!

मजिस्ट्रेट : मैं इसकी परवाह नहीं करता कि यह अद्‌भुत है या नहीं।

काउंसेल : जमानत की राशि अत्यधिक है। क्या आप उन व्यक्तियों को कोर्ट में प्रस्तुत नहीं कर सकते थे एवं उनकी छानबीन नहीं कर सकते थे, जिसके बाद उनके साधनों के हिसाब से जमानत की राशि प्रत्येक केस में निर्धारित की जाती। अभी तक उन्हें महज शंका के आधार पर रोका गया है, इस आशा के साथ कि...

मजिस्ट्रेट : क्या आप उन 33 व्यक्तियों के लिए निर्धारित जमानत हासिल करने के लिए प्रस्तुत हैं?

काउंसेल : क्या आप जमानत की राशि कम करने के विषय में मेरी दलील सुनेंगे?

मजिस्ट्रेट : मैंने पहले ही अपना आदेश दे दिया है (पढ़ता है)।

मजिस्ट्रेट : (इंस्पेक्टर से) सूची की जाँच काउंसेल द्वारा प्रस्तुत सूची के साथ करो—लेकिन मुझे बताओ कि इनमें से कौन वे 67 व्यक्ति हैं, जिन्हें अभी आरोपित किया गया है।

काउंसेल : मैं इस प्रक्रिया को नहीं समझ सकता।

मजिस्ट्रेट : मुझे बहुत खेद है, यदि आप नहीं समझ सकते हैं।

काउंसेल : मैं डिप्टी कमिश्नर द्वारा प्रदत्त सूचना देखना चाहता हूँ। क्या आप मुझे कृपया रिकार्ड देखने देंगे। मैं किसी भी कीमत पर

इसका सार जानना चाहूँगा।

मजिस्ट्रेट : कोर्ट यहाँ आपका ज्ञान बढ़ाने के लिए नहीं है। आप आवेदन प्रस्तुत करें जिस पर नियमानुसार विचार किया जाएगा।

काउंसेल : मैं आवेदन प्रस्तुत करने का वायदा करता हूँ, लेकिन समय बचाने के लिए आप कृपया डिप्टी कमिश्नर की शपथपूर्वक दी गई सूचना पर दृष्टिगत करने की अनुमति दें।

मजिस्ट्रेट : आवेदन प्रस्तुत करें। मुकदमे को मुल्तवी किया जाता है।

काउंसेल : जमानत की राशि कम करने के सम्बन्ध में आप मुझे नहीं सुनेंगे?

मजिस्ट्रेट : उस सम्बन्ध में भी याचिका दायर करें। इस विषय पर विचार करने में कुछ समय लगेगा और मैं अपना निर्णय 22 तारीख को सुनाऊँगा।

'द बंगाली' (16 अगस्त, 1900, पृ. 5) जारी है :

मुंडा के विरुद्ध मुकदमा धीमी रफ्तार से खिंच रहा है। बाबू कैलाश चन्दर विश्वास स्थानीय बॉर के बी.एस. के निर्देश पर कल मि. जैकब ज्वायंट मजिस्ट्रेट मि. W.S. Coutts के सम्मुख उपस्थित हुए। कोर्ट परिसर में विशाल जनसमूह कोर्ट की गतिविधि देखने के लिए इकट्ठा हो गया। चार गवाहों की शुक्रवार को मुख्यतया परीक्षा की गई। मुकदमा जो प्रतिवादी बनाना चाहते हैं, वह यह है कि अभियुक्त उस षड्यन्त्र में भागीदार हैं, जिसका उद्देश्य राजा, हाकीम एवं उन सबों की, जो बिरसा के अनुयायी नहीं थे, हत्या करना, उनके घरों को जलाना एवं अन्ततोगत्वा इन सब साधनों से ब्रिटिश राज का तख्ता पलटना तथा अपने लिए राज प्राप्त करना था। प्रतिवादी साक्ष्यों के आधार पर इसे साबित करने के लिए अभियुक्तों के विरुद्ध इन आरोपों को लाना चाहता है—

(1) जिले के विभिन्न इलाकों में बिरसा के नेतृत्व में सभाएँ हुईं, जिसमें बिरसा ने अपने समर्थकों को इन सभी कार्यों के लिए उकसाया एवम् उन्होंने ऐसा करने में अपनी सहमती जताई और अभियुक्त बिरसा के समर्थक थे और उनमें से कुछ ने सभाओं में भाग लिया था।

(2) यह कि अभियुक्तों ने गवाहों को धमकाया, यदि वे बिरसा पार्टी में शामिल नहीं होते हैं तो उन्हें मार दिया जाएगा और इस प्रकार वे लोग षड्यन्त्रकर्त्ता साबित होते हैं।

(3) यह कि क्रिसमय के दिन या इसके आसपास बिरसा समर्थकों के द्वारा अपनी योजनाओं को पूरा करने के लिए आगजनी एवं हत्या की वास्तविक वारदातें हुईं।

प्रतिवादी गवाहों का टूटना

शनिवार को मि. जैकब ने मात्र दो गवाहों से जिरह की एवम् वे इस कदर निराशा से भर गए कि शेष दो गवाहों से पूछताछ आवश्यक नहीं समझी एवम् वे सभा के विषय में कुछ भी नहीं बता पाए। जिरह के दौरान इन दो गवाहों ने स्वीकार किया कि किसी दरोगा ने उन्हें खाने के कमरे में ले जाकर धमकाया था कि यदि वे उसका कहना नहीं मानेंगे तो उन्हें हाजत में बन्द कर देगा। उन्होंने यह भी स्वीकार किया कि बिरसा किसी भी सभा में मौजूद नहीं था, जैसाकि इन लोगों ने मुख्य परीक्षण के दौरान कहा था और यह दरोगा के कहने पर ही कहा गया था। गवाहों के बयानात नीचे दिए गए हैं और इसका श्रेय मि. जैकब को जाता है कि उन्होंने मुकदमे से सम्बन्धित गवाहों के बयानात से तथ्यों को इकट्ठा किया।

["मैंने काउंसेल जैकब के पूरा नाम, पता, कार्यकाल और कार्य के बारे में काफी छानबीन की, कलकत्ता हाईकोर्ट में भी पूछताछ की, लेकिन कोई सामग्री नहीं मिली" —लेखक]

परिशिष्ट-ङ

मुकदमे के दौरान गवाहों का आंशिक पक्ष

मुंडा कैदियों की गवाहों के दौरान, जिसमें से ज्यादातर सहायक के रूप में थे, उपद्रव के अन्तर्निहित उद्देश्यों तथा उसकी प्रकृति के अनुछुए पहलुओं पर प्रकाश पड़ता है। यह तथ्य 'द बंगाली' में प्रकाशित हुआ था तथा इसकी पुष्टि मुकदमे से सम्बद्ध कागजातों/रिकार्ड से होती है। आन्दोलन में बढ़ा-चढ़ाकर षड्यन्त्र की बात पर बल देना एक ईर्ष्यालु सरकारी पक्ष की चाल थी

गवाहों का पक्ष (रिपोर्टर, द बंगाली, 21 जुलाई, 1900)

(I) तेलीस मुंडा–खूँटी थाना के बालो के बुरगी मुंडा का पुत्र। मैं अब संसारी मत में विश्वास रखता हूँ। मैं बिरसा का कुछ समय के लिए follower रहा। पिछले फागुन (फरवरी-मार्च) में मैं बिरसा मत में शामिल हुआ। अपने सहोदर भाई अभियुक्त टोके के द्वारा मैं इस मत में शामिल हुआ। लेकिन वह हमसे अलग रहता है। मेरा घर टोके के घर से अलग है। टोके बिरसा के मत से जुड़ा था। मेरे उस मत में शामिल होने के दो साल पहले से टोके बिरसा का धर्म मान रहा था। पिछले अग्रहन (सितम्बर-अक्तूबर) को मैं बिरसा से टोके के घर में मिला। मेरे बेटे ने कहा कि टोके ने उसे भेजा है, क्योंकि बिरसा उसके घर आया हुआ है। शाम के भोजन के बाद मैं टोके के घर गया। मैं अकेला गया। टोके का घर मेरे बगल में है। मैंने करीब 30 आदमियों को देखा जिसमें से कुछ shed के अन्दर बैठे थे तथा शेष बरामदे पर। मैंने बांदा जयपोर के चदरा, चोंदेया, जालासोर के टीका को पहचाना जो बिरसा के नजदीक बैठा था। टोके ने बिरसा को इशारे में बताया। बिरसा एक चटाई पर बैठा था। वह अपने शरीर के चारों ओर उजली चादर लपेटे था। मैं बाहर बैठा। बगोना, बटाई, हरसिंह हमारे गाँव के अन्य लोग थे जो मीटिंग में भाग ले रहे थे। वे सभी बाहर बैठे थे। बिरसा ने कहा, "सभी भाई आ गए?" टोके और चद्रा ने कहा, "हाँ, सभी आ गए हैं।" तब बिरसा ने कहा, "मैं आप लोगों से कुछ कहूँगा जिसकी और मैं आपका ध्यान खींचना चाहता हूँ। हाकिमों ने जमींदारों और ठेकेदारों को Decree दे दिया है तथा हम लोगों की माँगों पर कान नहीं दे रहा है। आज सभी निश्चित रूप से अपने धनुष-बाण तैयार रखें तथा पूस में होनेवाले क्रिश्चियन त्योहार के दिन अपने तीर के निशाने पर

प्रत्येक मंडली (मिशन) को लाएँ। इसके बाद सरकार के आदमी निश्चित रूप से आएँगे तथा तब हम उन लोगों को काटकर मार देंगे। तब राज मेरा होगा न कि हाकिम का। मैं उन सभी को 10 कोस की दूरी से मार सकता हूँ। पहले हम लोग जमींदार और ठेकेदार को मारेंगे तथा तब हम लोग राँची जाकर हाकिमों को जान से मार देंगे और उन्हें इस देश से बाहर कर देंगे।''

टोके ओर चद्रा ने कहा, ''सरकार के पास बन्दूकें हैं। हम कैसे सरकार से लड़ सकते हैं।'' बिरसा ने कहा, ''बून्दकें पानी में बदल जाएँगी।'' अन्त में किसी ने कुछ objection नहीं किया। टोके और चद्रा ने कहा कि चूँकि यह आपका राज है, इसलिए हम लोग अब आपके आदेश का पालन करेंगे। चद्रा और टोके उपदेशक हैं। टोके के घर चद्रा हमेशा आता था तथा कभी-कभी सुखनाथ भी साथ में आता था। सभी व्यक्तियों के बिस्तरे पर जाने के पहले तक टोके के घर पंचायत चलता रहा। हरसिंह, बगोना, बराल और मैं आधी रात को घर गए। इसके दो दिनों बाद मैं टोके से मिला और मैंने उससे कहा कि मैंने उसके धर्म को छोड़ दिया है, इस पर उसने कहा कि अगर मैंने ऐसा किया तो मैं भी मारा जाऊँगा। मैंने उस धर्म को छोड़ दिया, क्योंकि मैंने सोचा कि मैं सरकार से लड़ने में सक्षम नहीं हूँ। पंचायत के अगले दिन टोके मेरे खरिहान में आया तथा कहा कि वह जलसार जा रहा है, क्योंकि बिरसा भी वहाँ जा रहा है। वह लोगों को कहना चाहता है कि अपने तीर-धनुष लोग तैयार रखें। मैंने तब यह नहीं कहा कि मैंने वह धर्म छोड़ दिया है, क्योंकि हम लोग अपने बीच में सलाह करना चाहते थे कि इसे छोड़ना चाहिए कि नहीं। मैंने किसी अन्य पंचायत के होने के बारे में नहीं सुना। मैंने टिक्का को सिर्फ एक बार देखा था, इसलिए टिक्का को पहचान कराए जाते वक्त पहचान न पाया।

(II) बाँदा का दोंडो, थाना तोरापा–बिरसा भगवान के समर्थक हमारे गाँव में थे। चद्रा बेगहा और चदुरा बिरसा के धर्म को माननेवाले थे। कार्तिक (अक्तू.-नवं.) में मैंने चद्रा के घर के पीछे कुछ लोगों को देखा। लगभग 10 आदमी वहाँ थे। यह कार्तिक पूर्णिमा का दिन था। सात बजे सुबह वह मीटिंग हुई थी। मैं उसमें से किसी भी आदमी को नहीं पहचानता हूँ। मैंने किसी को कहते हुए सुना, ''एक लड़ाई होगी, इसलिए अपने तीर-धनुष तैयार रखो।'' मैं नहीं कह सकता किसने कहा था यह। दो लोग खड़े थे और उन्हीं ने यह कहा था। अपने भाषण के बाद वे बैठ गए। उन दोनों ने कहा कि क्रिश्चियन, जमींदार, हाकिम और राजा सभी जो भी इस धर्म को नहीं मानेंगे, मार दिए जाएँगे। मैंने चद्रा को देखा है तथा सिर्फ उसी को पहचानता हूँ। मैं किसी अन्य को नहीं पहचानता हूँ। जब मैं शौच के लिए जा रहा था तो लौटते वक्त मैंने लोगों को जमा देखा तथा बोलते हुए सुना। चद्रा ने इसके 8 दिन बाद मुझसे यह कहा, ''बिरसा के धर्म में आ जाओ। राजाओं, हाकिमों, जमींदारों तथा क्रिश्चियन और संसारा इस बार मारे-काटे

जाएँगे। यह ज्यादा अच्छा होगा अगर हम एक धर्म में रहें। मैंने उत्तर दिया कि मैं शामिल होऊँगा। मैंने गोमैंया और गूँगा को उनके मचान पर सुने हुए को कहा।

(III) मोती अहीर, कोचा के कृपा का बेटा, थाना खूँटी (द बंगाली, 4 अगस्त, 1900, पृ. 6)—ओंगा, देवा, बुधवा, जोरो, थोचू, बारा, टोरो, हुबकेल बिरसा के धर्म को माननेवाले थे। पिछले अषाढ़ से वह धागा पहन रहे हैं। दुबकेल के बरामदे पर 8 आदमियों के समूह को मैंने पिछले आश्विन में देखा था। मैंने किसी दूसरे गाँव के आदमी को नहीं देखा। मैं दुबकेल के पास गया तथा पूछा कि यह पंचायत किस चीज के लिए बुलाई गई है। दुबकेल ने कहा कि पूस में एक Corgoolar होगा, जिसमें क्रिश्चियन आदि काटे जाएँगे। उसने मुझसे कहा कि वह भी दल में शामिल हो जाए। चूँकि मुझे अपनी जिन्दगी बचानी थी, इसलिए मैंने शामिल होने से मना कर दिया। मैंने गाँववाले का वह सब बताया जो दुबकेल ने मुझसे कहा था। मैंने दुबकेल औगस, देवा, जोते और थुचु को पहचाना भी। मजदूर की तलाश में मैं गया तथा दुबकेल के पास से गुजरा। मैंने करम सिंह और लोगो महतो को दुबकेल की धमकी के बारे से नहीं कहा था। थाने से किसी प्रकार की सूचना को देने के बारे में हम लोगों ने नहीं कहा। मैंने किसी रूप में जमींदार की सेवा नहीं की थी। मैंने उन्हें सूचना नहीं दी।

(IV) सनिमा चौकीदार, एनिया के सालू मुंडा का पुत्र। बसिया से पाँच कोस दूर। वहाँ उस धागे को पहननेवाले लोग रहते थे। हरी मुंडा, लेदरा और बहिरा बिरसा मत को माननेवाले थे। वे पिछले आषाढ़ से धागा पहन रहे हैं। हरी मुंडा ने कार्तिक में मुझसे कहा। वह मेरे घर आया। उन्होंने मुझसे कहा कि मैं उसके पंथ में शामिल हो जाऊँ। मैंने नहीं कहा। अगर तुम मेरे पंन में नहीं शामिल होगे तो तुम कार्तिक के महीने में मारे जाओगे। बिरसा के चेले सदाना और संसारा मुदारी के सर को मार देंगे पौष में। तुम भी पौष में बिरसा और उसके चेले के द्वारा मार दिए जाओगे। एक उलगुलान होगा। मैंने कहा कि यदि बिरसा मुझे मार देगा तो मुझे क्या करना चाहिए। लोहरा और बहीरा उसके घर भी जाया करते थे। सुखनाथ बिरसा का दूत था।

वह जब अपने खेत को जोतने जा रहा था तब उसने मुझे गाँव के किनारे पर कहा। मैं भी अपने खेत को जोतने जा रहा था।

(V) सेंडे मुंडा, पातर का पुत्र, थाना बसिया, जहाँ में खेतिहार था—अचू हैवर, धनुआ, सैम्मुन, कबीरा और रतन बिरसा के अनुयायी हैं। मैं और बुधवा रेट की माँग करने चानू से गौंजू गए। उसने कहा, "मेरे पास इस समय लगान देने के लिए पैसे नहीं हैं, परन्तु यहाँ एक तमाशा होने जा रहा है।" मैंने पूछा कि कैसा तमाशा? उसने कहा कि तुम देखना। उस दिन धनुआ ने मुझसे पूछा कि क्या तुम पार्टी में शामिल होंगे, परन्तु मैंने अस्वीकार कर दिया। तब वह बोला कि जब आग और पानी की वर्षा होगी तो तुम सभी बेबस, क्रिश्चियन, जमींदार सभी मर जाएँगे। धनुआ ने कहा

कि बिरसा के चेसे सभी को मार डालेंगे। पिप्पी का कलील उस समय धानु के घर में था। कलील कुछ नहीं बोला। वह भी बिरसा का चेला था। मैं यह जानता हूँ क्योंकि वह चाना के घर जाता था। मैंने अपने परिवार के अलावा किसी को कुछ नहीं कहा। मैंने किसी को कुछ नहीं कहा। मैंने विश्वास नहीं किया कि वे लोग साहब को मार डालेंगे। मैंने हैवर, धानु, पिप्पी के कलील को पहचाना।

(VI) कोचा का लांगो महतो–औगा, देवा, बुधवा, पूचु, जोटो, बारा, रोटो, दुबकेल बिरसा के अनुयायी थे। मैं यह जानता हूँ क्योंकि पिछले क्वार से वे धागा पहन रहे थे। बरो के बारी में दुबकेल और बारा बैठे थे। जमींदार के काम की सहायता के लिए मैं कार्तिक में गया। क्या वे लोग जमींदार के लगान की कार्तिक किश्त देंगे? उन लोगों ने कहा कि पूस में एक उलगुलान होगा। हम लोग लगान नहीं देंगे। उन लोगों ने कहा कि उनको जयपोर को चद्रा से सूचना मिली है कि जो बिरसाइत नहीं हैं वे मार दिए जाएँगे। मैंने चद्रा को कभी नहीं कहा। मैंने कभी नहीं पूछा कि यह चद्रा कौन है। यही कुछ मैंने सुना। मेरे पिता गाँव के महतो हैं। मैंने सामू पाहन और पिता को जो मुद्‌दा था, कहा। मैंने औगा, देवा, जोटो, दुबकेल, पुचू, बारा, रोतो और बुधुवा को पहचाना। मैंने सामू पाहन के सिवा और किसी से कुछ नहीं कहा। मैंने जमींदार को कहा कि वे लगान देना बन्द कर देंगे। लेकिन मैंने यह नहीं कहा कि उन्होंने कहा है कि उलगुलान होगा।

(VII) करमसिंह कोचा के लुउस मुंडा का बेटा, खेतिहर–मेरे गाँव में धागे को पहननेवाले लोग हैं। वे बिरसा के अनुयायी हैं। दुबकेल, रोतो, बारा, जोटो, पुचू, देवा, औगा, बुधुवा बिरसा के अनुयायी हैं। वे सभी पुचू, देवा, औगा, बुधवा बिरसा के अनुयायी है। पिछले क्वार में उन सभी ने धागा पहना। जमींदारों, भुईंहरी भूमि के लगान देने के लिए मैं पुचू के घर लगान लेने गया। यह जमींदार को मैं ही देता था तथा पुचू मेरे खूँट के आदमी है।

ये सभी 8 आदमी पुचू के अंगुआ में बैठे थे। उसने कहा कि वह लगान नहीं देंगे, क्योंकि अब उलगुलान होगा तथा कहा कि पंथ में शामिल हो जाए, नहीं तो वह भी काट दिया जाएगा। उसने कहा कि पौष में क्रिश्चियन, सुदान और मुंडारी सभी काट दिए जाएँगे, सिवाय बिरसा के चेले के। मैंने उन लोगों के साथ शामिल होने को अस्वीकार कर दिया। पुचू ने जो मुझसे कहा उससे मैं डर गया। मैंने इस बारे में किसी से नहीं कहा। लेकिन जब पूछा गया कि क्यों उसने किसी से नहीं कहा तो उसने कहा, मैं पारु पवन से कहा। औगा, जोटो, देवा, पुचू, रोतो, बारा, दुबकेल और बुधुवा को पहचाना भी।

(VIII) भीखम तेली, दोरमा के प्रयाग तेली का बेटा–चोगो, बुधुवा, कोदा, चद्रा को मैं जानता हूँ। और लोग भी थे परन्तु मैं उन्हें नहीं जानता हूँ। कार्तिक में मैंने उन्हें धागे के साथ देखा। मैं धान काटने के लिए डोरमा के एक तलाब में था।

जब मैं धान काट रहा था तो चोगो आया और मुझसे कहा कि अपने धान और चारे को घुपा लो, क्योंकि मेरा घर लूटा जा सकता है। कोई राजा और हाकिम नहीं होगा, कोई थाना नहीं होगा। वे भाग जाएँगे। बिरसा के अनुयायी सहमत हैं कि पौष में एक उलगुलान होगा।

मैं चिढ़ गया था और तब मैं चला गया और वह भी चला गया।

(IX) जोहान, पाहन, डोरमा के मोसो पाहन का बेटा–कोका, चदरा, चोगो, धधवा, जोहे, जेरका, सनका मेरे गाँव के बिरसा का माननेवाले थे। एक-दो पहर कार्तिक में मैं कोका से मिला जो रोड पर खड़ा था। कोका ने मुझसे पंथ में शामिल होने को कहा। मैंने अस्वीकार किया तो वह बोला कि अच्छा बहुत जल्द इसका परिणाम देखोगे। उसने आगे कहा कि आग और पानी की बारिश होगी। संसार, सदान, राजा, हाकिम सभी जो धागा नहीं पहनेंगे, काट और मार दिए जाएँगे। मैंने सिर्फ लाचू मुंडा को इस बारे मैं कहा। कोई कुछ नहीं बोला।

(X) सनिका मुंडा, डोरमा–मेरे गाँव में बिरसा को माननेवाले थे। समका, चोगो, धधवा, उरका, जोबे ही वे आदमी थे जो बिरसा को माननेवाले थे। पिछले जेठ के अन्त में समका ने धागा पहनना शुरू किया था। आषाढ, सावन में मैंने अच्च को भी धागा पहने देखा। आश्विन में मैं उससे लगान लेने के लिए गया। उसने कहा कि अगर तुम मेरे रास्ते पर चलोगे, तभी मैं लगान दूँगा अथवा नहीं। मैंने अस्वीकार कर दिया। उसने कहा कि तुम बाद में देखोगे कि कार्तिक में आग और पानी बरसेगा और पूस में जो धागा नहीं पहनते हैं, हाकिम, राजा सभी मारे जाएँगे। उस समय तुम सभी काट दिए जाओगे, राज हम लोगों का होगा और तब मैं लगान दूँगा। और कोई नहीं था उन लोगों के सिवा मेरे परिवार में।

मुझे धमकी दी परन्तु मैंने किसी को नहीं कहा। मैंने इसे अपने तक रखा। मैं इसमें विश्वास नहीं रखता हूँ और मैं इसे किसी से नहीं कहा। सनिका मुंडा ने चोगो, धधवा, समका जोबे, अेकेस को पहचाना।

(XI) नीलू, क्रिश्चिन, सरता (?)–हारबर, पिल्लू, शाम, गोपाल, सैम्युल और बहिरा बिरसा को माननेवाले थे। अगहन में मैंने दो बार देखा और पूछा कि वे लोग कहाँ जा रहे हैं। उन्होंने कहा कि कर्टा मार्चसू। उन लोगों ने और कुछ नहीं बोला।

(XII) लाचू कुंडा, डोरमा के गोसार मुंडा का बेटा–मेरे गाँव में कीका, चोरहा, चोगो, धधवा, जोवे, समका बिरसा के अनुयायी थे। अगहन के अन्त में मैं चोरहा के घर थानेदार के लिए कुली इन्तजाम करने गया था। चोरहा अपने दिशा से आ रहा था। मैं उससे मिला। मैंने उससे थानेदार के पास जाने को कहा। उसने कहा कि वह एक कुली के रूप में कार्य ज्यादा समय नहीं करेगा। मुलुक हमारा होने जा रहा है। जून में अँगरेज को काट दिया जाएगा। मैं देखूँगा। मैंने कुजाल मास्टर को इस बारे में कहा। मैंने और किसी से कुछ नहीं कहा।

परिशिष्ट-च

मुकदमों के नतीजे

मजिस्ट्रेट कोर्ट, सेशन कोर्ट और उच्च न्यायालय में चल रहे मुकदमों के विभिन्न स्तरों पर आ रहे नतीजों का सम्पूर्ण ब्यौरा प्रस्तुत करना अत्यन्त कठिन है। इसका कारण राँची और सिंहभूम के मजिस्ट्रेट कोर्ट में साक्ष्यों का अभाव, जो या तो भुला दिए गए हैं या फिर खो चुके हैं; राँची सेशन कोर्ट के रिकार्ड को नष्ट कर दिया गया है। इस मुकदमे के निपटारे के विभिन्न चरणों का छिटपुट उद्धरण सरकारी दस्तावेजों में उपलब्ध है, परन्तु इससे कोई सन्तोषजनक तस्वीर उभकर सामने नहीं आती। उदाहरण के तौर पर, सिंहभूम और राँची के अधिकारियों के अनुसार गिरफ्तारों की संख्या सिंहभूम में 121 (फ्लाई लीफ नं. 258, डिप्टी कमिश्नर द्वारा कमिश्नर को, दिनांक 14 नवम्बर, 1900, फ.म.) और राँची में 460 (सम्बद्ध पत्र सं. सी.आर.–1397, दिनांक 10/12 नवम्बर, 1900) भारत सरकार के रिकार्ड के अनुसार (कार्यवाही सं. 528-29 एन.ए.आई.), राँची और सिंहभूम में मुदकमे चलाए गए। आदमियों की संख्या 342 थी। यह विरोधाभास शायद 15 मई के 67 कैदियों के कारण है जिनके सम्बन्ध में बहुत कम साक्ष्य मौजूद हैं (कार्यवाही सं. 529 एन.ए.आई.)। शायद कैदियों को बाद में भी छोड़ा गया हो। साथ ही छह कैदियों को सिंहभूम से राँची स्थानांतरित किया गया था। मैंने उच्च न्यायालय में अपील के निपटारे के बाद की स्थिति का एक कच्चा खाका तैयार किया है, जो निम्नलिखित है–

जिला	मुकदमों की संख्या	गिरफ्तारी की संख्या	मुकदमा चलाए गए व्यक्तियों की संख्या	दोषी	शान्ति बनाये रखने हेतु बांड पर रिहा	निर्दोष, छोड़े गये या माफी	जेल में मृत	कुल
राँची	15	460	342 (+6)	93	X	243	12	348
सिंहभूम	2	121	124 (-6)	5	58	53	2	128
कुल	17	581	476	98	68	296	14	476

दोषी पाए गए कुल 98 व्यक्तियों का वर्णन देना कठिन है, जिन्हें विभिन्न प्रकार की सजाएँ दी गई थीं। सम्भवतः किसी को भी पुस्तक में उल्लिखित (पृ. 143) दस साल की सश्रम सज़ा नहीं दी गई थी। निम्नलिखित ब्यौरा उच्च न्यायालय आदि के उपलब्ध साक्ष्यों के आधार पर 98 में से 82 व्यक्तियों का है–

सज़ा की शर्तें और घटनाएँ	**दोषी व्यक्ति**
1. ऐटकेडीह में एक कान्सटेबल की हत्या (अपील सं., 1900 का 280, बनाम गया मुंडा, 825, 1900 एच.सी.आर.)	1. ऐटकेडीह का गया मुंडा 2. ऐटकेडीह का सनरी मुंडा
चक्रधरपुर में चौकीदार की हत्या (अपील सं. 593 एवं 1901, पटरानी बनाम सुखराम मुंडा और अकीलू मुंडा, 30.8.03, एच.सी.आर.)	3. सिंहभूम का सुखराम मुंडा
” (अपील सं. 593 एवं 1901, महारानी बनाम जयमनसी एवं सनरी, 18.9.1900 एच.सी.आर.)	

II. आजीवन निर्वासन

(क) खूँटी पर आक्रमण और कान्सटेबल की हत्या (अपील संख्या 1900 का 462, राजा बनाम दोनका मुंडा 5 सितम्बर, 1900, एच.सी.आर.)	बोरतोडीह का डोंका मुंडा
(ख) (अपील संख्या 1900 या 600) राजा बनाम वीरसिंह मुंडा एवं अन्य	2. इदलडीह का वीरसिंह मुंडा 3. सेरेंगडीह का माझिया मुंडा 4. गोनो मुंडा 5. मरगी मुंडा 6. डरु मुंडा 7. मुंडरु मुंडा 8. रतनु मुंडा 9. नीवी मुंडा

	10. जघी मुंडा
	11. सुरा मुंडा
	12. समराई मुंडा
	13. दुर्गा मुंडा
	14. गोपी मुंडा
	15. वुतदेरा का रमई मुंडा
	16. राउकन मुंडा
	17. कैरा मुंडा
	18. सेरेंगडीह का मकुर मुंडा
	19. भरतो मुंडा
	20. करमसिंह मुंडा
	21. बन्द (?) का मुची राय या मोधी राय
	22. पादु या जदु मुंडा
	23. सनिका मुंडा
	24. वुधु मुंडा
	25. नभु मुंडा
	26. डुमा मुंडा
	27. वंगिया मुंडा
	28. टीपू मुंडा
	29. डूबा मुंडा
	30. वरिगारा का मुची या मोधी मुंडा
	31. जनुमपीरी का हंगीरा मुंडा
(ग) चौकीदार की चक्रधरपुर में हत्या (अपील सं. 1900 का 4635, राजा बनाम सुखराम मुंडा एवं अकीलू मुंडा, 30.8.1900, एच.सी.आर.)	32. अकीलू मुंडा
(घ) सरवादा पादरियों पर कातिलाना हमला (अपील सं. 1900 का, 423, राजा बनाम परन मुंडा, 3.8.1900 एच.सी.आर.)	33. परन मुंडा
(ङ) इटकाडीह में कान्सटेबल की हत्या की घटना	34. जीउरी का गोपी मुंडा

	(अपील सं. 1900 का 317, राजा बनाम गोपी मुंडा और अन्य)	35. नामदेव मुंडा 36. गुरु मुंडा 37. शंकर मुंडा 38. रनड्रा मुंडा 39. देमका मुंडा
(च)	" (अपील संख्या 1900 का 593, राजा बनाम जयमसी उर्फ चौरा एवं सनरी, 18.9.1901, एच.सी.आर.)	40. ऐटकेडीह का जयमसी उर्फ चौरा

(III) सात साल या सात साल से अधिक का सश्रम कारावास

(क)	कुंडरू गुटू में जी.ई.एल. मिशन में आगजनी (अपील सं. 1900 का 625, अजब प्रचारक बनाम असाव मुंडा 18.9.1900 एच.सी.आर.)	1. असव मुंडा
(ख)	ईसाई अब्राहम के घर में आगजनी और गिरफ्तारी के डर से फरार होना (राजा बनाम बाल मुंडा और अन्य, एफ.वी. टेयलर,	2. बाल मुंडा 3. बिरसा मुंडा 4. गोनझू मुंडा I 5. गंझू मुंडा II (अभियुक्तों को सम्भवतः 7-14 सेशन कोर्ट, 1.6.00 एफ.एम.) साल के सश्रम कारावास से अधिक सज़ा हुई; यह ज्ञात नहीं है कि उनकी सज़ा उच्च न्यायालय ने कम की अथवा नहीं)

(IV) पाँच साल सश्रम कारावास

(क)	हत्या और आगजनी के लिए अवैध सम्मेलन के सदस्य (अपील संख्या 1901 का 184, राजा बनाम काना उर्फ कलील मुंडा और अन्य, 19 जुलाई, 1901	1. काना उर्फ कलील मुंडा 2. नुडस उर्फ नुहस मुंडा 3. धानुक उर्फ धसी मुंडा 4. सुखनाथ मुंडा 5. बंदा का चोरला मुंडा

6. धुकन मुंडा उर्फ धुकु मुंडा
7. दिलगू मुंडा
8. बंगर उर्फ बंगरु मुंडा
9. रेलका मुंडा
10. पीलू मुंडा
11. तोक मुंडा
12. गलुआ मुंडा
13. चमरा मुंडा
14. गुगा या गंजा मुंडा
15. चेरिया या घेरा मुंडा
16. डुमल मुंडा
17. करमसिंह मुंडा
18. रोगोतो का मलगू मुंडा
19. काली मुंडा

(ख) जमरी के जयपाल सिंह के घर में आगजनी (राजा बनाम पीनराई मुंडा और अन्य, ,1900 का 23, एच.सी.आर.)

20. दुलु मुंडा (?)
21. चौरा या डकुरा मुंडा
22. पीनराई मुंडा
23. दोनीकाई मुंडा
24. बनगू मुंडा

(V) तीन साल का सश्रम कारावास

इटकाडीह के कांस्टेबल की हत्या में भागीदारी (अपील संख्या 1900 का 317, राजा बनाम गोपी मुंडा एवं अन्य 3.9.1900 एच.सी.आर.)

1. सनिका मुंडा
2. पाकू मुंडा
3. दुना मुंडा
4. जगई मुंडा
5. थूती मुंडा
6. धीर सई

(VI) तीन साल से कम का सश्रम कारावास

इटकाडीह के डिप्टी कमिश्नर पर हमले का प्रयास, जे.एल. प्लेटल का निर्णय, दिनांक 9.4.1900, राजा बनाम गंजू मुंडा, एच.सी.आर.

1. गया की पत्नी माकी (2 साल का सश्रम कारावास)
2. 4, गया की बेटी,

पुतोहू और एक
लड़का
(एक साल का
सश्रम कारावास)

शेष अभियुक्तों (जिनमें से कुछ पर मुचिया के धसी मुंडा के घर जलाने का आरोप था) की पहचान खोए हुए कागजों के मिलने और उनके एस.सी.आर.ओ. में वर्गीकृत होने तक नहीं की जा सकी।

जेल में मरनेवाले व्यक्तियों की सूची

1. लोहाजीमी का सुखराम
2. देमखानेल का मनदेव
3. रोनहा का पातार
4. कर्रा का दुना
5. चक्रधरपुर का धीर्या
6. चक्रधरपुर का सुखराम
7. मलका (सिंहभूम)
8. बिरसा मुंडा।

परिशिष्ट-छ

बिरसा-अनुयाइयों के गाँवों की सूची

रविवारीय स्कूल (1)	**गुरुवारीय स्कूल (2)**	**बुधवारीय स्कूल (3)**
I. राँची जिला : खूँटी अनुमंडल		
खूँटी		
1. पोसेया	1. जमदा	1. सीरुम
2. जमरी	2. उरीकल	2. सेरेंगडीह (एक परिवार)
3. सिरुम	3. गगई	
4. सेरेंगडीह	4. गुनदुई	
5. वोरतोडीह		
6. सुकुरी सेरेंत		
7. गरी गाँव		
8. रुरुंगडीह		
9. तिलइडीह		
10. रुताडीह		
11. चलमडीह		
12. कुंडी		
13. बंडी		
मुरहू		
1. पनगुरा	1. बालो	
2. कतिंगकेल	2. बंधटोली चधरा	
3. चतराडीह	3. सिरनवुआ	
4. इथे		
5. जिउरी		

6. जिलिंगकेल
7. डुबु (ओतंगारा के नजदीक)
8. इटके

कर्रा

1. मसको	1. अमजोरा
2. गलियंडोर	2. जुरदग (एक परिवार)
3. वेल सेरंग	3. जावारा (एक परिवार)
4. सहिलोंग	4. हसवेरा (एक परिवार)
5. कुदा	5. कुदा
6. हांसीवेरा	6. सरदुला
7. हुतव बधो	7. करमडीह (कुछ गुरुवारीय स्कूल में भर्ती हो गए)
8. जुरदगा (तेतराटोली)	
9. अनीगारा	
10. मुतपा	
11. गुई	
12. करमडीह	
13. मैपा	

तमाड़एड़की

1. तुबिल
2. वानापुरी
3. वरुहातु (दोलदा)
4. सरजोमादा
5. वुरुवेरा
6. वारिगारा

तोरपा

1. संकोटोयोर फटका	1. तिरला
2. गियोल केरा	2. पैरा, कुंसुटोली
3. दोयोनगेर, मननातु	3. रोनहे
4. वेलंगकेल	4. वेलंगकेल

5. कुलहाई
6. कुचा (करंजटोली)
7. सोनपुरगढ़ (अंबाटोली)

5. चंपावा
6. जापुत
7. बोरोई
8. फटका (Targaya)

सीमडेगा अनुमंडल

बानो

1. राइकेरा तुरिनकेरा
2. हाथिंधोर

कोलेवीरा

1. ओरजा

राँची सदर अनुमंडल

लापुंग — 1. नवातोली

बेरो — 1. महरी

सिंहभूम जिला

बंदगाँव

1. सिंरजिंग
2. करिका
3. हेसाडीह
4. जलमाई
5. कारु
6. रोगोतो
7. खादजीऊ
8. जोनको पाई
9. पोंदो कम्बा
10. चतुरा
11. लगुरा
12. तीम्वा
13. बुरुहातु
14. दुम्वुरा
15. कोतोगारा

16. संकारा
17. गुईपाई
18. ईथी
19. कांतींगकेले
20. कतवा
21. जमदा
22. मेरोमगुतु

उड़ीसा : बेसरा (?)

1. चट्टा (नगर परगना में)
2. नगारा (?)

नोट–बिरसा सम्प्रदाय के भगतों द्वारा दी गई सूचना के आधार पर गाँवों और कस्बों की यह सूची तैयार की गई है। मैंने भी बिरसा सम्प्रदाय के भगतों का खूँटी अनुमंडल में एक सर्वे किया था। इनमें से कुछ बिरसा सम्प्रदाय के भगत कई प्रकार के दबावों के कारण अपने पुराने सम्प्रदायों में लौट चुके हैं।

परिशिष्ट-ज

बिरसा और उनके आन्दोलन के कुछ समकालीन दस्तावेज़

जर्मन लूथेरन मिशन से जुड़ा एक कोल क्रिश्चियन को 1894 के करीब अपने अनैतिक कार्यों (इसका वर्णन नहीं है) के कारण चर्च के privilege से हटाया गया। उसने अपने को एक पैगम्बर के रूप में बताया। कुछ ही महीने में अपने साथ कोई दो हजार कोलों को जमा कर लिया जिसमें से कुछ उसी तरह 'आनुशासनिक' कार्रवाई झेल रहे थे। उसने उन लोगों को कई बातें कहीं इन सबके साथ कि एक ईश्वर है और वह उन लोगों के लिए ईश्वर का पैगम्बर बनकर आया है।

उसने सभी उन उपदेशों को साररूप में कहा कि संसार का अन्त निकट है तथा सिर्फ वही व्यक्ति जो उसके निकट हैं बच पाएँगे जब अन्त समय आएगा।

प्रारम्भ में यह बात सरकार के लिए कोई मायने नहीं रखती थी। लेकिन जब यह लगा कि सैकड़ों कोल अपनी खेती के काम में दिलचस्पी नहीं ले रहे हैं तथा अकाल की नौबत है तो सरकार को लगा यह हस्तक्षेप करने का उचित वक्त है। बिरसा, जोकि उसका नाम था, कैद करके जेल में डाल दिया गया। जेल में लाए जाने के दौरान उसके असन्तुलित दिमाग में बाइबिल की कहानियाँ घूम रही थीं। अपने साथ चल रहे अपने कुछ अनुयायियों को उसने कहा कि जेरिको की दीवाल की तरह जब वह राँची पहुँचेगा तो जेल की दीवार गिर जाएगी। उसने जेल आगमन के दिन या कुछ समय पहले ही जेल के चौकीदार की कच्ची झोंपड़ी की दीवार जो वर्षा में बुरी तरह गल चुकी थी, सचमुच गिर गई। चौकीदार का घर जेल के अन्दर ही था। उसके अनुयायियों के साथ पैगम्बर का यह कार्य काफी महत्त्व पा गया।

लगभग एक साल बाद भी बिरसा के खिलाफ कुछ नहीं हुआ। बिरसा, जो बेईमान होने के बजाय मूर्ख ज्यादा था, को छोड़ दिया गया। यद्यपि यह अपने जिले में घूम रहा था, परन्तु उसके सम्बन्ध में ज्यादा ध्यान नहीं दिया गया। 1899

के क्रिसमस की पूर्वसन्ध्या पर बिरसा ने छोटा नागपुर को आश्चर्य में डालने का निश्चय किया। जैसे ही तीन मिशनों के नेटिव क्रिश्चियन अपने छोटे चर्च में इकट्ठा हुए, जोकि पूरे क्षेत्र में फैले हुए थे, और वहाँ आनन्ददायक क्रिसमस गीत गा रहे थे, उन्हें मारने के उद्देश्य से उन पर तीरों से हमला हुआ। कुछ घायल हुए तथा पुजारी सहित कुछ मारे गए। इस रहस्यपूर्ण कार्य और गुस्से का क्या निहितार्थ था। यह प्रतीत होता है कि बिरसा कोल भूमि विद्रोहियों के हाथों का हथियार बनकर गया (जिसके बारे में हमने पहले भी कहा है)। लगता है मारने की इस योजना के पीछे मंशा यह थी कि इससे क्रिश्चियन कोल डर जाएँगे और डरकर आन्दोलन का साथ देने लगेंगे।

उस समय तक यह लगने लगा कि छोटा नागपुर के बड़े क्षेत्र में किसी तरह मिला-जुलाकर बड़ी संख्या में (15,000) लोग आन्दोलन में जुड़ गए। कुछ लोगों में कुछ समय के लिए ही मन में डर बस गया कि स्थिति बड़ी गम्भीर हो गई है। 7वीं राजपूत की कुछ कम्पनियों (पहली रेजीमेंट जो पेकिंग में घुसकर विदेशी डेलिगेशन को छुड़ाने में सफलता पाने का गौरव पा चुकी थी) को बिरसा को पकड़ने के लिए बड़ी जल्दबाजी में भेजा गया। कमिश्नर फोरबेस और डिप्टी कमिश्नर स्ट्रीटफील्ड भी उसके साथ गया। यह कोई लम्बी और कड़ी लड़ाई नहीं थी। बहुत कम समय में बिरसा और उसके साथ उसके करीब 100 अनुयायियों को, जिसमें ज्यादातर महिलाएँ थीं, राँची के 20 मील दक्षिण लागेर में पकड़ लिया गया। चूँकि उसने आत्मसमर्पण करना अस्वीकार किया, इसलिए पहाड़ी को घेर लिया गया। सिपाहियों को किसी प्रकार की क्षति नहीं हुई, परन्तु उसके अनुगायियों को पर्याप्त क्षति पहुँची। कैद किए जाने के बाद बिरसा ज्यादा दिन तक नहीं बच पाया और उसके बाद पुनः उसी तरह सबकुछ शांत हो गया।

[आयर चैटरटन द्वारा 'स्टोरी ऑफ फिफ्टी इयर्स ऑफ मिशन वर्कस इन छोटा नागपुर' में बिरसा और उसके आन्दोलन का संक्षिप्त वर्णन, 1901 (पृ. 138-140)]

II

रेव मैथ्यू अरीपरम्पिल के सौजन्य से मुझे एक दुर्लभ दस्तावेज़ बर्लिन के गोस्सनर मिशन के स्टोर से मिला जिसे पादरी अल्फ्रेड नोट्रौट के पोते डॉ. फौन क्लास रोयवर ने उन्हें भेजा और जो 1895 में एक मिशन इंस्पेक्टर डॉ. कार्ल हाइनराइस क्रिश्चियन प्लाट द्वारा लिखा गया था। यह मुंडा आंदोलन के प्रथम चरण का चश्मदीद बयान है इसमें बिरसा को एक दैनिक मजदूर, किसान और शिकारी बताया गया है, इसकी पुष्टि की गयी है कि जंगल में बिरसा पर एक गाज गिरा और उसे रूपांतरित किया और उसने अपने को मसीहा कहा। यह रिपोर्टर इस

बात से खुश है कि एक मायने में बिरसा का प्रारंभिक जीवन क्रिश्चयन विचारों एवं बाइबल की कहानियों के प्रभाव का द्योतक है जिससे पता लगता है किस प्रकार मिशन की अवधारणाएं छोटा नागपुर की आबादी में घर कर गयी हैं।

इसमें बिरसा का जन्म दिन 22 जुलाई, 1872 लिखा गया है और उनकी बपतिस्मा की तिथि 11 अगस्त को मिशनरी फादर क्रोयेचर द्वारा की जाने की बात लिखी है। यह भी कहा गया है कि उसके माता-पिता और भाई-बहन क्रिश्चियन हो गए थे लेकिन बाद में 'सोसलिस्ट' आंदोलन के प्रभाव में, सभी मुंडा धर्म में चले गए। इस रिपोर्ट में बिरसा की माँ करमी का एक दुर्लभ वर्णन दिया गया है।

"बिरसा की माँ उन लोगों में थी जो अपने पति एवं लड़कों (जिनमें बिरसा शामिल थे) का हालचाल पूछने आयी थी क्योंकि वे सभी जेल में थे। वह अपनी उम्र की औरतों और उनके स्तर से ज्यादा अलग नहीं थी लेकिन वह कुछ शर्मीली थी तथा कम बोलती थी और मिशनरी फादर से तो और भी कम बोलती थी। उसका पूरा व्यक्तित्व शांत और निर्विकार था और वह अनुभव से भरपूर थी जो उसे अन्य औरतों से भिन्न बनाती थी। यह ठीक है कि वह अपने संबंधियों के लिए चिंतित थी तथा यह 'स्वीकार' किया था कि उसके बेटे बिरसा से भूल हुई थी और बिरसा के अन्य औरतों से संबंध होने से इनकार नहीं किया था।"

इस अभिलेख में यह भी कहा गया है कि जर्मन मिशनरियों ने जेल जा कर बिरसा और उनके संबंधियों को चर्च में लाने की पुनः कोशिश की। अन्य विवरण इस प्रकार है—"जबकि वे सभी हमारे पास लाए 'जेल में' गए। उनके पिता वृद्ध और बीमार थे। युवा बिरसा तीक्ष्ण बुद्धि का लगा, देखने में बिलकुल अपनी माँ की तरह। जेल जीवन ने उनके स्वास्थ्य को खराब नहीं किया था क्योंकि वे खुली हवा में काम करते थे, अच्छा खाना खाते थे और वे बन्द कमरे में सोते थे, और बिरसा निर्दोष जान पड़ा। फिर भी उसके व्यक्तित्व में चालाकी, धूर्तता और गोपनीयता का आभास मिल रहा था। उसने किसी गलत काम करने के आरोप से इनकार किया और अपने को निर्दोष बताया।"

बिरसा के पिता की मृत्यु जेल में हुई और उसे जर्मन मिशन की रीति से दफनाया गया। सम्भवतः सिंघानी के मिशन स्टेशन में, जो हजारीबाग में है।

(गोसनर्स ब्लिसफुल ट्रेल इन नार्दन इण्डिया, ए हिस्टोरिकल ट्रेवेलॉग एण्ड डिस्कोर्स ऑन मिशन थ्योरी बाइ प्रो० डी० कार्ल हाइनराइस क्रिश्चियन प्लाट, मिशन इंस्पेक्टर एण्ड रिडर, फ्रायड नॉव–बर्लिन 1896, गोस्सनर मिशन बुक स्टोर, पृष्ठ 75-89)

यह मूल प्रतिवेदन जर्मन में है और इसे रेवरेंड जोहानेस जैपिंग ने अंगरेजी में अनुवाद किया।

III

रोमन कैथोलिक फॉदर एच बेनडायले ने 8-9 जनवरी, 1900 की रपट में जिक्र किया है कि किस प्रकार वे भगवान लोगों (बिरसा के अनुयायी) के हमले में बचने से सफल हुए। मिशन से भेजी गयी इस रिपोर्ट में इस बात का उल्लेख है कि बिरसा के अनुयायी किस प्रकार अस्त्र-शस्त्रों से लैस अगल-बगल घूम रहे थे। कुछ हिन्दू कारबारियों के घरों में आग लगा रहे थे। पागल जानवरों की तरह चिल्ला रहे थे और अपना अस्त्र हिन्दुओं व सिपाहियों पर फेंक रहे थे। जो उनसे मुकाबला कर रहे थे। यह सब उनकी नजरों के सामने हो रहा था। क्रिश्चियनों के बीच डर का माहौल था। फिर राँची में पुलिस पहुँचती है। उसकी अगुवाई कैप्टन रोसे कर रहे थे, जो एक कैथोलिक थे। बिरसाइत गाँव-गाँव जाकर कहते थे कि उन्हें विद्रोह करना है और जो इस विद्रोह में शामिल होने को तैयार नहीं थे उन्हें डराया जाता था। अब वे क्रिश्चियनों को तंग नहीं करते थे, बल्कि उनका सारा प्रयास सरकार, मिशनरीज एवं बाइबिल शिक्षक के विरुद्ध था। वे मुंडाओं का राज बनाना चाहते थे। मिशनरियों ने यह समझने की कोशिश की कि ऐसा राज्य एक दिवास्वप्न जैसा है और वे अपने हथियारों से सरकार से नहीं लड़ सकते हैं। वे मार डाले जाएँगे, लेकिन भगवान लोग दृढ़ प्रतिज्ञ थे। उन्होंने मिशनरियों को धोखेबाज कहा और एलान किया कि वे शहीद होंगे और सिपाहियों की गोलियों से डरने की बात नहीं है, क्योंकि गोलियां लगने से पहले ही पानी बन जाएँगी।

सरकार जब हवा में गोली छोड़ती थी, तब उनका यह विश्वास और दृढ़ हो जाता था। खूंटी में मरने वाले दो पुलिसकर्मियों की कहानी ने उनकी इस धारणा को और मजबूत बना दिया।

[बैनडायले, एच. ट्रबल इन लैंड ऑफ मुंडाज, स्टोरी एंड नोट्स ऑफ ए मिशनरीज, मिसिओं बेल्जेस द लॉ कैम्पेने द जीसस। ब्रुसेल्स 1900 में (इसका फ्रेंच से, अंग्रेजी में अनुवाद कैंथिका सिन्हा–करखौफ ने किया।]

●●●

अनुक्रमणिका

उ

ए

ऐ

ओ

औ

क

ख

घ

च

छ

झ

ट

ठ

फ

ब

भ

य

ल

व

●●●